Philipp Meinert, Martin Seeliger (Hg.)
Punk in Deutschland

Cultural Studies | Herausgegeben von Rainer Winter | Band 44

Philipp Meinert, Martin Seeliger (Hg.)

Punk in Deutschland

Sozial- und kulturwissenschaftliche Perspektiven

[transcript]

Bibliografische Information der Deutschen Nationalbibliothek
Die Deutsche Nationalbibliothek verzeichnet diese Publikation in der Deutschen Nationalbibliografie; detaillierte bibliografische Daten sind im Internet über http://dnb.d-nb.de abrufbar.

Umschlaggestaltung: Kordula Röckenhaus, Bielefeld
Umschlagabbildung: Karsten / photocase.com
Lektorat & Satz: Philipp Meinert u. Martin Seeliger
Druck: CPI – Clausen & Bosse, Leck
ISBN 978-3-8376-2162-4

Gedruckt auf alterungsbeständigem Papier mit chlorfrei gebleichtem Zellstoff.
Besuchen Sie uns im Internet: *http://www.transcript-verlag.de*
Bitte fordern Sie unser Gesamtverzeichnis und andere Broschüren an unter: *info@transcript-verlag.de*

Inhalt

Warum eine wissenschaftliche Anthologie über Punk?
Vorwort der Herausgeber | 7

Punk in Deutschland.
Sozial- und kulturwissenschaftliche Perspektiven
Eine Einleitung
Philipp Meinert und Martin Seeliger | 9

Punk und Anarchismus: Ein seltsames Paar
Peter Seyferth | 57

»Liebes Stimmvieh,
die APPD ist eine ganz normale Partei...!«
Die Anarchistische Pogo-Partei Deutschlands
Philipp Meinert | 83

Chaostage und Facebook-Partys
›Organisiertes Chaos‹ in Zeiten des Web 2.0
Oliver Herbertz | 107

Pogo auf dem Altar
Punk in der DDR
Anne Hahn | 127

Vereinbarkeit von Unternehmertum und DIY-Ethik im Punkrock
Nejc M. Jakopin | 155

Mehr als dicke, alte Männer aus England
Skinheads als Working Class Punks?
Sebastian Bitterwolf und Moritz Müller | 169

»Lies (through the 80s)« Immer gleich und besser
Popkultur und -musik zwischen Trash und Innovation
am Beispiel der Neuen Deutschen Welle (NDW)
Christoph Jacke | 189

»California uber alles«?
(Wie) Wird Skatepunk im Deutschpunk adaptiert?
Martin Seeliger | 209

Punk goes Elektro, goes Web 2.0
Deutschsprachiger Elektropunk seit den 2000er Jahren
Julia Lück, Mihaela Davidkova und Bianca Willhauck | 225

Punk-Rezeption in der BRD 1976/77 und ihre teilweise Auflösung 1979
Thomas Hecken | 247

Alle Macht der Super-8
Die West-Berliner Super-8-Film-Bewegung und das Erbe des Punks
Daniel Kulle | 261

Verschwendete Jugend(en)
Von DAFs Opus über Jürgen Teipels Versuch einer posthumen Dokumentation bis hin zu Benjamin Quabecks filmischer Dystopie
Magdalena Fürnkranz | 287

Autorinnen und Autoren | 301

Warum eine wissenschaftliche Anthologie über Punk?

Vorwort der Herausgeber

»[Über] Punk kann man nicht rein akademisch schreiben, ohne der Sache zu schaden« stellt Autor und Szenekenner Martin Büsser in einer der bekanntesten Publikationen[1] über Punk und Hardcore in Deutschland ist, fest. Welcher Schaden der Punkszene entsteht und was ›die Sache‹ genau ist – vermutlich ist die Punkbewegung gemeint – verrät Büsser nicht.

Warum auch sollte ein wissenschaftliches Buch über Punk eine Bedrohung darstellen? Welchen Nachteil soll die Szene haben? Vielleicht löst es auch nur Unbehagen aus, wenn das was man lebt und liebt und damit man selber als vermeidliches Forschungsobjekt mit der dazu notwendigen Distanz und Ernsthaftigkeit betrachtet wird, auch wenn man selbst einen akademischen Hintergrund hat. Punk ist immerhin spontan, wild und (sehr oft) gezielt unreflektiert und passt damit so gar nicht in angestaubte Regale zwischen all die trocken geschriebenen Bücher, oder?

Wir sehen das anders. Zumindest hat Forschung und die Motivation, diese zu betreiben, schon einmal etwas mit dem DIY-Ethos der Punkszene zu tun: Du willst etwas wissen? Dann warte nicht, bis es jemand anderes für dich herausfindet sondern erforsche es selber. Nach diesem Muster entstehen seit Jahrzehnten Bands, Fanzines, Konzertgruppen und andere Rückgrate dieser Szene. Ein Prinzip, das danach von vielen anderen Szenen und Subkulturen übernommen wurde. Wenn es etwas nicht gibt, wird man selbst initiativ. Mit dieser Motivation

1 Büsser, Martin (2010): If The Kids Are United. Von Punk zu Hardcore und zurück. 8. Auflage. Mainz: Ventil Verlag, 8.

sind wir auch an diese Anthologie heran gegangen, als uns auffiel, dass es vergleichbares über Punk in Deutschland nicht gibt.

In zwei Punkten hinkt dieser Vergleich: Dieses Buch ist kein Werk, welches gezielt für die Punkszene herausgegeben wird sondern für alle, die sich aus einer sozial- und kulturwissenschaftlichen Perspektive für Punk interessieren, ganz gleich ob sie sich selbst als solche definieren oder nicht. Zweitens bewegen wir uns zwangsläufig in den Grenzen wissenschaftlicher Standards, die wir im Studium erlernt haben während es – so sagt man wenigstens – eine Säule des Punk ist, dass ihn jeder in seiner Form praktizieren kann, ohne dass es Grundvoraussetzungen und Regeln gibt. Sängerinnen und Sänger einer Punkband brauchen keine Gesangsausbildung, Wissenschaftler allerdings einen Hochschulabschluss. Dennoch schließt sich nichts aus. Die Mehrzahl der hier vertretenen Autoren haben einen Bezug zu der Szene, über die sie schreiben. Sie sind nicht nur Wissenschaftler, sondern sind oder waren Punkmusiker, Fanzine-Schreiber oder Konzertveranstalter. Viele wollten schon immer gern etwas Wissenschaftliches über ›ihre‹ Punkszene veröffentlichen, hatten aber bisher keine Möglichkeiten. Dies war eine häufige Reaktion auf unsere Anfragen.

Wir freuen uns, über 35 Jahre nach ihrem Entstehen diese wissenschaftliche Lücke schließen zu können und danken allen, die ihren Anteil daran haben.

Mit freundlicher Genehmigung des transcript Verlages haben wir eine Facebook-Seite für dieses Buch eingerichtet. Sie wird von uns beiden betreut und wir freuen uns über reges Feedback zu diesem Sammelband. Die Seite ist zu erreichen unter http://www.facebook.com/PunkInDeutschland

Philipp Meinert und Martin Seeliger im Juli 2012.

Punk in Deutschland. Sozial- und kulturwissenschaftliche Perspektiven

Eine Einleitung

Philipp Meinert und Martin Seeliger

> »Häßlich geschminkte Jugendliche tragen in Müll-Klamotten, mit Nazi-Insignien und Hundeketten Protest gegen Arbeitslosigkeit und Langeweile in der Industriegesellschaft zur Schau. Ihr primitiver ›Punk-Rock‹ wird von Plattenfirmen erfolgreich vermarktet. Jet-Setter von New York bis München empfinden die Lumpen-Mode als letzten Schick. Doch echte Punker sehen den Rummel schon kritisch: ›Da läuft irgendwas schief.‹«
> (Der Spiegel 1978: 140)

Wenn das größte deutsche Nachrichtenmagazin Anfang des Jahres 1978 – also knapp zwei Jahre nach seiner ›offiziellen‹ Genese – beschreibt, wie Punk von unterschiedlichen sozialen Positionen aus eingeschätzt wird, haben die Autoren hier (ob mit Absicht oder ohne) einen zentralen Aspekt des Subkulturphänomens auf den Punkt gebracht: Was Punk unter (ästhetischen, politischen, sozialen, ökologisch-tierschützlerischen, etc.) Gesichtspunkten sei, oder wie man sich als Angehöriger der Punk-Subkultur unter den genannten Aspekten zu verhalten habe ist seit Anbeginn der Punk-Historie Gegenstand mehr oder weniger intensiv geführter Diskussionen und Aushandlungen: Sogenannte Spießer beschweren sich über Tabubrüche, Undergroundpäpste beklagen einen vermeintlichen Ausverkauf, politisch Motivierte vermuten reaktionäre Tendenzen und Pop-Journalisten behaupten, Punk sei ohnehin längst tot. Aus dieser Vielfalt der Sichtweisen auf das Phänomen Punk möchten wir unsere erste, perspektivische Grundannahme ableiten, welche aus kultursoziologischer Sicht grundsätzlich banal und weitreichend zugleich erscheint: Punk ist nicht, Punk wird angesehen als. Betrachtet man Punk – wie wir in diesem Fall – vom Blickpunkt wissenschaftlich engagierter Szenegänger/szene-affiner Wissenschaftler als Popkulturphänomen, lässt sich grundsätzlich zwischen einer substanzialistischen und einer funktionsdynamischen Sichtweise differenzieren. Während erstere Symbole und Artefakte aus der ›Subkultur‹ Punk in ihrem ›Objektcharakter‹ unter die Lupe nimmt, d.h. auf kompositorisch-ästhetische Motive als solche abhebt, richtet sich die Aufmerksamkeit des zweiten Ansatzes auf den gesellschaftlichen Voraussetzungs-reichtum solcher kultureller Formen. Wie Roy und Dowd (2010; insb. 187) in ihrem musiksoziologischen Grundsatzartikel herausarbeiten, besteht eine untrennbare Verbindung zwischen musikalischen Referenzen und der sozialen Wirklichkeit, die sie hervorbringt. Während eine musiksoziologische Perspektive (Inhetveen 2010: 331ff.) zu Folge eine vierfache Perspektive auf generelle Eigenschaften von Musik (a), musikalische Technik (b), Stiltypologien (c) sowie die Funktion musikalischer Werke (d) entwickelt, verfolgen wir mit dem vorliegenden Band ein breiter abgestecktes Ziel: Unser

»object of study [...] is not Culture defined in the narrow sense, as the objects of aesthetic excellence (›high art‹); nor culture defined in an equally narrow sense, as a process of aesthetic, intellectual and spiritual development; but culture understood as the texts and practices of everyday life« (Storey 1996: 2).

Nun ist Punk aus Sicht der Jugendkultur- und Szeneforschung kein sonderlich neues Phänomen, sondern nur unwesentlich jünger als das beforschte Phänomen selbst. Ohne an dieser Stelle einen vollständigen Überblick über die erhältliche Literatur zum Thema geben zu wollen, möchten wir mit der jugendsoziologischen und –pädagogischen ›Szeneforschung‹ und den eher an symbolisch repräsentativen Aspekten interessierten Kulturwissenschaft oder auch Cultural Studies die zwei relevanten Forschungsstränge vorstellen. Als erste, und auch heute noch bedeutsame Auseinandersetzungen lassen sich in diesem Zusammenhang die Arbeiten des Center for Contemporary Cultural Studies (CCCS) in Birmingham anführen. Anerkennung verdient hierbei v.a. die bereits 1979 unter dem Titel »Subculture. The Meaning Of Style« veröffentlichte Studie von Dick Hebdige, welche das widerständige Potenzial der Punksubkultur untersucht. In dieser Tradition lässt sich für die Folgejahrzehnte eine relativ lange Reihe von Forschungsarbeiten verzeichnen, die entsprechend die semantische Dimension von

Punk in den Fokus rücken. Der Schwerpunkt liegt hierbei auf dem Verhältnis von Punk als Kulturform, welche vermeintlich widerständige Darstellungen Praktiken umfasse und somit möglicherweise in Widerspruch zu mehrheitsgesellschaftlich etablierten Ausdrucksformen stehe. Eine der wenigen soziologischen Arbeiten zum Thema Punk als Kulturphänomen in Deutschland stellt die Arbeit »Die heiligen Narren. Punk 1976-1986« von Lau (1992) dar. Lau beschreibt darin zunächst umfangreich verschiedene Aspekte der nationalen sowie internationalen Punkszene sucht dort Vorläufer der Punkbewegung, die er nicht nur bei den Skinheads oder den Dadaisten sondern auch bei mittelalterlichen Narren und Franziskanermönchen findet.

In seinen zahlreichen Strukturmerkmalen, die nach Lau Punk ausmachen, nennt er auch das Alter als Faktor und deutet an, dass der Begriff ›Jugendkultur‹ die Punkszene nur unzureichend beschreibt: »Es gibt [...] keine altersbedingten Ausschlüsse von irgendwelchen punkspezifischen Aktivitäten oder bei der Benutzung von punk-üblichen Attitüden.« (Ebd., 119)[1]

Ein zweiter Forschungsstrang zieht sich komplementär durch das Feld der pädagogischen und soziologischen Jugend- und Szeneforschung. Einführungen in die Jugendforschung (Breyvogel 2005; Ferchhoff 2007) stellen Punk, wenn sie eine jugendkulturelle Schwerpunktsetzung verfolgen, in der Regel über eine Länge von ein bis drei Seiten hinweg vor. Eine umfangreichere, wesentlich auf teilnehmender Beobachtung basierende Studie der deutschen Punks als Jugendszene legte Mai (1986) vor.

Dass für die Entstehung von Punk meist die Ursprungserzählung der SEX PISTOLS im England der 1970er herhalten muss, lässt sich sicherlich nicht zuletzt als literarischen Isomorphismus verstehen. Zwar ist eine wesentliche Prägekraft der Genre-Pioniere auf die weitere Entwicklung des Punk nicht auszuschließen. Die prominente Stellung, die Bands wie THE CLASH, die SEX PISTOLS oder auch die RAMONES einnehmen lässt sich allerdings vermutlich zu einem guten Teil als Bezug auf ein ›Gründungsnarrativ‹ des Punkrock erklären, welches sowohl Szenegängern als auch Szenebeobachtern als gemeinsamer Bezugspunkt bei der Einordnung und subjektiven Strukturierung ihrer Punk-Erlebnisse dient. Eben solche individuellen Dimensionen fokussieren auch die Arbeiten von Hitzler und Niederbacher (z.B. 2010). Mit ihrer Perspektive auf Jugendszenen als Orte »posttraditionaler Vergemeinschaftung« zielen die Autoren hier darauf ab, individuelle Sichtweisen auf den Szenegang sowie szeneinterne Relevanzsysteme

1 Damit sollte Lau, der die damals noch junge Punkszene bis 1986 untersucht hat, recht behalten. Gut 20 Jahre später stellt Kuttner (2007) fest: »Das Alter der Punks liegt etwa zwischen 14 bis mittlerweile über 40 Jahren, (...)« (3).

und Deutungsmuster auf empirischer Basis zu rekonstruieren (siehe hierzu auch Soeffner 1992).

Als dritten Literaturkorpus lassen sich die ungezählten journalistischen und/oder mit Szenehintergrund versehenen Veröffentlichungen anführen. Diese zeichnen sich zwar in aller Regel nicht durch ein kohärentes theoretisches Bezugssystem aus, basieren dafür aber häufig in wesentlichem stärkerem Maße auf einer Detailkenntnis der Verfasser. Gleichzeitig erscheinen sie häufig wesentlich meinungsstärker als wissenschaftliche Publikationen (z.B. Büsser 2010). Ein inhaltlicher Schwerpunkt wird hier häufig auf die Auseinandersetzung mit spezifischen Szeneströmungen gelegt (Büsser et al. 2009; Peglow/Engelmann 2011). Im folgenden Abschnitt, in dem die Entwicklung und die Geschichte des Punk in einem Abriss nachgezeichnet werden soll, wurde in Ermangelung wissenschaftlicher Publikationen hauptsächlich auf solche Literatur zurückgegriffen.[2]

1. ENTSTEHUNG UND GESCHICHTE VON PUNK

Als Orientierung für die Dokumentation einer kurzen Punk-Geschichte dient die musikalische Entwicklung, da sich andere identitätsstiftende Faktoren für Punk wie beispielsweise Politik oder Mode mehr oder weniger darauf zurückführen lassen. Auf die unzähligen Misch- und Subgenres von Punk(-Musik) kann hier mit Ausnahme der wichtigsten Erscheinungen – allem voran Hardcore – nicht eingegangen werden. Da man es nicht mit einem deutschen Phänomen zu tun hat, sondern die Wurzeln der Subkultur in Amerika liegen und sie schließlich in England weiterentwickelt wurde, ist ein Blick in diese beiden Länder zunächst unerlässlich.

1.1 Einleitend: Zur Soziologie der Jugend- und Subkulturen

Wie entstehen Jugend- und Subkulturen? Ohne tiefer in theoretische Überlegungen einzusteigen, sollen die möglichen gesellschaftlichen Rahmenbedingungen angerissen werden, aufgrund derer Jugendliche sich eine scheinbar eigene Kultur schaffen, die Erwachsenen (zunächst) verschlossen bleibt und eine sehr grobe Typologie von Jugendkulturen vorgestellt werden. Da es sich aber bei Punk um eine kulturelle Erscheinung handelt, die in ihren Anfangstagen fast ausschließlich von Jugendlichen und jungen Menschen dominiert und entwickelt wurde, ist

2 Danke an Michael Will und Swen Sobeck für die leihweise Überlassung zahlreiche Bücher dieser Art.

die zuvor bereits vollzogene theoretische Trennung für den folgenden Abschnitt nicht notwendig.

Nach dem zweiten Weltkrieg begannen Jugendliche in der westlichen Welt, sich stärker selbst zu organisieren und dies nicht mehr den Erwachsenen zu überlassen.[3] Die Mitgliedschaften in kirchlichen und politischen Organisationen nahmen kontinuierlich ab und stattdessen entstanden lose Cliquen junger Menschen. In Westdeutschland war dies sicherlich auch eine Folge der absoluten Durchorganisierung (nicht nur) jugendlicher Biographien im Dritten Reich. Die Verbreitung von Medien, der Ausbau von Kommunikationsmöglichkeiten und der Mobilität taten und tun bis heute ihr Übriges (vgl. Baake 2007: 9ff.).

Baake unterscheidet (ebd.) drei Idealtypen jugendlicher Gruppen:

›Teenager‹

Die wahrscheinlich größte der drei Typen ist im engeren Sinne keine Jugendkultur. Es handelt sich um eine sehr heterogene Gruppe von jungen Menschen, die sich gemäß der gesellschaftlichen Norm verhalten. Der materialistische Teenager ist ein Produkt der westlichen Demokratie und des westlichen Wohlstandes, denn der bedeutete auch für die Jugendlichen Taschengeld und die damit verbundene Unabhängigkeit. Der Begriff ›Teenager‹ stammt aus den 1950er Jahren und ist heute etwas aus der Mode gekommen. Aus dem Namen lässt sich ableiten, dass die ›Teens‹, wie sie verkürzt genannt werden, in der Regel zwischen 10 und 19 Jahre alt sind. ›Teenager‹ sind die Jugendlichen, die unauffällig jugendspezifische Angebote von Gesellschaft und Unterhaltungsindustrie annehmen und damit ihre Freizeit verbringen bis sie eine Familie gründen und einen Beruf ausüben. Sie hören Musik der Charts, gehen in Jugendeinrichtungen, in Clubs und auf Partys, kleiden sich ›jugendlich‹ und lesen Jugendzeitschriften. Die Normaljugendlichen lassen sich in allen Gesellschafts- und Bildungsschichten schichten finden. In Deutschland war der ›Teenager‹ quasi ein ›US-Import‹. Die hiesige ›Teenager‹-Kultur lehnte sich besonders nach dem zweiten Weltkrieg stark an die US-amerikanische an.

Protestbewegungen

Anders als die eher angepassten ›Teenager‹ wollen protestierende Jugendliche die Gesellschaft (teilweise radikal) verändern. Sinnbild dieser Jugenderscheinung sind die Studentenproteste der sogenannten 68er. Zuvor gab es aber bereits Proteste von Jugendlichen in den späten 1950er Jahren gegen die Errichtung der NATO. Protestbewegungen ziehen häufig besser gebildete Schüler und beson-

---

3 Womit nicht gesagt sein soll, dass intergenerationale Aushandlungsprozesse sich nicht auch schon vorher ereignet hätten (vgl. etwa Walter 2011).

ders Studenten beiderlei Geschlechts aus der Mittelschicht in urbanen Lebensräumen an. Protestjugendliche sind eher im postadoleszenten Alter. Politisch sind sie größtenteils linksdemokratisch bis linksradikal verortet. Mit zunehmendem Alter gehen diese Menschen mittlerweile nicht selten im grün-alternativen Milieu auf. In den späten 1980ern tauchten aber auch rechtsextreme Jugendliche auf, die ihren politischen Protest nationalistisch und rassistisch artikulieren.

Action-Szenen

Die Action-Szene ist ebenfalls großstädtisch, jedoch klar männlich dominiert, schlechter gebildet und ihre Anhänger haben dementsprechend schlechte Aufstiegschancen im Vergleich zu den Protestbewegten. Angehörigen von Action-Szenen geht es um Provokation, Abgrenzung von der Gesellschaft und Spaß. Sie sind somit sehr hedonistisch. Die Action-Szene ist die älteste aller drei Erscheinungsformen: Bereits um die Jahrhundertwende wurden verwahrloste junge Männer beschrieben, die ihre Lehre abgebrochen haben, sinnlos durch die Städte liefen und durch schlechtes Benehmen gegenüber ihren Mitmenschen auffielen. Nicht selten organisieren sie sich in (Straßen-)Banden mit einem selbstgewählten Revier, dass sie als ihre eigenes ansehen und dass es zu verteidigen gilt. Sie sind gewaltaffin. Actionszenen können auch nur als Freizeitbeschäftigung und als Ausgleich zum Alltag gelebt werden, wie es die bei den Fußball-Hooligans üblich ist. Nach dem zweiten Weltkrieg wurden sie häufig mit dem Begriff ›Halbstarke‹ beschrieben. Heute könnte man die Gangsta-Rap-Szene am ehesten als die modernste Ausprägung einer Action-Szene betrachten. Politisch können sie quasi jede Ausrichtung annehmen aber auch unpolitisch sein.

Die Darstellung dieser drei sehr grob umrissenen Szenen ist noch kein brauchbares Instrument, um einen Jugendlichen einer bestimmten Gruppe zuzuordnen und Mischformen sind auch möglich, wie Baake (2007) betont (40). Dennoch ordnet er die Punks quasi als Paradebeispiel der Action-Szene zu (28), was sicherlich auf ihre Anfangszeit zutrifft, jedoch der heutigen Heterogenität der Subkultur nicht mehr gerecht wird. So trifft man bei den Punks auch Jugendliche, die sich von den Normaljugendlichen nur durch ihre Vorliebe für Punkmusik und den Besuch dieser Konzert ein ihrer Freizeit unterscheiden und ansonsten weder optisch noch sozial auffallen. Diese werden meist verächtlich vom harten Kern Wochenend- oder Freizeitpunk genannt. Auf der anderen Seite gibt es viele politisch aktive Punks, die ihren Protest gegen die Gesellschaft in politischen Gruppen (z.B. bei den Autonomen) konkretisieren anstatt ihn auf die reine Provokation zu beschränken, denen aber auch gleichzeitig ein gewisser Action-Habitus nicht abzusprechen ist.

1.2 Punk-Vorgänger in den USA und in England

Wie bereits festgestellt, war das Erscheinen der SEX PISTOLS nicht die ›Stunde null‹ der Punk-Bewegung. Anders als früher dargestellt (vgl. Baake 2007: 75f.; Lau 1992: 25) verorten den meisten jüngeren Veröffentlichungen (vgl. Farin 2011: 93; McNeil/McCain 2004: 16; Robb 2007: 17; Stille 2003), die Wurzeln dessen, was heute unter Punk verstanden wird, nicht im London der späten 1970er sondern im US-amerikanischen Garage-Rock der späten 1960er Jahre[4]. Zwar waren die SEX PISTOLS vor allem mit ihrer Debut-Single »Anarchy in the U.K.« bis heute stilprägend, doch vornehmlich mehr ein mediales als ein musikalisches Phänomen. Schnelle, ›dilettantische‹ Rockmusik mit destruktiven Texten, dargeboten von exzentrisch und aggressiv auftretenden Musikern haben zuvor bereits andere Künstler in den USA geboten, fanden dabei aber nicht dasselbe umfangreiche Echo.[5]

1.2.1 Pre-Punk in den USA

Als Band des so genannten Pre- oder Protopunks können in den späten 1960er Jahren vor allem die Bands MC5 aus Detroit, Michigan, THE STOOGES aus An Arbour, Michigan sowie THE VELVET UNDERGROUND aus New York City gelten (vgl. Der Spiegel 1978: 124 und Graf 2003:39, 377, 580ff.). Tatsächlich hatten alle drei Bands neben der rauen, schnellen und ungeschliffenen Rockmusik zusätzlich Elemente und Stilmittel aufzuweisen, die später vor allem bei Punkbands zur Standartausrüstung gehörten: Die der Kunstszene zu verortenden VELVET UNDERGROUND, die zeitweise von Pop-Art-Pionier Andy Warhol unterstützt

4 Schneider (2008: 41f.) jedoch sieht das anders. Für ihn war der US-amerikanische Proto-Punk, trotz Schocker-Attitüde, zu stark im klassischen Rock verankert, um wirklich als Punk durchzugehen. Es fehle der radikale Dilettantismus, der Pop-Futurismus und der totale Kollaps. »Die nachträglich zusammengeklaubten Vorbilder hatten eben nur Vorbildfunktion, nicht aber die Eigenschaften, die Punk in den Stand einer fast weltumspannenden Bewegung erhoben (...). Und die wesentliche Punkbotschaft war eben nicht: Iggy Pop wälzt sich in Scherben, sondern: ›Das kannst auch Du!‹« (Ebd.: 42).

5 Es ist anzumerken, dass die Attribute ›schnell‹ und ›dilettantisch‹ sich vor allem in Abgrenzung zur zeitgenössischen Rockmusik erschließen. Verglichen mit späteren Punk-Veröffentlichungen (wie z.B. das für das Genre des Melodic Hardcore stilbildende Album »Milo Goes To College« der DESCENDENTS) sind die SEX PISTOLS höchstens eine Mid-Tempo Band. Auch was den Schwierigkeitsgrad der Musikstücke (sowohl im spieltechnischen als auch im kompositorischen Sinne) betrifft, ist der Dilettantismus keineswegs eine unabdingbare Voraussetzung. So lassen sich Bands wie die britischen BUZZCOCKS durchaus mit den frühen BEATLES vergleichen.

wurden, provozierten mit Sado-Maso-Ästhetik auf der Bühne Jahre bevor SEX PISTOLS-Manager Malcom McLaren und seine Geschäftspartnerin Vivienne Westwood dies zur Punkmode erklärten, um sie zu verkaufen. MC5 waren nicht nur für exzessive Auftritte, die nicht selten mit Polizeieinsätzen endeten, und aggressive Texte (»Kick out the jams, motherfuckers!«) bekannt. Sie pflegten auch wie viele politische Punkbands später Kontakte in die linksradikale Szene, vornehmlich zu den White Panthers, deren Chef John Sinclar für einige Zeit ihr Manager war. Und Iggy Pop, Frontmann der STOOGES, zelebrierte auf der Bühne mit einer Glasscherbe Selbstverletzung, sang dabei deprimierende und wütende Texte und propagierte damit den Nihilismus, der den Punks eigen war, bereits in den 1960er Jahren. Zu allem Überfluss ließ er seine Musiker einmal in Nazi-Uniformen auftreten (vgl. ebd.). Auch dies wurde später zu einer beliebten Provokation der englischen 1970er-Punks.

Diese US-Bands der späten 1960er und der frühen 1970er Jahre können durchaus als zynische Antwort auf die positiv-friedliche und letztendlich gescheiterte Hippie-Revolution gelten (vgl. Robb 2007: 49). Obwohl sie auch unmittelbar durch die musikalische Experimentierfreude der Hippies entstanden sind (ebd.) war die Hippie-Bewegung bei den meisten Punk-Pionieren verhasst (vgl. McNeil/McCain 2004: 249). Andererseits gab es auch frühe Punk-Protagonisten wie Patti Smith, die ihre Inspiration durch Musiker wie Jimmy Hendrix, Bob Dylan und Janis Joplin nicht verheimlicht (Graf 2003: 558).

Der Glam Rock der frühen 1970er hatte ebenfalls Einfluss auf den US-Punk. Glam, so seine verkürzte Form, war eine Absage an die veraltete Rockmusik und spielte gleichzeitig ironisch mit dem Vorwurf des unauthentischen und künstlichen Kommerzpop, den ihm die ›alten‹ Gitarrenrocker vorhielten (Hecken 2009: 334). Das vielleicht wichtigste Stilelement des Glam Rock war neben der Musik das androgyne beziehungsweise feminine Auftreten der männlichen Musiker dieser Bands. Die 1971 gegründete Band NEW YORK DOLLS ist ein weiterer Wegbereiter des Punk und wurde ursprünglich dem Glam zugerechnet. »Die Dolls waren die coolen, rotzigen aufgetakelten Super-Tussis mit zu viel Make-up und einer fiesen Attitüde« (Robb 2007: 49). Die Band unterschied sich in zwei wesentlichen Punkten von stilprägenden Glam-Musikern wie Marc Bolan, David Bowie oder SLADE: Zum einen spielte sie keinen massenkompatiblen Poprock sondern erinnerten musikalisch an die ROLLING STONES, die STOOGES und MC5. Zum anderen waren ihre Bandmitglieder ›Full Drag‹, traten also als vollständige Transvestiten auf und nicht nur als feminine dennoch männliche Musiker mit Schminke und Glitzer. Damit waren sie ein Bindeglied zwischen Glam und Punk, wie Hecken (2009: 337) feststellt. Dies verwundert nicht, denn kurzzeitig war Malcolm McLaren ihr Manager. Trotz ihrer Bedeutung für die Rockmusik waren sie kommerziell nie sonderlich erfolgreich sondern blieben zeitlebens eine Underground-Band (vgl. ebd.: 336f.; Graf 2003: 423f.; Robb 2007: 48f.).

Anfang bis Mitte der 1970er war New York City mit seiner Drogen- und Künstlerszene die Brutstätte des entstehenden Punks. Zum wichtigsten Ort wurde das CBGB's, ein »Punktempel« (Graf 2003: 559), der im Dezember 1973 eröffnete. Ursprünglich sollten dort die Musikrichtungen Country, Bluegrass und Blues, aus deren Anfangsbuchstaben sich auch der Name des Clubs zusammen setzt, dominieren. Kurz darauf wurde er jedoch zum Anlaufpunkt der New Yorker Underground-Rockszene und damit für viele Protagonisten der Prä-Punk-Ära, die im CBGB's ihre Karriere begannen. Dazu gehörten beispielsweise die RAMONES, Patti Smith oder BLONDIE (Graf 2003: 126). Im Umfeld des CBGB'S tauchte auch erstmalig im Jahr der Begriff ›Punk‹ im Kontext mit harter Rockmusik auf. John Holmstrom und Ged Dunn, beide Anfang 20, sowie der 18-jährige Legs McNeil gründeten im Spätsommer 1975 die Zeitschrift mit dem Namen Punk. In ihrer ersten Ausgabe interviewten sie VELVET UNDERGROUND-Sänger Lou Reed, den sie zufällig bei einem RAMONES-Konzert im CBGB'S trafen (McNeil/McCain 2004: 249ff.).

Die RAMONES dürfte die wichtigste der zahlreichen New Yorker Prä-Punk-Bands sein. 1974 ebendort im Stadtteil Queens gegründet prägte ihr minimalistischer Garage-Gitarrenrock und ihre sehr kurzen und schnellen Liedern die spätere Szene fast so stark wie die SEX PISTOLS. Die heute obligatorische Lederjacke wurde durch sie eingeführt. Im CGBG'S waren sie ab 1975 die Hausband und veröffentlichten 1976, als die SEX PISTOLS gerade bekannter wurden, ihre erste Platte, auf welcher der Punk-Klassiker »Blitzkrieg Bop« als Opener war (Graf 2003: 491ff.).

Mit der Punk-Explosion in England, die im folgenden Abschnitt behandelt werden soll, stagnierte die Entwicklung des amerikanischen Punks auch vorerst weitestgehend. Einige zukunftsweisende US-Bands wie DEVO oder die TALKING HEADS setzten in der zweiten Hälfte der 1970er mit neuen Klängen im Punkgewand den Grundstein für später populärer werdende Stilrichtungen wie Post-Punk oder New Wave, zu deren aber auch englische Bands wie JOY DIVISION und SOUXIE AND THE BANSHEES gezählt werden können (vgl. Hecken 2009: 371ff.). Die nächstgrößere Innovation, die vom Boden der Vereinigten Staaten ausging, war ab etwa 1980 Hardcore-Punk, eine besonders schnelle und aggressive Variante von Punkmusik (Graf 2003: 298), deren Entwicklung in Deutschland noch näher betrachtet wird.

1.2.2 Punk und Prä-Punk in England bis 1975[6]

Das Vereinte Königreich und insbesondere London konnte bereits zuvor auf eine vielfältige Geschichte von Subkultur zurückblicken die sich nach der Unterteilung von Baake (2007: 28) alle als »Action-Szenen« bezeichnen lassen können und alle eine gewisse Gewalt-Affinität hatten. Alle hinterließen ihre Spuren in der Punkszene.

Den Auftakt machten bereits in den 1950er Jahren die Teds und kurze Zeit später folgten die Mods. Teds oder auch Teddy-Boys tauchten erstmalig in den frühen 1950ern in Südlondon auf. Es handelte sich bei ihnen um Jugendliche aus der Arbeiterklasse, die sich jedoch extravagant und für damalige Verhältnisse schrill kleideten, um sich von anderen ›proletarischen‹ Jugendlichen abzuheben. Ihre Musik war der klassische Rock'n'Roll der Zeit, der aus Amerika kam. Ihre Distinktion beschränkte sich jedoch auf Kleidung und Musik. Ansonsten unterschieden sie sich wenig von anderen Jugendlichen der Arbeiterklasse und galten politisch als konservativ (Baake 2007: 71f.).

Ebenfalls elegant gekleidete Londoner Arbeiterjugendliche waren die Mods, die erstmalig in den späten 1950ern auftauchten. Ihre Kleidung war jedoch im Gegensatz zur Kleidung der Teds keine eine Persiflage auf das noble England sondern eine Hommage. Sie identifizierten sich mit der Oberschicht und ihre zur Schau gestellte Eleganz sollte genau diese Identifikation repräsentieren. Sie trugen konventionelle Anzüge mit Krawatten und gepflegte halblange Haare, dazu aber auch unpassend wirkende Parka-Jacken. Mods waren in der Regel schlecht ausgebildete Jugendliche, die nach Höherem strebten. Die Mods gaben sich als Dandys und organisierten sich in Scooter-Gangs. Sie hörten die angesagten Bands der 1960er Jahre wie THE WHO, THE KINKS oder den ROLLING STONES und hatten damit zunächst keine eigene Musikrichtung. Die Szene galt als gewalttätig, wohl aufgrund ihrer Rivalität zu den Rockern (ebd. 72f.). Die frühe Londoner Punkband SHAM 69 (gegründet 1975) hat ihre Wurzeln in der Mod-Bewegung (vgl. Robb 2007: 140f.).

Die dritte und neben Punk vielleicht bekannteste Subkultur aus London, die hier aufgeführt werden soll, ist die Skinhead-Szene, die ab den späten 1960ern in Erscheinung trat. Die ersten Londoner Skinheads vereinten den Arbeiterklassestolz der Teds mit der Eleganz der Mods – auch wenn ihre Eleganz eine andere war. Skinheads achteten eher auf Ordnung und Sauberkeit als auf Chic. Zu ihrer optischen Ausstattung gehörten Hemden oder Polo-Shirts, Jeanshosen und schwere Arbeitsschuhe. Ihre Haare trugen sie sehr kurz, allerdings waren die ersten Skins nicht kahl rasiert. In der Freizeit ging man zum Fußball und hörte Ska,

6 Die hier gewählte Vergangenheitsform ist aus stilistischen Gründen gewählt und soll nicht suggerieren, dass die beschriebenen Szenen nicht mehr existieren.

eine Art einfach gespielter Reggae. Tatsächlich hat diese Subkultur, die bis heute fälschlicherweise ein Synonym für rassistische Gewalt ist, schwarze Wurzeln. Schwarze Skinheads mit jamaikanischer Herkunft waren keine Seltenheit. Dennoch übten bereits die ersten Skinheads rassistische motivierte Gewalt besonders gegen pakistanische Jugendliche aus, deren Einwanderung allgemein zu dieser Zeit als Bedrohung empfunden wurde. »Paki-Bashing« war aber nur eine von vielen Formen der Gewaltausübung. Die ersten Skinheads waren insgesamt eher gewaltaffin – ob beim Fußball, gegen andere Jugendgruppen oder gegen Studenten (vgl. Farin 2011: 111ff.).

Ähnlich wie der amerikanische entstand der englische Prä-Punk auch durch Ablehnung des etablierten und professionellen Rocks. In England war es die Pub-Rock-Szene, die eine bodenständige Alternative zum Glam-Rock-Boom bieten wollte. Wie der Name erahnen lässt, wurde dieser einfache Rock'n'Roll vornehmlich in den englischen Pubs gespielt. Pub-Rock ist keine eigenständige Musikrichtung mit einem spezifischen Stil. Die Bands, die dem Genre zugerechnet werden, decken viele Bereiche der Rockmusik ab. Pub-Rock konnte Rockabilly sein oder auch nach den ROLLING STONES klingen, die – wie Lead-Gitarrist Keith Richards (2010) in seiner Autobiographie beschreibt – ja anfangs selbst viel in Kneipen gespielt haben. Was die Musiker einte war viel mehr der Wunsch, einfache ehrliche Musik zu spielen. Für die späteren England-Punkpioniere war Pub-Rock das, was in New York Hardrock war. Hier sammelte auch der spätere THE CLASH-Frontmann Joe Strummer mit der Band THE 101ERS erste musikalische Erfahrungen und auch die frühe Punkband THE VIBRATORS entstammt der Szene (vgl. Robb 2007: 61 und 156). Glam-Rock war allerdings dennoch bei zahlreichen Protagonisten der englischen Punkszene ziemlich beliebt (vgl. Robb 2007: 68ff.). Außerhalb der Pub-Rock-Szene gab es eine Reihe von Bands, die als Wegbereiter des englischen Punks gelten können so wie die 1974 gegründete Band THE STRANGLERS, die sich jedoch selbst nie als Punkband sahen (Graf 2003: 582) oder LONDON SS (gegründet 1975 und nur wenige Monate existent), die musikalisch unbedeutend blieb weil sie nur eine Demokassette aufnahm, in der sich aber Musiker zahlreicher später namhafter Bands wie THE CLASH, THE DAMNED und der GENERATION X-Frontmann Billy Idol, der später als Solokünstler erfolgreich war, fanden (ebd. 360).

Aber auch der ökomische und der damit einher gehende soziale Niedergang Englands in den späten 1970er Jahren wird als Nährboden für die Entstehung des dortigen Punk angesehen (vgl. Baake 2007: 75; Farin 2011: 93; Hecken 2009: 342; Lydon 1995: 255f.). Tatsächlich aber fand Punk in England zunächst Verbreitung bei Jugendlichen aus der Mittelschicht, die mit ihren zerrissenen Klamotten Armut lediglich suggerierten (vgl. Hecken 2009: 342f.).[7]

1.2.3 Punk in England zwischen 1975 und 1977 und die SEX PISTOLS im speziellen

Die SEX PISTOLS sind nicht die Erfinder des Punk aber die Pioniere, die der Punkbewegung den Weg geebnet haben. Zweifelsohne sind die für die frühe Entwicklung des Genres wichtigste Band und daher ist es angebracht, sich im Folgenden ausführlicher mit ihnen zu beschäftigen.

Entstanden sind die SEX PISTOLS im Umfeld der Londoner Kings Road im Stadtteil Chelsea. Dort gab es Mitte der 1970er Jahre eine Reihe kleinerer Boutiquen mit einem ungewöhnlicheren Warensortiment. Dazu gehörte auch der Laden Sex, der von Malcolm McLaren und der Modedesignerin Vivienne Westwood betrieben wurde. Das Sex verkaufte zunächst Rockabilly-Mode aus den 1950er Jahren und später zur Entstehungszeit der SEX PISTOLS zunehmend provokante Kleidung, die sich an Fetischoutfitte der SM-Szene anlehnte (vgl. Hecken 2009: 338; Lydon 1995: 67; Robb 2007: 103ff.).

Kings Road war nicht nur eine Einkaufsstraße sondern auch ein Treffpunkt für junge und kreative Menschen in London. In diesem Umfeld entstand eine noch namenlose Pub-Rock-Band mit der Besetzung Glen Matlock (Bass), Paul Cook (Schlagzeug) und Steve Jones (Gitarre). Zunächst sang Steve Jones, dennoch war die Band auf der lange erfolglosen Suche nach einem eigenständigen Sänger. John Lydon, der sich später den Künstlernamen Johnny Rotten gab, war einer der Jugendlichen, die auf der Kings Road ihre Freizeit verbrachten. Zum Zeitpunkt der Gründung waren alle Musiker der Band zwischen 20 und 21 Jahre alt. Lydon fiel ihnen durch ein umgestaltetes Shirt der Band Pink Floyd auf, auf welchem er über den Bandnamen ein »I hate« setzte und so luden Matlock, Cook und Jones ihn zu einer Probe ein (Lau 1992: 41; Lydon 1995: 70; Robb 2007: 111ff.). Lydon war ein Kind irischer Einwanderer und wuchs in ärmlichen Verhältnissen im Londoner Norden auf (Lydon 1995: 18f.). Im August 1975 gab er sein Gesangsdebut bei den späteren SEX PISTOLS und wurde als Sänger engagiert. Wie bereits erwähnt war der SEX PISTOLS-Entdecker Malcolm McLaren kurzzeitig Manager der NEW YORK DOLLS und auch geschäftlich häufig in New York, so dass er viel von der dortigen Prä-Punk-Szene mitbekam (Robb 2007: 115).

7 Bei Lydon (1995) findet sich ein Bild des Autors mit bei einem frühen Auftritt in zerschlissener Kleidung mit der Bildunterschrift: »Anfang 1976, als Sicherheitsnadeln noch nicht in Mode waren und ein mottenzerfressener Sweater Armut bedeutete, nicht Popularität« (71).

Das erste SEX PISTOLS-Konzert fand am 6. November 1975 in der Kunsthochschule St. Martin's College statt, wo Glen Matlock studierte. Es war der erste von zahlreichen Auftritten an Kunsthochschulen in den kommenden Wochen. Das Konzert wurde von den Besuchern aufgrund der schlechten Performance der Band nach vier Liedern abgebrochen und endete in einer Schlägerei zwischen den SEX PISTOLS und der Hauptband BAZOOKA JOE, deren Equipment sie benutzen durften und bei ihrem Auftritt zerstörten (Lydon 1995: 85f.; Robb 2007: 117ff.).

Nach einer Reihe kleinerer Auftritte spielten sie am 19. Februar 1976 als Vorgruppe von EDDY & THE HOT RODS im Londoner Marquee Club vor einem etwas größeren Publikum. Auch dieses Konzert endete mit Gewalttätigkeiten ausgehend von den Mitgliedern der SEX PISTOLS, so wie die meisten ihrer Auftritte davor und auch danach. Nun wurden sie dadurch einer breiten Öffentlichkeit bekannt, weil ein anwesender Journalist des Musikmagazins NME einen vielgelesenen Artikel über den Auftritt verfasste. Dies war die Geburt der SEX PISTOLS als bekannte Skandalband (Lydon 1995: 82f.; Robb 2007: 146f.). Sänger John Lydon (1995) beschreibt die Auftritte der SEX PISTOLS zu der damaligen Zeit selbst so und betont, dass der Dilettantismus der Band nicht kalkuliert war:

»Ich glaube wirklich, daß das Glorreiche an den SEX PISTOLS die Tatsache war, daß sie bei den großen Veranstaltungen immer die Leute enttäuschten. Wenn die Lage mal mies aussah, haben die SEX PISTOLS immer versagt. Wir waren so schlecht, daß es schon wieder gut war. Vor den Konzerten wurden die Details nie richtig ausgearbeitet. Dinge wie die Road-Crew, das Equipment, die PA's und die Monitore waren schlecht organisiert« (82f).

Viele Musiker, die entweder in den Musikzeitschriften etwas über die SEX PISTOLS lasen oder sie bei einem Konzert sehen konnten, gründeten anschließend selbst Punkbands. Zu den wichtigsten englischen Gruppen des Genres, die im Laufe des Jahre 1976 gegründet wurden, zählten THE BUZZCOCKS, THE ADVERTS, THE DAMNED, THE CLASH, GENERATION X, UK SUBS und die erste rein weiblich besetzte Punkband THE SLITS (Robb 2007: 160ff.). Durch die Veröffentlichung des ersten Albums der RAMONES im April und ihren Auftritten in London im Juli rückte auch die New Yorker Szene bei den englischen Punks zunehmend ins Bewusstsein (ebd. 177ff.).

Auch das erste Punk-Fanzine wurde 1976 herausgegeben. Am 13. Juli 1976 kopierte Mark Perry aus Deptford zunächst 50 Exemplare eines von ihm mit Schreibmaschine und Klebestift hergestellten Heftes mit Beiträgen über die RAMONES und die Hardrock-Band BLUE ÖYSTER CULT und nannte es Sniffing

Glue. Dies war so erfolgreich, dass er bald neue Kopien erstellen musste. Es gab noch mehrere Ausgaben des Heftes. Bei der letzten Ausgabe lag die Auflage bei 20.000 Stück (Robb 2007: 199ff.). THE DAMNED verrieten im Sniffing Glue das musikalische Einmaleins für alle angehenden Punkmusiker: »this is a chord, this is another chord, this is a third chord – now form a band« (zitiert nach IG Dreck auf Papier 2008: 195). Was ein Fanzine mit dem Schwerpunkt Musik von einem Musikmagazin neben den aufgeführten optischen Unterschieden von einem Musikmagazin unterscheidet ist, dass es die Grenzen und Distanzen zwischen Musiker und Journalist überwindet und sich beide stattdessen auf Augenhöhe als Teil einer Szene begegnen (vgl. Hecken 2009: 340). Daher kann das New Yorker Punk-Magazin auch nicht als Fanzine bezeichnet werden, da es eher den Anspruch eines Musikmagazins hatte.

In der zweiten Jahreshälfte von 1976 war Punk nicht mehr länger nur der Insidertipp der Londoner Musikszene. Die Boulevard-Presse wurde auf das Phänomen aufmerksam und berichtete reißerisch von gewalttätigen Ausschreitungen bei Konzerten dieser neuen Bands. Die SEX PISTOLS unterzeichneten am 8. Oktober ihren ersten Plattenvertrag bei der Firma EMI und veröffentlichten am 26. November ihre erste Single »Anarchy In The U.K.«[8], die für eine Woche auf Platz 27 der Charts stand (vgl. Lau 1992: 41; Robb 2007: 235ff.). Auch das Layout der SEX PISTOLS mit den ausgeschnittenen Buchstaben im Stile eines Erpresserbriefes unterstrich das ihnen zugeschrieben Image als Kriminelle (vgl. Lydon 1995: 104).

Kurz darauf hatten die SEX PISTOLS ihren wahrscheinlich bekanntesten Fernsehauftritt überhaupt in der nach ihrem Moderator benannten Bill-Grundy-Show am 1. Dezember, der sie landesweit bekannt machen sollte: Da die Band QUEEN kurzfristig absagte, wurden die SEX PISTOLS mit ihrer Freundesclique, dem sogenannten Bromley Contingent, als Gäste eingeladen. Grundy provozierte seine Studiogäste und forderte sie auf, etwas Obszönes zu sagen. Der Bitte kamen die SEX PISTOLS nach und bezeichneten den Moderator als »dirty bastard«, »dirty fucker« und »fucking rotter«. Bill Grundy wurde daraufhin für zwei Wochen suspendiert und kurz darauf entlassen (Lau 1992: 41f.; Lydon 1995: 113; Robb 2007: 252). Die Sendung machte war die beste Werbung für die zwei Tage später startende »Anarchy«-Tour, bei der sie mit THE CLASH, THE DAMNED und

8 Diese war jedoch nicht die erste englische Punksingle. »New Rose« von THE DAMNED erschien bereits am 22. Oktober 1976 (Robb 2007: 236). Dies setzte die SEX PISTOLS unter Zugzwang: »Wir mußten einfach Platten auf den Markt bringen, weil THE DAMNED und andere Pseudo-Punk-Bands schon ihre Platten auf den Markt knallten« (Lydon 1995: 100).

THE HEATBREAKERS (einem Nachfolgeprojekt der NEW YORK DOLLS) in ausverkaufen Hallen durch ganz England tourten (Lydon 1995: 123; Robb 2007: 256f.).

Ab Anfang 1977 hatte die Szene in London ihr Pendant zum New Yorker CBGB's, den Roxy Club.[9] Der zweite Punk Club, The Vortex, eröffnete im Juli 1977. Dort traten die Punkbands der ersten Generation auf: GENERATION X, SLAUGHTER & THE DOGS, THE DAMNED, THE CLASH, WIRE und SIOUXSIE AND THE BANSHEES. Im Laufe des Jahres 1977 erschienen zahlreiche bis heute wegweisende Debüt-Veröffentlichungen. [10] (Robb 2007.: 269ff.). Bis heute wird Punkmusik, die sich musikalisch stark an den frühen Vorbildern orientiert, als »77er-Punk« bezeichnet.

Im Januar löste EMI seinen Zweijahresvertrag mit den SEX PISTOLS aufgrund der anhaltend negativen Presse über die Band gegen eine Ablösesumme vorzeitig auf. Im Februar verließ Bassist Glen Matlock die Band im Streit mit John Lydon und wird durch John Simon Richy ersetzt, der fast ausschließlich unter dem Namen Sid Vicious bekannt ist.[11] Die SEX PISTOLS unterschrieben im März demonstrativ vor dem Buckingham Palace einen Vertrag beim Label A&M, wo sie ihre zweite und wohl bekannteste Single »God Save The Queen« veröffentlichten. Bereits zehn Tage nach der Unterzeichnung wurde der Vertrag ebenfalls aufgelöst und die meisten Exemplare der Single vernichtet. Die SEX PISTOLS unterschreiben daraufhin beim Label Virgin. Dort brachte man erneut zum 25-jährigen Thronjubiläum von Queen Elizabeth II. am 7. Mai 1977 »God Save The Queen« heraus. Bei den öffentlichen Feierlichkeiten zu Ehren ihrer Majestät spielen die SEX PISTOLS auf einem Boot auf der Themse. Das Lied mit der Textzeile »God save the queen – the fascist regime« löste Boykotte bei Presswerken, Druckereien und in den Medien aus. Die Single landete am 11. Juni auf Platz 2 der englischen Charts. Es wird spekuliert, dass die UK Single Charts in dieser Woche manipuliert wurden und nach den Verkaufszahlen die Single auf

9 Andere Quellen sprechen von einer Eröffnung im Dezember 1976 (vgl. Lau 1992: 25). Das Roxy schloss bereits wieder nach 100 Tagen (Lydon 1995: 221).

10 Zu nennen wären nach Robb 2007 (Erscheinungszeitpunkt in Klammern): BUZZCOCKS: »Spiral Scratch« EP (29.01.), THE DAMNED: »Damned Damned Damned« LP (18.02.), THE CLASH: »White Riot« Single (18. März), THE UNDERTONES: »Jimmy Jimmy« Single (07.April) THE ADVERTS: »One Chord Wonder« Single (22. April), SLAUGHTER & THE DOGS: »Cranked Up Really High« Single (7. Mai) 999: »I'm Alive/Quite Disappointing« Single (Sommer), THE MODELS: »Freeze« Single (Juni), X-RAY-SPEX »Oh Bondage! Up Yours!« Single (September) (244ff.).

11 Nach Angaben von Lydon verlies Matlock die Band, weil er das Lied »God Save The Queen« nicht spielen wollte, da seiner Mutter der Text nicht gefiel (Lydon 1995: 125).

Platz 1 hätte stehen müssen (Lau 1992: 42; Lydon 1995: 131ff.; Robb 2007: 284ff.).[12]

Ab 1977 trat bereits die »zweite Welle« (Robb 2007: 359) der Punkbewegung an. Die zwischenzeitlich kaum präsente Skinhead-Szene erlebte in England ein Revival als sie die Punks für sich entdeckte und dort ihren eigenen Musikstil kreierten: Oi-Punk[13]. Verstanden wurde diese härtere Variante der Punkmusik, die auch Streetpunk genannt wurde, als Antwort auf den befürchteten Ausverkauf durch die »Mode-Punks« sowie als Musik der Straße und nicht der Kunsthochschulen. Bands wie SHAM 69, COCKNEY REJECTS oder die bereits seit längerem bestehenden COCK SPARRER lieferten den Soundtrack und besangen die Themen der Skins: Fußball, Zusammenhalt und die Arbeiterklasse (ebd., Lowles/Silver 2001: 22ff.). Mit dem Aufkommen der ›neuen‹ Skinhead-Bewegung begannen die zum Teil erfolgreichen Versuche von neonazistischen Parteien wie der National Front (NF) und dem British Movement (BM), Teile der Skinhead-Szene für sich zu gewinnen und ihr damit den als Pauschalität falschen Stempel des Neonazismus zu verpassen. Das provokante Spiel mit Nazi-Ästhetik gehörte für einige englische Punkbands bereits dazu (vgl. Robb 2007: 212). Zu dieser Zeit kam es immer häufiger auf Konzerten zu gewalttätigen Auseinandersetzungen, wenn rechte Skinheads und Punks aufeinander trafen. Ab den späten 1970er Jahren engagierten sich viele Punks daher in der Rock Against Racism-Bewegung (RAR). Auch bei Skinheads beliebte Bands wie SHAM 69 spielten RAR-Konzerte. Ab den späten 1970er Jahren sonderte sich der neonazistische Flügel von den unpolitischen bis antifaschistischen Skinheads und Punks ab und gründete als Antwort auf RAR die sogenannte Rock Against Communism-Bewegung, kurz RAC.[14] (vgl. Lowles/Silver 2001: 22ff.).

12 Die dritte Single »Pretty Vacant« erscheint am 2. Juli und die vierte Single »Holidays In The Sun« am 15. Oktober. Ihr einziges Studioalbum »Never Mind The Bollocks – Here is the Sex Pistols« wurde am 28. Oktober veröffentlicht. Alle Veröffentlichungen erscheinen auf dem Label Virgin. Zwischendurch tourt die Band – teilweise unter anderem Namen – durch England und die Niederlande (Lau 1992: 42 und Robb 2007: 304ff.).

13 Siehe dazu auch den Beitrag von Bitterwolf und Müller in diesem Band.

14 An deren Spitze stand die ehemalige Punkband SKREWDRIVER um Ian Stuart Donaldson, die sich nach einem textlich unverdächtigen Album in den 1970ern auflöste und am 1981 mit neuer Besetzung Punk-inspirierte Musik mit offen neonazistischen Texten spielte (vgl. Lowles/Silver 2001: 25). SKREWDRIVER gilt bis heute als die wichtigste Neonazi-Band in der rechten Skinheadszene. Auch der Tod des Frontmannes Donaldson im Jahr 1993 tut der Verehrung keinen Abbruch.

In gewisser Hinsicht das geistige Gegenteil von Oi-Punk stellte die vergleichsweise kleine Anarcho-Punk-Bewegung dar. Stilprägend war die im Sommer 1977 gegründete Band CRASS. Sie hatte linke bis linksradikale politische Ideen und sah Anarchie wie andere Punkbands nicht als Bürgerschreck-Attitüde sondern als politisches Ziel an, welches sie in ihren Texten propagierten. Sie lebten eine radikale D.I.Y.-Attitüde und lehnten das »No Future«-Denken der Punkszene ab. Darüber hinaus setzten sie sich für Tierrechte, Feminismus, Antimilitarismus und Frieden ein und lebten, von den Hippies inspiriert, in einer Kommune. Die Musik von CRASS war experimentell und wütend und ihre Konzerte waren an Kunstperformances angelehnt (vgl. Graf 2003: 160; Robb 2007: 380ff).

1.2.4 Punk in England zwischen 1978 und 1985

Johnny Rotten verlies die SEX PISTOLS während einer katastrophal verlaufenden Amerika-Tour am 15. Januar 1978 nach einem Konzert in Winterland, San Francisco. Seine letzten Worte auf der Bühne waren »Schon mal das Gefühl gehabt, dass man euch beschissen hat?« (i.O. »ever got the feeling you've been cheated?«) (Lydon 1994: 9). Damit war das Ende der formal noch weiter bestehenden SEX PISTOLS eingeläutet und die offizielle Hochphase des Punk zumindest als vielbeachtetes mediales Phänomen war vorbei.[15] Es entstanden in Großbritannien neue Szenen, die alle ihre Wurzeln im Punk hatten wie Post-Punk, New Romantic, New Wave, Psychobilly oder der britische Heavy Metal (Robb 2007: 392). Doch nicht nur neue Szenen und Musikrichtungen entstanden – auch alte wie Ska oder Mod wurden wiederentdeckt (ebd. 431f.). Punk wurde das, was es bis heute fast durchweg ist: Eine Szene im Untergrund mit unendlich vielen Verästelungen, die hin und wieder kurzlebige vom Mainstream beachtete kommerzielle Erfolge feiern kann. Die meisten englischen Punkbands bestanden weiterhin und viele tun es bis heute oder reformierten sich. Und es gab natürlich immer weiter auch Innovationen, wie etwa die TOY DOLLS, die ab 1979 mit ihren komödiantischen und selbstironischen Texten auffielen und damit das Genre Funpunk begründeten (vgl. Graf 2003: 619).

Zu Beginn des neuen Jahrzehnts wurde englischer Punk nochmals ›härter‹ – sowohl musikalisch als auch optisch. Ab 1980 prägten neben den weiter bestehenden Bands der ersten Generation und einer Reihe neuerer Oi-Bands vor allem Gruppen wie DISCHARGE, GBH oder THE EXPLOITED die Szene (Glasper

15 Johnny Rotten gründete nach dem Ende der SEX PISTOLS die Post-Punkband PUBLIC IMAGE LIMITED (PIL), die SEX PISTOLS machten zunächst ohne ihn weiter und arbeiteten an dem Film »The Great Rock'n'Roll Swindle« (Robb 2007: 424f.). Bassist Sid Vicious starb am 2. Februar 1979 an einer Überdosis Heroin (ebd.: 433). Seit 1996 treten die SEX PISTOLS wieder in Originalbesetzung gelegentlich auf.

2004: 44; Robb 2007: 440). Optisch prägten diese Bands das Bild, welches heute noch als typisches Punk-Outfit gelten kann: Gefärbte Irokesenfrisuren oder nach allen Seiten stachelig abstehende Haare, schwarze Lederjacken (die anders als bei den RAMONES mit manchmal hunderten von Metallnieten verziert waren), schwere Stiefel wie bei den Skinheads, Nietengürtel und Nietenarmbänder. Die Lieder wurden schneller, kürzer und aggressiver. DISCHARGE kreierten mit dem ›D-Beat‹ ihren eigenen, metallastigen Punkstil und beeinflussten damit maßgeblich später erfolgreiche Metalbands wie METALLICA, SLAYER und ANTHRAX (Glasner 2004: 167). THE EXPLOITED aus Schottland schufen mit »Punk's Not Dead!« von ihrem gleichnamigen 1981er Debutalbum das trotzige Credo für die Punks der damaligen Zeit (Graf 2003: 230).

Hier, also etwa Mitte der 1980er Jahre, endet die Betrachtung der englischen Punkszene. Zwar gab es auch selbstverständlich nach 1985 zahlreiche Entwicklungen wie neue Subgenres (bspw. Crustpunk) und Bands, aber deren Auswirkungen auf die deutsche Szene waren eher gering und können daher vernachlässigt werden.

1.3 Punk in Deutschland[16]

Die sozialen und kulturellen Bedingungen für Punk und Subkultur in (West-) Deutschland waren gänzlich andere als in England oder den USA. Hier gab es keine bunte Vielfalt an jugendlichen Stilen wie in England und auch keine so große und experimentierfreudige Künstlerszene in den Großstädten, wie sie New York City zu bieten hatte. Ebenso wenig gab es eine kürzlich gescheiterte Protestbewegung wie es die Hippies waren, aus deren Scherben sich etwas völlig Neues und Anderes erheben konnte.

Aus den USA wurde in die BRD lange Zeit kopiert beziehungsweise es wurde importiert (vgl. Hecken 2009: 239). Zwar gab es nach dem zweiten Weltkrieg in der Westdeutschland eine Halbstarken-Szene (die deutsche Version der US-amerikanischen Rock'n'Roller) (vgl. Farin 2011: 15). Für den Großteil aber waren Schlager und Softrock von Conny Froebess, Vico Torriani oder Peter Kraus die Musik ihrer braven Jugend während der Wirtschaftswunderjahre (ebd. 31). Die vielleicht erste deutsche Subkultur waren ab Mitte der 1960er Jahre die Gammler: Hippievorläufer, die passiv rebellierten, indem sie vergleichsweise ungepflegt und demonstrativ faul den plötzlichen Wohlstand im jungen Deutschland öffentlich in Frage stellten (ebd. 37).

16 Wir konzentrieren uns hier auf die Darstellung von Punk in Westdeutschland. Für Punk in der DDR siehe Hahn in diesem Buch.

Die deutsche Rockszene der 1970er hatte bis auf wenige Ausnahmen im linken und linksalternativen Protest-Rock-Spektrum (vertreten durch Künstler wie Udo Lindenberg, LOKOMOTIVE KREUZBERG und natürlich TON STEINE SCHERBEN) keinen Underground zu bieten (vgl. Farin 2011: 73f.). Deutsche Rockmusik der 1970er Jahre war nach wie vor eine Kopie vom englischsprachigen Mega-Rock, den professionelle Berufsmusiker mit teurem Equipment spielten und der daher kaum zur Nachahmung geeignet war. Die Alternative dazu war hauptsächlich der von älteren Musikern gespielte Kraut-Rock à la BIRTH CONTROL, der aufgrund seiner Ernsthaftigkeit ebenfalls bei musikalisch interessierten Teenagern schwer punkten konnte (Schneider 2007: 46f.; Stille 2003). In Deutschland begünstigte die musikalische Entstehung des Punk also nicht so sehr die Ablehnung gegen die Mainstream- und Glam-Rock, sondern mehr, dass es schlichtweg keine Musik gab, mit der sich aufgestaute Teenager-Energie entladen konnte.

1.3.1 Punk in Deutschland zwischen 1976 und 1979

Da die Möglichkeiten, eigene Informationskanäle zu schaffen, in den siebziger Jahren sehr begrenzt waren, sammelten deutsche Jugendliche zu dieser Zeit ihre ersten Punkerfahrungen durch Radio, Zeitschriften oder Fernsehen, wo wie in England fast ausnahmslos reißerisch über das ›neue Phänomen‹ von der Insel berichtet wurde (IG Dreck auf Papier 2008: 12). Die gängigen Jugendmusikformate in Radio und Fernsehen, beispielsweise die »Disco«-Sendung mit Ilja Richter, spielten jedoch auch häufiger englischen Punk (vgl. ebd.: 15).

Eine besondere Rolle nahm die Jugendzeitschrift Bravo ein, die früh und häufig über die SEX PISTOLS und die RAMONES berichtete. Damit hat sie wahrscheinlich ungeplant mehr zur Verbreitung des Punk in Deutschland beigetragen als alle anderen Medien. Bereits in der Ausgabe 48/1976 lag ein Poster der SEX PISTOLS bei und in der Ausgabe 35/1977 wurden sie auf dem Cover abgebildet (Kuttner 2005: 127). Auch Wiederkehrer von London-Fahrten, die in Kontakt mit den ›echten Punks‹ kamen, verbreiteten den Punk in Deutschland (IG Dreck auf Papier 2008: 14ff.; Stille 2003).

Ab der zweiten Hälfte des Jahres 1976 tauchten vereinzelt deutsche Punkpioniere auf. Als allererste deutsche Punkband gelten BIG BALLS & THE GREAT WHITE IDIOT aus Hamburg. Sie unterschrieben im November 1976 einen Plattenvertrag beim Label Teldec, obwohl sie erst sehr kurz existierten (vgl. Graf 2003: 84; Schneider 2007: 54). Mit ihrer Gründung lagen sie knapp vor MALE aus Düsseldorf, die sich im Dezember 1976 zusammen fanden (vgl. IG Dreck auf Papier 2008: 10).

Die BALLS, wie sie abgekürzt genannt wurden, waren eher Hardrocker deren Kleidung sich zwar klar an den England-Punks orientierte, die aber mit ihren langen Haaren in der Szene Akzeptanzschwierigkeiten hatten. Musikalisch waren sie weniger relevant für die frühe Punk-Ära. Stattdessen ist es ihr Verdienst, dass sie die Entwicklung der Szene maßgeblich vorantrieben. In ihrem Umfeld entstanden viele neue Punkbands, sie organisierten Auftrittsmöglichkeiten und hatten Verbindungen nach England, so dass sie von dort viele Bands von der Insel nach Deutschland holen konnten (vgl. Schneider 2007: 54f.).

Als weitere deutsche Punkbands der ersten Stunde gelten PACK aus München, PVC aus Berlin und die STRASSENJUNGS. Die STRASSENJUNGS aus Frankfurt am Main polarisierten von Anfang an: Bereits am Cover ihrer ersten LP »Dauerlutscher«, die auf CBS erschien, lässt sich erkennen, dass die Bandmitglieder offensichtlich bemüht und lieblos ›auf Punk gestylt‹ wurden. Tatsächlich handelte es sich bei den STRASSENJUNGS zunächst um eine gecastete Band bestehend Profi-Musikern, die nach der Vorstellung ihrer Schöpfer hauptsächlich Geld einbringen sollte. Musikalisch machten auch sie wie die BALLS eher Hardrock als Punk. Ihre Besonderheit war, dass sie ihre (vornehmlich anzüglichen und sexualisierten) Texte auf Deutsch sangen, als alle deutschen Früh-Punkbands noch gemäß ihrer Vorbilder nur englische Texte hatten (vgl. Schneider 2007: 50ff.). Gemeinsam haben diese Bands übrigens alle, dass ihre ersten Veröffentlichungen auf den Major-Labeln Teldec und CBS erschienen (vgl. IG Dreck auf Papier 2008: 10).

Durch das Entstehen der ersten Bands entwickelten sich zwangsläufig Strukturen der ›Szene‹, denn es fehlte an Orten, wo man auftreten konnte und anderen Treffpunkten. Die internationalen Größen aus England und den USA spielten zwar in den kommerziellen Hallen, aber kleine Bands mussten sich eigene Plätze suchen. Diese wurden entweder eröffnet oder es wurden bestehende Läden okkupiert. Diese standen zunächst alle in größeren Städten im nördlichen Deutschland. Als erste Treffs gelten ab 1977 in Deutschland das Punkhouse, das SO36, das KZ36 (alle in Berlin), die Markthalle und das Krawall 2000 in Hamburg und der Ratinger Hof in Düsseldorf (vgl. Schneider 2007: 60ff.). Unzählige sollten im Laufe der Jahre hinzukommen. Die Plattenproduktion gestaltete sich in Deutschland aber schwieriger als in England, da die hiesigen Mayor-Labels bis auf wenige oben genannte Ausnahmen zunächst kein Interesse an Punkmusik hatten. Zwar gab es die Möglichkeit, Kassetten selbst zu produzieren aber gepresstes Vinyl suchte man zuerst vergebens. Somit erschien bis 1979 kaum Punk auf LPs oder Singles aus Deutschland, was sich dann aber schlagartig änderte, da sich in dieser Zeit zahlreiche kleine und oft kurzlebige Labels gründeten, die sich auf Punk spezialisierten (Stille 2003).[17]

---

17 Laut der IG Dreck auf Papier (2008) veröffentlichten folgende deutsche Punkbands 1979 erstmalig auf Vinyl: AHEADS, BUTTOCKS, DAF, HANS-A-PLAST (die erste deut-

Besser entwickelte sich die Fanzine-Szene. Bereits Anfang 1977 erschien das vermutlich erste deutsche Fanzine The Ostrich in Düsseldorf von Franz Bielmeier, an dem auch Peter Hein (FEHLFARBEN) und Gabi Delgado Lopez (DAF) mitarbeiteten (vgl. Kleiber 1997: 54; Schneider 2007: 61). Zwischen 1977 und 1981 konnten Paul Ott und Hollow Skai in ihrer Fanzinebibliographie »Wir waren Helden für einen Tag. Aus deutschsprachigen Punk-Fanzines 1977-1981« trotz einer hohen Dunkelziffer 305 deutschsprachige Fanzines aus Deutschland, Österreich und der Schweiz zusammen tragen (Kleiber 1997: 54).

Neben Bands, Tonträgern, Fanzines und Auftrittsorten etablierten sich auch die ersten Vertriebswege – seien es unabhängige Plattenläden in den größeren Städten (größere Geschäfte und Ketten verkauften nur englischen Punk) oder die ersten Mailorder (Stille 2003).

1.3.2 Punk in Deutschland zwischen 1980 und 1984

Um 1980 differenzierte sich Punk – ähnlich wie in England – langsam aus. Die eher älteren intellektuellen, künstlerisch orientierten und experimenteller ausgerichteten Punks wendeten sich zunehmend dem ruhigeren New Wave zu und gingen in dann teilweise in den frühen 1980ern auf in der kommerziell erfolgreichen Neuen Deutschen Welle auf. Den Jüngeren war deren Musik nicht hart genug. Die erlebnisorientierten Jugendlichen wollten aggressiven, rohen Punk, wie ihn beispielsweise die Hamburger Band THE BUTTOCKS seit den späten 1970ern spielte. Diese Ansprüche waren unvereinbar und so gingen beide Szenen (Art-Punks und Hardcore-Punks) zunehmend getrennte Wege, was nicht immer konfliktfrei verlief (vgl. IG Dreck auf Papier 2008 34f.; Stille 2003).

Das, was um 1980 als Hardcore-Punk bezeichnet wurde, wird heute Deutschpunk oder auch Deutsch-Punk[18], seltener D-Punk, genannt während klassischer Hardcore amerikanischer Prägung erst ab Mitte der 1980er Jahre in Deutschland populär wurde. Wichtigstes Charakteristikum sind die deutsch gesungenen Texte, die oft einfach strukturiert, parolenartig und sehr politisch sind. In den frühen 1980ern gründeten sich besonders viele Deutschpunkbands.

Einen derartigen Text hat beispielsweise das mittlerweile indizierte Lied »Wir wollen keine Bullenschweine« beziehungsweise »Bullenschweine«, wie es auch verkürzt betitelt wird, von SLIME. Dies findet sich auf ihrer ersten nach dem zitierten Song benannten EP aus dem Jahr 1980, welches mit Zeilen wie »Ein

---

sche Punk-LP mit weiblichem Gesang), HERMANN'S ORGIE, HINTERBERGERS WUT, MALE, MATERIALSCHLACHT, MITTAGSPAUSE, RAZORS, ROTZKOTZ, SALINOS, STRIPES, SYPH, ZK (34).

18 Dieser Begriff wurde von MALE in einem Leserbrief an die Zeitschrift Sounds geprägt: http://bit.ly/NlmBxt

Drittel Heizöl, zwei Drittel Benzin/ Wie '68 in Westberlin/ Diese Mischung ist wirkungsvoll/ Denn diese Mischung knallt ganz toll/ Wir wollen keine Bullenschweine!« und »Dies ist ein Aufruf zur Gewalt/ Bomben bau'n, Waffen klau'n/ Den Bullen auf die Fresse hau'n...« wenig Interpretationsspielraum lässt (zitiert nach Dorner/Hentschel 2011).

Viele der bis heute in der Szene als legendär geltenden Bands veröffentlichten in dieser Zeit vergleichsweise qualitativ hochwertige Alben, die als Meilensteine gelten. Dass die Alben meist besser ausgearbeitet waren als die Veröffentlichungen der Vorgängergeneration lag besonders daran, dass die Bands teilweise bereits ein paar Jahre bestanden aber erst in den frühen 1980ern überhaupt die Möglichkeit bekamen, etwas zu veröffentlichen. Es wurden folglich weniger ›Schnellschüsse‹ produziert (vgl. Stille 2003).

Mit der neuen Härte schien die Szene insgesamt gewaltaffiner zu werden. Negative Presseberichte über Punks in Deutschland (insbesondere in Hamburg[19]) und deren gewalttätige Auseinandersetzungen besonders mit Teds, Rockern und den sogenannten Poppern nahmen zu (IG Dreck auf Papier 2008: 36). Am 3. Mai 1980 beging eine Gruppe von Punks im Hamburger Stadtteil Pöseldorf einige Sachbeschädigungen an Autos und Fensterscheiben und legten sich mit der Polizei an. Die Medien von Boulevard bis Qualitätsjournalismus entdeckten das Thema Punk und Gewalt. Der Spiegel nahm die Vorfälle in Pöseldorf zum Anlass, über die vermeidlich neue gewalttätige Szene zu schreiben: »In der westdeutschen Jugend wächst eine bislang vor allem aus England bekannte Protesthaltung: Punk. Nach Konflikten mit Poppern, Teds, und Polizisten haben die Deutschpunks nun auch Kleinkrieg mit der Unterwelt« (Der Spiegel 1980: 92). In den folgenden Monaten gab es immer wieder Skandalberichte über Punks. Die Hamburger Morgenpost titelte am 11. September 1980 »Punker – ›ausgeflippt‹ oder kriminell? Zoff aus Angst vor der Zukunft« (zitiert nach ebd. 62). Die Antwort auf diese rhetorische Frage fiel natürlich eindeutig aus: kriminell. Ein Punk fasst die damalige Stimmung zusammen: »Dank BILD-Zeitungs-Hetze und Dramatisierung des ganzen Pöseldorf-Vorfalls wurde man vom ›belächelten Clown‹ zur Gefahr für die Gesellschaft« (ebd. 63).

Zur gleichen Zeit wurde die Szene jedoch auch ernsthafter und politischer. Die einsetzende Politisierung der Punkszene in den frühen 1980er Jahren hing sicherlich auch mit der zunehmenden Repression der Staatsgewalt gegen die diese zusammen (vgl. IG Dreck auf Papier 2008: 69). Auch wenn die Punks fak-

19 Hamburg hatte auch innerhalb der Szene und nicht nur in den Medien zur damaligen Zeit seinen Ruf als Stadt mit gewalttätigen Punks weg während Düsseldorf für den intellektuellen künstlerisch orientierten und Westberlin für den politischen Punk stand (vgl. IG Dreck auf Papier 2008: 48ff.).

tisch ›angefangen‹ haben, waren zahlreiche Maßnahmen von Seiten der Ordnungsmacht zumindest aus rechtsstaatlicher Sicht fragwürdig (siehe dazu »Punkerkartei« in Hannover im folgenden Abschnitt). Andererseits waren die 1980er Jahre insgesamt ein pessimistisch-politisches Jahrzehnt zwischen teilweiser Resignation derjenigen, die in den 1970er ihre hochgesteckten linken Ziele nicht erreicht haben und den jüngeren, die sich aus Angst um die Zukunft sich in Friedens-, Öko- oder Anti-Atomkraft-Gruppen engagierten (vgl. Farin 2011: 125ff.). Die Punkszene hatte inhaltlich viel mit den linken Bewegungen der frühen 1980er gemeinsam, grenzte sich jedoch optisch, ästhetisch und auch musikalisch[20] von diesen auch ab (Büsser 2010: 33). Die Linke und die Punkszene mischten sich teilweise, besonders bei den Berliner Hausbesetzern, was jedoch auch nicht immer konfliktfrei verlief. Trotz zahlreicher Gemeinsamkeiten war und ist das Verhältnis von Punk- und autonomer Szene nicht spannungsfrei, da vielen Autonomen der provokative und oft politisch unkorrekte Habitus der Punks zuwider war während Punks die selbst erstellten Regeln einiger Linker als Bevormundung empfinden (vgl. ebd.; IG Dreck auf Papier 2008: 69).

Die Texte der Deutschpunkbands der ›zweiten Generation‹ wie SLIME, TOXOPLASMA, CANAL TERROR, DAILY TERROR oder RAZZIA waren zwar wütend und einfach, jedoch (wenigstens zu einem großen Teil) auch differenzierter in ihrer Gesellschaftskritik. Man war als Punk inzwischen nicht mehr ›gegen alles‹ sondern spezieller gegen Phänomene wie Ungleichbehandlung, Militarismus oder Faschismus/Neonazismus (vgl. IG Dreck auf Papier 2008: 69ff.). Dies artikulierte sich jedoch nicht nur ernst und pessimistisch. Am 21. Oktober 1981 gründeten zwei jugendliche Punks mit der Anarchistischen Pogo-Partei Deutschlands (APPD) in Hannover eine Parteienparodie, die zwar (zunächst) nicht bei Wahlen antrat, aber durch einige satirische Demonstrationen, etwa für die Freiheit des Osterhasen oder des Nikolauses oder für die Wiedereinführung der Todesstrafe (sic!) zumindest regional in Hannover für Irritationen und Aufsehen sorgte (vgl. Farin 1998: 99).[21]

Eine Mischung aus politischem Aktionismus und punk-typischer öffentlicher Selbstinszenierung waren auch die berühmt-berüchtigten Chaostage,[22] die erstmalig am 18. Dezember 1982 in Hannover stattfanden. Hintergrund war die Einrichtung einer sogenannten »Punker-Kartei« durch die Polizei, in der Punks als

20 Gut aufzuzeigen am Text des Liedes »Linke Spießer« der durchaus linken Band SLIME aber auch im Lied »Kernkraftritter« der eher libertären bis konservativen Punkband OHL.

21 Siehe dazu die Beiträge von Meinert und von Seyferth in diesem Band.

22 Alternativschreibweise: Chaos-Tage. Siehe dazu auch den Beitrag von Herbertz in diesem Band.

potentielle Gewalttäter zur Gefahrenabwehr aufgenommen werden sollten. Initiator der Chaostage war Peter Altenburg, in der Punkszene bekannt unter seinem Pseudonym Karl Nagel. Ziel war es, möglichst viele auswärtige Punks nach Hannover zu locken und durch schiere Überpräsenz das Prinzip der Kartei zu sprengen. Beworben wurde die Veranstaltung auf mehreren Flyern, die teilweise widersprüchliche Informationen über die Veranstaltung enthielten und durch die gerade auf Deutschlandtour befindliche amerikanische Polit-Punkband DEAD KENNEDYS, die zum Besuch der Chaostage aufrief. Schließlich erschienen etwa 800 Teilnehmer und es kam zu Konflikten mit der Polizei (Herbertz 2011: 247ff.).

Einige Anhänger der Szene stemmten sich gegen den einsetzenden Linksruck und schlossen sich der als unpolitisch geltenden Oi-Punk-Szene an, die als ›echte‹ Punkbewegung in England angetreten war wurde und den frühen 1980ern nach Deutschland schwappte. Viele wurden quasi folgerichtig im Laufe der Zeit auch zu Skinhead. Prominentestes Beispiel sind die Mitglieder der Rockband BÖHSE ONKELZ (vgl. IG Dreck auf Papier 2008: 70; Weiss 2001: 69f.). Die ersten Skinheads in Deutschland waren überwiegend nicht neonazistisch. Dennoch kann man viele von ihnen durchaus als ›rechts‹ bezeichnen, da Nichtdeutsche und Linke bereits als Feindbilder ausgemacht wurden und sie mehrheitlich einen übersteigerten Patriotismus bis hin zum Nationalismus pflegten (vgl. Weiss 2001: 69ff.).[23] Jedoch gab es auch zumindest anfänglich Versuche, die Punk- und die Skinhead-Szene wieder zu versöhnen. Die zweiten Chaostage, die am 2. Juli 1983 stattfanden, appellierten an beide Gruppen gemeinsam zu feiern und sich gegen die Polizei zu verbünden. Die Flyer richteten sich sowohl an Punks als auch an Skinheads. Das Vorhaben ging allerdings gründlich schief: Es erschienen insgesamt 1500 Punks und Skinheads, die sich gegenseitig verprügelten. Dies setzte sich bei den Chaostagen 1984 fort: Diesmal mischten sich auch offen neonazistische Skinheads unter die 2000 Besucher, was nicht nur in Schlägereien zwischen Punks und Skins sondern auch in der Zerstörung eines von Punks genutzten Jugendzentrums endete[24] (Herbertz 2011: 249ff.).

Die meisten Punk-Labels der ersten Stunde stellten bereits ihre Aktivitäten zu Beginn der 1980er-Jahre ein oder verlegten andere Musik (vgl. Stille 2003).

---

23 Erst in den späten 1980er Jahren entdeckte die hiesige Neonazi-Szene das Potential, dass sie in den Skins hatte und warb nach englischem Vorbild verstärkt um sie. Ab 1991 warb die damals von der Bedeutungslosigkeit bedrohte und überalterte NPD erfolgreich um Skinheads und rechte Jugendliche vornehmlich aus den neuen Bundesländern (vgl. Weiss 2001: 69ff.).

24 Trotz einzelner Mobilisierungsversuche fanden danach 10 Jahre lang keine größeren Chaostage mehr statt (Herbertz 2011: 251).

Kleine Labels entstehen und verschwinden bis heute immer wieder. Zu den größeren Labels in den frühen 1980ern gehörten (bekanntere Labelbands in Klammern mit möglicher Mehrfachnennung): Aggressive Rockproduktion aus Berlin (MIDDLE CLASS PHANTASIES, SLIME, DAILY TERROR, CANAL TERROR, TOXOPLASMA, NEUROTIC ARSEHOLES), Weird System aus Hamburg (RAZZIA, SS ULTRABRUTAL, BLUT + EISEN, NEUROTIC ARSEHOLES), Mülleimer Records aus Stuttgart (NORMAHL, CHAOS Z, INFERNO, BOSKOPS)[25] sowie Rock-O-Rama aus Köln (VOMIT VISIONS, RAZORS, OHL, CHAOS Z, BÖHSE ONKELZ). Rock-O-Rama war stets umstritten. Als Punk-Label war es zunächst berüchtigt für seine schlechten und billigen Produktionen, die zu Höchstpreisen verkauft wurden und lediglich maximalen Profit für den szenefernen Betreiber Herbert Egoldt abwerfen sollten. Die Bands erhielten oft als Bezahlung nur wenige Freiexemplare. Ab der Mitte der 1980er mischten sich immer mehr nationalistische bis patriotische Alben wie die frühen Veröffentlichungen der BÖHSEN ONKELZ in das Sortiment Rock-O-Rama stieg dann schließlich endgültig auf Rechtsrock um und produzierte und vertrieb und neben Platten ausländischer Bands wie SKREWDRIVER und BRUTAL ATTACK auch deutsche Neonazi-Bands wie STÖRKRAFT.[26]

Strukturell gab es neben der Entstehung verhältnismäßig großer Labels noch weitere Veränderungen. In Großstädten entstanden szeneeigene Läden mit Kleidung und Tonträgern, die es vormals fast nur per über Mailorder oder in wenigen kleinen Plattenläden gab, in denen Betreiber oder Mitarbeiter eine Affinität zu Punkmusik hatte. Größere Läden und Ketten nahmen Punk-Mode in das Sortiment auf. Letzteres ist dem kurzzeitigen Boom der aus dem New Wave entstanden Neuen Deutschen Welle geschuldet. Andererseits verlagerten sich zeitgleich die Konzerte von kommerziellen Veranstaltungsorten hin in die meist staatlichen Jugendzentren. Auch das kann man als Zeichen der Öffnung der Mehrheitsgesellschaft für Punk interpretieren. Nach dem Vorbild amerikanischer Fanzines wie Maximum Rocknroll (Kurzform oft MRR) oder Flipside konzentrierten sich die deutschen Hefte verstärkt auf auch überregionale Berichterstattung über Musik und Bands und weniger persönliche oder künstlerische Geschichten (vgl. IG Dreck auf Papier 2008: 71 und 99).

In der ersten Hälfte der 1980er Jahre entstanden auch die beiden Bands, die bis heute als die bekanntesten deutschen Punkbands gelten: DIE ÄRZTE (Westberlin) und die TOTEN HOSEN (Düsseldorf).

Im Umfeld des Ratinger Hofs gründete Campino, der Ex-Sänger der Band ZK, 1981 die TOTEN HOSEN, in Kurzform auch nur HOSEN genannt. Die Band erlang-

---

25 Informationen und Diskographien zu zahlreichen frühen Punk- und NDW-Labels: http://bit.ly/QohYr9

26 Die Geschichte von Rock-O-Rama Records: http://bit.ly/MiBVkz

te erstmals 1983 durch einen kleinen Skandal Bekanntheit: Die Kirche, in der das Video zur Single »Eisgekühlter Bommerlunder« gedreht wurde, musste nach Beendigung der Dreharbeiten auf Anordnung des zuständigen Bischofes neu geweiht werden. ARD und ZDF weigerten sich zudem, den Clip auszustrahlen (Graf 2003: 615).

DIE ÄRZTE gründeten sich 1982 und bestanden aus Schlagzeuger und Sänger Dirk Felsenheimer (Bela B.), Gitarrist und Sänger Jan Vetter-Marcianiak (Farin Urlaub), die beide zuvor in der Punkband SOILENT GRÜN spielten, und Bassist Hans Runge (Sahnie). Ihre Punk-inspirierte und Teenager-kompatible Popmusik und ihre originell-ironischen Texte (exemplarisch für beides kann hier das Lied »Zu spät« genannt werden) sowie die selbstbewusste Bezeichnung als »beste Band der Welt« machten auch sie schnell zu einer kleinen Berühmtheit (ebd. 57).

Zwischen 1983 und 1984 berichtete die Bravo nach dem Abflauen des New Wave verstärkt über die ÄRZTE und die HOSEN (Kuttner 2005: 128). Beide Bands können als Wegbereiter der Funpunk-Welle in den späten 1980ern und bis heute als ›Einstiegsdroge‹ für viele Punks gelten.

1.3.3 Punk in Deutschland zwischen 1985 und 1989

Mitte der 1980er Jahre änderte sich der Fokus der hiesigen Punkszene: Nicht mehr England und die dortigen Punks galten als Blaupause für die deutsche Szene, sondern zunehmend die amerikanische. Die deutsche Szene wurde, inspiriert durch Bands wie EXPLOITED in der ersten Hälfte der 1980er, dominiert durch die ›Nietenkaiser‹ mit Irokesenfrisuren (IG Dreck auf Papier 2008: 70f.). Durch die allgemeine Erhältlichkeit amerikanischer Fanzines und Platten sowie durch häufiges Touren der ersten Hardcorebands kamen neue Impulse in die deutsche Szene, die ein anderes vielleicht alternatives Bild von Punk zeichneten (vgl. Stille 2003). Dazu kam: Die Deutschpunk-Szene galt Mitte der 1980er als durchsetzt von Alkoholismus und Gewalt, was besonders die Aktivisten der Szene zunehmend abschreckte so dass Hardcore und die mit ihr verbundene Straight Edge-Philosophie (s.u.) als Ausweg erschien (vgl. IG Dreck auf Papier 2007: 109).

Hardcore-Musik als schnellere härtere Variante des Punk entstand in den frühen 1980er-Jahren in den USA. Bands des Genres zeichnete aus, dass der Gesang noch stärker geschrien und die Musik noch schneller aber auch melodischer war als bei harten England-Punkbands wie EXPLOITED, GBH oder DISCHARGE. Textlich ging es fast immer um persönliches und privates oder maximal allgemeine Gesellschaftskritik. Explizit politische Hardcore-Bands wie die DEAD

KENNEDYS oder M.D.C.[27] blieben zunächst Ausnahmen. Das Phänomen Hardcore fand nicht nur in Großstädten wie Washington, New York oder Los Angeles statt sondern oft auch im mittleren Westen der USA. Bands der ersten Stunde waren beispielsweise BAD BRAINS, BLACK FLAG, CIRCLE JERKS, MINOR THREAT, NEGATIVE APPROACH und 7 SECONDS (vgl. Büsser 2010: 17ff.; Graf 2003: 289). Später hatten einige Hardcore-Bands wie D.R.I.[28], NAPALM DEATH oder BIOHAZARD deutliche Spuren von Metal-Musik (vgl. Büsser 2010: 50ff.).

Ein Teil der Szene verweigerte sich aufgrund der schlechten Erfahrungen dem Konsum jeglicher Rauschmittel wie Drogen und Alkohol, oftmals auch dem Verzehr von Fleisch und Polygamie. Straight Edge nennt sich diese Bewegung, benannt nach einem Song der Band MINOR THREAT. Ihr Lied »Out Of Step« charakterisiert die Eckpfeiler des Straight Edge kurz und knapp: »I don't smoke/I don't drink/I don't fuck/At least I can fucking think«[29] Das Erkennungszeichen der Szene ist ein auf die Hand gemaltes X, welches in amerikanischen Bars normalerweise diejenigen verpasst bekamen, die von Rechts wegen zu jung für den Kauf von Alkohol sind. Dieses asketische Verhalten rief Skepsis und Diskussionen in der Punkszene auf den Plan. Von Lustfeindlichkeit war die Rede und viele betonten die Unvereinbarkeit von strengen Regeln und Dogmen mit Punk-Grundsätzen an (vgl. Büsser 2010: 121f.).[30]

Hardcore ist, wie Punk, vornehmlich weiß, mittelständisch und männlich konnotiert. Optisch dominiert sportliche Kleidung wie Kapuzenpullis und Turnschuhe aber auch militärisch angehauchte Kleidung wie Tarnhosen und Bomberjacken, wie man sie von den Skinheads kennt sowie unauffällige Frisuren oder Glatzen anstatt eines Irokesenschnitts. Auch wenn sich ihr Look gegen den Mainstream stellt, sind Hardcore-Anhänger bis heute optisch deutlich weniger auffällig als die Punks. Insgesamt neigten sie weniger zur Selbst- und Außendarstellung. Dies ist wahrscheinlich ein Grund, warum Hardcore zunächst medial fast keine Beachtung fand. Das wichtigste Unterscheidungskriterium ist der

---

27 Die Bedeutung des Kürzels wechselte häufig. Meist steht M.D.C. für MILLIONS OF DEAD COPS, alternativ unter anderem auch für MULTI DEATH CORPORATIONS oder MILLIONS OF DAMNED CHRISTIANS.

28 Langform: DIRTY ROTTEN IMBECILES.

29 »Don't fuck« ist hierbei nicht als generelle Ablehnung von Sexualität, sondern als Aufruf zur Abkehr von ihrer promiskuitiven Form zu verstehen.

30 Die Diskussion über Straight Edge und die verschiedenen Interpretationen veranlasste MINOR THREAT dazu, in einer späteren Version von »Out Of Step« eine über ein Gitarrensolo gesprochene Klarstellung einzufügen. Demnach handele es sich in dem Lied nicht um ein Regelwerk und man wolle niemandem sagen, was er oder sie zu tun oder zu lassen habe.

positive Bezug zum eigenen Körper: Während Sport und Fitness in der Punkszene keine Bedeutung hatte und stattdessen eher Selbstzerstörung glorifiziert wurde, waren unter den Hardcore-Punks viele Sportler, besonders Skateboard-Fahrer oder auch in der New Yorker Szene sogar muskelbepackte Fitnessstudio-Besucher. Diskussionen fanden vornehmlich in Fanzines statt. Über körperliche Auseinandersetzungen mit Punks, wie es sie mit Skinheads gab, ist nichts bekannt - trotz des Konfliktpotentials, welches Straight Edge mit der traditionellen Punkszene hat (Büsser 2010: 25ff.; Lau 1992: 36f.).

Zu den deutschen Hardcore-Bands der ersten Stunde mit hörbarem Einfluss aus Amerika zählen MANIACS, INFERNO, UPRIGHT CITIZENS[31], HOSTAGES OF AYATOLLAH und besonders die SPERMBIRDS (IG Dreck auf Papier 2008: 110). Schnell entstanden auch die ersten Fanzines mit dem Schwerpunkt auf Hardcore: Das Trust startete 1986 und konzentrierte sich zunächst auf den süddeutschen Raum. 1988 gründete Moses Arndt, der zuvor beim Trust geschrieben hatte, das ZAP. Etwas später wurde das OX gegründet. Die ersten Labels, die Hardcore aus Deutschland veröffentlichten, waren X-Mist, Double A und Funhouse (Büsser 2010: 131; Stille 2003). Die ›traditionelle‹ Punkszene war nach dem Aufkommen von Hardcore und der Abwanderung ihrer Aktivisten in der zweiten Hälfte der 1980er sehr unproduktiv (IG Dreck auf Papier 2008: 122).

Während Hardcore in den 1980ern eine Untergrund-Erscheinung blieb, wurde ab 1986 eine andere Punkerscheinung massenkompatibel: Funpunk. Von den ÄRZTEN, die es inzwischen zu einer beliebten Teenie-Band gebracht haben, wurden zwischen 1986 und 1987 gleich drei Stücke indiziert: »Geschwisterliebe« (die Schilderung eines inzestuösen Verhältnisses zwischen Bruder und Schwester aus der Perspektive des Bruders), »Claudia« (über eine Frau, die Sodomie mit ihrem Schäferhund betreibt) und das »Schlaflied« (über ein kleines Kind, dass im Schlaf von einem Monster langsam getötet wird). Dies brachte den ÄRZTEN die nötige Aufmerksamkeit für Mainstream-Erfolge wie Charteinstiege und Konzerte mit Besucherzahlen im fünfstelligen Bereich (vgl. Graf 2003: 58f.).

Den TOTEN HOSEN ging es ähnlich. Unter dem Pseudonym DIE ROTEN ROSEN nahmen sie 1987 eine Platte mit deutschen Schlagerstücken in Punkversionen auf, die auf Platz 21 in die deutschen Albumcharts kam. Ebenso das Livealbum »Bis zum bitteren Ende« (Platz 23) und 1988 das Album »Ein kleines bisschen Horrorshow« (Platz 7) und füllten ebenfalls die großen Hallen, wenn sie live spielten (vgl. Graf 2003: 616). Im Gegensatz zu den ÄRZTEN hatten die TOTEN HOSEN trotz ihres kommerziellen Erfolgs noch Ansehen in der Punkszene (vgl. IG Dreck auf Papier 2008: 121).

31 Die UPRIGHT CITIZENS waren 1985 die erste deutsche Punkband, die auf Tournee in Amerika gingen (u.a. Stille 2003).

Profitieren vom Erfolg dieser beiden Bands konnten Funpunk-Bands wie die ABSTÜRZENDEN BRIEFTAUBEN, STUNDE X, die MIMMIS oder die GOLDENEN ZITRONEN. Sie bekamen nun Aufmerksamkeit von größeren Medien, kamen aber nie an den Erfolg der ÄRZTE und der TOTEN HOSEN ran (IG Dreck auf Papier 2008: 121). Die GOLDENEN ZITRONEN hatten zumindest gute Voraussetzungen: Auch sie hatten durch den Song »Am Tag, als Thomas Anders starb« 1986 einen Skandal in der Presse und verkauften ihr Debut-Album »Porsche, Genscher, Hallo HSV« relativ gut. Allerdings lehnten sie die Zusammenarbeit mit der Musikindustrie kategorisch ab und hatten daher nie einen kommerziellen Durchbruch (Graf 2003: 274).

1.3.4 Punk in Deutschland 1990-1994

Die Funpunkwelle hielt 1990 zunächst weiter an. Da sich die ÄRZTE zwischen 1988 und 1989 aufgelöst haben, sollten nun die ABSTÜRZENDEN BRIEFTAUBEN aus Hannover in den Teenie-Magazinen ihre Lücke füllen. Diese erschienen 1990 sieben Mal in der Bravo und zierten in der zweiten Ausgabe vom 4. Januar 1990 sogar das Titelblatt (IG Dreck auf Papier 2008: 148; Kuttner 2005: 128).

Durch den Mauerfall kam nun die bis dato weitestgehend unbekannte DDR-Punkszene auch im Westen Beachtung. Bands wie SCHLEIM-KEIM und MÜLLSTATION stellten sich vor allem durch die »Sicher gibt es bessere Zeiten»-Sampler des Labels Nasty Vinyl der nun gesamtdeutschen Punkszene vor (IG Dreck auf Papier 2008: 137). In den 1980ern gab es nur zwei im Westen offiziell erhältliche Platten mit DDR-Punk: Ein Album der Band L'ATTENTAT, welches auf X-Mist erschien und einen Sampler namens »Live In Paradise« (Stille 2003). Der neu entdeckte DDR-Punk erinnere an in seinem Dilettantismus (das Wort ist auch hier durchaus positiv besetzt) an den frühen Deutschpunk, der dazu den noch exotischen Touch des ›anderen‹ Deutschlands hatte.

Insgesamt war die etwa Mitte der 1980er Jahre eingeschlafene Deutschpunkszene wieder im Aufschwung. Neue Labels und Versände wie beispielsweise Impact, Hulk Räckorz, Vitaminepillen oder Knock Out wurden in dieser Zeit gegründet und bedienten den wieder wachsenden Markt (Stille 2003).

Auf die Euphorie nach der Öffnung der Mauer folgte recht schnell Ernüchterung. Die anfängliche Aufbruchsstimmung der ostdeutschen Bevölkerung schlug schnell um in Resignation, als die Wiedervereinigung und der Kapitalismus die versprochenen blühenden Landschaften nicht brachten. Diese Resignation und die daraus entstehende Wut wiederrum entlud sich besonders im Osten an Migranten und Asylbewerbern in Rostock-Lichtenhagen und Hoyerswerda, aber auch im westdeutschen Solingen, wo am 29. Mai 1993 fünf Mädchen und eine Frau türkischer Herkunft bei einem Brandanschlag starben. Sprichwörtlich Öl ins Feuer gossen ausgerechnet Medien und Politiker gleichsam von CDU und SPD, die sich gegenseitig mit fremdenfeindlichen Äußerungen und Horrormeldungen über einen angeblich ungebremsten Zuzug von Asylbewerbern überboten (vgl. Farin 2011: 143ff.).

Dies hatte auch Auswirkungen auf die Punks, die ebenfalls Opfer der erstarkenden deutschen Rechten waren.[32] Kaum eine deutsche Punkband veröffentlichte in der unmittelbaren Nachwendezeit ein Album, auf dem nicht mindestens ein deutliches Statement gegen Fremdenfeindlichkeit und (anders als Mainstreambands) unreflektierten Patriotismus enthalten war. Dies galt sowohl für die etablierten Bands wie SLIME (»Schweineherbst«), TOXOPLASMA (»Schwarz-Rot-Braun«), NORMAHL (»Keine Überdosis Deutschland«) oder HASS (»Lasst die Glatzen platzen«) als auch für neue Bands ...BUT ALIVE (»Nur Idioten brauchen Führer«), PUBLIC TOYS (»Seid betroffen«) oder WIZO (»Nix & Niemant«), die sich nach 1990 gründeten oder in der Zeit bedeutsamer wurden.

Auch die vermeidlichen Fun- oder Kommerz-Punkbands ÄRZTE (»Schrei nach Liebe«) und die TOTEN HOSEN (»Sascha – ein aufrechter Deutscher«) bezogen klar Stellung und brachten damit antifaschistische Statements in die Top Ten der deutschen Single-Charts (Graf 2003: 59 und 617).

Vom der deutschen Hardcore-Szene der 1980er war nicht mehr viel zu hören. Hardcore wurde zu dieser Zeit durch den von der DIY-Szene als stumpf angesehenen New Yorker Stil geprägt. »Hardcore sollte fortan mehr und mehr Anabolika süchtigen Macho-Tough-Guy-Trotteln gehören. Er wurde zum Schrottplatz für ausrangierte Gehirnhälften« (IG Dreck auf Papier 2008: 297). Ein einsetzendes Oi-Revival machte deutsche Bands (allesamt aus dem Ruhrgebiet stammend) wie DIE KASSIERER, LOKALMATADORE und die BECK'S PISTOLS, die sich später nach einer Klage der Beck's Brauerei in PÖBEL UND GESOCKS umbenennen mussten, populär. Deren satirische und oft von Alkohol und Sex handelnden Lieder wie »Großes Glied« oder »Fußball, Ficken, Alkohol« stießen nicht überall auf Begeisterung und brachten den Bands Sexismus-Vorwürfe ein (vgl. ebd. 138). Etwa zur gleichen Zeit bekam das ziemlich vernachlässigte Thema Feminismus in der Punkszene in den USA durch die Band BIKINI KILL und die Riot Grrrl-Bewegung eine breitere Beachtung, ebenso wie Homosexualität durch Queercore. Eine Reihe von emanzipatorischen ›Frauenbands‹ entstanden vor allem bis Mitte der 1990er in den USA. In der deutschen Szene haben sie jedoch kaum Spuren hinterlassen (ebd. 139 und Büsser 2010: 39f.).

Nachdem bereits mit Grunge durch vor allem die Band NIRVANA härtere Musik wieder gesellschaftsfähig wurde, folgte Mitte der 1990er das bis dahin größte

32 So der 23-jährige Punk Matthias Knabe, der am 8. Mai 1991 in Gifhorn von 15 Neonazis vor ein Auto gehetzt wurde und tödlich verunglückte: http://bit.ly/14lC7lz

musikalische Punk-Revival. Die Bands GREEN DAY und OFFSPRING hatten ihre jeweiligen Hit-Alben »Dookie« und »Smash« in den Charts und machten Punk MTV- und hierzulande VIVA-kompatibel.[33] Einerseits wurde dies von der eigentlichen Szene mehrheitlich als »Ausverkauf« gescholten, andererseits kamen durch diesen ›Erstkontakt‹ mit Punk wieder viele junge Menschen in die deutsche Szene und belebten diese. Amerikanische Bands wie LAGWAGON, NOFX, RANCID und BAD RELIGION waren Mitte bis Ende der Neunziger populäre Repräsentanten der vom kalifornischen Hardcore- und Punk geprägten Skatepunk- oder auch Melodycore-Szene. In Deutschland profitierten davon die Bands WIZO, TERRORGRUPPE und THE BATES, denen auf diese Weise die Aufmerksamkeit der Bravo zuteilwurde. WIZO und TERRORGRUPPE spielten melodischen Deutschpunk und verdanken ihre bis heute anhaltende Bekanntheit auch, dass sie Mitte der 1990er als Vorband der mittlerweile wiedervereinten ÄRZTE (und im Fall der TERRORGRUPPE auch der TOTEN HOSEN) auftreten durften (vgl. IG Dreck auf Papier 2008: 140; Graf 2003: 280 und 437; Kuttner 2005: 128ff.; Stille 2003).

1994 wurden für den 6. August nach 10 Jahren Pause erneut Chaostage in Hannover angekündigt. Der Unterschied im Vorfeld war, dass angekündigt wurde bis zum Jahr 2000 (dem Jahr der Weltausstellung EXPO in Hannover) jedes Jahr Chaostage stattfinden zu lassen. ›Beworben‹ wurden diese unter anderem durch eine Sonderausgabe des ZAP, die eine Aufarbeitung der Chaostage von 1982 bis 1984 durch Karl Nagel enthielt. Obwohl auch diese Chaostage großspurig in der Szene angepriesen wurden, kamen lediglich 800 Punks. Auseinandersetzungen mit der Polizei und Verhaftungen fanden erwartungsgemäß statt. Im ›Rahmenprogramm‹ traten die PUBLIC TOYS, WIZO und die BOSKOPS auf (Herbertz 2011: 251ff.; IG Dreck auf Papier 2008: 153).

Eine Aufarbeitung der Chaostage 1994, die gleichzeitig Werbung für die Chaostage 1995 war, fand durch eine weitere Sonderausgabe des ZAP mit dem Titel »Punker-Terror!« statt. Ein weiteres Werbemedium waren neben den üblichen Flyern dieses Mal auch Kettenbriefe mit detaillierten Informationen und Ratschlägen an Szeneangehörige (Herbertz 2011: 253).

1.3.5 Punk in Deutschland 1995-1999

Die groß angelegte und teilweise recht professionelle Werbung die Chaostage 1995 in Hannover sowie die Medienberichterstattung im Vorfeld zahlte sich für die anonymen Veranstalter aus: 3000 Besucherinnen und Besucher kamen in die niedersächsische Landeshauptstadt und es kam zu einer bis dahin beispiellosen

33 Vgl. den Beitrag von Seeliger in diesem Band.

Gewaltorgie. Die schon fast ritualisierten Auseinandersetzungen mit der Polizei wurden mit einer nicht gekannten Härte geführt. Das Aggressionspotential der Punks war höher als in den Jahren zuvor. Es kam zu größeren Straßenschlachten mit Barrikadenbau und Steinwürfen sowie der Plünderung eines Supermarktes in der Hannoveraner Nordstadt. Ein Auftritt der US-Band TOTAL CHAOS auf dem Fährmannsfestival dürfte auch nicht zur Deeskalation beigetragen haben, da diese demonstrativ ihren Song »Riot City« spielten (Herbertz 2011: 254ff.; IG Dreck auf Papier 2008: 154).

Die Eskalation 1995 führte dazu, dass die Chaostage 1996, die parallel auch in Bremen stattfinden konnten, durch ein massives Aufgebot an Sicherheitsbehörden verhindert wurden und bereits im Vorfeld auf Flyern deutlich gemacht wurde, dass die Chaostage anders als 1994 angekündigt in den Folgejahren 1997, 1998 und 1999 nicht stattfinden würden sondern erst wieder im Jahr 2000 (Herbertz 2011: 256).

Im Windschatten der Chaostage tauchte ihr erklärter »legaler Arm«, die in den 1980ern in Hannover aktive APPD wieder auf. Inzwischen war sie kein aktionistischer Spaß mehr sondern trat zu regulären Wahlen an. Mit Spitzenkandidat Karl Nagel und Slogans wie »Arbeit ist Scheiße«, »Saufen! Saufen! Jeden Tag nur Saufen« oder »Asoziale an die Macht« trat sie bei den Bürgerschaftswahlen 1997 in Hamburg an, wo sie im Stadtteil St. Pauli immerhin 5,3 Prozentpunkte holte. Ein Jahr später bei der Bundestagswahl 1998 an holte sie 0,1 Prozent der bundesweiten Stimmen (vgl. Farin 1998: 119; IG Dreck auf Papier 2008: 165).

Stilistisch erfand die Punkmusik der zweiten Hälfte der 1990er sich nicht neu aber vieles wurde neu ausgelegt und zahlreiche Substile entstanden. Deutschpunk stand zunächst wieder hoch im Kurs. Die Szene spaltete sich allerdings in zwei Lager. Einerseits gab es die eher traditionellen 1990er-Deutschpunk-Bands wie DÖDELHAIE, THE PIG MUST DIE, MOLOTOW SODA, BUMS oder RASTA KNAST und auf der anderen Seite intellektuellere Bands, die teilweise von der Hamburger Schule inspiriert wurden. Dies waren neben …BUT ALIVE vor allem MUFF POTTER, GRAUE ZELLEN und DACKELBLUT. Kaum Einfluss auf die deutsche Szene hatte hingegen der gegen Ende der 1990er bis in die frühen 2000er-Jahre populäre Punk'n'Roll skandinavischer Prägung wie TURBONEGRO, GLUECIFER und später THE BONES. Einen vergleichbaren Sound spielten bereits zuvor SOCIAL DISTORTION aus den USA. Bekanntere deutsche Epigonen zumindest in der Punkszene gab es allerdings kaum, diese sind eher in den Rockabilly- und Psychobilly-Szenen zu finden. Nennenswert wäre maximal USE TO ABUSE aus Süddeutschland. Anders verhielt es sich mit dem im Ausklang der Melodycore-Szene hierzulande populärer werdenden Ska-Punk, der mit Bands wie RANTAN-

PLAN, HAMMERHAI, NO RESPECT, SCRAPY und später SONDASCHULE eigene wenn auch kleine Szene in Deutschland hatte (vgl. IG Dreck auf Papier 2008: 163ff.; Stille 2003).

1.3.6 Punk in Deutschland ab 2000 bis heute

Die Jahrtausendwende läutete die Punkszene zunächst mit der Fortführung einer alten Traditionen ein: Erneut fanden wie angekündigt die Chaostage in Hannover zeitgleich mit der Weltausstellung Expo 2000statt. Erklärtermaßen sollten dies die letzten Chaostage sein. Zu größeren Vorfällen, die vergleichbar mit den Ereignissen 1995 gewesen wären, kam es jedoch nicht und 450 Punks nahmen teil (Herbertz 2011: 257).

Dass die Punkszene auch das Internet für sich zur Kommunikation und zur Vernetzung nutzt, ist selbstverständlich. Online-Terminkalender informieren über Konzerte und Treffen, fast alle alteingesessenen Szene-Versände sind im Internet vertreten und viele kamen neu hinzu, Fanzine-Schreiber entdecken Blogs als ihr Medium und in Foren werden Interna besprochen und diskutiert. Der beschleunigte Informationsaustausch und die Archivierungsmöglichkeiten im Internet schlagen sich auch in den internen Debatten der Punkszene wieder, die zuvor über gedruckte Fanzines geführt wurden. Ein Beispiel wäre die sogenannte Grauzonen-Debatte, die ohne die Möglichkeiten des Internets so nicht stattfinden könnte: In der ›Grauzone‹ befinden sich nach Vertretern der Theorie vornehmlich Punk- und Oi-Bands (seltener Einzelpersonen), die nicht eindeutig als rechtsextrem oder rechtsradikal eingestuft werden können und sich vielleicht als patriotisch aber antirassistisch und oder als unpolitisch definieren, denen aber dennoch der Vorwurf gemacht wird, keine Berührungsängste mit Neonazis zu haben oder keine Sensibilität gegenüber dem Thema zu haben. Dieser Vorwurf kommt meistens von linken Punks und die Definition ist umstritten. Diskussionen um die Nähe unpolitischer Bands zu Rechten gab es bereits vor dem Aufkommen des Begriffs Grauzone. 2003 entfachte der Auftritt der schwedischen Band PERKELE im Vereinsheim des FC St. Pauli, der traditionell eine starke linke Anhängerschaft hat, eine breite Diskussion da PERKELE Verknüpfungen zur Rechtsrockszene vorgeworfen wurden (vgl. Speit 2003). Neuen Antrieb bekam die Grauzonen-Diskussion vor allem 2008 durch die Veröffentlichung des 79 Seiten starken »Roten Hetzpamphlets«[34] der anonymen Gruppe ZK Knülle im Politbüro[35]. Dort setzen sich die Verfasser aufgrund eines bevorstehenden Auftritts im Leipziger Conne Island hauptsächlich mit der Skinheadband STOMPER 98 auseinander und stellen zahlreiche Vorwürfe an die Band mit der Forderung,

34 Das »Rote Hetzpamphlet« im pdf-Format: http://bit.ly/8LVQzF

35 »Knülle im Politbüro« ist ein Lied der Düsseldorfer Gruppe DER KFC von 1982.

dass Konzert abzusagen. Anstoß war ein Foto des STOMPER 98-Sängers Sebastian Walkenhorst aus dem gleichen Jahr, auf dem er gemeinsam mit Jens »Brandy« Brandt von der rechtsextremen Band ENDSTUFE posierte. Die Band gestand auf ihrer Homepage ein, einen Fehler begangen zu haben und distanzierte sich vom Neonazismus.[36] Die Diskussion führte sogar zu einem ausführlichen Bandportrait in der taz (Winkler 2009).

Als indirekte Folge brachen auch durch illegales Filesharing sowie durch die Verbreitung von CD-Brennern auch die Verkaufszahlen im Punkmusikbereich ein. Dies kompensieren viele Szeneversände mit dem Verkauf von Kleidungsstücken (vgl. IG Dreck auf Papier 2008: 183).

Mit dem Rückgang der Verkaufszahlen für Musik wuchs gleichzeitig scheinbar der Markt für Punkfestivals um die Jahrtausendwende. Ein Punkfestival als solches zu charakterisieren ist schwer, da viele große und kleine Rock-Festivals jährlich auch Bands spielen lassen, die dem Genre Punk zugeordnet werden können. Bei den im Folgenden aufgeführten Festivals dominiert klar der Anteil der Punkbands im Lineup und sie werden von Menschen organisiert, die nicht primär als Veranstalter des einen Festivals auftreten sondern darüber hinaus auch als Musiker, Labelbetreiber oder Konzertveranstalter Aktivitäten in der Punkszene verzeichnen.

Vorreiter ist das Endless Summer-Festival, welches 1996 erstmalig in Schwarzenberg stattfand und heute in Torgau veranstaltet wird[37] sowie das Force Attack-Festival, dass ab 1997 in der Nähe von Rostock veranstaltet wird und bis zu 17.000 Besucher hat.[38] Seit 1999 gibt es im Ruhrgebiet nach Weihnachten das Punk im Pott als Indoor-Festival.[39] Zu den größeren Open Air-Punkfestivals nach dem Jahr 2000 zählen außerdem (letzter Veranstaltungsort und erstmalige Durchführung): Punk & Disorderly (Berlin, 2000), Spirit From The Streets, jetzt Spirit (Niedergörsdorf, 2006), Ruhrpott Rodeo (Hünxe, 2007). Dazu kommt eine unmöglich zu überblickende Anzahl kleiner und meist zum Selbstkostenpreis organisierter Festivals mit Besucherzahlen im dreistelligen Bereich. Die Zunahme an Festivals, die für eine etwa gleich groß bleibende Zielgruppe konzipiert sind, führt allerdings mittlerweile zu einer Sättigung und damit zu einem Besucherrückgang bei allen Punkfestivals, wie Veranstalter berichten.[40]

---

36 Vgl.: http://bit.ly/MRrPqX

37 Facebook-Galerie des Endless Summer mit Flyern ab 1996: http://on.fb.me/Oox4Ng

38 Interview mit Force Attack-Veranstalter Imre Sonnevend: http://bit.ly/OeSwRZ

39 Interview mit Punk im Pott- und Ruhrpott Rodeo-Veranstalter Alex Schwers: http://bit.ly/MbWuJp

40 Danke an Alex Schwers, Christian Fischer (Son of A Bastards) und Christian (Spirit) für ihre Auskünfte.

In den 2000er Jahren fand keine kommerziell erfolgreiche musikalische Punkwelle statt, wenn man vom kontinuierlichen Erfolg der ÄRZTE und der TOTEN HOSEN mal absieht. Zwei musikalische Phänomene der jüngeren Vergangenheit, die im Kontext vom Punk stehen, können jedoch ausgemacht werden.

Zum einen wurde elektronische Musik mit Punk-Anleihen in den vergangenen Jahren wieder populärer: Bands wie EGOTRONIC, FRITTENBUDE und BRATZE setzten dort an, wo ATARI TEENAGE RIOT in den 1990ern zunächst aufgehört haben und prägen das Genre Elektropunk[41]. Politisch sind viele dieser Bands der emanzipatorischen linken bis zur sog. ›antideutschen‹ Szene zuzuordnen. Zahlreiche Bands veröffentlichen auf dem Label Audiolith, welches von Lars Lewerenz betrieben wird, der auch bei der Oi-Band SMEGMA Bass spielt.[42]

Auf der rockigeren Seite feierten Bands wie TURBOSTAAT, TOMTE, KETTCAR und die 2009 aufgelösten MUFF POTTER, die allesamt Wurzeln in der Punk- und Hardcore-Szene haben, einige Erfolge im Indierock-Bereich und platzieren sich in den Charts. Ähnlich wie beim Elektropunk waren hier wieder Akteure beteiligt, die in den 1990er-Jahren zur Punkszene gehörten und die notwendige Infrastruktur in Form eines Labels stellen: KETTCAR-Sänger Markus Wiebusch (ehemals ...BUT ALIVE und RANTANPLAN) gründe mit Reimer Bustorff (ebenfalls früher bei RANTANPLAN) und dem TOMTE-Sänger Thees Uhlmann 2002 das Label Grand Hotel Van Cleef in Hamburg (Abendblatt 2012), welches einige Indierock-Erfolge hervorbrachte.

Das neue Jahrtausend ist für die Punkszene auch eine Zeit der Aufarbeitung und Archivierung der Vergangenheit in Form von Büchern, Filmdokumentationen und Musik-Samplern. Auch dies dürfte zumindest indirekt mit der Etablierung des Internets zusammenhängen. Den Auftakt macht im Jahr 2011 Jürgen Teipels »Verschwende Deine Jugend – Ein Doku-Roman über den deutschen Punk«. Nach dem Vorbild von Legs McNeils und Gilian McCains »Please Kill Me. Die unzensierte Gesichte des Punk« werden die deutschen Wurzeln anhand von Interviews und Oral History mit frühen Aktivistinnen und Aktivisten nachzeichnet. Sein Schwerpunkt liegt dabei eher auf dem NDW-Flügel des Punk. »Der Teipel«, wie das Buch auch genannt wurde und was seine Bedeutung unterstrich, war sehr erfolgreich und wurde breit bis in den Feuilleton rezipiert (vgl. Schneider 2007: 17ff.). Weitere schriftliche Aufarbeitungen erfolgten durch Frank Apunkt Schneider mit »Als die Welt noch unterging. Von Punk zu NDW« im Jahr 2007 und 2008 mit »Keine Zukunft war gestern – Punk in Deutschland«. Als Herausgeber wird ein Autorenkollektiv mit dem Namen IG Dreck auf Papier genannt, hinter dem das Berliner Archiv der Jugendkulturen steckt. 2011 er-

41 Siehe dazu auch den Beitrag von Davidkova, Lück und Willhauck in diesem Band.

42 Interview mit Lars Lewerenz: http://bit.ly/OorGaf

schien »Network of Friends – Hardcore-Punk der 1980er Jahre in Europa« von Helge Schreiber.

Auch die Ostpunk-Szene wurde ausführlich dokumentiert. Neben zahlreichen Aufsätzen und Büchern wäre hier besonders »Punk in der DDR – Too much future«, herausgegeben von Michael Böhlke und Hendryk Gericke zu nennen.

Musikalische Rückblicke liefern zahlreiche Sampler mit historischem Bezug zu bestimmten Zeitabschnitten. Weird System, welches sich bereits 1990 durch den Hamburgsampler »Paranoia in der Straßenbahn« einen Namen machte, brachte im neuen Jahrtausend mit der derzeit dreiteiligen Samplerreihe »Punk Rock BRD« eine umfassende Übersicht mit über die deutsche Musiklandschaft der Szene heraus, die umfangreiche Hintergrundinfos in Schriftform enthalten.[43] Im Internet dokumentiert Karl Nagel die deutsche Punkszene auf www. punkfoto.de auf inzwischen über 8000 Bildern (Stand: Juli 2012).

Nicht selten damit einhergehen zahlreiche Reunions im neuen Jahrtausend von Bands die mitunter zwanzig oder dreißig Jahre nicht mehr gespielt haben, finden sich wieder zusammen. Nach dem Erscheinen von »Verschwende Deine Jugend« und einer dazugehörigen Ausstellung reformierten sich unter anderem MALE und FEHLFARBEN (IG Dreck auf Papier 2008: 183). Auch im Deutschpunk-Bereich gab es eine Reihe von vielbeachteten Reunions. Zu den wieder aktiven Bands, die sich teilweise nach Jahrzehnten wieder zusammengefunden haben. Zu nennen wären SLIME, TOXOPLASMA sowie, mit Abstrichen in ihrer Bedeutung BLUT + EISEN. Viele Bands wie NORMAHL, HASS oder RAZZIA blieben einfach lange Jahre dabei, auch wenn kurze Auflösungen und Besetzungswechsel die Regel sind.

Auch wenn es vermessen wäre, ein umfassendes Resümee nach 35 Jahren Punk in Deutschland zu halten, lässt sich jedoch bereits einiges feststellen: Die Punkszene nimmt zwar immer wieder neue Impulse auf und interpretiert sie neu, ist aber im Kern strukturkonservativ. Neuere Ideen und Einflüsse beispielsweise aus anderen Subkulturen werden eher im Bestehenden verwertet anstatt die ganze Szene zu revolutionieren. Vinylplatten erfreuen sich nach wie vor großer Beliebtheit, zahlreiche Print-Fanzines bestehen trotz des Internets nach wie vor und die Popularität der Bands besonders der zweiten Generation ist ungebrochen. Diese finden sich auf Festivalflyern meist ganz oben. Neuere musikalische Erscheinungen (z.B. Melodycore, Punk'n'Roll, Skapunk) werden immer mal wieder populär werden um dann wieder für ein paar Jahre verschwinden. In artverwandten Szenen wie der Skinhead- und der Hardcore-Szene ist dies noch stärker

43 vgl. Katalog von Weird System Records: http://bit.ly/OzprB9

ausgeprägt. Skins beschwören gern den »Spirit of 69« und »Oldschool-Hardcore« ist nach wie vor ein Prädikat. Dies zeigt sich auch in der Mode: Lederjacken oder Parka, Buttons, Nieten, Iro-Frisuren oder Stachelhaare, enge Hosen, Band- oder politische T-Shirts sowie Springerspiefel und Chucks dominieren bei nur leichten Veränderungen das Bild sowohl beim männlichen als auch weiblichen Part der Szene.

Es ist zu erwarten, dass sich diese Entwicklung fortsetzt, die nun schon so lange Bestand hat: Der Nachwuchs orientiert sich an den alten Sachen und bringt einen neuen Stil ein. Punk ist im ständigen Wandel aber dennoch seit 35 Jahren unverkennbar und wird es voraussichtlich auch bleiben.

2. PUNK IN DER WISSENSCHAFTLICHEN LITERATUR

Während wir – wie weiter oben angemerkt – keine allgemeingültige Definition des Gegenstands Punk oder Punkrock anstreben, möchten wir mit Blick auf die Literatur zum Thema, einige Attribute und Aspekte herausarbeiten, denen dort wesentliche Relevanz für die Konstitution von Punk als Kulturphänomen zugeschrieben wird. Hier lassen sich unterschiedliche Aspektdimensionen unterscheiden, innerhalb derer Charakterisierungen von Punk vorgenommen werden, und innerhalb derer Punk seine kulturellen Konturen gewinnt. Im Hinblick auf die Alltagskultur des Punkrock erkennt Soeffner (1992: 90f.) sechs spezifische Handlungsnormen, welche aus unserer Sicht sowie vor dem Hintergrund der verfügbaren empirischen Literatur zum Thema (etwa Hitzler/Niederbacher 2010; Schomers 2006) auch heute noch als von wesentlicher Bedeutung erscheinen. Hierbei handelt es sich erstens um eine unpersönliche Norm quasi-freundschaftliche Reziprozität unter den Szenegängern, welche sich zweitens auch eine einer grundsätzlichen Gastfreundschaft gegenüber Gruppenmitgliedern äußere. So gilt es beispielsweise keineswegs als unüblich, dass unbekanntere Bands auf beim Eintreffen am Veranstaltungsort noch nicht wissen, wo sie übernachten werden, hier allerdings berechtigterweise davon ausgehen, dass sich auf dem Fußboden der Wohngemeinschaft eines Konzertbesuchers noch ausreichend Schlafplätze finden werden. Verdeutlicht werden anhand dieses Beispiels auch Soeffners dritte und vierte Beobachtung: eine generell ablehnende Haltung gegenüber Luxus aller Art sowie der starke Bezug auf szeneinterne Gemeinschaftlichkeit.[44] Eine dezidiert internationalistische Ausrichtung verbiete Szenegän-

44 Diese stehen in einem oftmals interessanten Widerspruch zur Verherrlichung von Hedonismus und Dekadenz, die in den Bildwelten des Punk mal mehr, aber auch mal

gern den (positiven) Bezug auf nationale Kollektive. Es ist allerdings anzumerken, dass entsprechende Einwände gegen regionale Bezüge nicht zu verzeichnen sind. Tatsächlich dienen stadt- oder regionaltypische Bezüge häufig der Selbstbezeichnung von Bands (Ruhrpott-Punkrock, etc.). Schließlich erkennt Soeffner in den Haltungen der von ihm beobachteten Punks das Ideal einer spezifischen »Unschuld und Reinheit« (ebd.), welche z.B. als anti-modernistische Kritik einer oberflächlichen Konsumgesellschaft lesbar wird.[45] Die relativ starken internen Bindungen und kulturellen Wertebezüge der Punkszene lassen diese entwicklungstheoretisch gesprochen zur gesellschaftlich unmittelbar relevanten Sozialisationsinstanz werden. Wie sich z.B. im Bezug auf das von Hitzler und Pfadenhauer (2005) etablierte Forschungsfeld zu jugendkulturellen Bildungsprogrammen konstatieren lässt, existiert die Punkszene als wesentliche sozialisatorische Instanz, in der neben individueller politischer Bildung auch gewisse Selbständigkeiten entwickelt und kreative Entfaltungsspielräume erschlossen werden können. Dass Alkoholgenuss und Konsum illegalisierter Rauschmittel sowie ein mitunter gesteigertes Risikoverhalten unter den Szenegängern eine Beteiligung gleichzeitig auch als entwicklungsgefährdend auswirken können, sollte hierbei allerdings ebenfalls in Betracht gezogen werden.

Wenn die Bedeutung von Punk in öffentlichen oder szeneinternen, situativ verfassten oder historisch gewachsenen Diskussionen reproduziert, affirmiert oder auch verändert wird, kommen in der Regel verschiedene Bedeutungsdimensionen gleichzeitig zum Tragen. Trotz dieser realen Überlagerung werden im Folgenden einzelne Aspektstränge separat vorgestellt.

Als erstes spielt hier die spezifische Ästhetik von Punk eine Rolle, wie sie immer wieder von Beobachtern wahrgenommen und beschrieben und von zahlreichen (wenn auch längst nicht allen) Szenegängern – wenn auch in unterschiedlichem Maße – dargestellt wird. Während die konkreten ästhetischen Ausprägungen der Punkkultur mit ihren Lederjacken, Irokesenschnitten, Aufnähern, etc. hier nicht nochmal in ihrer Substanz beschrieben werden muss, erscheint eine Reflexion ihrer kulturellen Phänomenologie geboten. Generell wird hier in der Literatur ein grundsätzlich anthitetischer Charakter von Punk-Ästhetik proklamiert:

---

weniger ironisch gebrochen verherrlicht werden. Auch finden sich im breiteren Spektrum des Deutschpunk mittlerweile Vertreter, die einen hedonistischen Lebenswandel als politisch erstrebenswert darstellen. Mitunter dienen hier auch begrenzt informiert vorgetragene Rekurse auf Vertreter Kritische Theorie als Begründungsmuster.

45 Mit etwas Phantasie lässt sich diese Haltung vielleicht als rhetorisch weniger avancierter Wiedergänger linksphilosophischer Einwände lesen, wie sie etwa in Marcuses (1967) »Eindimensionalen Menschen« vorgebracht werden.

»Dem gesellschaftlichen Schönheitsideal wird dabei eine ›Ästhetik des Häßlichen‹ entgegengestellt« (Schwarzmeier 2001: 33).

Weiterhin korrespondiere diese Selbstdarstellung der Szenegänger mit einer kritisch-ablehnenden Haltung gegenüber der etablierten Gesellschaft und ihren hegemonialen Kulturströmungen:

»Punk-Rock als Philosophie ist in erster Linie daran interessiert, Tabus zu brechen und soll im Widerspruch zum schönen gesellschaftlichen S(ch)ein eine Art Anti-Ästhetik liefern.« (Schomers 2006: 124)

Diese grundlegend ablehnende Haltung gegenüber etablierten gesellschaftlichen Institutionen kann auf vielfältige Weise z.B. im Falle bürgerlicher Kulturerscheinungen wie der Ehe oder dem Normalarbeitsverhältnis mit männlichem Ernährermodell oder materialistischen Statussymbolen wie teurer, ›akkurater‹ Kleidung oder Doppelhaushälften mit Jahreswagen in der Auffahrt auf unmittelbar Art und Weise zu Tage treten. Während entsprechende Phänomene also einerseits, z.B. in Punksongs (»Linke Spießer«) oder auf T-Shirts und Buttons (»Fuck« oder wahlweise auch »Kill Yuppie Scum«) recht explizit zurückgewiesen werden, sehen zahlreiche Autorinnen und Autoren sowohl in den Bildwelten des Genres als auch in der Erscheinungsbild von Punks als konkreten Personen eine lebensweltlich verstetigte Kritik. Wie Soeffner (1992: 84) betont, ziele diese Ästhetik «auf das genaue Gegenteil üblicher Kosmetik: auf die Demonstration einer strikten Feindseligkeit gegen Luxus, Massenkonsum und seriell reproduzierbare Verschönerung.« Nun erscheint es uns also offene Frage, inwiefern im Zusammenhang mit dem Phänomen Punk von einer abstrakten Ästhetik die Rede sein kann, die selbst auf irgendetwas ausgerichtet sei, schließlich wird sie ja am Ende auch durch konkrete Akteure transportiert, die mit ihrem Handeln selbst spezifische Absichten verbinden. Weiter heißt es bei Soeffner (ebd.: 126):

»Die Anti-Ästhetik der Punks drückt aus, dass nur das Fehlerhafte ein Anrecht darauf hat, als menschlich zu gelten.«

Auch hier finden wir eine gängige Interpretation der kulturellen Bedeutung des Phänomens Punk, die aus unserer Sicht gewisse Fragen offen lässt. Kann eine Ästhetik selbst nun auf etwas zielen ›selbst‹ etwas ausdrücken? Oder sind es nicht viel eher die Träger dieser Ästhetik, welche bestimmten Haltungen Ausdruck verleihen? Würde es nicht voraussetzen, dass Punks mit dem was sie sagen oder tun, damit wie sie sich zurechtmachen, welche Shirts mit welchen Botschaften sie anziehen, eine Absicht verfolgen, die mit den genannten ›Zielen‹ der Ästhetik übereinstimmt? Aus unserer Sicht erscheint es durchaus denkbar, dass Jugendliche entsprechende Ästhetiken ohne entsprechende Hintergedanken bedienen. Die Frage, warum also nicht zuletzt von sozial- oder kulturwissenschaftlichen Fachvertreterinnen und –vertreter immer wieder auf den antithetischen Charakter von Punk-Ästhetik verwiesen wird, erscheint aus unserer Sicht vor allem im Hinblick auf die ihr zu Grunde liegenden Motivstrukturen interessant. Könnte es eventuell sein, dass Forscherinnen und Forscher mit ihren Ausführungen zu Punk als ästhetischem Phänomen ihr romantisches Stereotyp bedienen, dem zu Folge Punk als kritische egalitäre Gegenkultur in der bürgerlichen Gesellschaft besteht? Hinweise hierauf lassen sich aus unserer Sicht in verschiedenen idealisierenden Projektionen finden, die z.B. im Zusammenhang mit szeneinternen Hierarchien Eingang in die wissenschaftliche Reflexion der Punk-Kultur gefunden haben: »Das Outfit des typischen Punk kennt kaum geschlechtsspezifische oder nationale Varianten, bietet aber viele Möglichkeiten individueller Stildifferenzierungen« (Soeffner 1992: 126).

Anders als Soeffner meint, machen etwa geschlechterspezifische Körper- und Schönheitsnormen nicht etwa an den Rändern der Szene halt. Vielmehr treten sie dort nicht nur in Form stummer Herrschaftsverhältnisse, wie z.B. dem normativ institutionalisierten Zeitaufwand für Schönheitshandeln zu Tage, sondern finden sich auch in den Idealisierungen von Geschlechterstereotypen in zahlreichen Punksongs. Entsprechende Idealisierungstendenzen finden sich auch bei Schwarzmeier (2000: 34):

> »Trotz Askese, Initiation und hoher Bedeutung der Gemeinschaft, sind Punkts nicht als ›Männerbünde‹ organisiert. […] Aber auch das Geschlechterverhältnis ist nicht auf traditionelle Männlichkeit ausgelegt. Frauen können gleichberechtigt an der Jugendsubkultur teilnehmen, ohne auf spezifische Rollen festgelegt zu sein.«

Wenn sich der Autor schließlich in die Behauptung versteigt, die Punk-Szene zeichne sich durch ein »Fehlen interner Hierarchien« (ebd.) aus, sollte dem einigermaßen informierten Leser klar werden, dass hier etwas nicht stimmt. Wieso werden Schlüsselpositionen prominenter Szenevertreter oder wirtschaftlicher Träger und Profiteure, z.B. bei Labels oder Konzertagenturen hauptsächlich von Männern besetzt?

Ein weiterer zentraler Bezugspunkt in der Kultur des Punk ist die Kommentierung und Gestaltung gesellschaftspolitischer Strukturen und Prozesse. Eine entsprechende Perspektive auf das Phänomen Punk kann an hier an einen relativ breiten Korpus von Erkenntnissen der Jugend- und Kulturforschung andocken, welche Jugendkulturen u.a. in ihrem Charakter als Gegenkulturphänomene betrachtet. Punk als jugendkulturell geprägte Szene umfasst und organisiert demnach Sozialisationsprozesse »zwischen Innovationsanspruch und Reproduktionsverpflichtung« (Hagedorn 2008: 9; siehe auch Jacke 2007: 35). Eine entsprechende ›Anti-Haltung‹, welche man auch, oder sogar vor allem in der Punk-Szene vorfinden kann, äußern sich entsprechend der genannten Position auch als grundsätzlich paradigmatisches Moment von Jugendkulturen:

»Jugendkulturen zeigten immer schon eines: wenn schon Autorität nicht umkehrbar ist, Macht ist es allemal, und die Umkehrung der Macht ist immer eine Antwort auf die Anerkennungsverweigerung, die von der dominanten Mehrheitskultur [...] ausgeht.« (Hagedorn 2008: 12)

Fragt man nun genauer nach, worum es im politischen Programm des Punk geht, stößt man auf eine Vielzahl unterschiedlicher, mal mehr und meist weniger fundierter Analysen und Diagnosen, welche im Ergebnis in aller Regel auf eine Kritik an der Gemeinwohlorientierung der Gesellschaft hinauslaufen. Identifiziert Schomers (2006: 125) hier als Konglomerat zentrales Triumvirat der Feinbilder »das klassische Dreigespan ›Bullen, Nazis, Staat‹«, stellt sich die Frage, wo hier mit den ›Spießern‹ die zivilgesellschaftlichen Vertreter der Mehrheitskultur bleiben. Weiterhin tritt die Polizei wenigstens in den kulturellen Repräsentationen des Punkrock (d.h. in diesem Fall hauptsächlich Songtexte) meist explizit als verlängerter Arm des Staats in Erscheinung. Während wir die Idee eines klassischen Dreigespanns also prinzipiell unterstützen, schlagen wir vor, die Bullen und den Staat in einer Kategorie zusammenzufassen und als dritte Gruppe die Spießer zu berücksichtigen, die als symbolische Platzhalter für einen bürgerlichen Lebensentwurf hinzugezogen werden, dem in den Bildwelten des Punks Geringschätzung entgegengebracht wird. Auch existieren diese drei Gruppen nicht unabhängig voneinander: Während der Staat die wirtschaftlichen und politischen Interessen der Bürger (und einiger ganz reicher, häufiger werden diese im Deutschpunk auch als Bonzen bezeichnet) auf deren Geheiß hin vertritt, wird die Rolle des Nazis ambivalent beurteilt. Gängigen Darstellungen zu Folge seien Justiz und Bürger nicht nur nicht konsequent antifaschistisch, sondern auch ›auf dem rechten Auge blind‹, d.h. von wesentlicher Ignoranz gegenüber faschistischen Bedrohungen beseelt. Einige Vertreter gehen sogar so weit, Polizei, Justiz und Staatsgewalt eine absichtsvolle Kooperation mit rechtsradikalen Kräften zu unterstellen.

Glaubt man Jörg Uwe Nieland (2006: 21), fungiert Popmusik nicht nur als »Resonanzboden« für den einzelnen sondern besitzt außerdem gesellschaftliche und gesellschaftspolitische Prägekraft. Im Hinblick auf die Punkkultur lässt sich – im Einklang mit Hitzler und Pfadenhauer (2005; s.o.) ein sozialisatorischer Effekt szeneinterner Vergemeinschaftung anführen, welcher sich auch in der Politisierung eines Großteils der Szenegänger niederschlägt. Gleichzeitig haben politische Bezüge aber auch eine identitätsstiftende Bedeutung für die genannten

Vergemeinschaftungen. Mit Klein (2005: 48) lässt sich dies einerseits als Argument gegen eine pauschale Stilisierung von Punk zum politischen Projekt lesen:

»Pop als emanzipatorische oder gar subversive Erscheinung zu beschreiben, ist demnach ebenso ein Mythos, wie die subversive Kraft des Pop in seiner ständigen Wandelbarkeit zu sehen« (Klein 2005: 48).

Anschließend an diese beiden Sichtweisen lassen sich im Feld des Punk aus unserer Sicht zweierlei semantische Dimensionen von Politikbezügen (auf idealtypische Weise) unterscheiden:

So lässt sich zum einen eine ›tatsächliche‹ politische Orientierung verzeichnen, die auf einem Set an Vorstellungen über Zusammenleben, Gemeinwohl, Rechte und Pflichten von Einzelpersonen, etc. beruht. Während innerhalb der Punkszene prinzipiell ein relativ breites Spektrum solcher Orientierungen zu erkennen ist, das von dezidiert ›unpolitischen‹, d.h. in der Praxis lagerspezifischer Extremforderungen entrückten, Positionen bis hin zu anarchistischen oder kommunistisch/sozialistischen Positionen reicht, lässt sich als ›kleinster gemeinsamer Nenner‹ eine libertäre Haltung der Vertreter erkennen, die ihren Ausdruck zumindest in den Symbolwelten des Genres finde. Ob sich die Szenegänger dann in ihrer lebensweltlichen Praxis auch tatsächlich von den entsprechenden Wertebezügen leiten lassen, steht selbstverständlich auf einem anderen Blatt. Dass sich solche politischen Inhalte trotz einer (wenn überhaupt dann nur annähernd) konsequenten Umsetzung als wesentliche Bestandteile der Punkkultur halten können, hängt eng mit ihrer zweiten, identitätsstiftenden Dimension zusammen. So beruhen Selbstbilder und Vergemeinschaftungsmomente häufig auch auf der Selbstbehauptung in Abgrenzung zu ›politischen Anderen‹, wie Nazis, Bürgerlichen, Sexisten, Umweltzerstörern, Spießern, etc. Wie eingangs unter Bezug auf das zu Grunde gelegte Kulturverständnis unterliegen diese beiden politischen Bedeutungsdimensionen der Punkkultur unterliegen einem stetigen Aushandlungscharakter, weisen dabei zwar eine relative Stabilität auf, doch stellen sich in ihren Binnendifferenzierungen als durchaus fluide und wandelbar dar.

Ähnlich wie im Falle Soeffners, dessen Beobachtungen zur Ästhetik des Punks sicherlich nicht aus der Luft gegriffen sind und eine reale Tendenz in seinen Bildwelten bezeichnen, lassen sich auch die Ausführungen von Geiling (2000: 180) zur Aussagekraft und »eigentliche[n] politische Provokation des Punk« der Genrekultur gewinnbringend lesen:

»Mit seiner stilisierten sozialen Selbstausgrenzung gelingt ihm immer wieder der Hinweis darauf, wie labil das soziale und politische Gleichgewicht und das damit verbundene Bild von Normalität letztlich beschaffen ist.«

Eine ähnlich holistische Auffassung zur ›Gesamtaussage‹ des kulturellen Bedeutungskomplexes Punk findet sich wieder bei Soeffner, wenn er schreibt: »Punk hat keine Botschaft, Punk als Lebenshaltung und gelebter Stil ist die Botschaft« (Soeffner 1992: 98). Wie eingangs angemerkt wollen wir uns mit dem vorliegenden Band keine derart umfassende Diagnose wagen. Was Punk ist oder nicht ist, soll hier offen bleiben. Auch liegt das Ziel, welches wir mit den folgenden Beiträgen verfolgen, keineswegs in einer konsistenten Beschreibung, derer sich das Phänomen Punk in seiner Vielschichtigkeit und Diversität in der empirischen Realität zwischen kulturindustrieller Vereinnahmung, politischer Regulation, subkultureller Gestaltung von unten, usw. usf. doch nur wieder entziehen würde. Unsere Absicht liegt hier vielmehr in einer ›dichten Beschreibung‹ von Punk als Popkulturphänomen aus vielerlei Blickwinkeln. Was wir anstreben ist vielmehr eine Ansammlung fallstudienbasierter Schlaglichter als eine große Punk-Erzählung mit vermeintlich stringentem rotem Faden. Hierin – so glauben wir – liegt auch die Stärke der in der Anthologie zusammengestellten Beiträge.

LITERATUR[46]

Abendblatt (2012): »Plattenlabel Grand Hotel van Cleef feiert 10-jähriges Jubiläum«. In: abendblatt.de 05.06.2012. Im Internet: http://bit.ly/LlM5ND

Baake, Dieter (2007): Jugend und Jugendkulturen – Darstellung und Deutung. 5. Auflage, Weinheim/München: Juventa.

Breyvogel, Wilfried [Hg.] (2005): Eine Einführung in Jugendkulturen. Veganismus und Tattoos. Wiesbaden: VS.

Büsser, Martin (2002): Popmusik. Hamburg: Europäische Verlagsanstalt.

Büsser, Martin et al. (2009): Emo. Porträt einer Szene. Mainz: Ventil Verlag.

Büsser, Martin (2010): If The Kids Are United. Von Punk zu Hardcore und zurück. 8. Auflage. Mainz: Ventil Verlag.

Der Spiegel (1978): »Punk: Nadel im Ohr, Klinge am Hals«. In: Der Spiegel 4/1978, 140-147. Im Internet: http://bit.ly/NeSUhr

Der Spiegel (1980): »Macht kaputt« In: Der Spiegel 27/1980, 92-96. Im Internet: http://bit.ly/PlpYVH

Dorner, Christoph/Hentschel, Joachim (2011): »Slime: Warum wurde ›Bullenschweine‹ erst im Mai 2011 indiziert? Eine Spurensuche«. Im Internet: http://bit.ly/AejIoj

46 Alle aufgeführten Webseiten wurden zuletzt am 31.07.2012 aufgerufen.

Eilers, André (2006): »Not just boy´s fun? Punk- und Hardcore Girls«. In: Lucke, Doris [Hg.]: Jugend in Szenen. Lebenszeichen aus flüchtigen Welten. Münster: Westfälisches Dampfboot, 203-220.

Farin, Klaus [Hg.] (1998): Die Partei hat immer Recht! Die gesammelten Schriften der ›Anarchistischen Pogo-Partei Deutschlands.‹ Bad Tölz: Thomas Tilsner.

Farin, Klaus (2011): Jugendkulturen in Deutschland. Überarbeitete Auflage 2011, Bonn: Bundeszentrale für politische Bildung.

Ferchhoff, Wilfried (2007): Jugend und Jugendkulturen im 21. Jahrhundert. Lebensformen und Lebensstile. Wiesbaden: VS.

Geiling, Heiko (2000): »Punk als politische Provokation: Mit den Chaos-Tagen in Hannover zur Politik des ›gesunden Volksempfindens‹«. In: Roth, Roland/Rucht, Dieter [Hg.]: Jugendkulturen, Politik und Protest. Opladen: Leske + Budrich, 165-182.

Glasper, Ian (2004): Burning Britain. The History Of UK Punk 1980 – 1984. London: Cherry Red Books.

Graf, Christian (2003): Punk! Das Lexikon. Erweiterte Neuausgabe, o.O.: Schwarzkopf & Schwarzkopf.

Hagedorn, Jörg (2008): Jugendkulturen als Fluchtlinien. Zwischen Gestaltung von Welt und der Sorge um das gegenwärtige Selbst. Wiesbaden: VS.

Hebdige, Dick (1979): Subculture. The Meaning Of Style. London: Routledge.

Herbertz, Oliver (2011): »Die Organisation von Chaostagen. Analyse und Konstruktion von Objektivität«. In: Betz, Gregor/ Hitzler, Ronald/ Pfadenhauer, Michaela [Hg.]: Urbane Events, Wiesbaden: VS, 245-260.

Hitzler, Ronald/Niederbacher, Arne (2010): Leben in Szenen. Formen juveniler Vergemeinschaftungheute. Wiesbaden: VS.

Hitzler, Ronald/Pfadenhauer, Michaela (2005): Unsichtbare Bildungsprogramme? Zur Entwicklung und Aneignung praxisrelevanter Kompetenzen in Jugendszenen. Düsseldorf (Expertise zum 8. Kinder- und Jugendbericht der Landesregierung NRW). Im Internet: http://bit.ly/MVxVVo

IG Dreck auf Papier [Hg.] (2008): Keine Zukunft war gestern – Punk in Deutschland. Berlin: Archiv der Jugendkulturen KG.

Inhetveen, Katharina (2010): »Musiksoziologie«. In: Kneer, Georg/Schroer, Markus [Hg.]: Handbuch Spezielle Soziologien. Wiesbaden: VS, 325-340.

Jacke, Christoph (2007): »Gesellschaftlicher Wandel durch kreative Umwertung«. In: Kimminich, Eva et al. [Hg.]: Express yourself!. Europas kulturelle Kreativität zwischen Markt und Underground. Bielefeld: Transcript, 33-51.

Kleiber, Stefan (1997): »Fanzines. Ein der letzten Alternativen«. In: Neumann, Jens [Hg.]: Fanzines. Wissenschaftliche Betrachtungen zum Thema. Mainz: Ventil-Verlag, 45-88.

Klein, Gabriele (2005): »Pop leben, Pop inszenieren«. In: Neumann-Braun, Klaus/Richard, Birgit [Hg.]: Coolhunters. Jugendkulturen zwischen Medien und Markt. Frankfurt am Main: Suhrkamp, 44-52.

Kuttner, Andreas (2005): »Punk und BRAVO, BRAVO und Punk«. In: Archiv der Jugendkulturen [Hg.]: 50 Jahre Bravo. Berlin: Archiv der Jugendkulturen KG, 123-138.

Kuttner, Andreas (2007): Punk. Im Internet: http://bit.ly/OhxrJy

Lau, Thomas (1992): Die heiligen Narren. Punk 1976-1986. Berlin und New York: UTB.

Lowles, Nick/Silver, Steve (2001): »Vom Skinhead zum Bonehead – Die Wurzeln der Skinhead-Kultur«. In: Searchlight u.a. [Hg.]: White Noise. Rechts-Rock, Skinhead-Musik, Blood & Honour. Einblicke in die internationale Neonazi-Musik-Szene. 3. Auflage, Hamburg/Münster: Unrast Verlag, 21-27.

Lydon, John (1995): Johnny Rotten - No Irish. No Blacks. No Dogs. St. Andrä-Wördern: Hannibal Verlag.

Marcuse, Herbert (1967): Der eindimensionale Mensch. Frankfurt am Main.: Suhrkamp.

May, Michael (1986): Punk - Versuch einer Neufassung des Stilbegriffs in der Jugendforschung. Frankfurt am Main: Brandes und Aspel.

McNeil, Legs/ McCain, Gillian (2004): Please Kill me – die unzensierte Geschichte des Punk, Höfen: Verlagsgruppe Koch/Hannibal.

Nieland, Jörg-Uwe (2006): »From Music to Politics or from Politics to Music? Stellungnahme deutscher Künstler zum Wandel politischer Popmusik«. In: Forschungsjournal Neue Soziale Bewegungen 3, 20-29.

Peglow, Katja; Engelmann, Jonas [Hg.] (2011): Riot Grrrl Revisited. Geschichte und Gegenwart einer feministischen Bewegung. Mainz: Ventil Verlag.

Richards, Keith (2010): Life. München: Heyne.

Robb, John (2007): Punk Rock – Die ganze Geschichte. Mainz: Ventil Verlag.

Roy, William G.; Dowd (2010): »What Is Sociological About Music?« In: Annual Review of Sociology 36, 183-210.

Schneider, Frank Apunkt (2008): Als die Welt noch unterging – Von Punk zu NDW. 2. Auflage, Mainz: Ventil Verlag.

Schomers, Bärbel (2006): »Forever Punk! Totgesagte leben länger«. In: Lucke, Doris [Hg.]: Jugend in Szenen. Lebenszeichen als flüchtige Welten. Münster: Westfälisches Dampfboot, 117-139.

Schwarzmeier, Jan (2001): Die Autonomen zwischen Subkultur und sozialer Bewegung. Göttingen: Books on Demand.

Seeliger, Martin (2011): »Kultur – Struktur – Handlung. Symbolische Formen und Organisationen als zwischen Struktur- und Handlungsebene vermittelnde Instanzen«. In: Jacke, Christoph et al. [Hg.]: Pop, Populäres und Theorien. Forschungsansätze und Perspektiven zu einem prekären Verhältnis in der Medienkulturgesellschaft. Münster: Lit.

Soeffner, Hans-Georg (1992): Die Ordnung der Rituale. Frankfurt am Main: Suhrkamp.

Speit, Andreas (2003): »Nazis am Millerntor?« In: taz 01.10.2003. Im Internet: http://bit.ly/Qvix5g

Stille, Karl-Heinz (2003): Punk Rock BRD, Begleitheft zur Compilation ›Punk Rock BRD Vol. 1.‹ Hamburg: Weird System.

Storey, John (1996): Cultural Studies and the Study of Popular Culture. Edinburgh: Edinburgh University Press.

Walter, Franz (2011): ›Republik, das ist nicht viel‹. Partei und Jugend in der Krise des Weimarer Sozialismus. Bielefeld: Transcript.

Weiss, Michael (2001): »Begleitmusik zu Mord und Totschlag. Rechtsrock in Deutschland«. In: Searchlight u.a. [Hg.]: White Noise – Rechts-Rock, Skinhead-Musik, Blood & Honour. Einblicke in die internationale Neonazi-Musik-Szene. 3. Auflage. Hamburg/Münster: Unrast Verlag, 67-92.

Winkler, Andreas (2009): »Der Stolz der Arbeiterklasse«. In: taz 13.04.2009. Im Internet: http://bit.ly/MyDx52

VERWENDETE WEBSEITEN

http://oithegreyzone.wordpress.com/
http://www.facebook.com/
http://www.gesellschaftsinseln.de/
http://www.highdive.de/
http://www.jugendszenen.com/
http://www.moloko-plus.de/
http://www.nordrheinwestfalendirekt.de/
http://www.opferfonds-cura.de/
http://www.ox-fanzine.de/
http://www.plastic-bomb.de/
http://www.rollingstone.de
http://www.spiegel.de/
http://www.stomper89.de/
http://www.taz.de/
http://www.weirdsystem.de/

Punk und Anarchismus: Ein seltsames Paar

PETER SEYFERTH

SOLL ICH DAZU ECHT WAS SCHREIBEN?

Punk und Anarchismus gehören natürlich zusammen. Das habe ich mir jedenfalls immer eingebildet. Wie ärgerlich war es, als mir klar wurde, dass der vermutete Zusammenhang zum größten Teil ein eingebildeter ist. Weder ist der Anarchismus notwendige Bedingung für Punk noch Punk für den Anarchismus. Es gibt Überschneidungen zwischen diesen beiden Phänomenen, Einflussnahmen und Vereinnahmungen. Von diesen zu erzählen ist meine Aufgabe, und es ist eine höchst frustrierende Aufgabe, da sich Punk und Anarchismus notorisch der Repräsentation entziehen und ihre charakteristische Qualität gerade dadurch verlieren, dass man von ihnen erzählt. Außerdem ist dabei immer das Forschungsinteresse fragwürdig. Wem nutzt meine Analyse eigentlich? Den Punks beim Vollzug des Punklebens? Den Anarchisten beim Aufbau revolutionärer Alternativgemeinschaften? Eher nicht. Die Akademie ist voll von ehemaligen Iroträgern (Furness 2012). So wie die SEX PISTOLS sich ausverkauften, so verkaufe auch ich meine Street Credibility für eine recht zweifelhafte Academic Credibility – Karriere machen, indem man die alten Werte ausschlachtet. Ich sollte es echt nicht tun, aber Punk hat mich moralisch unzuverlässig gemacht.

Dass es in diesem Sammelband außerdem um »Punk in Deutschland« oder womöglich sogar um Deutschpunk geht, ist ein weiterer Hinderungsgrund. Punk, und erst recht der Anarchismus, sind dermaßen international – mehr noch: antinational und antistaatlich –, dass die geographische Begrenzung anhand von Staatsgrenzen, die der empirischen Sozialwissenschaft allzu oft als natürliche Einschränkung des Forschungsfeldes gilt (weil sie den Staat anerkennen und für ihn arbeiten), das Forschungsobjekt notwendig verfälscht. Punk ist nie deutsch, auch dann nicht, wenn die Punks deutsche Staatsbürger sind und die Punktexte in deutscher Sprache formuliert sind und die Punkszene auf deutschem Staatsgebiet stattfindet. Wenn SLIME »Deutschland verrecke« skandiert, dann ist das nicht nur eine dumpfe Parole, sondern auch ernstgemeintes Programm. Es ist natürlich auch eine dumpfe Parole. Punk ist voll mit Parolen, und die sind oft nicht nur dumpf, sondern dumm, aggressiv, falsch und scheiße. Nicht selten kommen sogar Adjektive wie »scheiße« vor – wenn ich anständig wäre, würde ich so etwas nicht schreiben. Die Parolenhaftigkeit des Punk hat dem Anarchismus nicht wenig Schaden bereitet, nur weil angenommen wurde, die beiden hätten irgendwas miteinander zu tun. Auch deshalb muss ich als Anarchist auf eine gewisse Distanz achten.

Die Methode ist auch schwierig. Soll ich etwa auf Punktreffen fahren und durch teilnehmende Beobachtung etwas über ihre Interaktionssitten erfahren? Soll ich Umfragen bei Konzertbesuchern machen, oder Fragebögen verteilen? Muss ich mich an Experten ranwanzen, um sie zu interviewen – und wer wäre da schon ein Experte? Soll ich Songtexte analysieren, Fanzines lesen, die Netzwerke von Plattenkistentypen und T-Shirt-Druckern und Bands nachvollziehen? Freilich habe ich das alles gemacht, angefangen ca. 1991, und irgendwann ist das dann mehr und mehr eingeschlafen, trotz AbArt Magazin und APPD und Pogorausch, die drei institutionalisierten Außenhalte meiner adoleszenten Punkphase. Jetzt noch mal dahin zu gehen, nur nicht mehr als echtes Mitglied sondern als promovierter Politologe, das wäre vampirisch und unwürdig. Da bediene ich mich lieber einer mir bereits vorliegenden und mit nicht viel Arbeit verbundenen Datenbasis. Ich meine nicht nur Lyric Sheets, sondern mein eigenes qualitatives Erleben von der Suche nach der Anarchie bzw. nach dem Anarchismus in den kulturellen Erzeugnissen und sozialen Beziehungen des Punk. Dabei bediene ich mich der Methode der Autoethnographie (Ellis/Adams/Bochner 2010). Die hat üblicherweise den Zweck, weiße, maskuline, heterosexuelle, christliche, körperlich unversehrte Mittelklasse-Perspektiven zu überwinden, die in traditionellen und offiziellen Methoden der empirischen Sozialforschung reproduziert werden. Nun treffen all diese Kategorien auf mich zu.[1] Dass ich trotzdem eine so ›weiche‹, ›schwache‹, unangesehene Methode wähle, ist zum einen ein politisches Statement (d.h. die hegemoniale Position verzichtet auf ihr methodologisches Machtinstrument und wird so subvertiert), und zum anderen war ich im Untersuchungszeitraum kulturell und sozial deviant, sprich ein Punk. Oder besser: ein Punker, wie das die Bild-Zeitung immer nannte. Das hässliche und verdammte

1 Ich bekenne mich zwar inzwischen nicht mehr zum Christentum, aber diese Prägung wird man nicht leicht los. Aber das gilt ja auch für die Punk-Sozialisation.

an Punk lasse ich dabei durch schnoddrige Formulierung in diesen Text einfließen. Hoffentlich wird das als unmöglich empfunden.[2]

Im Folgenden skizziere ich die Geschichte des Anarchismus, berichte von meinen eher mäßigen Erfolgen, Anarchie im Punk zu finden, vergleiche meine eigenen Versuche mit den Erfolgen anderer und werfe einen Blick auf die Repräsentation der Anarchie in US-amerikanischen und deutschen Punk-Texten. Das Fazit überlasse ich schließlich anderen.

ANARCHISMUS

Die Geschichte des Anarchismus kann auf vielerlei Weisen erzählt werden. Es gibt falsche Geschichten, die hier gut passen würden. Man könnte z.B. behaupten, die Kyniker des antiken Griechenlands, deren berühmtester Diogenes von Sinope war, wären Punks und Anarchisten gewesen. Als Kyniker haben sie sich »Hundlinge« genannt, da steckt schon die punktypische Selbstbeschimpfung drin. Dazu kamen ärmliches und sozial offensives Auftreten bis hin zu öffentlichem Sex. Und sie waren wohl auch antiautoritär. Aber trotzdem wäre das eine unzulässige Projektion moderner Phänomene in die Antike. Es gibt auch richtige und gute Geschichten des Anarchismus. Horst Stowassers »Anarchie!« und Peter Marshalls »Demanding the Impossible« sind da empfehlenswerter als das, was ich hier geschwind aufzähle – denn es sind meine Quellen für die Darstellung der Klassiker, sofern ich nicht explizit andere angebe.

Einen exakten Zeitpunkt festzulegen, ab dem es ›den Anarchismus gibt‹, ist nicht möglich. In den vielfältigen sozialen, politischen und ideologischen Veränderungen, die Europa aus dem Mittelalter in die Moderne getragen haben, entstanden auch vielfältige Bewegungen und Diskurse gegen die jeweils herrschende Ordnung. Einige der Kämpfer_innen und Denker_innen begannen, nicht nur Freiheit von einer bestimmten üblen Regierung oder Ausbeutungsweise zu fordern (und dabei andere Hierarchien gutzuheißen), sondern generell jede Herrschaft von Menschen über Menschen abzulehnen. In dem Maße, in dem das getan wird, kann man von »Anarchismus« sprechen. Das Wort ist schon seit der Antike (mit Pausen und in sehr unterschiedlicher Bedeutung und Intention) in Gebrauch, doch es gebührt Pierre-Joseph Proudhon (1809–1865) die Ehre, »Anarchist« als Selbstbezeichnung eingeführt zu haben. Proudhon verfasste

2 Ich kann auch anders, wie man meinen sonstigen wissenschaftlichen Publikationen entnehmen kann. Der hier verwendete Stil ist m.E. ein notwendiger Teil, die Qualia des Punk zu vermitteln.

zahlreiche Schriften, in denen er vor allem die politische und wirtschaftliche Ordnung seiner Zeit kritisierte (»Eigentum ist Diebstahl«) und Gegenmodelle entwarf (»Anarchie ist Ordnung«[3]). Er wollte eine Gesellschaftsordnung, in der freie Menschen durch freie Vereinbarungen ihre gemeinsamen Unternehmungen und den Austausch von Gütern regeln. Dabei setzte er auf dezentrale Strukturen, um die Tyrannei zu verhindern. Wirtschaftlich setzte er auf kooperative Genossenschaften und lehnte Zinsen ab, politisch forderte er eine föderale Ordnung, in der die Koordinierung von unten nach oben verläuft. Seine Ziele versuchte er durch die Gründung von Banken und als Abgeordneter zu erreichen, allerdings ist sein Erfolg eher darin zu sehen, dass er den Anarchismus weithin bekannt gemacht hat.[4]

Zur gleichen Zeit war Max Stirner (1806–1856) tätig, dessen Wirken sich allerdings auf das Verfassen eines sehr einflussreichen Buches beschränkte: »Der Einzige und sein Eigentum« (1844). Darin wird in einer unerhörten Radikalität der egoistische Individualismus begründet. Obwohl sich in späteren Zeiten auch propertarische Libertarianer (also Verfechter eines völlig zügellosen kapitalistischen Individualismus) auf Stirner beriefen und dieser selbst den Anarchismus ablehnte, weil er sich nichts und niemandem unterwerfen wollte, auch keiner noch so schönen Idee, wirkte der Primat des Individuums über alle Formen von Autorität in die gesamte Geschichte des Anarchismus hinein. Es muss aber betont werden, dass der Anarchismus stets ein Sozialismus war, der Stirners Ideen lediglich als Korrektiv für solche Tendenzen der Gemeinschaft nutzte, die das Individuum in seiner Freiheit verletzten. Karl Marx schrieb sowohl über Proudhon als auch über Stirner geifernde Verrisse (und übernahm stillschweigend diejenigen ihrer Ideen, die ihm in den Kram passten). Am schärfsten waren jedoch

3 Diesen Zusammenhang stellte schon 1798 Immanuel Kant in seiner »Anthropologie in pragmatischer Hinsicht« her, indem er Ordnungsprinzipien verglich: »A. Gesetz und Freiheit ohne Gewalt (Anarchie). B. Gesetz und Gewalt ohne Freiheit (Despotismus). C. Gewalt ohne Freiheit und Gesetz (Barbarei). D. Gewalt mit Freiheit und Gesetz (Republik)« (1917: 350). Allerdings lehnt der Republikaner Kant Anarchie strikt ab – eben weil die (staatliche) Gewalt fehlt, die er für ein unverzichtbares Mittel hält, um Freiheit und Gesetz zur Entfaltung zu bringen. Anarchisten sind der gegenteiligen Ansicht: es ist gerade die staatliche Gewalt (kombiniert mit zahlreichen weiteren Unterdrückungsmechanismen), die die Freiheit vernichtet, weshalb der Staat aus anarchistischer Sicht (und in kantischen Begriffen) immer despotisch ist.

4 Es soll hier nicht verschwiegen werden, dass Proudhon zugleich ein ekliger Frauenfeind und Antisemit war. Seine Gedanken stehen erst am Anfang des anarchistischen Diskurses, und er konnte oder wollte noch nicht erkennen, wie vielfältig die Herrschaftsmechanismen sind, die bekämpft werden müssen.

seine Auseinandersetzungen mit Michail Bakunin (1814–1876), den er als Konkurrent in der ideologischen Führung der Internationalen Arbeiter-Assoziation (»Erste Internationale«) sah. Marx wollte eine politische Revolution, also die Macht des Staates übernehmen und mit staatlichen Mitteln (Polizei, Militär) den Sozialismus einführen – die Freiheit entstünde dann von alleine. Bakunin hingegen wollte eine soziale Revolution, also gleich den Staat, die Religion, den Kapitalismus und alle Formen der Expertokratie zerschlagen, da er von der Eroberung der staatlichen Macht die Korruption der Revolutionäre und somit Unfreiheit erwartete – damit sollte er Recht behalten. Bakunin war Barrikadenkämpfer und Verschwörer und ständig auf der Flucht; er verbreitete dabei die Idee des kollektivistischen Anarchismus in weiten Teilen Europas. Berüchtigt wurde er wegen seiner kurzen Zusammenarbeit mit einem Verbrecher, der in seinem Namen einen sehr blutrünstigen »Revolutionären Katechismus« verfasste: Sergeij Netschajew. Aus der Kombination von Bakunins wildem Bart und Netschajews simpler und falscher Idee, durch Ermordung von Staatsoberhäuptern könne man Freiheit erlangen, entstand ein bis heute weit verbreitetes Zerrbild des Anarchisten als Bombenleger und Attentäter.[5]

Dabei ist nicht das Zerstören, sondern das Aufbauen die Stärke der Anarchist_innen. Pjotr Kropotkin (1842–1921) bewies in seiner wissenschaftlichen Schrift von der Gegenseitigen Hilfe (1902), dass die tierische und menschliche Natur nicht durch Konkurrenz und Brutalität erklärt werden kann (wie das in den politischen Ideologien, in der Ökonomie und in der Biologie propagiert wurde, z.T. bis heute). Er verband Evolution mit Revolution und gilt bis heute als einer der stärksten anarchistischen Theoretiker. Wirtschaftlich setzte er auf den Kommunismus, der sich allerdings in eine politische Dezentralisation einfügen müsse. Davon wurden viele spätere Anarchist_innen beeinflusst – Emma Goldman,

5 Tatsächlich wurde eine Reihe von Attentaten durch (zumindest angebliche) Anarchisten verübt. Erfolgreich ermordet wurden: 1894 frz. Staatspräsident Marie François Sadi Carnot, 1897 span. Regierungspräsident Antonio Cánovas del Castillo, 1898 Elisabeth von Österreich-Ungarn (»Kaiserin Sissi«), 1900 ital. König Umberto I., 1901 US-Präsident William McKinley, 1912 span. Premierminister José Canalejas y Méndez, 1913 griech. König Georg I. Das Attentat auf Zar Alexander II. (1881) wurde nicht von Anarchisten (sondern radikalen Demokraten) verübt, fand aber Zustimmung beim Anarchisten John Most. Kein einziges der Attentate führte auch nur ein Ziel des Anarchismus herbei. Der Terrorismus gehörte immer zu einer Minderheitenrichtung im Anarchismus, auch wenn er zur Karikatur stark beigetragen hat. Insgesamt wurden noch deutlich mehr Personen von Anarchist_innen getötet, was aber in Relation zu der zigtausendfach höheren Zahl von Menschen gestellt werden muss, die von Regierungen getötet wurden.

Murray Bookchin, Peter Seyferth… In Deutschland wurde der Anarchismus vom Kropotkin-Übersetzer Gustav Landauer besonders geprägt. Landauer war einer der Revolutionäre, die in München 1918–19 die Räterepublik aufzubauen versuchten; auch in anderen Städten (seltener auf dem Land) waren linksradikale und anarchistische Alternativen zur Monarchie attraktiv für die Massen. Allerdings gab es auch großen Rückhalt für die konservativen und bald auch faschistischen Kräfte; Landauer wurde ermordet, die anarchistisch angehauchten Räterepubliken erst durch den Parlamentarismus, dann durch Diktatur ersetzt.[6] Die Nazizeit überlebten nur die wenigsten Anarchist_innen, so dass nach 1945 in Deutschland nur wenig Anarchie blühte. Diese Schwäche konnte erst durch das Auftauchen des sogenannten »Neo-Anarchismus« überwunden werden, der im Zuge der Radikalisierung der Studentenbewegung Ende der 1960er Jahre entstand (Degen 2009: 303).

Um das zwiespältige Verhältnis von Punk und Anarchismus zu verstehen, muss betont werden, dass die alten und die neuen Anarchist_innen eigentlich nur »gegenseitiges Nicht- und Missverstehen« füreinander hatten: »Die Alt-Anarchisten konnten den Lebensstilbruch der Neo-Anarchisten nicht nachvollziehen; die Neo-Anarchisten beklagten Unbeweglichkeit und ›Antikommunismus‹ der Alt-Anarchisten.« (Ebd.: 311) Die neuen Anarchist_innen waren einerseits durch die Neue Linke beeinflusst, andererseits grenzten sie sich von ihnen ab (ebd.: 316–17) und erfanden dadurch tatsächlich etwas Neues, in dem kulturelle Ausrucksformen eine wichtige Rolle spielten. In Frankreich waren die Situationisten um Guy Debord und Raoul Vaneigem schon berüchtigt für ihre unorthodox-marxistischen Analysen der »Gesellschaft des Spektakels«; eine rein materialistische Kapitalismusanalyse greife zu kurz, und überhaupt sei der Kapitalismus sehr beweglich: er könne ja auch Che-Guevara-Poster zur profitträchtigen Ware machen. Jeder Widerstand kann kommodifiziert werden, doch umgekehrt kann man auch alle Produkte des Kapitalismus entwenden und einer neuen Verwendung zufügen. Diese Sichtweise liest sich wie eine philosophische Begründung des Schnipsel-Layouts der späteren Punkfanzines und Plattencover. Und tatsächlich war Malcom McLaren zuerst ein Situationist, bevor er in New York die dort entstehende Punkmusik kennenlernte und schließlich in London die SEX PISTOLS designte. Wenn schon nicht inhaltlich, so sind die PISTOLS doch optisch ein Kind der damals neuesten Wendung im anarchistischen Diskurs gewesen. Auf diesem Weg kam ein neuer Stil auch in den deutschen Anarchismus. Das

6 Der Kapp-Putsch 1920 war ein früher Versuch, die Weimarer Republik durch eine Diktatur zu ersetzen. Er scheiterte an einem Generalstreik, an dem in zentraler Rolle die anarchosyndikalistischen Gewerkschaften beteiligt waren, in denen sich bis zu 150.000 Arbeiter_innen organisierten.

lässt sich am anschaulichsten anhand der zeitgenössischen anarchistischen Veröffentlichungen zeigen. Die seit 1972 erscheinende graswurzelrevolution, die seit 1976 erscheinende radikal und die seit 1977 erscheinende direkte aktion spielten zwar alle im Titel mit Kleinschreibung, bedienten sich aber eines professionellen bis langweiligen Zeitungs-Layouts (»Bleiwüste«), das schon in den meisten anarchistischen Publikationen davor üblich war.[7] Der Schwarze Faden hingegen, der ab 1980 erschien, verzichtete anfangs auf ein gesetztes Schriftbild (Drücke 1998: 205) und wirkte daher wie ein Punkfanzine; erst später entstand typographisches Wissen (so ging es mir auch mit dem AbArt Magazin, das am Schluss mit QuarkXPress erzeugt wurde, während am Anfang noch Schere und Kleber zum Einsatz kamen). Es folgten zahlreiche weitere kleine Hefte, die auch direkt auf Punk eingingen. Selbst das schon seit 1973 erscheinende Münchener Blatt wurde immer punkiger. Die Flugschrift Geist der Freiheit etwa begründete die eigene Optik wie folgt: »Die Aufmachung entsprach dem D.I.Y.-Prinzip: schnipsel – bäbbs – ab in den Kopierer und dann das ›Produkt‹ kostenlos unter die Leuts bringen. Zum einen sollte dadurch unsere Nähe zur Subkultur (Punk/HC – DADA LEBT!) dokumentiert werden, zum anderen sollte dies als Anstoß zum Nachahmen verstanden werden: Seht her – so einfach ist es, eine linksradikale Zeitung zu machen!« (zitiert nach ebd.: 231).

Seit geraumer Zeit also gibt es stilistische Überschneidungen zwischen Punk und Anarchismus. Dies hat zu einigen fruchtbaren Erweiterungen der Herrschaftskritik geführt, aber auch dem eh schon stigmatisierten Anarchismus[8] eine weitere ›Hässlichkeit‹ hinzugefügt, womit keineswegs alle Anarchist_innen glücklich waren. Im Folgenden werde ich den Fokus auf die Hässlichkeiten richten, die ich selbst als aktives (und sich anarchistisch bezeichnendes) Mitglied der Punkszene gesehen und produziert habe.

---

7 Ausnahmen gab es während der NS-Zeit, als keine Druckmaschinen zur Verfügung standen und daher Schreibmaschine und Handschrift eingesetzt wurden. Ein ähnliches Bild bieten die anarchistischen Veröffentlichungen in der DDR. Viele Beispiele sind in Drücke (1998) abgebildet.

8 Nur ein Beispiel: Der Spiegel verwendete in den 1970er Jahren das Wort »Anarchist« synonym mit »Terrorist«, machte somit die leninistische (und damit entschieden antianarchistische) RAF zu einer »Anarchistenbande«. Und selbst heute, wo der *Spiegel* (wie die FAZ) wohlwollend über die Thesen des Anarchisten David Graeber berichtet, entblödet er sich nicht, diejenigen Mitarbeiter des Bundesverfassungsschutzes, die sich an Vertuschungen im NSU-Skandal beteiligt hatten, als »Anarchos im Amt« zu bezeichnen (Spiegel Nr. 30 vom 23.07.2012: 22).

ICH UND PUNK UND ANARCHIE, ABER HAUPTSÄCHLICH ICH

Die Geschichte des Punk wird üblicherweise aus der Ich-Perspektive erzählt. Dafür lassen sich auch anarchistische Begründungen finden: In den recht heftigen Auseinandersetzungen in der Autonomen-Szene etwa hat es sich herausgestellt, dass es hilfreicher ist, wenn jeder in der internen Diskussion (z.B. über Sexismus, Mackertum, Gewalt und Tiere essen) nur von seinen eigenen Ansichten und Gefühlen spricht, anstatt im Namen von anderen Behauptungen aufzustellen. So verhindert man Repräsentation und kann alle direkt zu Wort kommen lassen; außerdem wird so sichergestellt, dass keiner die informelle Macht über andere an sich reißt. Für das, was Anna und Arthur[9] denken, ist niemand ein größerer Experte als Anna und Arthur selbst. Das haben die Autonomen spätestens in den 1990er Jahren herausgefunden. Die Punk-Historien, die die Ich-Perspektive durchhalten, sind inzwischen recht zahlreich. Ich habe Leg McNeils »Please Kill Me«, Ian Glaspers »The Day The Country Died«, Helge Schreibers »Network of Friends« und die »Punk in München«-Reihe des Kruzefix-Fanzines[10] herangezogen und muss sagen: diese Bücher sind nicht viel mehr als Stoffsammlungen. Der Aufbau ist immer derselbe. Es gibt ein paar Themen und der Herausgeber interviewt eine große Anzahl von Veteranen zu diesen Themen, nach denen er dann das Buch gliedert. Mehr Gliederung gibt es nicht, Chaos scheint die angemessene Ordnung zu sein.[11] Entsprechend schwer ist es, die Anarchie aus der Punkhistorie zu filtern. McNeils Buch kennt ein Kapitel über »Anarchy in the USA«, doch geht es dabei nicht um Anarchismus, sondern um skurrile Anekdoten von der Tour, die die SEX PISTOLS zerstört hat. So interessant es auch sein mag, dass Sid Vicious angeblich irgendeinem Groupie ins Maul geschissen hat (McNeil 1997: 329) – man lernt nichts über Anarchismus. Überhaupt geht es McNeil mehr um sich selbst: wie super er war, als er das Punk-Magazin erfunden und Debbie Harry fotografiert und alle Größen gekannt hat. Szenefremden

9 Mit Anna und Arthur sind einfach alle Autonomen bzw. linksradikalen Aktivist_innen gemeint.

10 Die frühen Ausgaben dieses Fanzines sind leider vergriffen; in ähnlichem Stil hat die Kruzefix-Crew die noch erhältliche DVD »Mir san dageng! Punk in München« produziert. Auch zu Glasper (2006) gibt es eine DVD, und zu Schreiber (2011) eine CD.

11 Glasper (2006) weicht etwas von diesem Muster ab: Statt nach Themen gliedert er sein Buch erst nach Regionen und dann nach Bands; und anders als seine Kollegen schreibt er auch gelegentlich einen eigenen Absatz in die Kapitel, so dass die vielen Narrationen der Zeitzeugen nicht ganz so unverbunden beieinander stehen wie sonst üblich.

mag das arrogant und großkotzig vorkommen, aber so sind die Punktypen halt. Ich auch. Punk und Anarchie, das ist meine Geschichte. Nicht weil sie mir gehört, sondern weil ich sie erzähle.

Ich war mal katholisch und Heavy-Metal-Fan. Das ging einige Zeit gut, aber eben nicht für immer. Heavy Metal ist nicht unbedingt mit einer bestimmten Ideologie verbunden, tendiert aber zum Satanismus, der nur zu 50% mit dem Katholizismus kompatibel ist. Anbetung eines transzendenten Wüterichs, sakrales Kerzenlicht und Unterwerfung unter beknackte Dogmen, das haben beide gemein. So wurde ich auch Satanist. Aber nur für einen knappen Monat, denn dann merkte ich, dass sich gar nichts verändert hatte und ich ja immer noch ein Würmchen war. Dann lieber Atheist. Und Anarchist. Das gehört zusammen. Habe ich auch vom Heavy Metal gelernt: MEGADETHS »Anarchy in the USA«. Das war keine Vertonung des McNeil-Kapitels, sondern eine Coverversion des SEX PISTOLS-Hits, den ich erst später entdeckte. Aber plötzlich hat alles zusammengepasst: Ich bin niemandem unterworfen, weder Gott noch Teufel noch meinen Eltern oder den anderen Erwachsenen und schon gleich gar nicht Autoritäten wie den Pfaffen, Bullen oder Lehrern. Aufzuhören brav zu sein war keine leichte Aufgabe, aber Musik hat geholfen. Freunde schenkten und schickten mir Platten und Kassetten mit Punk und Hardcore und Crust und vergleichbarem. Und ich fing an, radikale Literatur zu lesen. Aber damals fand ich Bakunins »Gott und der Staat« viel zu verworren und die Dutschke-Schriften total enttäuschend. Das hatte irgendwie nichts mit mir zu tun. Viel wichtiger für mein Erwachen als erwachsener Mensch, also als Anarchist, waren Punksongs. Den Weg bereitet haben die »Deutschpunk Kampflieder«, natürlich mit den unzensierten SLIME-Klassikern »Polizei SA SS« und »Wir wollen keine Bullenschweine«. Und ziemlich schnell kam CRASS. Diese Band hat alles geändert. Alles. Erst vor kurzem habe ich zum ersten mal Steve Ignorant persönlich getroffen, nach einem Konzert seiner »The Last Supper«-Tour, und ich war zu betrunken, um richtig mit ihm zu reden. Einerseits war das gar nicht nötig, er weiß eh wie inspirierend er für unzählige Junganarchist_innen war. Andererseits liegt da auch der Hund der Punk-Anarchie begraben: Man will den Staat zerstören, macht sich aber selbst kaputt.[12] CRASS bekräftigte und begleitete mich dabei, ein Anarchist zu werden.

12 Diesen Aspekt kann ich im Rahmen dieses Artikels nicht behandeln. Aber ich möchte auf eine Richtung unter den vielen Untergruppen des Punk verweisen, die zumindest das Potential zu positiver, empanzipatorischer Nüchternheit hat: Straight Edge. Wie im Punk überhaupt, so gibt es auch hier völlig beknackte Entwicklungen hin zu Gewalt und Autoritarismus, z.B. bei der Band VEGAN REICH, aber die anarchistischen Möglichkeiten dieser Szene sind beachtlich, wie Kuhn (2010) in einem Sammelband zeigt.

Der häufig geäußerte Vorwurf, Anarcho-Punk-Bands predigten die Anarchie nur den bereits zu ihr Konvertierten, krankt daran, dass die ja irgendwer mal konvertiert haben muss. CRASS ist für sehr viele Punks von besonders wirkungsvollem Einfluss gewesen. Für die Öffentlichkeit waren Punk und Anarchie wegen den SEX PISTOLS miteinander verbunden, weil die SEX PISTOLS im Fernsehen fluchten und Popel aßen. Für die Anarcho-Punks war CRASS die wichtigste Band. Hunderte weitere folgten.

Doch das ist noch nicht einmal die halben Wahrheit. Man kann nicht nur mit CRASS in die politische Punk-Sozialisation einsteigen. Andere Punkbands erzählen in ihren Lyrics andere Geschichten und werben für andere Ideologien. So höre ich mir auch gerne OHL (Abkürzung für »Oberste Heeresleitung«) an und erwische mich gelegentlich dabei, wie ich deren »Nieder nieder nieder/nieder mit dem Warschauer Pakt« singe. Anarchisten haben sehr früh und sehr deutlich die Sowjetunion und ihre Innen- und Außenpolitik kritisiert.[13] Doch OHLs Kommunismuskritik ist nicht anarchistisch, das Punk-Fanzine Plastic Bomb bezeichnet OHL als »CDU-Punks«[14]. Noch ideologisch fadenscheiniger sind die in mancher Hinsicht grandiosen, andererseits aber auch nicht zu tolerierenden COTZBROCKEN. Super ist deren Song »Das wahre Leben«, der in den späten 1990er Jahren sehr populär wurde, da der Text zum APPD-Slogan wurde: »Saufen, saufen, jeden Tag nur Saufen!« Man kann sich auch noch zynisch über »Hurra der Papst ist tot, es lebe Mehmet Ali Agca« freuen. Auf derselben Platte befinden sich aber auch textliche Kackwürste wie »Niemand hat die Gefahr erkannt/Bald ist Deutschland in Türkenhand« und »RAF verbünde dich mit dem rechten Kern/Dann geht in Deutschland auf der Terrorstern«.[15] Welche Songs man als erstes hört ist kontingent. Man kann über Punk zum totalen Deppen, sogar zum Nazi werden. Punk kann und darf zwar mit Nazi-Symbolik spielen. Sid Vicious mit Hakenkreuz-T-Shirt im New Yorker Chelsea-Hotel ist eine superschockierende Optik und daher super. Dieses Bild trug ich monatelang als Button auf meiner Lederjacke, auch bei Antifa-Demos. Sid Vicious war ein Fixer und Mörder, aber er war kein Nazi.[16] Trotzdem gibt es rechts-affinen Punk – und

13 Der klassische Text dazu ist Berneri (1950).

14 In mehreren Print-Ausgaben; Online z.B. bei der Ankündigung eines neuen Studioalbums (http://plastic-bomb.eu/cms/index.php/component/content/article/1-news/540-ohl-gehen-ins-studio-kommt-die-bush-regierung-zurueck).

15 Dem Lied »Hey Punk« zufolge soll man Anarchisten ins Gesicht spucken, und »Kiffer« soll man nach dem gleichnamigen Song kaputtschlagen – usw.

16 Noch deutlicher zeigt sich das etwa bei den SADO SLUTS ON SMACK, die mit Songtiteln wie »Miss Auschwitz '43« oder »Concentration Camp Rock« (mit dem Singalong »Sieg Heil! Sieg Heil!«) provozieren. Dass der Sänger mit diesen Liedern (zumindest

das nicht nur in der Frühzeit der Bewegung, sondern auch in den letzten Jahren, als sich die Conservative Punks in den USA für den Krieg und die Unfreiheitsmaßnahmen des zweiten Bush-Regimes aussprachen. Beispielhaft für die politische Zwiespältigkeit des Punk waren die RAMONES: Joey Ramone war ein gemäßigter Linker[17], Johnny Ramone ein Konservativer[18]. Zum weitverbreiteten Slogan »Punx not dead«[19] kam bald ein (weit weniger verbreiteter, aber doch bemerkbarer) Slogan »Punx not red«. Was man wohl mit Sicherheit sagen kann ist: Punk ist nicht ganz sauber.

Weder Anarchist noch Archist wird man automatisch dadurch, dass man sich in der Jugend oder Adoleszenz zum Punk entscheidet oder verführen lässt. Dennoch ist festzuhalten, dass zu Punk Widerspruch, Widerständigkeit, Hässlichkeit, Abweichung und Devianz gehören. Wenn auch die ›normalisierende‹ Wirkung der Punk-Szene, die sich in stabilen Kleidungs-, Frisuren- und Verhaltenscodes zeigt, nicht geleugnet werden können, so unterscheidet sich Punk von anderen Subkulturen doch dadurch, dass das Selbst-Machen viel verbreiteter ist und sogar zu den ideologischen Kernelementen gehört. Selbst-Machen (D.I.Y.) ist nicht notwendigerweise, aber bei den Punks tendenziell mit Selbstbestimmung und Selbstregierung, sogar Selbstgesetzgebung (»Autonomie«) verbunden. Mir liegen keinerlei Zahlen vor und ich werde auch ganz bestimmt keine recherchieren oder erzeugen. Ich berichte von meinen ehrlichen Versuchen, meine kulturellen und identitären Präferenzen mit Anarchismus zu verbinden. Dies ist eine beschränkte Perspektive, die aber ihr Korrektiv in der Verbundenheit mit Gleichge-

angeblich) den KZ-Tod seiner jüdischen Großeltern verarbeitet, befreit diese Songs vom Verdacht, nazistisch gemeint zu sein. Andererseits kann das Spiel mit Nazi-Symbolik auch zu tatsächlicher Identifikation führen, wie das wohl bei den CHILD MOLESTERS (»Brown Album«) oder den späteren ANAL CUNT der Fall ist.

17 Im US-amerikanischen Sprachgebrauch war Joey ein Liberaler; in Deutschland hätte man ihn Sozialdemokrat genannt. Mit Sozialdemokratie ist hier das gemeint, was die SPD vor sehr sehr langer Zeit vertrat (jetzt ist sie im europäischen Sinne eine liberale, also eine kapitalistische Partei) und jetzt höchsten von der *Die Linke* vertreten wird.

18 Konservativ bedeutet hier Anhänger der Regierungen Reagan und Bush Jr., also zwei der radikalsten Einführer und Konsolidierer des Neoliberalismus.

19 »Punks not dead« war der Titel der ersten EXPLOITED-Platte 1981 und sollte bekräftigen, dass Punk nicht nur eine Modeerscheinung der späten 1970er Jahre war (SEX PISTOLS, THE CLASH, JAM etc.). Ironischerweise befand sich schon auf dem ersten CRASS-Album (»The Feeding of the 5000“, 1978) der Song »Punk is dead«, in dem Punk als Pop-Kommerz (SEX PISTOLS, THE CLASH, JAM etc.) kritisiert wurde. 2008 erschien ein ausführliches Tourvideo der Band CLUSTER BOMB UNIT, das unter dem Titel »Pang Nat Det« von der sehr lebendigen DIY-Punk-Szene in Indonesien berichtete.

sinnten und Gleichgescheiterten sowie im Kontrast zu konsequenteren Anarcho-Punks findet.

Die Suche nach anarchistischer Message in der Musik behandle ich im übernächsten Unterkapitel. Jetzt geht es um meine tatsächlichen Aktivitäten. In ästhetischer Hinsicht gehört dazu die Ablehnung der bürgerlichen ›Normalität‹, die sich am leichtesten durch Frisuren[20] und Kleidung ausdrücken ließ, die mit Edding, Sprühlack und Tipp-Ex beschriftet wurde (an prominenter Stelle prangte selbstverständlich das Ⓐ). Aber wie sah es mit der Politik jenseits von reiner Symbolik aus? Demonstrationen der (gemäßigten wie autonomen) Antifa habe ich als »Mitläufer« absolviert. Selbst aktiv wurde ich in einer spezifischen politischen Punk-Organisation, der Anarchistischen Pogo-Partei Deutschlands (APPD). In Unkenntnis dessen, was in diesem Band sonst darüber zu lesen ist, kann ich als eines der führenden Mitglieder (1998–2000 »Verweser«, also Vorsitzender des Landesverbandes Bayern) dieser Kaderpartei berichten, dass die Entscheidungsstrukturen in dieser Partei nicht nur den anspruchsvollen Konsensverfahren anarchistischer Bezugsgruppen nicht gerecht wurden, sondern nicht einmal die repräsentativ-demokratischen, also nicht-anarchistischen Vorschriften des Bundesparteiengesetzes mehr als rein formal einhielten. Wir waren einfach eine ganz normale Partei, von der Größe und Haarfarbe abgesehen. Die oben bestimmten, die unten folgten (in unserem Falle grölend).[21] Mehrere inhaltliche und personelle Entscheidungen wurden erst getroffen, nachdem den Delegierten bzw. Mitgliedern (bei Vollversammlungen) große Mengen Alkohol ausgeschenkt wurden. Dazu kamen formal und legal zwar korrekte, in der Praxis aber Mitbestimmung behindernde Abstimmungsregeln (Mehrheitsregeln sowie Agenda-Setting durch die Führung). Ich kann sagen, dass ich so gut wie alle[22]

20 Ich habe es nachgerechnet: über 200 Monate lang ging ich nicht zum Friseur; Freundin, Freunde und ich selbst schnitten und färbten mir sieben Jahre lang Irokesenschnitt in allen Neonfarben des Regenbogens, dann mehrere Jahre wechselnd Leopardenmuster und Pyramidenstacheln, schließlich (bereits in die Universitätslehre eingebunden) Glatze mit hinten Dreads (also Crust-Style).

21 Ich sollte fairerweise erwähnen, dass sich unter den Parteimitgliedern tatsächlich einige gestandene Anarchist_innen befanden, die da mitspielten, weil sie es für eine performative Kritik am System der Repräsentation hielten. Undemokratisch zu sein war für sie – und zur Hälfte auch für mich – eine anarchistische Aktion. Zur anderen Hälfte aber hatte ich schlicht Macht, und das verlieh mir das Gefühl, wichtig und bestimmend zu sein. Jede_r sollte sich so fühlen, nur halt nicht auf Kosten anderer!

22 Ich erinnere mich an eine Ausnahme: im Sommer 1999 schafften es die in Überzahl beim Parteitag in Ulm anwesenden fränkischen Delegierten, »Nürnberg wird Bundeshauptstadt« als neuen Programmpunkt des Landesverbandes gegen meinen Willen durchzusetzen.

von mir gewünschten Punkte demokratisch legitimiert bekam, unabhängig von den ursprünglichen Wünschen der anwesenden Kamernossen[23]. Es gab also sowohl offizielle wie inoffizielle Hierarchiestrukturen. Die APPD war bei weitem nicht die einzige politische Aktion von Punks, aber sie prägte mich und eine ganze Generation von Punks – und wurde dazu in allen Medien der Bundesrepublik wahrgenommen. Ihrem Selbstverständnis nach war diese Partei (entgegen dem ersten Wort des Namens) nicht anarchistisch. Das ist kein Einzelfall für das, was ich im Punk erlebt und gemacht habe.

Zu den zentralen Feinden des Anarchismus gehört der Kapitalismus. Anarchistische Aktionen und Haltungen müssen Ziel und Mittel miteinander verbinden. Das bedeutet konkret, dass sich Punks dem Kapitalismus entziehen und ihn bekämpfen müssen, wollen sie anarchistisch sein. Zugleich »darf Punk alles« (wie ich und viele meiner Freunde meinten), und Widersprüchlichkeit wurde nicht als Problem empfunden. So neigte ich beispielsweise dazu, Punkprojekte durch Gewerbescheine gleichzeitig zu konsolidieren und zu zerstören. Zuerst ein Fanzine (AbArt Magazin), das von 1995 bis 1997 gerade mal vier Ausgaben schaffte, und dann eine eigene Biermarke (Pogorausch), die von 2004 bis 2012 existierte. Fanzines werden eigentlich völlig formlos produziert, solange sie kopierte Broschüren mit winziger Auflage sind. Die erste Ausgabe erfüllte alle Punkideale und verletzte auch das Bayerische Pressegesetz, weil kein »V.i.S.d.P.« angegeben war (nur eine »Postlagernd«-Adresse). Doch schon ab der zweiten Ausgabe hatten mein Kommilitone (also Mitstreiter) Onkel Ätzgurk und ich keinen Bock mehr, die Platten selbst zu kaufen, die wir reviewten,[24] und wir mussten den Verkaufspreis senken, was aber wegen der Kopierkosten nicht ging. Also meldeten wir ein Gewerbe an, um echter Geschäftspartner für Anzeigenkunden und Promo-Agenturen zu werden. So wurde ich Verleger.[25] Die letzte

23 So lautete die Bezeichnung für Parteimitglieder. Dieser Name mischt »Kamerad« und »Genosse«; diese Mischung aus rechten und linken Begriffen war typisch für die mehr auf Provokation als auf Herrschaftsfreiheit gerichtete symbolische Politik der APPD. In dieselbe Kerbe schlugen meine Verkleidungen, die z.B. im Parteivideo »Nie wieder Arbeit!« zu sehen sind: einmal mit langem Ledermantel, roter Armbinde mit weißem Kreis (darin das »Balkanium«, das verdächtig dem Logo des »V wie Vendetta«-Superhelden gleicht) und großer roter Fahne oder ein den Roten Khmer nachempfundenes Outfit, das ich etwa während der Straßenschlacht bei Pinneberg trug.

24 Stattdessen ließen wir uns bemustern, waren weniger sauer über schlechte Platten und lobten auch das Mittelmaß, wodurch wir Huren der Werbung wurden.

25 Diesen Beruf gab ich auch beim Landeswahlleiter 1998 an, denn die APPD wollte asozial wirken und entsprechende Berufe auf ihren Listen haben. Am besten Arbeitslose, und immer noch besser Selbstständige als ausgerechnet Studenten, denn in der

Ausgabe stellten wir sogar auf der Popkomm 1997 in Köln vor, wo wir mit zahlreichen anderen Fanzines gemeinsam einen Messestand mieteten (und beutelweise Gratis-CDs und Freibier erbeuteten). Profit machte unsere GbR erst in späteren Jahren, als es schon längst kein AbArt Magazin mehr gab; Onkel Ätzgurk verfasste Moderationstexte für MTV und ich war Freelancer bei einer Internetfirma (Quality Assurance und Programmierung), und wir rechneten unsere Honorare über die Firma ab (so dass niemand merkte, dass wir je nur einen Kunden hatten und somit nur scheinselbständig waren).[26] Obwohl das Punkfanzine selbst mehr Kosten als Einnahmen verursachte, habe ich es zumindest offiziell als kommerzielles Produkt gemacht. Genauso war es mit Pogorausch und dem »Prallen Pils«. Mit ein paar ehemaligen APPD-Mitgliedern wollte ich weiterhin lustige Politik machen, und so kam uns die Idee, Flugblätter auf Bierdosen zu drucken, um das Interesse daran zu steigern. Wir gründeten eine Firma, um Verhandlungen mit Brauereien aufnehmen zu können. Auf Dosen verzichteten wir schnell (nicht aus ökologischen, sondern aus ökonomischen Gründen); die Flaschen und Etiketten und Kästen, die wir schließlich hatten, mussten wir mit großer Mühe in ganz Deutschland ausliefern und dabei immer auf Rentabilität achten. Damit waren wir nicht nur nach außen ein kommerzieller Betrieb, sondern auch nach innen ausbeuterisch (denn die ganze Arbeit blieb im Grunde bei einem hängen, und das war nicht ich). Kommerziell sein heißt dabei nicht: kommerziell erfolgreich sein. Nach fast acht Jahren Verlustgeschäft gaben wir die Firma Anfang 2012 wieder auf.

Meine politischen und wirtschaftlichen Punk-Aktionen waren also allesamt nicht radikal, antikapitalistisch oder anarchistisch. Dennoch bekam ich viel Anerkennung dafür und bin jetzt sozusagen Teil eines Mythos der heutigen Punkszene (auch wenn ich den Jungspunden selbstverständlich nicht bekannt bin). Es wäre aber grundfalsch, das auf die ganze deutsche Punkszene zu verallgemeinern. Jede meiner Tätigkeiten wurde auch von Punks kritisiert: das Fanzine zu teuer und künstlerisch, die Partei zu kryptofaschistisch und kommerziell,

---

Parteihymne hieß es »Inteleller Studischeiß wird ganz schnell verstummen/ Wir werden das deutsche Volk total zurückverdummen.« Die vor Abstimmungen üblichen Manipulationen (bei Bundestagswahlen erfüllen Wahlwerbung und Wahlversprechen diese Aufgabe, innerhalb der Partei setzte ich auf emotional besetzte Reden und bewusstseinsverengende Getränke) führten nur teilweise zu den gewünschten Ergebnissen (der Wahlzettel war ein Erfolg, das Wahlergebnis nicht; beides ist in Brucker/Filser (1999: 60–61) dokumentiert) – jedenfalls waren sie ganz und gar nicht anarchistisch.

26 Hoffentlich ist diese Regelverletzung inzwischen verjährt, ich plaudere das einfach so aus…

das Bier zu unpolitisch und ökoschädlich. Und dann gehörte ich auch noch dem Flexhead-Orden an, einer geheimnisumwitterten Truppe von rocker-ähnlichen Schlägertypen, die in den 80er Jahren in München Jagd auf Skinheads machte, von den Anarchos aber als zu machohaft kritisiert wurde.[27] Diese Angriffe haben mich immer besonders getroffen, weil ich wusste, dass sie treffend waren. Eigentlich hatte ich anarchistischere Ambitionen, doch mit meinen persönlichen Punk-Erfahrungen war ich in ein Fahrwasser geraten, das Provokation, Hässlichkeit, Rausch, Arroganz, Trotz und Style für so wichtig erscheinen ließ, dass mir viele anarchistische Aktions- und Kommunikationsformen zu freundlich, zu friedlich, ja zu »hippie« waren. So wie mir mag es vielen gegangen sein, die eigentlich höchst wirkungsvolle und damit gefährliche Anarchist_innen hätten werden können. Vielen anderen aber ging es anders. Diese Leute waren überhaupt der Grund, weshalb Punk nicht nur im ästhetischen Bereich als Gefahr aufgefasst wurden; in Abgrenzung von zwielichtigen und käuflichen Punks wie (groß und bekannt) die SEX PISTOLS oder (klein und unbekannt) ich fingen sie an »to Make Punk A Threat Again« (so das Motto des Kollektivs/Fanzines Profane Existence). Darauf werde ich im folgenden Unterkapitel eingehen, bevor ich wenigstens eine anarchismuskompatible Aktion darstelle, an der ich beteiligt war und anschließend einen Überblick über Anarchismus in Punk-Texten versuche.

WIR KÖNNEN AUCH ANDERS: ANARCHO-PUNK

Leider habe ich viel weniger Ahnung von dem, was die wahren Anarcho-Punks machen, als von meinen eigenen Aktionen. Daher müsste ich hier vom Hörensagen berichten, was mir aber nicht angemessen zu sein scheint. Ich kann also nur auf die Beispiele verweisen, die mich dazu brachten, so harsche Kritik an mir zu üben. Ich fange mit der zentralen politischen Forderung an, mit der man meine Person in der Öffentlichkeit lange verband: der Befreiung vom Joch der Lohnar-

27 Ich wurde allerdings erst 1997 Novize und 2004 Vollmitglied, und das auch nur, weil die Aufnahme eines Schwächlings wie mir einerseits andere Flexheads verstörte (wenn man so will, war das ein Machtbeweis des Großmeisters Mike Baron von Lichtindenstein) und andererseits die Flexhead-Gruppe in ein etwas anderes Licht stellte. Ich wurde zu einer Zeit aufgenommen, als die ursprünglichen Flexheads keine Gewalttaten mehr begingen. Dennoch haben die Abzeichen auch heute noch die elitäre und auch mannhafte Ausstrahlung wie zu Beginn, als sich einige Münchner Irokesen-Nietenkaiser von den verweichlichten anarchistischen Punks (und Hardcores mit Chucks) distanzierten und sich als Monarchisten, als Adlige gerierten.

beit. Mit der APPD hatte ich gefordert, dass die Regierung (der ich angehören wollte) ein großzügiges bedingungsloses Grundeinkommen (»Jugendrente«) einführt. Andere sollten für meinen Wohlstand arbeiten. Eine weniger top-down-orientierte Lösung wäre es gewesen, den bereits vorhandenen Überfluss einfach zu nehmen und an Bedürftige (bzw. alle, die wollen) zu verteilen. Fast überall, wo es Anarcho-Punks gibt, gibt es auch Food Not Bombs-Gruppen, die im Grunde genau das machen: Kostenlos Nahrung sammeln (entweder Spenden, oder Diebstahl, oder »Containern«), lecker zubereiten, und kostenlos anbieten. Weil das alles ohne jede Erlaubnis geschieht, werden diese Gruppen häufig kriminalisiert. MILLIONS OF DEAD COPS haben 1994 eine Soli-7" (»Bombs, Not Food!«) herausgebracht, auf deren Cover FNB-Gründer Keith McHenry abgebildet ist, wie er gerade wegen Suppenausschanks an Arme abgeführt wird; sie nehmen ironisch die Haltung der Behörden ein, wenn sie singen: »The Grinch stole Christmas... well check this out:/ We'll steal your soup and pour it out!/ We value power more than your lives,/ So we'll take your spoons and forks and knives/ [...]/ We like seeing you sick and lean,/ if you won't get jobs or join the marines!«Anders als die heute weitverbreiteten Tafeln verlangen FNB-Gruppen keinen offiziellen Armutsnachweis von ihren ›Kunden‹ – es geht also nicht um die finanzielle Entlastung der staatlichen Sozialsysteme, sondern um direkt angewandte gegenseitige Hilfe.[28]

Überhaupt die Ökonomie: Schon in den situationistischen Vorläufern des Punk wurde die Zwiespältigkeit jeder Produktion von Gütern als zentrales Problem erkannt, weil sie immer zur Ware degenerieren können. Unkommerzielle Aktivitäten sind für den Kapitalismus jungfräuliches Neuland, das imperialistisch penetriert werden muss, um noch mehr Wachstum zu erzeugen. Deshalb kann man Punk konsumieren. Vor dieses Problem sind alle gestellt; während ich aber immer Gesellschaften bürgerlichen Rechts gegründet habe, um Punkfanzines und Bier zu verkaufen, und so fast meine ganze aktive Punk-Zeit über Inhaber einer kommerziellen Firma war, deren Ziel es war, Einnahmen von anderen Punks zu bekommen (dass das nie geklappt hatte und defizitär war, ändert nichts an der Natur der Unternehmung), stellten sich einige produktive Anarcho-Punk-Kollektive deutlich geschickter an. Stacy Thompson analysiert drei von ihnen detailliert: CRASS, Profane Existence und CrimethInc. (2004: 81–117). Keines der Kollektive hat sich ganz aus dem Kapitalismus befreien können.

28 In diesem Sinne hatte die Münchner Sektion der anarchosyndikalistischen FAU auch geplant, eine »Kropotkin-Hilfe« mit Gulaschkanone zu gründen. Dies hätte das Punk-Ghetto verlassen – und zugleich den Vegetarismus, der für FNB sehr wichtig ist. Links zu allen FNB-Gruppen in Deutschland findet man unter http://www.food-not-bombs.de

Zwar waren die CRASS-Songs Anti-Werbung, weil sie ein Bedürfnis schufen (nach Anarchie), ohne dafür ein Produkt anzubieten (ebd.: 85), doch im Grunde war die nächste CRASS-Platte doch so ein Produkt (ebd.: 86). Profane Existence war zentral an der Beteiligung und Verbreitung des ultrapolitischen Crust-Punk beteiligt, eines sehr unmelodiösen und nicht-schönen, nicht-sauberen Stils, der explizit unverkäuflich sein sollte; doch »no punk product is so shocking that it shuts down the possibility of its own commodification or ability to entertain.« (Ebd.: 102) Am offensten selbstkritisch laviert sich wohl CrimethInc. durch den Kapitalismus: stets wird das Publikum auf die Zwiespältigkeit aufmerksam gemacht, so dass nie der Eindruck entstehen kann, man könne die Revolution kaufen. Thompson sieht das aber kritisch: »CrimethInc. has alienated the thought process of consciously grasping the commodity form as hollow from the potential consumer, thereby reifying and commodifying the last critical mental function available to the consumer as she faces the commodity in the marketplace.« (Ebd..: 115) Doch wenn das so ist, dann gibt es nur noch einen Ausweg: Den Kapitalismus zerschlagen und durch ein anarchistisches Wirtschaftsmodell ersetzen. CRASS, Profane Existence, CrimethInc. und ich stimmen zu.[29]

Es gibt weitere Gebiete, in denen ich von den Anarcho-Punks noch viel hätte lernen können. Wichtige Anlaufpunkte für die Anarcho-Punks waren z.B. die besetzten Häuser, in denen nicht nur Konzerte stattfinden konnten, sondern in denen man auch basisdemokratische Entscheidungsfindung lernen konnte. Wie ich höre, sind die Erfahrungen damit aber durchwachsen.[30] Ich hätte mich anderen Stilarten öffnen können, immerhin gibt es auch nicht-blöden Hip Hop (z.B. ANARCHIST ACADEMY), und die Raver in Britannien haben Reclaim The Streets erfunden. Oder ich hätte auf Anarchismus-Treffen fahren können (das fange ich erst jetzt an, als Gelehrter); dort finden sich immer zahlreiche Punks. Eigentlich

29 Ich hätte gerne auch deutsche Beispiele angeführt, doch dazu habe ich einfach nicht genug Informationen. Die Anarcho-Punk-Bewegung praktiziert ihr antikommerzielles D.I.Y.-Programm aber überall; das illustrieren Francesca Araiza Andrade und Julia Ostertag in ihrem Dokumetarfilm »Noise and Resistance. Voices from the DIY Underground« (Neue Visionen, 2011).

30 Rainer von TARGET OF DEMAND berichtet etwa, dass »bei aller Anarchie und Basisdemokratie […] die Menschen dort ihren shit together« haben und dass ihn der Aufenthalt in Häusern wie der Au in Frankfurt, der Steffi in Karlsruhe oder dem Juzi in Göttingen inspirierten, »über selbstbestimmtes Leben und selbstbestimmte Kultur ohne hierarchische und kapitalistische Grundprinzipien nachzudenken«; Armin von den SKEEZICKS hingegen nervten die unfähigen Volltrottel, »die wohl glaubten, ›autonom‹ bedeute auch, dass ein Konzert sich von selbst organisiert und ohne eigenes Zutun läuft.« (Beide aus Schreiber 2011: 63).

ärgerlich, dass ich nichts davon gemacht habe. Als einziges kann ich mir auf die Fahnen schreiben, dass ich in einem selbstverwalteten Selbstverteidigungs-Kollektiv mitgemacht habe und dort zeitweise sogar als Trainer tätig war. Die Gruppe hieß AKAB und wurde mitunter von der autonomen Antifa als Saalschutz angefordert, wenn Nazis Angriffe angedroht hatten – es gab aber auch Türsteherjobs z.B. beim CONFLICT-Konzert, das die Autonomen stürmen wollten (dem Gitarristen wurden hässliche Dinge vorgeworfen). In unserer Gruppe übten wir auch das Durchbrechen von Polizeiketten, experimentierten mit Tonfa-Entwaffnungen und machten die Gewalteinwirkungen durch autoritäre Gruppen weniger schmerzhaft. Punkspezifische Eigentümlichkeiten wie Alkohol oder Piercings waren bei uns ok – wir fühlten uns manchmal wie »Troops of Tomorrow«, entschieden aber im Plenum. Abgesehen davon: Wenn ich schon wenig anarchistische Tat in meiner Punk-Biographie gefunden habe, finde ich wenigstens Punk-Theorie in meinem Plattenschrank?

ANARCHIE-SLOGANS

Mit seinem »Dialog mit einem Spießbürger« (1840) machte Proudhon den Begriff „Anarchismus" populär, mit dem er seine Ideen benannte, nachdem er sich von den anderen seinerzeit modernen politischen Richtungen abgegrenzt hatte:

> SB: Sind sie Republikaner?
> P: Republikaner, ja: aber dieses Wort ist mir zu ungenau. Res publica, das sind die öffentlichen Belange … Könige sind auch Republikaner.
> SB: Nanu, sie sind Demokrat?
> P: Nein.
> SB: Was, sie wären Monarchist?
> P: Nein.
> SB: Konstitutionalist?
> P: Gott behüte!
> SB: Dann sind sie Aristokrat?
> P: Ganz und gar nicht.
> SB: Sie wollen eine gemischte Regierung?
> P: Viel weniger.

SB: Was sind sie also?
P: Ich bin Anarchist.[31]

Dieser berühmte Dialog klingt im Bekenntnis zum Anarchismus auf CRASS erstem Album »The Feeding of the 5000« (1978) nach, denn auch der Song »Sucks« ist eine Abgrenzung zu zeitgenössischen Ideologien:

Do you really believe in Buddha? Buddha sucks.
Do you really believe in Jesus? Jesus fucks.
Is it all right really? Is it all right really?
Is it working?

Do you really believe in Marx? Marx fucks.
Do you really believe in Thatcher? Maggie sucks.
Is it all right really? Is it all right really?
Is it working?

Do you really believe in the system? Well o.k.
I BELIEVE IN ANARCHY IN THE U.K.
Is it all right really? Is it all right really?
Is it working?

Dieses Glaubensbekenntnis bezieht sich eindeutig nicht auf das, was dieSEX PISTOLS zwei Jahre zuvor mit »Anarchy in the UK« wollten (nämlich »destroy the passerby [...] give a wrong time stop a traffic line [...] get pissed destroy«); im Song »Punk Is Dead« auf demselben Album kritisieren sie den PISTOLS-Gitarristen: »Punk narcissism was social napalm,/ Steve Jones started doing real harm./ Preaching revolution, anarchy and change/ As he sucked from the system that had given him his name./ [...]/ Steve Jones you're napalm,/ If you're so pretty vacant why do you swarm?/ [...]/ I see the velvet zippies in their bondage gear,/ The social elite with safety-pins in their ear,/ I watch and understand that it don't mean a thing,/ The scorpions might attack, but the systems stole the sting.«Wenn die Zusammengehörigkeit von Punk und Anarchismus bedeutet, dass der Anarchismus ein harmloses kommerzielles Produkt wird, dann muss Punk sterben – oder für tot erklärt werden! Nicht nur deswegen, aber Punk spaltete sich in mehrere Richtungen auf: manche waren mehr an Mode, andere mehr an Musik, einige schließlich an Politik interessiert. Die letzteren wurden sehr stark von CRASS beeinflusst, und so entstand der Anarcho-Punk, ein weltweites Phänomen, das sich kaum in nationale Einzelerscheinungen aufteilen lässt.

31 Dieser Dialog taucht an vielen Stellen auf; ich habe ihn einer der zentralen anarchistischen Homepages Deutschlands entnommen (http://www.anarchismus.de/allgemeines/definition.htm; 31.07.2012).

In ihren Lieder behandeln CRASS viele politische Themen: Krieg, Sexismus, Erziehung, Kommerz, Arbeit und viele weitere. Dem neuen Vinyl-Release von »Christ the Album« liegen ausführliche Informationen zu Hausbesetzung und gewaltfreien Aktionen bei. Wenn man mich fragte, würde ich ihre Songs »Bloody Revolutions« (1980) und »Big A Little A« (1980) in den Kanon der anarchistischen Literatur aufnehmen. Das Phänomen CRASS ist bereits gut dokumentiert; es liegen die Ich-Perspektiven des Schlagzeugers Penny Rimbaud (2004) und des Sängers Steve Ignorant (2010) vor; empfehlenswert ist auch George Bergers »The Story of Crass« (2009). Den immensen Einfluss dieser Band auf die sehr aktive britische Anarcho-Punk-Szene Anfang der 1980er Jahre dokumentiert Ian Glasper (2006). Statt also dieses eine der beiden wichtigsten Punk-Länder zu behandeln, schaue ich auf das andere.

Auch in den USA gab es viele Punkbands, die sich mit anarchistischen Texten hervortaten. Wie bei den britischen (und allen anderen) Anarcho-Punks waren und sind die Themen vielfältig; ich beschränke mich hier auf Aussagen, die sich direkt auf den Anarchismus bzw. auf die Anarchie beziehen. Die Bandbreite der Aussagen ist erwartungsgemäß sehr breit. REAGAN YOUTHS Song »USA« (auf ihrem Compilation-Album »Vol. 1«) ist typisch für das einfache Slogan-Muster vieler anarchistischer Punk-Songs: »Open you mind! Wake up and see!/ True freedom is anarchy!/ In U.S., A's for anarchy/ Not bullshit democracy/ I want total liberty/ I want peace and anarchy!« Manche Bands spielen sogar mit den Vorurteilen gegenüber dem Anarchismus und sprechen sich für Gesetzlosigkeit aus, z.B. STARK RAVING MAD auf dem Album »Amerika«: »Chaos/ Rather have Chaos/ Rather have Chaos/ Chaos/ Rather have disorder than this fucking order/ Oppression of the poor by the rich is the rule/ There will be no tomorrow, their greed will destroy it all/ Better chaos than being blown away«. ANTI-FLAGhingegen spart sich Anarchie-Parolen und beschreibt nachvollziehbar das Denken junger, wütender Anarchist_innen (in ihrem Song »We Don't Need It!« auf ihrem Album »Mobilize«): »The state of The State, it makes you feel sick/ Back stabbing, dollar driven, status quo shit!/ […]/ That's when you made a pledge to yourself,/ ›I'm gonna live my life to build a better world!‹/ […]/ We're going to turn the world upside down!/ It's time to show some true humanity/ And time to show we really care/ For the world, for each other, for those we've known/ Through all our years«.Hier wird klar Kropotkins Prinzip der gegenseitigen Hilfe dem hässlichen Egoismus des kapitalistischen Staates gegenübergestellt und als revolutionäres Ziel ausgezeichnet. Überhaupt richtet sich der größte Teil der anarchistischen Songs direkt an das Publikum – es macht ja auch ziemlich wenig Sinn, sich mit der Bitte oder Forderung nach Anarchie an die Regierung zu wenden. Die Erwartung, dass Punks Anarchie wollen, wird etwa im DEAD KENNEDYS-Hit »Nazi Punks Fuck Off« (auf dem Album »In God We Trust«) deutlich: »We ain't trying to be police/ When you ape the cops it ain't anarchy«. Eine besonders lockere und offene Haltung zu potentiellen Mitstreitern zeigt die anarchistische Hardcore-Band R.A.M.B.O. auf dem Album »Wall Of Death The System«[32]. Zuerst fordern sie Rache für einen »anarchistischen« Elch, der ein Polizeiauto zertrampelt hatte und dann von den Bullen erschossen wurde; dann befehlen sie aggressiv »Circle That @ Motherfucker«, nur um in den Fußnoten[33] des nächsten Songs (»Rockin' with Kropotkin«) zu versichern, dass sie als Punkrocker Verständnis dafür haben, dass manche Kund_innen des anarchistischen Buchladens, in dem sie arbeiten, nur Punkplatten kaufen und die anarchistische Literatur stehen lassen – freilich würden sie sich über mehr Leser freuen: »the wooden shoe's[34] got all you need/ from howard zinn to durrutti«.

Zwar galten die amerikanischen Bands in Deutschland als »ein beliebter und anerkannter Wegweiser« (Schreiber 2011: 199), doch auch in Deutschland bezogen sich Punkbands in ihren Texten auf den Anarchismus.[35] Auch hier herrschen

32 Wall of Death ist eine Pogo-Variante (und wird im Albumtitel als Verb gebraucht), bei der zwei Reihen von Tänzern aufeinander zu rennen und sich gegenseitig umrempeln; dabei gibt es häufig Verletzte.

33 Das ist auch ein weitverbreitetes Merkmal der Anarcho-Punks: Ihre Textblätter enthalten ausführliche Beschreibungen der politischen, sozialen, ökologischen usw. Themen, über die sie singen. Es gibt ein zutreffendes Vorurteil über die typischen Politpunk-Shows, bei denen erst drei Minuten lang erzählt wird, wie BASF Gift in den Rhein leitet und dass man nun mit dem nächsten Song dagegen protestiert, und dann folgen ca. 23 Sekunden völlig unverständlichen Hochgeschwindigkeitsgeprügels.

34 Wooden Shoe Books (http://www.woodenshoebooks.com/) ist ein bekannter Infoladen in Philadelphia, PA. Der Name bezieht sich auf ein klassisches Mittel der direkten Aktion gegen Ausbeutung: Ein Holzschuh (frz. sabot) ins Getriebe einer Maschine geworfen stoppt diese und sorgt für eine Arbeitspause. Die Sabotage liegt in der Macht der Arbeiter_innen, benötigt keine Repräsentation und keine Zugeständnisse der Vorgesetzten. Auch in Bonn gibt es ein Buchladenkollektiv, das darauf Bezug nimmt: *Le Sabot* (http://www.lesabot.de/). Howard Zinn ist ein kritischer Historiker mit anarchistischen Tendenzen; José Buenaventura Durruti war ein Held im Spanischen Bürgerkrieg.

35 Das geschieht nicht nur auf Deutsch, sondern auch auf Englisch, z.B. RAWSIDE »Out of Control«: »All the systems in the world/ Must be destroyed/ Only Anarchy's chance/ For a free Mankind!/ The state will fall – out of control/ We don't need the state/ We don't want the state/ We can only hate the state/ Cause it's not too late!« (»Staatsgewalt«) oder OXYMORONS »Selfrule«: »Ruling class, we don't need you./ All governments out, don't need no leader./ We had a lot of systems, they all failed./

Parolen vor wie etwa »Anarchie und Alkohol,/ ich trinke viel und fühl' mich wohl« von DIE KASSIERER (Album Sanfte Strukturen) oder CONDOMS »Anarchie ist kein Terror/ Anarchie ist kein Chaos/ Anarchie make me free« (Album »Mir reicht's...«). Man darf aber nicht von der Einfachheit der Slogans auf eine simple Denkweise der Musiker schließen. Musiker von ZSD setzten sich ernsthaft mit der Politik auseinander und waren in unterschiedlichen Zusammenhängen politisch aktiv, doch das hielt sie nicht davon ab, Texte zu formulieren, die nach Ahnungslosigkeit bezüglich anarchistischer Praktiken und Ziele klingen: »Weg mit der Ordnung, weg mit dem Staat!/ Weg mit dem System auf einen Schlag/ Und was kommt jetzt?/ Keine Regeln, kein Gesetz!/ Anarchie ist machbar« (»Ich bin radikal« auf »Ehre & Gerechtigkeit«). Nach den anarchistischen Slogans folgen als Motive sogleich das Nörgeln über dämliche Phrasendrescherei und das Jammern über fehlenden oder verratenen Anarchismus.[36] Hier betreibt die Szene Nabelschau und spielt gelegentlich auch Stylepolice und Politkommissariat. Und selbstverständlich geschieht auch das mal ernst und humorlos, mal ironisch gebrochen und selbstreflexiv. Häufig wird in der Stimme des Systems gesungen, also der Anarchismus (in anarchistischer Absicht) angegriffen. Klassiker sind »Weltverbesserer« von TOXOPLASMA und »Anarchistenschwein« von HASS.[37] Als besonders aggressive Musikrichtung gibt sich Punk auch gern textlich gewaltaffin. WIZO hat mit »Kein Gerede« geradezu ein Manifest des Netschajewismus abgeliefert: »Kein Gerede nur die Tat,/ Stoppt den skrupellosen Staat/ Strommast sägen, Bomben legen,/ Ab und zu ein Attentat/ Sprengt die Knäste/ Sprengt Paläste/ Sprengt die Schweine in die Luft« usw.; das ist »Für'n Arsch« (Albumtitel). Man kann wütende Jugendliche damit belustigen (und das dürfte bei einer Funpunkband wie WIZO wohl die Absicht gewesen sein), doch anarchistische Aktivist_innen finden darin ihre Praxis nicht wieder.

Aber es werden auch die anarchistischen Vorstellung einer besseren Welt wachgerufen: »Stell dir mal vor es sind keine Bonzen da/ keiner mehr der dir die

---

[...]/ Anarchy – Selfrule, can't you see it's up to you!« (»Fuck The Nineties... Here's Our Noize!«).

36 Wenigstens ein köstliches Beispiel dafür muss ich zitieren: »Deutschpunk verrecke« von ERADICATE. »eingekreiste a ohne sinn/ nur als mittel zum zweck/ deutschpunk verrecke/ du hast es verdient/ mit parolen schreien/ ist niemand gedient/ unpolitisch macht hirntot/ und phrasendreschen auch/ bunthaarige penner/ keine spur von wut im bauch« (s/t) – das ist kein Anti-Punk-Song, sondern der Aufruf, anarchistisch tätig zu werden.

37 Es gibt freilich auch tatsächlich so gemeinte Angriffe auf Anarchisten, etwa »Kernkraftritter« von OHL. Das gilt übrigens auch für den US-Punk, man denke nur an »Politicians« oder »For The Punx« von THE CASUALTIES.

Kehle zuschnürt/ Stell dir mal vor es gibt keinen Knast mehr/ Keiner mehr der eingesperrt wird« (ABFLUSS: »Anarchie statt Deutschland« auf »Die Realität«). Dies wird kombiniert mit Kritik am politischen System: »Sozial- und Rechtsstaat sind Betrug/ Vermeintlicher Wohlstand bringt uns den Tod/ Demokratie ist bloß ein Wort/ Denn Kommerzkonzerne regier'n diesen Staat/ Meinungsfreiheit, die gibt's hier nicht/ Weil dein Denken schon mit Normen voll ist/ Freiheit heißt Anarchie/ Doch das kapiert ihr wohl nie/ Freiheit heißt Anarchie/ Für die Luxusgesellschaft verkauft ihr sie« (ABFALL: »Freiheit heißt Anarchie«). Das sind nur die ersten Beispiele für Bands mit dem Anfangsbuchstaben A… Mehr kann hier aus Platzgründen nicht behandelt werden.

In Deutschland wird wie in GB und USA Anarchismus auf die unterschiedlichste Weise in den Texten reflektiert. Der literarischen Form ist geschuldet, dass nicht einmal in den besten Fällen eine analytische Tiefe erreicht wird, die schon einfache Einführungsbücher in den Anarchismus bieten. Dafür kann man mit den Büchern viel schlechter Pogo tanzen.

UND JETZT?

Wie ich dargestellt habe, ist meine Beschäftigung mit Punk-Anarchismus zu krumm, um mich zu einer Autorität auf diesem Gebiet zu machen. Daher erlaube ich mir, die exzellente Analyse zusammenzufassen, die das CrimethInc.-Kollektiv dazu gemacht hat (2009). Weil im Punk D.I.Y. hohe Wertschätzung genießt, können radikale Ideen besser gedeihen, man übt das Selbermachen ein, gewinnt Selbstvertrauen und produziert dabei noch Propaganda. Punk war durchaus ein Ghetto; hier war man sicher und eingesperrt mit seinen seltsamen politischen Ideen. Das bewahrte die Ideen in stürmischen Zeiten (wie die Kloster des Mittelalters Wissenschaft und Literatur bewahrten), führte aber nicht zum wirkungsvollen Kampf außerhalb der Szene. Innerhalb der dezentralen Szene konnte man die Effektivität anarchistischer Strukturen direkt erleben. Punk-Cliquen sind im Grunde Bezugsgruppen, also die Elemente, aus denen sich größere anarchistische Zusammenhänge bilden können. Dass nicht alle Punks Anarchist_innen sind, sollte als Herausforderung verstanden werden, denn wer den Anarchismus verbreiten will, muss sowieso zu den (Noch-)Nicht-Anarchist_innen gehen. Allerdings ist Punk eben auch eine Kultur, und wenn es Spannungen gibt zwischen den politischen und den musikalischen Punks gibt, dann bleiben die unpolitischen Musikfans in der Szene. Auch das Internet hat Punk einen üblen Schlag versetzt, denn dezentrale Netzwerke braucht man nun nicht mehr mit Menschen zu bilden: man kommt ohne vertrauensvolle Szenekontakte an alle Punkutensilien. Egal ob Punk noch lebt oder schon tot ist: Es muss etwas her, das noch besser ist. Wir brauchen soziale Aktivitäten, die angenehm und kreativ sind. Wir brauchen Kulturen, die nicht von irgendeiner Institution abhängen, sondern sich selbst reproduzieren und dabei subversiv sind, ohne sofort Repressionen nach sich zu ziehen. Was wir in der Zukunft schaffen, muss offener für andere Kulturen sein. Und es muss Jugendliche anziehen, weil die am unvorhersehbarsten handeln. Es muss einfach noch geiler werden.

Punk is dead. Punx not dead.

LITERATUR

Berger, George (2009): The Story of Crass. Oakland, CA: PM Press.

Berneri, Marie Louise (1950): Journey through Utopia. London: Routledge & Paul.

Brucker, Ambros/Filser, Karl [Hg.] (1999): Begegnungen 9. Geschichte, Sozialkunde, Erdkunde. München: Oldenbourg Schulbuchverlag.

CrimethInc. (2009): »Music as a Weapon. The Contentious Symbiosis of Punk Rock & Anarchism«. In: Rolling Thunder 7, 68–74.

Degen, Hans Jürgen (2009): Die Wiederkehr der Anarchisten. Anarchistische Versuche 1945–1970. Lich: Edition AV.

Drücke, Bernd (1998): Zwischen Schreibtisch und Straßenschlacht? Anarchismus und libertäre Presse in Ost- und Westdeutschland. Ulm: Klemm & Oelschläger.

Ellis, Carolyn/Adams, Tony E./Bochner, Arthur P. (2010): »Autoethnografie«.In: Günter Mey/Katja Mruck [Hg.]: Handbuch Qualitative Forschung in der Psychologie. Wiesbaden: VS Verlag/Springer, S. 345–357.

Furness, Zack (Hg.) (2012): Punkademics. The Basement Show in the Ivory Tower, Wivenhoe/Brooklyn/Port Watson: Minor Compositions.

Glasper, Ian (2006): The Day the Country Died. A History of Anarcho Punk 1980–1984. London: Cherry Red Books.

Ignorant, Steve/Pottinger, Steve (2010): The Rest is Propaganda. London: Southern Records.

Kant, Immanuel (1917): Gesammelte Schriften, Bd. 7. Der Streit der Fakultäten. Anthropologie in pragmatischer Hinsicht (Akademie-Ausgabe). Berlin: Reimer/de Gruyter.

Kuhn, Gabriel [Hg.] (2010): Sober Living for the Revolution. Hardcore Punk, Straight Edge, and Radical Politics. Oakland, CA: PM Press.

Marshall, Peter (2008): Demanding the Impossible. A History of Anarchism. London u.a.: Harper Perennial.

McNeil, Legs/McCain, Gillian (1997): Please Kill Me. The Uncensored Oral History of Punk. London u.a.: Penguin Books.

Rimbaud, Penny (2004): Shibboleth. My Revolting Life. Crass: Punk als Widerstand. Aus dem Englischen von Lisa Shoemaker. Mainz: Ventil.

Schreiber, Helge (2011): Network of Friends. Hardcore-Punk der 80er Jahre in Europa. Duisburg: Salon Alter Hammer.

Stowasser, Horst (2007): Anarchie! Idee – Geschichte – Perspektiven. Hamburg: Edition Nautilus.

Thompson, Stacy (2004): Punk Productions. Unfinished Business. Albany, NY: State University of New York Press.

»Liebes Stimmvieh, die APPD ist eine ganz normale Partei...!«[1]

Die Anarchistische Pogo-Partei Deutschlands

PHILIPP MEINERT

1. EINLEITUNG: EINE GANZ NORMALE PARTEI?

1981 gründeten zwei junge Punks in Hannover die Anarchistische Pogo-Partei Deutschlands (APPD), die »Partei des Pöbels und der Sozialschmarotzer« und damit die wahrscheinlich erste und einzige Partei, die in der Punkszene entstanden ist. Fast alle ihre ehemaligen und aktuellen Protagonisten waren oder sind Punks – gerade in ihrer Hochphase in den späten 1990ern tummelten sich dort viele Aktivisten wie Chaostage-Inszenierer Karl Nagel (Klarname Peter Altenburg), Fanzineschreiber wie Peter Seyferth[2] oder Moses Arndt und Musiker wie Wolfgang Wendland (DIE KASSIERER), Micro Bogumil (ABSTÜRZENDE BRIEFTAUBEN) oder Tobias Scheiße (HAMMERHEAD), die teilweise auch Posten im »Schattenkabinett« zur Bundestagswahl 1998 hatten. Es erschien auch eine eigene CD mit dem Titel »Bald regiert die APPD«, auf der zahlreiche Punkbands teils eigens geschriebene Lieder für diese Partei beisteuerten, unter anderem die Parteihymne »Wählt den politischen Frühling« der Band ALKOHOL & SOCKEN. Auch in allen Wahlwerbespots der APPD waren Punks Protagonisten.

---

1 Das Zitat stammt aus einer Ansprache des Kanzler-Kandidaten Karl Nagel in der ARD-Sendung »Die Außenseiter« vom 14. September 1998 über kleine Parteien, die zur Bundestagswahl antraten. Ein Video der Rede: http://bit.ly/NLfzYM

2 ...der in gegenseitiger Unkenntnis der Beiträge in diesem Buch ebenfalls auf die These der ganz normalen APPD knapp eingeht.

Wenig überraschend ist es, dass die politischen Forderungen dieser Partei gemessen an anderen politischen Programme eher ungewöhnlich sind: Die APPD fordert unter anderem das Recht auf Arbeitslosigkeit bei vollen Lohnausgleich, die Einführung einer Jugendrente bei Abschaffung der Altersrente, die Errichtung von Mitfickzentralen (sic!), die Neugliederung (»Balkanisierung«) Deutschlands in drei Zonen und die Legalisierung aller Drogen (Farin 1998: 29). Diese Partei ist also scheinbar keine normale Partei sondern macht sich einen subversiven Spaß mit dem politischen System und entspricht dem »Typus der satirischen Spaßpartei« (Neu 2007: 150).

Konventioneller ist sie in anderen Bereichen: Die APPD tritt (wenn auch bisher erfolglos) bei Wahlen an, verfügt über ein ausgearbeitetes Programm, hat ein Parteileben hat auch sonstige Strukturmerkmale, die von anderen Parteien bekannt sind. Dazu streitet sie energisch ab, dass sie nicht ernst zu nehmen sei: »Hofnarren sind Pogo-Anarchisten also bestimmt nicht. Hofnarren haben den Geschmack des Hofes zu bedienen. Die APPD bringt ihn zum kotzen« und »gerade Parteien, die offensichtlichen Unsinn behaupten, sind unbedingt ernst zu nehmen« (Farin 1998: 128f.). Der langjährige Hauptprotagonist Karl Nagel stellt selbst die Behauptung auf, dass die APPD eine »ganz normale Partei« sei, die vom Wähler nur Stimmen, Geld und Macht bekommen wolle (vgl. Fußnote 1).

Passt das zusammen? Ist die APPD also nun ein parteigewordener Dauerscherz oder steckt mehr dahinter als pure Satire? Dieser Frage soll im folgenden Text nachgegangen werden. Zum Vorgehen muss zunächst vorausgeschickt werden: Es gibt keine dichotome Unterscheidung ›normale‹ versus ›unnormale‹ Partei mit eindeutigen Kriterien. Im ersten Teil soll zunächst veranschaulicht werden, wie Parteien definiert sind, welche Funktionen sie erfüllen sollen und welche ideologischen Schulen es gibt und in einem Exkurs auf die Begrifflichkeit »Spaßpartei« eingegangen werden. Anschließend soll die APPD in ihrer Genese, ihrer Entwicklung, ihres Auftretens, ihrer Ideologie und ihrer Programmatik charakterisiert werden um abschließend mit den Erkenntnissen aus dem ersten Teil verglichen zu werden um zu schauen, wie ›normal‹ die Anarchistische Pogo-Partei Deutschlands ist.

2. PARTEIEN IN DEUTSCHLAND

2.1 Parteibegriff und Parteienfunktion

Wie definiert sich überhaupt eine politische Partei? Definitionen sind seit Beginn der Parteienforschung vielfältig, unterschiedlich und teilweise auch widersprüchlich. Robert Michels (1911) definiert moderne demokratische Parteien schlicht als »Kampfesorganisationen« und führt dies auf die »in latentem Kriegszustande befindlichen Aggregate des modernen politischen Lebens« zurück (41). Max Weber differenziert stärker und nennt Parteien »freiwillig geschaffene und auf freie, notwendig stets erneuerte, Werbung ausgehende Organisationen« mit dem Ziel der »Stimmenwerbung für Wahlen zu politischen Stellungen oder in eine Abstimmungskörperschaft« (zitiert nach Schmidt 2007: 85).

In den vergangenen Jahrzehnten hat sich keine Definition des Parteienbegriffs durchgesetzt. Poguntke (1997: 503) stellt fest, dass »die genaue Definition von Partei [...] schwieriger [ist], als man bei der ersten Annäherung an den Gegenstand vermutet« und von Alemann (2010:9) weist darauf hin, dass man auf der Suche in politikwissenschaftlichen Werken »auf die Frage nach einer Definition oder Begriffsbestimmung der Partei mehrere Dutzend Antworten [erhält]«.

Die Gründe für diese Uneinigkeit sind vielfältig: Politische Parteien gibt es in unterschiedlichen politischen Systemen und in unterschiedlichen historischen Epochen, in denen ihre Bedeutung und ihre Aufgaben stets andere waren und sind. Und sind dazu selbst noch innerhalb einer dieser Kategorien keine identischen Gebilde. Der Parteibegriff ist im ständigen Wandel. Hinzu kommt, dass sie nicht die einzigen politischen Akteure sind und Abgrenzungen zu Interessensverbänden wie beispielsweise Gewerkschaften schwierig sind (vgl. ebd.), da sie mehr gemeinsames als trennendes haben. Das sind ständig ändernde, überall andere und heterogene Ding »Partei« allumfassend politikwissenschaftlich zu definieren, ist ein nahezu unmögliches Unterfangen.

Praktikabler ist hingegen die juristische Definition. Praktischerweise beschränkt diese sie sich auch gleich auf Parteien im politischen Systems Deutschland, in dem die APPD auch agiert. Das Grundgesetz legt im Art. 21 Abs. 1 eher allgemein fest, dass »Parteien (...) bei der politischen Willensbildung des Volkes [mitwirken]« sollen, womit sie aber noch keine Definition des Begriffs entstanden ist (Merten 2007: 81). Eindeutiger hingegen wird das Parteiengesetz (PartG), welches sich im §2 dem »Begriff der Partei« widmet. Absatz 1 legt fest:

> »Parteien sind Vereinigungen von Bürgern, die dauernd oder für längere Zeit für den Bereich des Bundes oder eines Landes auf die politische Willensbildung Einfluss nehmen und an der Vertretung des Volkes im Deutschen Bundestag oder einem Landtag mitwirken wollen, wenn sie nach dem Gesamtbild der tatsächlichen Verhältnisse, insbesondere nach Umfang und Festigkeit ihrer Organisation, nach der Zahl ihrer Mitglieder und nach ihrem Hervortreten in der Öffentlichkeit eine ausreichende Gewähr für die Ernsthaftigkeit dieser Zielsetzung bieten.«

Daraus ergeben sich laut Merten (2007) zusammenfassend vier zentrale Merkmale für Parteien: 1.) Bürgervereinigung sein 2.) feste dauerhafte 3.) der Wunsch, im Bundes- und/oder einem Landtag mitzuwirken[3] sowie die 4.) Ernsthaftigkeit[4] (81).

Absatz 2 legt weiter fest, dass Parteien ihr Status aberkannt werden kann, wenn sie sechs Jahre lang an keiner Bundes- oder Landtagswahl teilnehmen können und Absatz 3, dass der Vorstand mehrheitlich aus Bundesbürgern und sich der Sitz in Deutschland befinden muss.

Verknüpft mit ihrer Definition wird häufig die Funktionsfrage. Also der Frage danach, was Parteien überhaupt machen sollen. Die oben genannten Definitionen aus der Verfassung und dem Parteiengesetz enthalten bereits eine Reihe von Funktionen. Die Grenzen zwischen Definition und Funktion sind fließend. Der §1 des Parteiengesetzes schreibt die Aufgaben der Parteien im zweiten Absatz fest, die allerdings laut von Alemann (2010) »hehre Ziele [sind], die über die konkreten Aktionen, wie die Parteien Politik machen, wenig aussagen« (214). Die Politikwissenschaften stellen viele normative Anforderungen an Parteien: »Die Aufgaben- und Funktionskataloge von Parteien sind fast so zahlreich, wie es Parteienforscher gibt.« (Ebd.: 213) Elmar Wiesendahl hat aus der Parteienliteratur der 1960er und 1970er Jahre nicht weniger als 18 Funktionen für Parteien herausgearbeitet (ebd. 215f.). Von Alemann schlägt zusammenfassend mit Blick auf die Debatte sieben Funktionen vor, wobei Transmission, Selektion, Integration und Legitimation besonders betont werden (ebd. 216-221):

- Partizipation: Parteien ermöglichen Bürgern, sich aktiv politisch einzubringen und ihre Interessen zu artikulieren.
- Transmission: Parteien sammeln politische Ideen und wandeln (transformieren) sie in politisches Handeln um.
- Selektion: Parteien rekrutieren und bilden politisches Personal aus.
- Integration: Parteien bringen Menschen aus verschiedenen sozioökonomischen Gruppen zusammen.

---

3 Problematisch ist, dass demnach weder kommunale Bürgervereinigungen noch Parteien, die nur auf europäischer Ebene agieren, Parteien sind.

4 Was im Folgenden noch wichtig wird: »Ernsthaftigkeit« bezieht sich nicht auf politische Inhalte, sondern zielt auf die Organisationsfähigkeit der Partei ab. Gemäß Bundeswahlleiter ist dies erfüllt »wenn sie nach dem Gesamtbild der tatsächlichen Verhältnisse, insbesondere nach Umfang und Festigkeit ihrer Organisation nach der Zahl ihrer Mitglieder und nach ihrem Hervortreten in der Öffentlichkeit eine ausreichende Gewähr für die Ernsthaftigkeit dieser Zielsetzung bieten« (Quelle: http://bit.ly/PbR42P).

- Sozialisation: Parteien vermitteln Mitgliedern über Teilhabe Wissen.
- Selbstregulation: Parteien sind fixiert auch sich selbst und regeln vieles intern.
- Legitimation: Parteien tragen zur Anerkennung und Stabilisierung des politischen Systems bei.

2.2 Herkunft und Ideologien der Parteien

Hinter fast jeder Partei steckt mehr oder weniger deutlich ein Weltbild beziehungsweise eine Ideologie, die sich in ihrem Programm wiederspiegelt. Als »Großfamilien« kann man drei Parteitypen unterscheiden: Sozialisten, Liberale und Konservative (Lucardie 2007: 63). Parteien, die sich ausdrücklich keiner Ideologie zuordnen lassen wollen, waren bisher bemerkenswert erfolglos in der BRD (vgl. ebd.: 66). Zukünftig wird sich zeigen, ob sich mit den Piraten eine ideologiefreie Partei etablieren kann.

Auch hier soll die Charakterisierung funktional zugeschnitten und holzschnittartig auf die heutige Situation von Parteien stattfinden, so dass quasi ausgestorbene Familien, wie etwa die Bauernparteien, die im frühen 19. Jahrhundert ihre Blütezeit hatten, oder die sehr heterogene Gruppe der Regionalparteien keine Beachtung finden. Ebenso werden auch einige Parteien, die man einzeln darstellen könnte (wie etwa religiös-christliche und konservative Parteien) aber (mittlerweile) große Ähnlichkeiten aufweisen, zusammengezogen:

Liberale Parteien

Das Grundprinzip der Liberalen war und ist die maximale Freiheit des Einzelnen. Die freiheitlichen Liberalen sind die vielleicht ältesten Parteifamilienmitglieder. Bereits 1812 tauchte diese Bezeichnung für die ersten politischen Gruppierungen in Spanien auf (von Beyme 1982: 45). In der Weimarer Republik wurde erstmalig eine Spaltung zwischen Links- und Rechtsliberalen vollzogen, die heute beide in Deutschland in der FDP repräsentiert werden während besonders in skandinavischen Ländern seit den späten 1970ern rechtsliberale Parteien erfolgreich wurden (ebd.: 51ff.).

Die Mitglieder der liberalen Parteienfamilie zeichnen sich durch offene und pragmatische Programme aus. Sie betonen die Menschen- und Bürgerrechte sowie den Pluralismus. Staat und Gesellschaft sollen in allen Bereichen, in denen es möglich ist, getrennt werden und nur Rahmenbedingungen für ein friedliches Miteinander schaffen. Statt staatlicher Regulierung soll der Wettbewerb, besonders in ökonomischer Hinsicht, optimale Bedingungen für die Menschen schaffen (vgl. von Beyme 1982: 56ff. und Lucardie 2007: 63).

Konservative und christdemokratische Parteien

Als quasi Antwort auf die frühen liberalen und als radikal geltenden Parteien gründete sich mit den konservativen Parteien ein Gegenpol, der heute kaum noch besteht. Die bildeten sich in Frankreich nach der französischen Revolution heraus um zu bewahren, was von anderen Parteien abgeschafft werden sollte. Der Konservativismus ist sehr heterogen und vereinte lange Zeit sowohl Monarchisten, Nationalisten bis hin zu Kapitalismuskritikern (von Beyme 1982: 67ff.). Nach dem zweiten Weltkrieg bildeten sich in vielen europäischen Ländern christdemokratische Parteien, die sowohl Konservative als auch katholische und evangelische Christen ansprechen konnten und damit große Volksparteien etablierten (ebd. 125).

Ideologische Gemeinsamkeit und prägend für das Menschenbild christdemokratisch-konservativer Parteien ist das christliche Menschenbild, welches sich aus der Bibel ableitet. Sozialpolitisch betonen Christdemokraten die Solidarität, aber auch die Notwendigkeit zur Subsidiarität. Wirtschaftlich stehen sie der sozialen Marktwirtschaft nahe, bei der der Staat zwar nicht ausgeblendet, aber im Hintergrund agieren soll. Der Staat hat vornehmlich die Aufgabe, Traditionen zu bewahren Institutionen wie Familie und Kirche zu schützen (von Beyme 1982: 67ff.; Lucardie 2007: 63f.).

Sozialistische und sozialdemokratische Arbeiterparteien

Angetrieben durch die Forderung »Proletarier aller Länder – vereinigt Euch!« aus dem Kommunistischen Manifest von Karl Marx und Friedrich Engels entstanden zunächst zwei Arbeiterparteien: 1863 der Allgemeine Deutsche Arbeiterverein (ADAV) von Ferdiand Lassalle und 1869 die Sozialdemokratische Arbeiterpartei von August Bebel und Wilhelm Liebknecht, die sich 1875 zur Sozialistischen Arbeiterpartei Deutschlands zusammenschlossen und sich 1891 schließlich in Sozialdemokratische Partei Deutschlands (SPD) umbenannte. Das Besondere an der SPD ist, dass sie als erste Partei außerhalb eines Parlamentes quasi auf der Straße entstand und dort auch, zum Beispiel in der Gewerkschaftsbewegung, agiert womit sie den Prototyp der modernen Massenpartei darstellt (von Beyme 2010: 34ff.).

Sozialisten und Sozialdemokraten setzen sich für einen intervenierenden Sozial- und Wohlfahrtsstaat ein, der in der Gesellschaft verankert ist und dessen Aufgabe es ist, die soziale Gleichheit der Menschen zu fördern. Dazu wird auch Intervenierung des Staates bei der Wirtschaft befürwortet, um diese Gleichheit zu erreichen. Sozialdemokraten und Sozialisten unterscheiden sich besonders dadurch voneinander, dass jeweils unterschiedlich starke Eingriffe befürwortet werden: Sozialdemokraten stehen eher für Marktwirtschaft und Privateigentum während Sozialisten planwirtschaftliche Maßnahmen, bei der der Staat die Wirtschaft steuern kann, sowie Gemeineigentum bevorzugen. Häufig finden sich Anhänger des Keynesianismus bei Sozialisten und Sozialdemokraten (von Beyme 1982: 86ff.;Lucardie 2007: 63).

Kommunisten

Als entfernter orthodoxer Verwandter der Sozialisten und Sozialdemokraten kann man die Kommunisten sehen. Wurden Sozialismus und Kommunismus zunächst eher synonym verwendet, wird der Kommunismus nach 1918 häufig mit der Sowjetunion gleichgesetzt. Im Gegensatz zu den Sozialdemokraten und den Sozialisten halten Kommunisten an der ›reinen Lehre‹ ihrer Vordenker Karl Marx, Friedrich Engels, Leo Trotzki oder Lenin fest und stemmen sich häufig gegen realpolitische Veränderungen (von Beyme 1982: 139ff.;Lucardie 2007: 64).

Ökologische Parteien

Der jüngste Zuwachs der Parteienfamilie sind die grün-alternativen Ökoparteien. In den späten 1970er Jahren entstanden angesichts zunehmend postmaterieller Orientierungen in der Bevölkerung und anwachsender ökologischer Probleme grüne Vereinigungen im linken Parteienspektrum. Ihre frühe Basis bestand aus Resten der Studentenbewegung, Kommunisten, Bürgerinitiativen, Anti-Atomkraft-Aktivisten, Friedens- und Frauenbewegung sowie abtrünnigen Sozialdemokraten aber auch konservativen Heimatschützern, so dass von Beyme (1982) bei den frühen Grünen in Deutschland von einer »grüne[n] Allianz von Parka und Lodenmandel« (182) sprach. Im Gegensatz zu den zuvor genannten Parteifamilien verfügen sie (wahrscheinlich aufgrund ihrer heterogenen Basis) über keine geschlossene Ideologie sondern heute eher durch Adaptionen aus verschiedenen Ideologien und Ideen: Basisdemokratie, Feminismus, Gewaltfreiheit, Pazifismus und natürlich ganz besonders Ökologie und Umweltschutz (von Alemann 2010: 69ff.; von Beyme 1982: 180ff.;Lucardie 2007: 64).

Rechtsextreme, rechtsradikale und faschistische Parteien

Faschistische Bewegungen entstanden zwischen den beiden Weltkriegen in Europa als Gegenpol zu demokratischen Systemen. Nach dem zweiten Weltkrieg nahm ihre Bedeutung zunächst ab bis in den 1980ern und 1990er Jahren rechtsextreme Parteien fast überall in Europa an Bedeutung gewinnen konnten (vgl. Poguntke 1997: 509).

Grob unterschieden werden kann zwischen zwei Strömungen in der extremen Rechten: Neben der klassischen autoritär-nationalistischen Ausrichtung, wie sie heute noch in der NPD repräsentiert werden, entstanden in den späten 1970ern zunächst in Skandinavien wirtschaftspolitisch liberale aber ebenso fremdenfeindliche Parteien, die gemeinhin dem Rechtspopulismus zugeordnet werden (vgl. ebd.).

Einig sind sich diese sehr unterschiedlichen aber stets ausländerfeindlichen Parteien jedoch darin, dass das eigene Land beziehungsweise die eigene Nation und/oder das eigene Volk an erster Stelle vor allen anderen sehen, ganz gleich ob sie einen schwachen oder einen starken Staat zur Durchsetzung dieser Ziele befürworten (vgl. Lucardie 2007: 65).

2.3 Begriffsklärung: »Spaßparteien«?

Insgesamt zählt der Bundeswahlleiter zwischen dem 1.1.1969 [5] und dem 31.12.2011 ganze 442 Parteien, die sich in der BRD gegründet und größtenteils wieder aufgelöst haben (Der Bundeswahlleiter 2012: 6ff.). Unter diesen Parteien finden sich in jüngerer Zeit in Deutschland und anderen Ländern[6] immer wieder politische Vereinigungen, die augenscheinlich als Parteiparodien mit ironischen Namen und im Vergleich zu den meisten Parteien unrealistischen und überzogenen Programmen auftreten. Diese werden häufig als »Spaßparteien« (Neu 2007: 150) bezeichnet. Diese »Kuriositäten« (Rowold/Immerfall 1992: 366) traten verstärkt nach dem Ende der DDR auf: Union nicht genug überdachten Lächelns trotz innerer Genialität (UngüLtiG) oder Wir fahrrad-euphorischen Epikureer + Wir kreativen Evolutionäre (1. evolutionistische Partei der Welt) (ebd.) wären Beispiele aus den frühen 1990ern.

In den späten 1990ern erschien neben der APPD noch Chance 2000[7] von Theaterregisseur Christoph Schlingensief auf der politischen Bühne. In jüngster Zeit ist es vor allem die Partei PARTEI (Partei für Arbeit, Rechtsstaat, Tierschutz, Elitenförderung und basisdemokratische Initiative)[8] um den Ex-

---

5 Das Parteiengesetz, dass am 28.7.1967 in Kraft trat, verpflichtet seit dem 1.1.1969 die Parteien »dem Bundeswahlleiter ihre Satzung und ihr Programm, die Namen der Vorstandsmitglieder der Partei und der Landesverbände mit Angabe ihrer Funktionen sowie die Auflösung der Partei oder eines Gebietsverbandes mitzuteilen« (Der Bundeswahlleiter 2012: 4).

6 Beispiele wären die Monster RavingLoony Party in Großbritannien, die kanadische Rhinoceros Party (Poguntke 1997: 503) sowie die Bestiflokkurinn (Übersetzt »Beste Partei«) in Island, die mit dem Komiker JónGnarr in der Hauptstadt Reykjavik sogar seit 2010 den Oberbürgermeister stellt: http://bit.ly/N5RoPs

7 http://bit.ly/PiOVGR

8 http://bit.ly/R0EdnP

Titanic-Chefredakteur und Satiriker Martin Sonneborn, die medienwirksam auftritt. Dazu kommen zahlreiche Parteien, die nur auf kommunaler Ebene antreten oder antraten, wie etwa die Deutsche Biertrinker Union aus Rostock (Rowold/Immerfall 1992: 366) oder die Kreuzberger Patriotischen Demokraten/ Realistisches Zentrum (KPD/RZ)[9] aus Berlin, die personelle Überschneidungen mit dem Berliner Landesverband der APPD haben.

Theoretische Überlegungen, ab wann eine Partei die Zuschreibung »Spaßpartei« gefallen lassen muss, sind bisher nicht erfolgt und findet sich daher eher in der Presse als in politikwissenschaftlichen Publikationen. Häufig wird der Begriff abschätzig oder diskreditierend verwendet. Spiegel Online berichtete über kleine Parteien, die zur Wahl zum Berliner Abgeordnetenhaus 2011 antraten, aus der »Hauptstadt der Spaßparteien« und zählt dazu auch neben der APPD, der PARTEI, der Bergpartei und der ÜberPartei auch die Tierschutzpartei, Die Bürgerrechtsbewegung Solidarität (BüSo) oder das Bündnis Innovation und Gerechtigkeit (BIG), die unkonventionelle aber dennoch ernstgemeinte Forderungen erheben.[10] Poguntke (1997) verfährt ähnlich wenn er die Deutsche Biertrinker Union gemeinsam mit der Naturgesetzpartei nennt (503).

Nicht nur auf vermeidliche Polit-Skurrilitäten wird die Bezeichnung angewendet. Die FDP versuchte sich im Bundestagswahlkampf 2002 mit ihrem Projekt 18 ebenfalls als »Spaßpartei« (von Alemann 2010: 86) und peilte mit einem eher inhaltsleeren Effekt-Wahlkampf das utopisch erscheinende Ergebnis von 18 Prozent der Stimmen an um schließlich aufgrund äußerer (Hochwasserkatastrophe in Ostdeutschland und Irakkrieg) sowie interner (Antisemitismusdebatte in NRW) Ereignisse in der Partei doch nur 7,4 Prozent der Zweitstimmen zu erlangen. Auch die Piraten hatten – mutmaßlich aufgrund ihres Namens – lange mit diesem Image zu kämpfen[11]. Mit zunehmenden Wahlerfolgen verlagerte sich die allgemeine Wahrnehmung. Der Parteienforscher Oskar Niedermayer bescheinigte ihr kurz vor ihrem Einzug in das Berliner Abgeordnetenhaus: »Es ist keine Spaßpartei, sondern das sind alles intelligente junge Leute.«[12]

Es lässt sich vorläufig festhalten, dass es mindestens zwei Arten von »Spaßparteien« gibt: Zum einen die, die es augenscheinlich darauf anlegen, es mit der Politik nicht so ernst zu meinen und dies durch Namen, Programm und/oder Auftreten ausdrücken (beispielsweise APPD, DIE PARTEI, zeitweise die FDP) und denen, die dieses Attribut aufgrund als unkonventionell geltende Forderungen gemessen zugeschrieben wird (beispielsweise Piratenpartei, BüSo oder die

9 http://bit.ly/SoXKhL

10 http://bit.ly/Osrhru

11 Vgl. u.a. http://bit.ly/OWSI8G

12 Zitiert nach http://bit.ly/NBRr5W

Berliner BIG), die aber für sich beanspruchen, seriöse Politik zu betreiben. Im folgenden Abschnitt soll die Anarchistische Pogo-Partei Deutschlands ausführlicher portraitiert werden.

3. DIE APPD

3.1 Entstehung und Geschichte[13]

Wenn hier die Geschichte der APPD dokumentiert und sie auch aus Quellen rekonstruiert wird, die größtenteils von der Partei selbst stammen, sollte sich bewusst machen, dass der langjährige APPD-Hauptprotagonist Karl Nagel sich eines Instrumentes bedient, dass er selbst »Informationsvergiftung« nennt. Dies bedeutet, dass Tatsachen mit erfundenen Behauptungen oder Ereignissen kombiniert werden oder ein tatsächliches Ereignis skandalisiert wird, so das Medien, die es weiterverbreiten, nicht mehr zwischen Fakt und Fiktion trennen können. Nagel wendete dies erfolgreich bei der Inszenierung der Chaostage und ebenfalls bei der APPD an (Weinroswki 1999: 49). Ein reales und eher unspektakuläres Ereignis wie ein Parteitag kann also dadurch für die Presse aufgewertet und interessant gemacht werden, indem es angeblich von einem Skandal oder Eklat überschattet wurde. Dementsprechend sind einige Angaben über Ereignisse im Folgenden mit Distanz zu betrachten.

Die Gründung der APPD datiert sie selbst auf den 21. Oktober 1981. Während einer Unterrichtsstunde in einer Hannoveraner Schule zeichneten zwei Schüler mit den Spitznamen Zewa und Kotze aus Langeweile ein Flugblatt für die noch fiktive Anarchistische Pogo-Partei Deutschlands. Aufbauend darauf entstanden »Die 10 fiktiven Politleitlinien« der Partei mit Forderungen nach Beispielsweise der »Wiedervereinigung der Spalttablette«, »Mehr Tageslicht für Kanalarbeiter« oder »Weg mit den Bäumen – Mehr Platz für Atomkraftwerke« (Farin 1998: 99f.)

Es folgte die erste reale Aktion am 5. Dezember 1981: Eine unangemeldete Demonstration, bei der die Freiheit des Nikolaus gefordert wurde und 70 Teilnehmerinnen und Teilnehmer hatte. Die nachfolgende Demonstration mit dem Titel »Freiheit für den Osterhasen« wurde angemeldet und mit der Begründung »[e]ine Versammlung mit einem offensichtlich nicht ernst gemeinten Thema

13 Mit Ausnahme der Hamburger Bürgerschaftswahl 1997 werden hier lediglich aus Platzgründen Aktivitäten der Bundespartei und nicht der einzelnen Landesverbände dokumentiert.

wird Versammlungsgesetz und dem Recht auf freie Meinungsäußerung nicht gedeckt« jedoch verboten (ebd.: 100). Die Demonstration fand dennoch statt und wurde von 80 bis 100 Leuten besucht, wobei es kleinere Zwischenfälle hab. Zwischenzeitlich bekam die junge Partei durch einen Artikel in der taz am 2.4.1982 erste mediale Aufmerksamkeit. Die dritte APPD-Demonstration fand am 11. September 1982 unter dem Motto »Für die Wiedereinführung der Todesstrafe« statt, erstmalig unter Mitwirkung von Karl Nagel (ebd. 101ff.).

Karl Nagel professionalisierte die Arbeit der APPD ab 1983 und verfolgte das Ziel, die Partei über die Stadtgrenzen von Hannover hinaus auszudehnen. Das punktypische selbstgemachte Schnipsel- und Filzstift-Layout wich professionellerem Satz in den Veröffentlichungen. Das bist heute gültige Corporate Design mit Frakturschrift entstand (Abbildung 1). Am 18. Februar 1984 fand der »1. Unordentliche Parteitag« in Hannover statt, auf dem die Nullnummer des »Parteiorgans« Armes Deutschland vorgestellt wurde, die fast wie eine normale Tageszeitung aufgemacht war und gedruckt anstatt kopiert wurde, was für Punks damals typisch gewesen wäre. Die Zeitung erschien regelmäßig im Zwei-Wochen-Rhythmus. Auch das erste Programm wurde beschlossen und ebenfalls als gedrucktes Heft herausgebracht. Die Ausdehnungsbestrebungen waren erfolgreich: APPD-Anhängerinnen und Anhänger aus mehreren Bundesländern waren vor Ort. Die noch junge Punkband ABSTÜRZENDE BRIEFTAUBEN schrieben ein Lied über die APPD (ebd. 105ff.).

Im Sommer 1984 kamen die Aktivitäten vorerst zum Erliegen. Als Grund genannt werden die Ausschreitungen bei den Chaostagen in Hannover. Die APPD beschreibt sich als ihr »legaler Arm« und deutet die Eskalation der Gewalt als persönliche Niederlage (vgl. Farin 1998: 110).

Erst 1986 findet der »2. Unordentliche Parteitag« in München statt. Dort drohte angeblich eine Aufspaltung der Partei in Pogo-Anarchisten und Pogo-Monarchisten. Letztere wollten die APPD-Abspaltung Monarchistische Pogo-Partei Deutschlands (MPPD) gründen und strebten die Rückkehr zum Kaiserreich an. Die Monarchisten fanden jedoch keine Mehrheit. Darauf entschied sich die Parteiführung, in den Untergrund zu gehen. Das bedeutete, dass die APPD bis 1994 kaum Aktivitäten entfaltete. Das vorerst letzte Lebenszeichen war die Ankündigung von ›Monarchisten-Führer‹ Mike Baron von Liechdenstein bei der Münchener Oberbürgermeisterwahl 1990[14] anzutreten. Von seiner tatsächlichen Wahlteilnahme ist aber nichts bekannt[15] (vgl. Farin 1998: 110f.).

---

14 Farin (1998: 110) schreibt fälschlicherweise von den Oberbürgermeisterwahlen 1989.

15 Danke an Florian Breu und Ioannis Mirissas vom Statistischen Amt München für die Auskunft.

Die APPD gründete sich, mit Verweis auf erneute Ausschreitungen bei den Chaostagen 1994 im Dezember gleichen Jahres, im Affenhaus des Frankfurter Zoos neu. Beteiligt an der Neugründung waren neben Karl Nagel auch Moses Arndt vom ZAP-Fanzine, der Autor Klaus N. Frick sowie Mike Baron von Liechdenstein. Anschließend beschloss man in der Paulskirche das Pogo-Anarchistische Manifest (Farin 1998: 114f.).

Zwei Jahre später entschied sich die Partei, zum ersten Mal mit der Bürgerschaftswahl in Hamburg 1997 an einer Wahl teilzunehmen. Dies stellt eine Zäsur in der Parteiengeschichte dar. Die APPD benutze erstmalig wesentliche Teile des Programmes (s.u.), auf das bis heute zurückgegriffen wird. Ebenfalls zum ersten Mal verwendete sie auch ihre klassischen Wahlkampfslogans »Arbeit ist Scheiße«, »Saufen! Saufen! Jeden Tag nur saufen!« und »Asoziale an die Macht«. Zu diesem Zeitpunkt hat die APPD bundesweit bereits 500 Mitglieder (Der Spiegel 1997). Zum Wahlkampfauftakt hängen sich APPD-Sympathisanten an eine DGB-Kundgebung und halten neben Fahnen und Plakaten auch Bilder ihrer »Ehrenmitglieder« hoch. Neben einem Gorilla, dem »unbekannten Affen« waren dies bekannte Persönlichkeiten wie Kabarettist Wolfgang Neuss, SED-Funktionär Alexander Schalck-Golodkowski, Fußballtrainer Berti Vogts, die TV-Moderatorinnen Ilona Christen und Barbara Eligmann[16] sowie der Neonazi Siegfried »SS-Siggi« Borchardt. Am 9. August 1997 folgte im Rahmen des 3. Parteitages ein erneuter Umzug mit nächtlicher Feier, bei dem es zu Ausschreitungen mit insgesamt 16 Verletzten im Schanzenviertel und in Pinneberg kam (vgl. Farin 1998: 118ff.).

Die APPD holte bei der Wahl am 21. September 1997 schließlich 0,5 Prozent der Stimmen[17] und verfehlte damit ihr erklärtes Ziel: Das Überspringen der 1-Prozent-Hürde um Wahlkampfkostenerstattung zu bekommen und davon 20.000 Dosen Freibier für eine Wahlparty zu kaufen (vgl. Der Spiegel 1997).

---

16 RTL erwirkte eine Einstweilige Verfügung gegen die APPD und untersagte unter Androhung eines Ordnungsgeldes von 500 000 DM die weitere Nutzung der beiden Prominenten für Wahlwerbung: http://bit.ly/SDQ24e

17 http://bit.ly/ODJ6VM

Abbildung 1: Diverse Plakate der APPD (Quelle: Privatarchiv von Karl Nagel)

Die nächste Etappe der APPD war die Teilnahme an der Bundestagswahl 1998. Inhaltlich richtete sich die Partei besonders durch Karl Nagel ähnlich wie im Hamburger Wahlkampf offensiv mit den Medien, um Aufmerksamkeit zu erringen. Die Aufmerksamkeit zog im Wahlkampf 1998 allerdings der bekanntere Christoph Schlingensief auf sich, der mit der »Chance 2000« antrat (vgl. Weinrowsky 1999: 50f.). Neben der Pressearbeit gab es noch zwei weitere Eckpfeiler des pogo-anarchistischen Wahlkampfes 1998: Es gab ein umfangreiches Produktangebot der APPD im bekannten Fraktur-Design, was neben T-Shirts, Buttons und ähnlichen Giveaways auch einen 92-minütigen Film über die APPD, ein Buch (Farin 1998) sowie zwei CDs umfasste. Jeweils die Geschichte der APPD als Hörbuch und eine CD, auf der sich einerseits die Mitglieder des Schattenkabinetts vorstellen und ansonsten zahlreiche Lieder diverser bekannter und unbekannter Punkbands, teilweise eigens für die APPD geschrieben, enthält. Der dritte Pfeiler war die Livepräsenz der APPD und ihrer Kandidaten. Es gab eine »Ochsentour« mit Kundgebungen in 40 deutschen Städten in drei Wochen[18] und die »Gehirnwäschetour«[19], eine Konzertreihe mit 10 Terminen, bei der einerseits die Punkbands DIE KASSIERER, TERRORGRUPPE sowie FABSI UND DER PEANUTSCLUB spielten und andererseits Parteiwerbung betrieben wurde.

Für die Bundestagswahl am 27. September 1998 wurde ähnlich wie in Hamburg als Ziel das Erreichen der 0,5 Prozent-Hürde, die auf Bundesebene als Grenze für die Wahlkampfkostenerstattung gilt, zwecks Freibierparty ausgerufen (Farin 1998: 13). Die APPD holte 0,1 Prozent der Zweitstimmen (sie hatte 35.242 Wähler) und trat in neun Bundesländern an.[20]

Karl Nagel zog sich daraufhin im November 1998 zurück.[21] Die APPD löste sich 29. Mai 1999 auf einem Sonderparteitag in Bremen auf. Als Hauptgründe wurde das schlechte Wahlergebnis bei der Bundestagswahl und dass man sich nicht in der Lage sah, die geplanten Chaos-Tage im Sommer 2000 in Hannover zu verhindern.[22]

Die Neugründung der APPD erfolgte am 10. Dezember 2000 in München. Neuer Bundesvorsitzender wurde Tasso Obermanns, sein Stellvertreter wurde Michael Winkelmann und Schatzmeister wurde Demian von Prittwitz[23]. Ein »Arbeitsparteitag« mit Neuwahl des Vorstandes fand am 31. März 2001 ebenfalls in München statt.[24] Aktivitäten auf Bundesebene entfaltete die Partei zunächst nicht. An der Bundestagswahl 2002 nahm sie nicht teil. Der Versuch der

18 http://bit.ly/QImEcw
19 http://bit.ly/ODPxYS
20 http://bit.ly/SS8TF6
21 http://bit.ly/Q10T5h
22 http://bit.ly/Wzfloo
23 http://bit.ly/RNEpa4
24 http://bit.ly/VLB66C

Teilnahme an der Europawahl scheiterte daran, dass Unterstützungsunterschriften für die Wahlteilnahme nicht zugestellt werden konnten.[25]

An der vorgezogenen[26] Bundestagswahl 2005 nahm die APPD wieder teil. Auch Karl Nagel wurde wieder aktiv, diesmal als Wahlkampfmanager. Kanzlerkandidat wurde Wolfgang Wendland, Sänger der Punkband DIE KASSIERER. Es wurde erfolglos ein Bündnis mit der PARTEI angestrebt.[27]

Großes Aufsehen erregte der Wahlwerbespot der APPD zur Bundestagswahl. Der schnell geschnittene Film begann mit einer Großaufnahme des Gesichtes von Wolfgang Wendland, der in die Kamera schreit »Maden der Welt! Schaut auf dieses Land!« Es folgen exzessive und sehr kurze Szenen: Mehrere Personen in einem Raum betrinken sich, umarmen sich halbnackt, essen Hundefutter, zerstören Elektrogeräte, verbrennen einen Stimmzettel, um nur einige zu nennen. Schlussendlich tritt Wendland erneut vor nach vorne und sagt »Balkanisierung, Rückverdummung, nie wieder Arbeit! APPD wählen!« woraufhin die Menge gröhlt und im APPD-CI eingeblendet wird: »Meine Stimme für den Müll! www.appd.de« (Röwekamp/ Steinle 2008: 340f.).

Der WDR und das ZDF lehnte die Ausstrahlung ab mit der Begründung, der Spot würde »gegen die Menschenwürde [verstoßen] und [ist] offensichtlich geeignet [...], die Entwicklung von Kindern und Jugendlichen und ihre Erziehung zu einer eigenverantwortlichen und gemeinschaftlichen Persönlichkeit schwer zu gefährden« (zitiert nach Röwekamp/Steinle 2008: 344f.). Versuche seitens der APPD sich juristisch dagegen zu wehren, scheiterten. Die APPD durfte daraufhin eine zensierte Version ausstrahlen, in der fast alle Szenen durch einen Balken überdeckt wurden, der das gesamte Bild überdeckte. Kanzlerkandidat Wendland ›entschuldigte‹ sich anschließend ironisch in einem Internetvideo für die Herstellung des Wahlwerbespots (ebd. 345f.).

In der Politik fand der Spot deutlichen Widerhall: Der damalige Bundestagspräsident Wolfgang Thierse verurteilte den Spot und hinterfragte die Rechtmäßigkeit der Zulassung der APPD zur Wahl. Wolfgang Bosbach (CDU) nannte den Film »unerträglich.«[28] Für den damaligen Bundesinnenminister Otto Schily (SPD) war er gar eine »Schande für Deutschland.«[29]

---

25 http://bit.ly/OlS5JD

26 Die APPD fühlte sich benachteiligt gegenüber größeren Parteien, da sie in kurzer Zeit Unterstützungsunterschriften sammeln musste und klagte erfolglos gegen die Anzahl der nötigen Unterstützungsunterschriften: http://bit.ly/Td32dD

27 http://bit.ly/Q6LeQx

28 http://bit.ly/URtss8

29 http://bit.ly/THT6OC

Trotz dieser nie gekannten Aufmerksamkeit holte die APPD bei der Bundestagswahl lediglich 4.233 Zweitstimmen, was 0,0 Prozent entsprach. Sie trat nur in Hamburg und in Berlin an.[30]

Anfang November 2005 erwirkte der damalige Bundesvorsitzende Christo Großmann einen Gerichtsbeschluss sowie eine Einstweilige Verfügung unter Androhung von 250.000 Euro Ordnungsgeld gegen Karl Nagel und zwang ihn, die Seite www.appd.de abzuschalten. Hintergrund war der Vorwurf des damaligen APPD-Vorsitzenden Großmann, dass sich insbesondere Karl Nagel im Wahlkampf an der APPD bereichert hätte. Karl Nagel und sein Umfeld hingegen warfen Grossmann Unfähigkeit und Posten-Schacherei vor.[31] Dies war der Beginn des sogenannten »Pogo-Krieges«. Im Anschluss gründete sich wenige Tage später in Karl Nagels Umfeld die Pogo-Partei (POP), die sich als »Pogo-Fundamentalisten« verstanden und »während einer Spontandemonstration die APPD zu Grabe [trugen].« APPD-Mitglieder konnten der POP ohne Mitgliedsbeitrag beitreten.[32] Weitere Abspaltungen und Neugründungen folgten (vgl. Röwekamp/Steinle 2008: 338). In der Folgezeit distanzierten sich unter anderem Wolfgang Wendland[33] und Karl Nagel deutlich von der APPD. Letzterer auf der eigens dafür eingerichteten Homepage www.appd.biz.

Zur Bundestagswahl 2009 wurde die APPD vom Bundeswahlausschuss aufgrund mangelnder Ernsthaftigkeit (vgl. Fußnote 6) nicht zugelassen. Vertreter für die APPD war der »Imperator und Bundesvorsitzende« Volker Stoi. Dieser konnte dem Vorsitzenden Roderich Egeler aus Sicht des Ausschusses nicht hinreichend über die Strukturen der APPD aufklären. So konnte er unter anderem keinen Überblick über die Landesverbände der APPD geben und gab an, dass sich neben drei offiziellen Landesverbänden noch welche »im Untergrund« befinden würden.[34]

3.2 Ideologie und Programmatik

Die APPD bezeichnet sich als pogo-anarchistische Partei. Sie betont ausdrücklich, dass sie sich nicht in der Tradition des klassischen Anarchismus[35] sieht. »[Der Pogo-Anarchismus] wurzelt vielmehr in der damals noch unausgereiften

30 http://bit.ly/Tmt6CQ

31 http://bit.ly/SWI1HW

32 http://bit.ly/PylTnP

33 http://bit.ly/R7jQnN

34 http://bit.ly/T5fI7q

35 Lucardie (2007) ordnet die APPD dennoch den Anarchisten zu (64).

›Null-Bock‹-Einstellung der späten siebziger und frühen achtziger Jahre des 20. Jahrhunderts und der damit verbundenen Ablehnung des gesellschaftlichen Normen- und Wertesystems« und »orientiert sich in erster Linie an wesentlichen Bedürfnissen des vom nachindustriellen Kommunikations- und Computerzeitalters geprägten Menschen« (Farin 1998: 16). Der Pogo-Anarchismus ist also der Parteiprogramm gewordene ›No Future‹-Gedanke der ersten Punk-Generation: Dem »unausweichlichen Kollaps der Zivilisation« sehe man »voller Optimismus entgegen.« (Ebd.: 17)

Die APPD beansprucht für sich, nicht ideologisch zu sein. Sie bezeichnet den Pogo-Anarchismus gar als »erste wirkliche Anti-Ideologie«, was erstens bedeute, »die ›Allgemeinen Weisheiten‹ aus den Köpfen zu eliminieren [...]«seien, zweitens »daß die Leute endlich ihre eigenen Schlüsse aus ihren Erfahrungen ziehen« und schließlich drittens »Gehirnwäsche und radikale geistige Entrümpelung. Es bedeutet, ohne FALSCHE Vorbildung zu denken, also [...] DUMM zu sein« (Farin 1998: 80, Großschreibung im Original). Begründet wird dies mit vermeidlich schlechten Erfahrungen politischer Ideologien: »Bücherverbrennungen und Pogrome, menschenfressende Staatswesen und Religionen, all das sind keineswegs Resultate von Unkenntnis und Nichtwissen, sondern von oft komplizierten Weltbildern, die durchweg philosophischen Ursprungs sind.« (Ebd.: 80-81) Linke als auch rechte Ideologien und Menschenbilder lehnt sie mehrfach in ihren Schriften ab. Stattdessen beansprucht die APPD für sich, pragmatische Lösungen für bestehende Probleme über ideologische Grenzen hinaus orientiert an Bedürfnissen des Menschen anzubieten, ohne ihn jedoch ändern zu wollen: »Stattdessen akzeptieren die Pogo-Anarchisten alle Menschen so, wie sie durch die Gesellschaft oder ihren Lebensstil geformt wurden.« (Ebd.: 81)

Die APPD hat bisher auf Bundesebene vier Parteiprogramme und ein Grundsatzprogramm vorgestellt. Das erste Programm wurde 1984 veröffentlicht und 1994 überarbeitet (vgl. Farin 1998: 106ff.). Zur Bundestagswahl 1998 wurde neben dem bis heute gültigen Grundsatzprogramm »Frieden, Freiheit, Abenteuer!«[36], das sogenannte Kampfprogramm »Gebt uns 100 Tage Zeit!« als Wahlprogramm aufgestellt. Zur Bundestagswahl 2005 wurde ein kürzeres und leicht überarbeitetes Wahlprogramm mit dem Titel »Veranda 2022« präsentiert.[37] Im Folgenden soll das Grundsatzprogramm der APPD (Farin 1998: 14-25) kurz zusammengefasst vorgestellt werden.

In ihrer Präambel wird der Leistungsdruck der modernen Gesellschaft angeprangert, welcher die Gesellschaft und das friedliche Zusammenleben gefährde. Dem wird die Pogo-Anarchie als Ausweg entgegen gestellt, da er die freie Ent-

36 Als pdf-Format: http://bit.ly/N7eQk7

37 http://bit.ly/aK8Fwt

faltung des Menschen nach seinen Bedürfnissen anstrebe. Außerdem wird darauf bestanden, dass es sich bei der Pogo-Anarchie nicht um einen Witz handelt.

Unter der Frage »Wer sind die Pogo-Anarchisten? Was will die APPD?« entwirft die Partei ihre Zukunftsvision: Maschinen sollen den Menschen als Arbeitskraft soweit wie möglich ersetzen, damit dieser mehr Zeit für Müßiggang hat. Dazu gilt es, die Natur des Menschen zu erkennen und die Ideologie der Leistungsgesellschaft zu entlarven. Ihre Hoffnung setzt die APPD auf eine wachsende Zahl von Arbeitslosen und sonst wie gesellschaftlich Randständigen als neue gesellschaftliche Schicht. Diesem »Pöbel« und diesen »Sozialschmarotzern« will die APPD eine Stimme geben. Sie möchte sich jedoch an alle Menschen in der Gesellschaft wenden. Koalitionen mit anderen Parteien lehnen sie ab, da sie ihre Ziele nur in Alleinregierungen verwirklichen können.

Im Kapitel »Die Rolle des Staates und seine Grundordnung« wird gefordert, dass die Ausrichtung an individuellen Bedürfnissen Grundlage der politischen Ordnung sein soll und der Staat die Rahmenbedingungen dafür schaffen soll anstatt ihn durch sozialstaatliche Maßnahmen zu entmündigen, wie die APPD findet. Des Weiteren bekennt sich die APPD zum Grundgesetz und möchte direktdemokratische Elemente einführen. Dies soll durch den Einsatz und die Vernetzung von Computern geschehen und durch vollständige Digitalisierung des täglichen Lebens.

Das Kapitel »Mensch und Arbeit im Wandel der Zeit« geht auf das Menschenbild der Pogo-Anarchisten ein welche die Kategorien »gut« oder »schlecht« für Menschen ebenso überwinden möchte wie die Definition des Selbstwertes der Menschen über Arbeit. Hier wird erneut der Gedanke aufgegriffen, dass Maschinen zukünftig so viel Arbeit wie möglich übernehmen sollen. Die dann noch benötigte Arbeitskraft soll ohne Zwang verteilt werden an die, die arbeiten wollen. Eine hohe Arbeitslosenquote wird nicht als Gefahr sondern als Chance verstanden, um die Leistungsgesellschaft humaner zu gestalten. Die APPD nennt dies »Demokratisierung der Arbeitswelt«.

Im längsten Kapitel nach dem Einleitungskapitel namens »Neue Normen und Werte in Deutschland« wird ein Wertewandel bezüglich des Arbeitsbegriffes und der negativen Belegung der Arbeitslosigkeit gefordert, welches Menschen in falsches Bild von Arbeit vermittle. Arbeitslosigkeit soll eine anerkannte Lebensart werden mit durch das Grundrecht auf Arbeitslosigkeit. Ebenso dürfen Menschen nicht mehr gezwungen werden, sich Wissen, welches nur einer beruflichen Karriere dient, anzueignen. Die APPD nennt dies »Rückverdummung«. Darin sieht sie ein Rezept gegen den Jetzt-Zustand der Verblödung, der Anhäufung von Fehlinformation, durch welches viel mehr Schaden als durch Nichtwissen angerichtet werden könne.

Die Frage nach der Finanzierbarkeit ihres Konzeptes beantwortet die APPD im Abschnitt »Unser Weg aus der Finanzkrise«. Um Spekulationen mit ihren negativen Folgen überflüssig zu machen, möchte die APPD die Finanzwelt von der Realwirtschaft abkoppeln. Aktienhandel soll als Volkssport für alle attraktiv gemacht werden und nicht nur wenigen Finanzexperten.

Im Weiteren erklärt die APPD ihr Prinzip des Pogo-Rassismus. Ihr Rassismus ist aber kein völkisch-biologischer Rassismus, den sie ablehnt. Stattdessen wählt nach der Vorstellung der Pogo-Anarchisten der Mensch seine »Rasse« selbst und diese kann nicht aufgezwungen werden. Davon gibt es drei: Die Asozialen als Hedonisten, die ihr Lebensziel in Konsum und Müßiggang sehen, die Leistungswilligen, deren Lebensinhalt Pflichterfüllung, Produktivität und Karriere ist und die Gewalttäter, die sich einem Leben voll Brutalität und Straftaten verschrieben haben. Da das Zusammenleben dieser Menschen Probleme mit sich bringt, will die APPD diese durch die Balkanisierung Deutschland in drei Zonen für die jeweiligen »Rassen« aufteilen. Dies würde auch die Kriminalität eindämmen, da Spannungen unter ungleichen Menschen abgebaut werden, wenn alle mit denen zusammen Leben, die ein gleiches Weltbild teilen.

In den beiden letzteren kürzeren Kapiteln »Technologie, Fortschritt und Bildung: Eine Chance für jung und alt!« und »Globale Probleme brauchen globale Lösungen!« greifen abschließend nochmal einzelne Punkte auf. Dort grenzt sich die APPD scharf von ökologischen Ansätzen und dem »Öko-Totalitarismus« (25) ab, der technischen Fortschritt und den Lebensstil gefährdet. Stattdessen wird empfohlen, die Raumfahrtforschung voran zu treiben, um alsbald neue Planeten besiedeln zu können. Ihre Anti-Leistungsvorstellungen möchte sie auch auf das Bildungssystem übertragen. Für Seniorinnen und Senioren soll eine Grundversorgung an ›altersgerechter‹ Unterhaltung (bspw. Volksmusiksendungen) gesichert sein. Des Weiteren möchte die APPD ihr Konzept auf Europäischer Ebene erweitern und die Verbilligung von Genuss- und Arzneimitteln durchsetzen.

Abschließend stellt die APPD dar, dass sie sich besonders Politikverdrossene ansprechen will und diesen in den Parlamenten eine Stimme gegen will in Anlehnung an Marx: »Nichtwähler aller Länder, vereinigt euch!«

4. ZUSAMMENFASSUNG UND FAZIT

In der Berichterstattung wird die APPD hauptsächlich auf ihre bunte Oberfläche reduziert. Das ist einerseits zu kurz gegriffen aber andererseits genau das, was die APPD möchte. Sie inszeniert sich für die Presse, ganz gleich ob Boulevard oder Qualitätsjournalismus, als schriller Haufen mit abstrusen politischen Ideen und weiß genau, dass nur dass ihr Öffentlichkeit bringen kann. Was enthemmt und vor allem nach Selbstbelustigung aussieht (und vielleicht auch ist) ist eine geschickte Reaktion auf die Tatsache, dass Parteien mehr denn je um Präsenz in den Medien konkurrieren (vgl. von Alemann 2010: 238). Der kalkulierte Skandal ist eine Möglichkeit dazu, den nicht nur die APPD nutzt, auch wenn sie es gänzlich anders macht als andere Parteien. Nicht ungeschickt ist dafür das kokettieren mit vermeidlich faschistischer Symbolik und Ausdrucksweisen, die damit ins Absurde verkehrt werden. Ähnlich agieren die Politiker etablierter Parteien, wenn sie sich Nazi- oder gar Hitler-Vergleichen bedienen.

Ihre Funktion als Partei und dass die gemäß Definition des Parteiengesetzes eine solche ist, bestätigt die APPD durch regelmäßige Wahlteilnahmen in den letzten 15 Jahren. Dass sie zur Wahl 2009 aufgrund fehlender Ernsthaftigkeit nicht zugelassen wurde, ist lediglich eine Ausnahme von der Regel. Zuletzt nahm sie an der Wahl zum Berliner Abgeordnetenhaus 2011 teil.[38] Fragwürdig ist vielleicht nur, ob es wirklich ihr Ziel ist, in den Bundestag oder einen Landtag einzuziehen sondern als Ziel das Einstreichen von Wahlkampfkostenerstattung angeben. Dafür spricht allerdings, dass dutzende kleiner Parteien bei Wahlen antreten, die weit vom Erreichen der Fünf-Prozent- aber nicht so weit von der Ein-Prozent-Hürde entfernt sind. Die APPD ist in diesem Punkt einfach nur realistisch. Oder ehrlich.

Den Funktionskatalog erfüllt die APPD ebenfalls. Außer der Wahlteilnahme agiert die APPD ebenfalls wie eine reguläre Partei mit einem Parteileben, wie der Abriss ihrer Geschichte zeigt. Ihr reges Parteileben erfüllt alle aufgelisteten Anforderungen, die Politikwissenschaftler an Parteien stellen.

Nun hat die APPD erkennbar keine ideologische Schule. Der »Pogo-Rassismus« hat, trotz des Namens in Kern etwas sehr liberales - Stichwort: Freiheit des Einzelnen - aber ansonsten lassen sich keine Ansätze einer ideologischen Schule erkennen sondern eher eine deutliche Ablehnung an alle Ideologien, wie mehrfach betont wird. Das die Pogo-Anarchie keine Ideologie sondern sogar eine Anti-Ideologie sein soll, ist ebenfalls nicht beispiellos in der Parteienlandschaft. Lucardie (2007) nennt mehrere Parteien, die »nur pragmatisch und sachlich definierte Interessen für eine bestimmte Bevölkerungsgruppe oder –klientel vertreten, ohne sich auf eine Ideologie zu beziehen« (66). Er nennt die Familienpartei, die SeniorInnenpartei Die Grauen, die Tierschutzpartei oder die Partei der Arbeitslosen und Sozial Schwachen (PASS) (ebd.). Die APPD propa-

38 http://bit.ly/RQmzkD

giert für sich eben, die »Asozialen« zu vertreten. (Selbstverortete) Ideologielosigkeit ist also nichts Ungewöhnliches und vielleicht sogar ein Zukunftsmodell.

Bleibt vielleicht noch der Vorwurf, dass ihr Programm unrealistisch und überzogen ist – von der Finanzierbarkeit ganz zu schweigen. Röwekamp und Steinle (2008) verweisen beispielhaft darauf, dass das Konzept der »Jugendrente« dem eines bedingungslosen Grundeinkommens nicht unähnlich ist (339). Auch die Legalisierung aller Drogen wird ebenfalls in mehreren anderen Parteien realpolitisch diskutiert und die vollständige Digitalisierung der Gesellschaft ist sogar greifbar. Wer irgendeine politische Idee oder Vision als utopisch geißelt, geht eh von einem Jetzt-Zustand aus, in dem diese Idee tatsächlich unrealistisch erscheint. Das ist legitim aber kein Argument gegen die Ernsthaftigkeit der APPD oder sonstiger Parteien.

Wenn man die APPD in einem Satz zusammenfassen müsste, könnte man sagen, dass es sich um eine normale Klientelpartei für sozial Schwache und Arbeitslose mit der vielleicht unkonventionellsten Außendarstellung in der deutschen Parteiengeschichte darstellt. Daraus hat Karl Nagel auch nie einen Hehl gemacht, als er bereits 1997 dem Spiegel gegenüber von einer »offenen Verarsche« mit ernstem Hintergrund sprach (Der Spiegel 1997: 130).

LITERATUR[39]

Alemann, Ulrich von (2010): Das Parteiensystem der Bundesrepublik Deutschland. 4., vollständig überarbeitete und aktualisierte Auflage, Wiesbaden: VS.

Beyme, Klaus von (1982): Parteien in westlichen Demokratien. München: R. Piper & Co.

Der Bundeswahlleiter (2012): Ausgewählte Daten politischer Vereinigungen. Stand: 31.12.2011. Wiesbaden: Der Bundeswahlleiter. Im Internet: http://bit.ly/NxLxCZ

Der Spiegel (1997): »Stimme des Pöbels«. In: Der Spiegel 36/1997, 130. Im Internet unter: http://bit.ly/PwLnwf

Farin, Klaus [Hg.](1998): Die Partei hat immer Recht! Die gesammelten Schriften der Anarchistischen Pogo-Partei Deutschlands. Bad Tölz: Thomas Tilsner.

39 Alle aufgeführten Webseiten wurden zuletzt am 27.10.2012 aufgerufen

Jun, Uwe/Kreikenbom, Henry (2006): »Nicht nur im Schatten der Macht. Zur Situation kleiner Parteien im deutschen Parteiensystem«. In: Jun, Uwe/ Kreikenbom, Henry/Neu, Viola [Hg.]: Kleine Parteien im Aufwind. Zur Veränderung der deutschen Parteienlandschaft. Frankfurt am Main/New York: Campus, 13-36.

Lucardie, Paul (2007): »Zur Typologie der politischen Parteien«. In: Decker, Frank/Neu, Viola [Hg.:]: Handbuch der deutschen Parteien. Bonn: Bundeszentrale für politische Bildung, 62-78.

Merten, Heike (2007): »Rechtliche Grundlagen der Parteiendemokratie«. In: Decker, Frank/Neu, Viola [Hg.]: Handbuch der deutschen Parteien. Bonn: Bundeszentrale für politische Bildung, 79-113.

Michels, Robert (1911): Zur Soziologie des Parteienwesens in einer modernen Demokratie. Untersuchungen über die oligarchischen Tendenzen des Gruppenlebens. Leipzig: Verlag von Dr. Werner Klinkhardt. Im Internet: http://bit.ly/SmlwbE

Neu, Viola (2007): »Anarchistische Pogo-Partei Deutschlands (APPD)«. In: Decker, Frank/Neu, Viola [Hg.:]: Handbuch der deutschen Parteien. Bonn: Bundeszentrale für politische Bildung, 149-151.

Poguntke, Thomas (1997): »Politische Parteien«. In: Gabriel, Oscar W./ Holtmann, Everhart [Hg.]: Handbuch Politisches System der Bundesrepublik Deutschland. München: Oldenbourg, 501-523.

Röwekamp, Burkhard/ Steinle, Matthias (2008): »›Politik ist Scheiße‹ auch im Fernsehen. Oder: Was sie schon immer über Wahlwerbespots wissen wollten, aber bisher nicht zu glauben wagten. Anarcho-ästhetische Aufklärung der APPD«. In: Dörner, Andreas/ Schichta, Christian [Hg.]: Politik im Spot-Format. Zur Semantik, Pragmatik und Ästhetik politischer Werbung in Deutschland. Wiesbaden: VS Verlag für Sozialwissenschaften, 337-351.

Rowold, Manfred/Immerfall, Stefan (1992): »Im Schatten der Macht. Nichtetablierte Kleinparteien«. In: Mintzel, Alf/Oberreuter, Heinrich [Hg.]: Parteien in der Bundesrepublik Deutschland. Bonn: Bundeszentrale für politische Bildung, 362-420.

Schmidt, Manfred G. (2007): Das politische System Deutschlands. Institutionen, Willensbildung und Politikfelder. Bonn: Bundeszentrale für politische Bildung.

Weinrowski, Norbert (1999): Antipolitik. Dargestellt an den Beispielen APPD und Chance 2000. Düsseldorf: Diplomarbeit an der Fachhochschule Düsseldorf. Fachbereich Sozialpädagogik.

VERWENDETE WEBSEITEN

http://www.appd.biz/
http://www.appd.de/
http://www.archive.org/
http://www.bundeswahlleiter.de/
http://www.chaos-tage.de/
http://www.die-partei.de/
http://www.heise.de/
http://www.karlnagel.de/
http://www.kassierer.de/
http://www.kpd-rz.de/
http://www.netzzeitung.de/
http://www.rp-online.de/
http://www.schlingensief.com/
http://www.spiegel.de/
http://www.welt.de/

Chaostage und Facebook-Partys

›Organisiertes Chaos‹ in Zeiten des Web 2.0

OLIVER HERBERTZ

> »Man will ja keinem 'was zuleide tun. Aber die Vorstellung, dass so 'ne ganze Stadt brennt und dass alle wie irre in der Gegend herumrennen und am nächsten Tag die ganze Welt darüber berichtet, das ist doch das, was man so mit 20, 21, 22 gerne machen möchte.«
> (KARL NAGEL/CHAOSTAGE – WE ARE PUNKS)

In der ersten Hälfte der 80er und in der Mitte der 90er Jahre zelebrierten einige Mitglieder der Punkszene so genannte Chaostage in Hannover. Dabei kam es – besonders durch Auseinandersetzungen mit der Polizei – immer wieder zu Personen- und Sachschäden, welche in den Medien zur Bekanntheit der Punk-Treffen in der niedersächsischen Landeshauptstadt beitrugen. Da die Treffen nie offiziell angemeldet wurden, bestand ein wesentliches Problem für die Initiatoren[1] darin, den potentiell Besuchsinteressierten gegenüber das Stattfinden überhaupt erst einmal glaubhaft zu vermitteln. Chaos – zumindest in der Form, wie es auf den Chaostagen der Punks herrschte – bedurfte also organisatorischer Maßnahmen.

In den letzten Jahren sorgten einerseits so genannte Facebook-Partys und andererseits auch Aufrufe zu Protest und/oder Gewalt via Facebook (o.ä. Netzwerken) für erhöhte mediale Aufmerksamkeit. Damit war z.B. die Frage verknüpft,

1 Jedes im Rahmen des vorliegenden Textes verwendete grammatikalische Genus schließt die Berücksichtigung aller erdenklichen Genderidentitäten mit ein.

welche juristischen Schritte möglich und (vermeintlich) nötig seien, derartige Massenaufrufe zu verbieten bzw. zu ahnden (vgl. bspw. Lutz 2011).

Gegenstand des vorliegenden Textes ist die Frage, ob und inwiefern Soziale Netzwerke o.ä. Tools des so genannten Web 2.0 für Aufrufe zu Chaostagen von Punks genutzt werden könnten. Ein Vergleich zwischen den vergangenen Chaostagen der Punks und den jüngeren Aufrufen via Facebook (o.ä. Online-Plattformen bzw. -Netzwerken) liegt schon allein deshalb nahe, da er zum einen bereits in den Medien thematisiert wurde (vgl. Corinth 2011) und zum anderen auch für einige der heutigen Punks selbst Anlass ist, die Möglichkeiten neuerer Online-Tools für Aufrufe zu Chaostagen zu fokussieren. Kurzum geht es also um die Frage: Wie kann man sich die ›Organisation des Chaos‹ in Zeiten des so genannten Web 2.0 vorstellen? Im Folgenden werden zunächst Facebook-Partys betrachtet, um sie – nach einer überblicksartigen Analyse der vergangenen Chaostage – mit aktuellen Aufrufen zu Chaostagen vergleichen zu können.

1. FACEBOOK-PARTYS

Die Bezeichnung ›Facebook-Partys‹, die spätestens seit Sommer 2011 in den Medien kursiert (vgl. bspw. Lutz 2011), ist im Grunde missverständlich. Es handelt sich nämlich nicht um Partys des Betreibers des Sozialen Netzwerks Facebook, sondern um Partys, die von Nutzern dieser oder auch ähnlicher Plattformen über die entsprechenden Netzwerkseiten angekündigt werden. Somit steht also das technische Instrumentarium der Veranstaltungsankündigung für den Begriff Pate – nicht jedoch der Veranstalter oder etwa die Art der Veranstaltung.

Anfang Juni 2011 sorgte der ›Fall Thessa‹ für erhöhte mediale Aufmerksamkeit. Eine junge Hamburgerin wollte ihre Freunde zu ihrem 16. Geburtstag über Facebook einladen und gab dabei auch ihre Adresse bekannt. Allerdings versäumte sie es, die Einladungen nur privat an ihre Freunde zu versenden, und eröffnete somit die Möglichkeit, dass auch andere Facebook-Nutzer wiederum ihre Freunde zu dieser Party einladen konnten. So sollen schließlich einige tausend Personen über die entsprechende Facebook-Funktion zugesagt haben, auf dieser Party zu erscheinen. Nachdem die Betroffene ihren Fauxpas bemerkte, löschte sie ihre Facebook-Veranstaltungsseite. Damit fiel die Party jedoch keineswegs ins Wasser. Eine andere Person erstellte eine neue ›offene‹ Veranstaltungsseite bei Facebook und lud dort zu Thessas Geburtstagsfeier ein. Zu dieser neu erstellten Veranstaltung kündigten wohl etwa 15.000 Personen ihr Erscheinen an. Dabei muss man jedoch bedenken, dass Teilnahme-Zusagen bei Facebook nicht allzu verbindlich sein müssen. So nutzen bspw. einige User die Zusage-Funktion, um Mitteilungen zu einem Event zu erhalten, aber halten sich die Entscheidung bzgl. der eigenen Teilnahme noch offen. Es ist also durchaus nicht ungewöhnlich, wenn weniger Personen zu einer Veranstaltung erscheinen, als bei Facebook zugesagt haben. Noch unklarer ist die Lage bei Personen, die angeben, ›vielleicht‹ teilzunehmen.

Abgesehen von der Möglichkeit, über Facebook bei ›offenen‹ Veranstaltungen quasi unbegrenzt viele Personen einzuladen, die ihrerseits wieder weitere Personen einladen können, trugen im ›Fall Thessa‹ jedoch auch die Medien ihren Teil zur Bekanntmachung des Events mit bei. Bereits in den Tagen vor der Party kursierten Pressemeldungen, dass man mit einer größeren Anzahl von Besuchern in dem Hamburger Vorort rechnen könne (vgl. exemplarisch Welt Online 2011a), was vermutlich weitere Personen auf das Ereignis aufmerksam gemacht haben dürfte. Letztlich erschienen wohl um die 1600 Partygäste in dem Hamburger Vorort und feierten trotz Abwesenheit der unbekannten ›Gastgeberin‹. Nach einiger Zeit sollen Mülltonnen und eine Gartenlaube in Flammen gestanden haben sowie Vorgärten zertrampelt und Autos beschädigt worden sein; außerdem soll es mehrere Festnahmen durch die Polizei gegeben haben (vgl. bspw. Welt Online 2011b). Es herrschte also mind. ansatzweise Chaos.

Dies war keineswegs ein Einzelfall. Bereits 2009 machte ein 26-Jähriger einen ähnlichen Fehler im Rahmen der Online-Community meinVZ. Das führte dazu, dass wohl 5000 eigentlich nicht vorgesehene Gäste auf seiner Party auf Sylt erschienen und dem Veranstalter gewaltige Kosten durch entstehende Müllberge und ›sonstige Hinterlassenschaften‹ bescherten (vgl. Schuller 2011).

Darüber hinaus gibt es weitere ähnliche Beispiele, deren Gemeinsamkeit insbesondere darin besteht, dass die Veranstaltungen von den ›Gastgebern‹ so nicht vorgesehen waren, sondern auf Basis eines Fehlers die ungewollt größeren Ausmaße annahmen. (Mind.) im ›Fall Thessa‹ und bei der besagten Party auf Sylt kommt hinzu, dass die Besucher nicht nur ungebetene Gäste waren, sondern auch in keinerlei (mehr oder weniger) direkter Verbindung zu den unfreiwilligen Gastgebern standen. Die Besucher waren also ›irgendwelche Unbekannten‹, die über die unterschiedlichsten Kanäle von den Veranstaltungen erfuhren und ›genügend Wagemut und/oder Neugier‹ hatten, zu einer Party ins Ungewisse zu fahren. Etwas anders liegt der Fall bspw. bei Aufrufen zu den so genannten London-Riots im Sommer 2011 oder bei Aufrufen zu den so genannten Occupy-Wall-Street-Protesten ab Herbst 2011. Diese waren/sind nämlich mind. z.T. dazu gedacht, ganz gezielt Menschenmassen zu mobilisieren. Weitere Unterschiede sind die zeitliche Unbegrenztheit und möglicherweise auch eine andere Teilnahmemotivation der Besucher bei den letztgenannten Veranstaltungen. Chaostage sind zeitlich begrenzt – ursprünglich auf einen Tag, später auf ein ›verlängertes Wochenende‹. Und sie sprechen ein relativ spezifisches Publikum an: nämlich insbesondere Punks, einige Skinheads, manche so genannte ›Autonome‹ und sonstige Sympathisanten.

2. CHAOSTAGE IM 20. JAHRHUNDERT

Ähnlich wie bei Facebook-Partys und auch bei so genannten Flashmobs besteht auch bei den Chaostagen der Punks ein wesentliches Problem für potentiell Besuchsinteressierte darin, dass sie einschätzen können müssen, ob die Veranstaltungen auch wirklich stattfinden. Immerhin besteht ein gewisses Risiko, dass man Zeit und möglicherweise auch Geld investiert, um bei einem Event zu erscheinen, bei dem man letztlich einer der wenigen oder sogar der einzige Besucher sein könnte.

Da es bei derartigen Veranstaltungen oftmals keinen externen Anlass – wie z.B. Musiker, die zu einem bestimmten Datum an einem bestimmten Ort ein Konzert geben – gibt, besteht die Hauptanforderungen an Initiatoren bzw. Organisatoren darin, das Stattfinden außer Frage zu stellen. Bei den Chaostagen gab es daher im Laufe der Jahre unterschiedliche Aufrufstrategien (vgl. dazu ausführlicher Herbertz 2011). Bevor diese Strategien überblicksartig vorgestellt werden, soll zunächst kurz geklärt werden, was Chaos im Rahmen der Chaostage von Punks überhaupt bedeutet.

2.1 ›Organisiertes Chaos‹

Der Begriff ›Chaostage‹ hat in heutigen Medienverlautbarungen oftmals eine andere Bedeutung als bei Punks. Wenn der Begriff in aktuellen Nachrichtenmeldungen verwendet wird, geht es zumeist um Chaostage bei Verkehrsbetrieben – wenn z.B. reihenweise öffentliche Verkehrsmittel ausfallen –, um Chaostage in Parteien oder Koalitionen – insbesondere bei jeweils internen Uneinigkeiten – oder um Chaostage in Unternehmen sowie bei Sportvereinen – immer dann, wenn (angeblich) irgendetwas nicht ›seinen geregelten Gang geht‹. Gemein ist diesen Begriffsverwendungen, dass auf ungeplante und/oder unerwünschte Aspekte verwiesen wird, die einen Zustand als ›chaotisch‹ deklarieren. Das ist bei dem Chaos, wie es auf den Chaostagen der Punks herrscht (bzw. herrschen soll), anders. Deren Initiatoren haben nämlich das *Ziel*, dass Chaos ausbricht oder dass ein Ausbruch von Chaos zumindest wahrscheinlich wird. Wie kann man sich aber die ›Organisation des Chaos‹ vorstellen?

Die spezielle Form des Chaos bei Punks erreicht man prinzipiell einfach dadurch, dass man eine Masse an Protagonisten dazu bringt, zu einem bestimmten Datum an einem bestimmten Ort zu erscheinen. Das oftmals laute und provokante Auftreten sowie der erwartbar hohe Alkoholkonsum bei vielen Punks reichen zumeist aus, die Polizei in erhöhte Alarmbereitschaft zu versetzen. Wenn nur genügend Punks und Polizisten vor Ort sind, ist es (fast) nur eine Frage der Zeit, bis einzelne der beiden Gruppen sich in zunächst kleinere Auseinandersetzungen ›verstricken‹ – immerhin sind beide Gruppen traditionell nicht sonderlich gut auf die je andere zu sprechen. Entstehen erst derartige ›kleinere Rangeleien‹, ist die Wahrscheinlichkeit nicht gering, dass sich weitere Personen – z.B. aus Solidarität mit den jeweiligen ›Bundesgenossen‹ – an den Auseinandersetzungen beteiligen und es schließlich zu ›massenhaften Randalen‹ kommt. Gerade die Mischung aus Polizei und Punks ist in recht hohem Maße explosiv: Erstere haben einen juristisch abgesicherten Auftrag und z.T. die technischen Möglichkeiten, das Treiben der Punks – auch mit wenig populären Mitteln – zumindest ansatzweise zu kontrollieren; letztere haben oftmals eine ›hinreichend draufgängerische Gesinnung‹ oder einfach genug Alkohol konsumiert, so dass sie entsprechende Konsequenzen durch Rechts- und Ordnungshüter nicht befürchten. Da es sich die Polizei – trotz vermeintlicher Deeskalationsstrategien – i.d.R. nicht nehmen lässt, die Punks zumindest z.T. von ihrem Tun abzuhalten, ist sie letztlich ein wesentlicher Garant für das Ausbrechen von Chaos. Weil die Polizei also das begünstigt, was zu verhindern eigentlich ihre Aufgabe wäre, wurden die Chaostage bisweilen von Punks auch als »Bullenverarschung«[2] bezeichnet. Wenn also die Auseinandersetzungen zwischen Punks und Polizei erst einmal in größerem Ausmaße stattfinden, dann hat man den Zustand erreicht, der den Chaostagen im Wesentlichen seinen Namen verleiht.

Während des Events müssen die Initiatoren der Chaostage also gar nicht direkt den Ausbruch des Chaos organisieren oder koordinieren, weil andere Personen dies mit hoher Wahrscheinlichkeit übernehmen werden – wenn nur hinreichend viele vor Ort sind. Die ›Organisation des Chaos‹ findet hingegen insbesondere im Vorfeld des Events statt, indem Menschenmassen mobilisiert werden, dem Ereignis beizuwohnen – und zwar sowohl Punks (bzw. ähnlich gesinnte Personen) als auch Polizisten in einigermaßen ausgewogenem Kräfteverhältnis. ›Organisiertes Chaos‹ bedeutet also, dass man die grundsätzlichen Bedingungen dafür schafft, dass ›situatives Chaos‹ entsteht. Wenn aber hingegen aufgrund ›chaotischer Organisation‹ nicht genug Punks (oder auch Polizisten) auf den Chaostagen erscheinen, erhält man eben kein Chaos im Sinne der Chaostage von

2 www.punkfoto.de/p/media/m5698_g0

Punks, sondern ein im Sinne der Initiatoren unerwünschtes Chaos – ähnlich wie bspw. bei Chaostagen von Verkehrsbetrieben.

2.2 Aufrufstrategien

2.2.1 Die ›Motto-Events‹

Der erste Chaostag fand im Dezember 1982 statt und in dem Monat vor dem Ereignis erschienen entsprechende Aufruf-Flyer. Anlass war die Einrichtung einer so genannten ›Punker-Kartei‹ durch die Polizei in Hannover, in der ›verdächtige‹ Punks (und auch Skinheads) erfasst werden sollten. Der erste Chaostag war der Versuch, möglichst viele Punks (bzw. äußerlich ähnlich auffallende Personen) aus anderen Orten nach Hannover zu holen, damit auch diese in die Kartei aufgenommen würden und die Kartei dadurch ad absurdum geführt werden würde. Während auf den ersten Flyern die Legitimation des Events noch relativ ausführlich dargelegt und eine Notwendigkeit zur Mitwirkung eingefordert wurde, verweisen spätere Flyer (und Plakate) eher nur noch darauf, dass das Treffen mit hunderten Besuchern und sogar einem Konzert stattfinden werde. Die Unsicherheit des Stattfindens wurde also zunehmend gar nicht mehr thematisiert. Wesentlicher Garant für ein glaubhaftes Stattfinden war auch, dass die damals durch Deutschland tourende Punk-Band DEAD KENNEDYS auf ihren Konzerten zum Besuch des Chaostags aufrief. Schließlich fand der Chaostag 1982 mit angeblich 800 Teilnehmern auf Seiten der Punks statt und es kam auch zu Auseinandersetzungen mit der Polizei.

Im Folgejahr wurde zu einem Chaostag Anfang Juli aufgerufen, bei dem Punks und Skinheads ihren Zusammenhalt zelebrieren sollten; zum gemeinsamen Gegner wurde die Polizei erklärt. Die Erwartungen wurden gegenüber dem Vorjahr gesteigert, auf dessen Erfolg – auch bzgl. des Zusammenhalts von Punks und Skinheads – man sich bereits berufen konnte. Es kamen schließlich auch mehr Besucher als im vergangenen Dezember – angeblich etwa 1500 Personen – und es kam auch wieder zu Auseinandersetzungen – allerdings nicht nur mit der Polizei, sondern insbesondere zwischen Punks und ›rechten‹ Skinheads. Der angestrebte Zusammenhalt war also gescheitert.

Für Chaostage im Jahr 1984 gab es ursprünglich drei verschiedene Daten, von denen aber zwei wieder revidiert wurden, so dass das letztendliche Datum auf den ersten Samstag im August festgelegt wurde. Thematisch ging es dieses Mal insbesondere um Auseinandersetzungen mit ›Nazis‹, die aufgrund der Erfahrungen aus dem Vorjahr auf dem Treffen erwartet wurden. Es erschienen wohl 2000 Punks sowie ähnlich gesinnte Personen und es gab auch massive Auseinandersetzungen mit der Polizei, in deren Folge jedoch auch ein Jugendzentrum zerstört wurde, das eigentlich von Punks genutzt wurde. Darüber soll ein Teil der Punks recht bestürzt gewesen sein und es kam angeblich zu einer zunehmend negativeren Einschätzung gegenüber Chaostagen innerhalb der Szene – insbesondere bei den in Hannover lebenden Punks. Daher gab es in den Folgejahren zunächst auch keine weiteren Aufrufe für Chaostage in der niedersächsischen Landeshauptstadt.

Zusammenfassend lässt sich festhalten, dass es bei den ersten Chaostagen immer neuer Legitimationen bedurfte, zu denen es jeweils ›thematische Mottos‹ gab: 1982 ging es um die ›Punker-Kartei‹, 1983 um die Polizei als gemeinsamen Feind von vereinten Punks und Skinheads und 1984 um die Auseinandersetzung mit ›Nazis‹. Jeder Chaostag war damit auch eine Reaktion auf vorangegangene Ereignisse. Zudem musste für jeden Chaostag ein neues Datum festgelegt werden, was insbesondere 1984 zu Irritationen führte. Die einzige Konstante der frühen Chaostage war eigentlich, dass sie immer in Hannover stattfanden, während Anlass und Datum jedes Mal entsprechender Aushandlungsprozesse bedurften, die einer Tradierung des Events entgegengewirkt haben (könnten).

Zwar war Karl Nagel von Anfang an einer der Hauptinitiatoren für die Chaostage, allerdings dürfte dies einigen Szenemitgliedern der 80er Jahre noch nicht bekannt gewesen sein, da er dies damals noch weitestgehend geheim hielt. Das bedeutet, dass er nur für einen Teil der Punkszene genügend Autorität gehabt haben dürfte, um das Stattfinden der Chaostage glaubhaft zu vermitteln. Immerhin war der Teil der Szene allerdings scheinbar groß genug, denn schließlich fanden sie ja statt.

2.2.2 Die erste große Pause

Nachdem die Hannoverschen Punks – zu denen auch Nagel zählte – ab 1985 zunächst keine Chaostage mehr initiierten, traten einige Nachahmer auf den Plan, die zu Chaostagen in unterschiedlichen Städten aufriefen. Es kamen jedoch nie besonders viele Besucher und somit gab es auch kaum Auseinandersetzungen mit der Polizei. ›Organisiertes Chaos‹ im o.g. Sinne fand also nicht statt.

Das Problem an diesen Aufrufen war, dass diese Initiatoren es nicht schafften, genug Personen zu mobilisieren und zu versichern, dass die Events wirklich stattfinden würden. So war bspw. ein Flyer für 1985 mit der *Frage* »Chaos auch in Heidenheim?«[3] überschrieben. Außerdem wurde auf dem Flyer auch auf die Ernsthaftigkeit des Aufrufs verwiesen, was diese jedoch nahezu automatisch wieder in Frage stellte. Punks, die sich prinzipiell den Besuch weiterer Chaosta-

3 www.punkfoto.de/p/media/m6031_g0

ge wünschten, standen also vor dem Problem, dass sie nicht wussten, welchen der Aufrufe genügend weitere Personen folgen würden. Hinzu kam das Problem, dass viele dieser Chaostage gar nicht in Hannover stattfinden sollten. Somit wurde also mit der einzigen wirklichen Tradition gebrochen, die für die bis dorthin erfolgreichen Chaostage galt: dem Ort des Events.

2.2.3 Die ›Serie‹

Zehn Jahre nach den letzten ›großen‹ Chaostagen initiierte Nagel im Jahr 1994 wieder neue Chaostage in Hannover. Ein wesentlicher Aspekt in der Vorbereitung war die Herausgabe der Sonderausgabe »Streetpunk« des Fanzines »ZAP« im Mai 1994 – also vor den Chaostagen im August –, in der Nagel über seine Mitwirkung bei den ›großen‹ Chaostagen der 80er Jahre berichtet (vgl. Arndt 1994). Da er auch auf sein eigenes Erscheinen im Jahr 1994 verweist, dürfte er damit auch bei einigen Lesern für die Gewissheit des Stattfindens der Chaostage 1994 gesorgt haben. Bemerkenswert ist, dass bereits 1994 Daten für Chaostage in jedem Jahr bis zum ›EXPO-Jahr‹ 2000 bekannt gegeben wurden. Diese Daten fielen immer auf das erste ›verlängerte Augustwochenende‹, wodurch eine Tradierung des Datums ermöglicht wurde, die in den 80er Jahren noch nicht bestand. Zudem wurde die Notwendigkeit einer Ortsangabe explizit verneint. Anders als bei den ersten Chaostagen wurde nun auch nicht mehr begründet, warum man überhaupt derartige Events besuchen sollte; stattdessen wurde bspw. die Bedeutung der Chaostage in Hannover für Punks mit Woodstock für Hippies verglichen. Die Chaostage von 1982 bis 1984 waren innerhalb der Szene so bekannt und legendär, dass eine Teilnahme insbesondere für jüngere Punks einfach erstrebenswert erschien, ohne dass man sich weitere Gedanken über den Zweck der Veranstaltung machen musste. Damit konnte man sich für die Chaostage der 90er Jahre jede Menge Diskussionen ersparen, da nicht jedes Mal von Neuem geklärt werden musste, wann, wo und warum man sich trifft. Stattdessen sollten sie einfach jährlich zur bekannten Zeit am bekannten Ort stattfinden, was sich z.B. auch in der späteren Parole ausdrückt: »Wir kommen wieder, keine Frage! Nächstes Jahr sind Chaostage!« Da die Chaostage 1994 mit angeblich 800 Teilnehmern und den traditionellen Auseinandersetzungen mit der Polizei stattfanden, war also – trotz zehnjähriger Pause – die Hürde genommen, Chaostage wieder in größerem Ausmaß stattfinden zu lassen. Zudem war der erste Schritt gelungen, den Chaostagen einen ›Serien-Charakter‹ zu verleihen.

Der ›Serien-Idee‹ entsprechend wurden auch kurz nach den Chaostagen 1994 bereits die ersten Vorbereitungen für das Folgejahr getroffen. Es erschienen zahlreiche Flyer für das Jahr 1995, die in ihrer Aufmachung den Eindruck erwecken, als seien sie von unterschiedlichen Personen erstellt worden. Da Nagel bereits 1994 auf ein jährliches Stattfinden verwies, konnten 1995 auch Punks mit weniger Autorität innerhalb der Szene eigene Flyer erstellen und verteilen. Dass die Chaostage *überhaupt* stattfinden würden, stand schließlich eigentlich außer Frage. Manche der Flyer scheinen daher eher als Erinnerungsstützen gedacht zu sein, die nur an das Datum erinnern sollten. Außerdem wurden von Nagel und seinen ›Mitstreitern‹ auch Flyer erstellt, die auf den ersten Blick den Eindruck erwecken, als stammten sie von Gegnern der Chaostage – z.B. Hooligans –, die angeblich auch in Hannover erscheinen wollten, um die Veranstaltung der Punks zu verhindern. Allerdings hätten entsprechende Gegner – ähnlich wie die Polizei – durch ihr Erscheinen vermutlich selbst für Chaos im Sinne der Punks gesorgt, da das Chaos – wie bereits erwähnt – dann beginnt, wenn irgendwelche Gruppierungen versuchen, die Veranstaltung der Punks zu verhindern und eben dadurch letztlich erst das Gelingen von Chaostagen garantieren, die ihrem Namen gerecht werden.

Ähnlich wie auch im o.g. ›Fall Thessa‹ trugen die Medien ihren Teil zur Bekanntgabe der Chaostage in den 90er Jahren bei. Michael Nagenborg vertritt die These, dass die »Art und Weise, wie über die Chaos-Tage 1994 berichtet wurde, [...] zu einem qualitativen und quantitativen Anstieg der Gewalt 1995 geführt« (Nagenborg 1999: 5) hat. Er geht davon aus, dass die Medien durch ihre vermeintliche Befürchtungshaltung hinsichtlich der Ausübung von Gewalt somit »im Dienst der Chaoten« (ebd.: 38) gestanden hätten. Entsprechende Medienverlautbarungen trugen allerdings nicht nur im Vorfeld der Veranstaltungen zur Bekanntheit selbiger bei, sondern auch währenddessen. Wenn also z.B. an einem betreffenden Freitag der Chaostage entsprechende Schlagzeilen kursierten, hätte dies wiederum ein Indikator für noch unentschlossene, aber prinzipiell besuchsinteressierte Punks sein können, dass die Chaostage wirklich in größerem Umfang stattfinden. Und das könnte dazu geführt haben, dass sich Unentschlossene auch auf den Weg nach Hannover gemacht haben, um dieses Event nicht zu verpassen. Die Chaostage 1995 fanden schließlich – mit bis zu 3000 Teilnehmern – in einem bisher unbekannten Ausmaß statt, in deren Verlauf Barrikaden errichtet und angezündet wurden, ›Steinschlachten‹ stattfanden und ein Penny-Markt geplündert wurde.

Für 1996 wurden zwar – dem ›Serien-Charakter‹ entsprechend – wieder Chaostage angekündigt, allerdings fanden diese in weitaus geringerem Ausmaß als im Vorjahr statt. Nach den Erfahrungen von 1995 gab es nämlich eine wesentliche juristische Änderung: Die Chaostage wurden nun als Versammlung im Sinne des Grundgesetzes (Art. 8 GG) eingestuft, um sie daraufhin nach dem Versammlungsgesetz (§ 15 Abs. I VersG) verbieten zu können (vgl. Brenneisen/

Wilksen 2007: 89), womit auch Androhungen ›empfindlicher Bußgelder‹ einhergingen. Zudem besteht ein weiteres Problem bei jährlich stattfindenden Veranstaltungen, das man als ›Inflation der Faszination‹ bezeichnen könnte: Wenn jedes Jahr Chaostage stattfinden, dann sinkt auch die ›Notwendigkeit‹ für Punks, dort auch unbedingt jedes Mal erscheinen zu ›müssen‹. Das könnte dazu führen, dass es in den einzelnen Jahren nicht mehr genug Besucher gibt, die das Ausbrechen von Chaos wahrscheinlich machen. So wurden die Chaostage 1996 – entgegen den Ankündigungen von 1994 – als *vorerst* letztes Event bekannt gegeben. In den Jahren 1997 bis 1999 fielen die Chaostage somit aus.

Für das ›EXPO-Jahr‹ 2000 wurden schließlich wieder Chaostage angekündigt, was von Nagel auch bereits 1996 so vorgesehen war. Diese Chaostage wurden als größtes und auch *aller*letztes Event dieser Art bekannt gegeben, was z.B. mit berühmten Musikern zu vergleichen ist, die angeben, ihr letztes Konzert zu veranstalten, um möglicherweise Besucherzahlen zu steigern. Anders als in der Mitte der 90er Jahre wurde in den Medien behauptet, die Chaostage 2000 würden ausfallen, was wohl auf Seiten der prinzipiell Besuchsinteressierten dazu führte, dass das Stattfinden von vielen bezweifelt wurde und somit weniger Punks nach Hannover reisten. Somit waren die Chaostage 2000 also keineswegs die größten, sondern die Veranstaltung von 1995 behält hinsichtlich der Besucherzahlen und der Rezeption durch Medien und Punks bisher den ›Spitzenplatz‹.

Es lässt sich konstatieren, dass die Chaostage der 90er Jahre – inkl. 2000 – anders organisiert waren, als die früheren Events. Zunächst konnte man sich 1994 auf eine ›mythisch aufgeladene‹ Tradition aus der ersten Hälfte der 80er Jahre berufen, die es überflüssig machte, stets neue Anlässe für die Veranstaltungen zu ersinnen. Chaostage in Hannover wurden stattdessen einfach als wesentlicher Bestandteil der deutschen Punkkultur deklariert. Weiterhin gab es nun nicht mehr nur einen verlässlichen Ort, sondern auch ein festes jährliches Datum, das tradiert werden konnte. Dadurch bedurfte also auch die Frage, wann und wo die Veranstaltung stattfinden sollte, keiner weiteren Diskussion. Dennoch wurde die ›Serie‹ von 1997 bis 1999 eingestellt, was einer ›Inflation der Faszination‹ zwar entgegen gewirkt haben könnte, allerdings ging damit auch der ›Serien-Charakter‹ verloren und 2000 bedurfte es wieder verstärkter Anstrengungen, das Stattfinden der Chaostage – auch den Medien gegenüber – glaubhaft zu vermitteln.

3. Chaostage im 21. Jahrhundert

In den Jahren nach 2000 gab es zwischenzeitlich immer wieder Versuche, neue Chaostage stattfinden zu lassen, die aber wenig erfolgreich waren. So wurde bspw. 2001 zu parallelen Chaostagen in Cottbus und Dortmund aufgerufen. Zwar wählte man als Datum wieder das erste Augustwochenende und berief sich damit auf das tradierte Datum aus den 90er Jahren, allerdings brach man hinsichtlich der Ortswahl mit einer Tradition, die schon seit den 80er Jahren bestand. Zudem können zwei parallele Veranstaltungsorte dazu führen, dass sich die Besucher auf die beiden Orte aufteilen und somit nicht mehr genügend Personen an *einem* Ort erscheinen, um Chaos entstehen zu lassen.

Es stellt sich die Frage, ob und inwiefern Chaostage im 21. Jahrhundert wieder in größerem Ausmaße stattfinden könnten oder ob sie endgültig der Vergangenheit angehören. Das Wiederaufleben der Veranstaltung ist insbesondere deshalb fraglich, da seit dem letzten Event nun bereits über ein Jahrzehnt verstrichen ist und sich die Punkszene in dieser Zeit verändert haben könnte. Zwar erfreuen sich Veranstalter von jährlichen Punk-Festivals immer noch recht hoher Besucherzahlen, aber dennoch könnte der Eindruck entstehen, als sei die Szene mittlerweile weitestgehend ›vom Aussterben bedroht‹, da Jugendliche heutzutage ein breiteres Spektrum an Jugendszenen zur Verfügung haben, denen sie sich anschließen können. Außerdem besteht die Szene mittlerweile so lange, dass sie gleich mehrere Generationen umfasst und somit prinzipiell Potential für szeneninterne Generationenkonflikte bereitstellt. Junge Punks haben es somit schwerer, ihre eigenen Vorstellungen dazu, was Punk überhaupt bedeutet, gegenüber den älteren durchzusetzen. Jugendliche, die sich hingegen neueren Szenen anschließen, können als ›erste Generation‹ ihre individuellen Vorstellungen leichter etablieren.

3.1 »Es fliegen wieder Steine.«

Der Film »Chaostage – Weare Punks!« von Tarek Ehlail lief ab 2008 in den Kinos und ist mittlerweile auch auf DVD erhältlich. Er besteht im Wesentlichen aus zwei Elementen: Einerseits wird eine Geschichte auf der Basis des Romans »Chaostage« von Arndt (1998) erzählt; andererseits enthält er Passagen mit Interviewausschnitten mit ehemaligen wie aktiven ›Szenegrößen‹. Die Interviews beziehen sich auf die je eigenen Erlebnisse mit Punk im Allgemeinen und mit den Chaostagen im Speziellen. Besonders bemerkenswert ist das Motto des Filmes: »Es fliegen wieder Steine.« Auch T-Shirts mit diesem Spruch und einem abgebildeten Pflasterstein sind unter Punks mittlerweile häufiger zu sehen. Dies wirft eine ganze Reihe von Fragen auf: Wann fliegen sie? Wo(hin) fliegen sie? Geht es um das fiktive Fliegen von Steinen innerhalb der Geschichte des Films oder um die reale Umsetzung? Geht es um Ereignisse der Vergangenheit oder der Zukunft? Ehlail versteht es, eben genau diese Fragen offen zu lassen.

Jedoch könnten mind. einige der Aussagen aus den Interviews als latente Aufforderung gedeutet werden, neue Chaostage zu zelebrieren:

»Wer was über Chaostage erfahren will, soll hingehen. Das ist das Einfachste – zumal sie dann auch wahr werden.« (Karl Nagel)

»Mit 20 Mann 'ne Straße runter zu laufen und alles zu zerdeppern, was einem in den Weg kommt, das ist ... Bitte, probiert's aus! Macht's! Also meinen Segen habt ihr.« (Ben Becker)

»Darum gibt's den Chaostage-Film. Er soll ja ... Das soll die Initialzündung werden für den neuen Wind.« (Archi Alert)

Was genau ist aber der ›neue Wind‹ und warum bedarf er einer ›Initialzündung‹? In dem Magazin zu dem Film wird diese Formulierung wieder aufgegriffen und die Frage damit zumindest z.T. beantwortet:

»Gehört ihr auch zu den bedauernswerten Spätgeburten, die nur vom Hörensagen wissen, wie toll es früher war, als Punkrock noch aus Deutschlands Straßen regierte? [...] Über ein Jahrzehnt trafen sich Punks und allerlei Geschmeiß zum ersten Wochenende im August in Hannovers Nordstadt, um dort CHAOSTAGE zu zelebrieren. [...] Nun schreit es wieder einmal nach neuem Wind, nach einer kräftigen Initialzündung. [...] Wir werden sehen, was ein Film wie ›CHAOSTAGE‹ erreichen kann ...« (Chaostage Magazin: 4f)[4]

An anderer Stelle in dem Magazin heißt es, es gehe darum, »die Brücke von 1980 ins 3. Jahrtausend« zu schlagen, und auch heute noch könne *jeder* »unglaubliche Dinge« tun (vgl. ebd.: 14). Obwohl Ehlail zwar üblicherweise bestreitet, mit seinem Werk zu neuen Chaostagen aufrufen zu wollen, eröffnet sich für die Zuschauer zumindest die Möglichkeit, den Film eben sehr wohl als Aufruf zu verstehen. Und auch die Werbung für einen Online-Druckservice u.a. für Flyer und Plakate auf der letzten Seite des Magazins zum Film (vgl. ebd.: 32) könnte als Wink mit dem Zaunpfahl verstanden werden, dem Aufruf auch wirklich nachzukommen.

Im Jahr 1994 hatten die Initiatoren der Chaostage das organisatorische Problem, dass man ein Event wiederbeleben musste, das schon zehn Jahre in der Vergangenheit lag. Damals berichteten Arndt und Nagel in der ZAP-

4 www.chaostage-film.de/new/pdf/Chaostage_magazin.pdf

Sonderausgabe vom Mai 1994 »Streetpunk« über ihr Leben als Punks in den 80er Jahren. Nagel offenbarte zudem seine Mitwirkung bei der Organisation der ersten Chaostage und behauptete, auf den Chaostagen 1994 erscheinen zu wollen. Damit war die Ausgabe des Fanzines ein wesentlicher Garantiefaktor dafür, dass hinreichend viele Punks glaubten, die Chaostage 1994 würden wirklich stattfinden; und durch ihr massenhaftes Erscheinen fanden sie schließlich auch statt.

Der Film zu den Chaostagen – der in der Szene auch relativ bekannt ist – könnte heute eine ähnliche Funktion einnehmen, wie die damalige Ausgabe des Fanzines. Auch heute liegen die letzten ›großen‹ Chaostage schon seit einigen Jahren zurück und es bedürfte zur Wiederbelebung einer ›Initialzündung für den neuen Wind‹, die der Film selbst schließlich verkörpern soll. Außerdem berichten auch im Film (u.a.) Arndt und Nagel über ihre Erfahrungen mit den Chaostagen. Zwar wird nicht zu einem bestimmten Datum oder einem bestimmten Ort aufgerufen, allerdings besteht diesbezüglich ohnehin schon eine einigermaßen feste Tradition: das erste ›verlängerte Augustwochenende‹ in Hannover. Nur das Jahr bleibt eigentlich noch offen. Anlässlich der Kinopremiere im Oktober 2008 in Hannover soll es wieder zu Ausschreitungen von Punks gekommen sein, allerdings wurden diese nicht als Chaostage deklariert.

3.2 Chaostage 2013 in Heidelberg[5]

In den 80er Jahren hat das Internet in der heutigen Form noch nicht existiert; Flyer, Plakate, Kettenbriefe, Fanzines und Mundpropaganda bildeten deshalb damals die wesentlichen Instrumente, mit denen zu Chaostagen aufgerufen werden konnte. In den 90er Jahren hatten viele Punks noch keinen Zugang zum Internet – die Medien dafür aber sehr wohl. So konnte Nagel bspw. mit einer Website bei den Medien Aufmerksamkeit erlangen, auf der er behauptete, die Chaostage seien ein Treffen von Neokannibalen (vgl. Nagenborg 1999). Neben den vorherigen Instrumentarien wurden also auch die Medien genutzt, um für die Bekanntheit der Events zu sorgen. Heutzutage ist der (mind. sporadische) Zugriff auf das Internet bei den meisten Punks keine Besonderheit mehr. Inwiefern könnten Punks also das Web 2.0 nutzen, um gegenwärtige oder künftige Aufrufe zu verbreiten?

Im Februar 2010 wurde auf der Blog-Hosting-Website Wordpress ein Aufruf zu Chaostagen in Heidelberg im Juli 2013 gestartet. In den jeweiligen Vorjahren sollte es dazu so genannte Warm-Ups geben, um sich auf den Haupttermin ein-

5 Die Zahlenangaben und Inhalte in diesem und in den nächsten Abschnitten entsprechen dem Stand vom 13.08.2012 und ändern sich z.T. ständig.

zustimmen. Parallel dazu erschienen z.T. noch am selben Tag Meldungen zu diesem Aufruf auf eher unbedeutenden News-Websites. Wenige Wochen später wurde auch der Wikipedia-Artikel zu den Chaostagen um den Hinweis auf den Aufruf für 2013 in Heidelberg ergänzt. Zudem existiert auch eine entsprechende Seite bei dem Sozialen Netzwerk Twitter, auf der bis zum ersten Warm-Up im Juli 2010 in regelmäßigen Abständen Beiträge erschienen. Vom Tag des Warm-Ups selbst liegen sechs Einträge vor, die aber eher auf geringe Besucherzahlen in Heidelberg hindeuten. Danach erschienen keine weiteren Beiträge bei Twitter mehr und das Warm-Up wurde auch nicht resümiert. Es deutet einiges darauf hin, dass mind. einige dieser Aktivitäten von einer einzigen Person initiiert wurden. Da der Wikipedia-Artikel von einem Rechner in Heidelberg aus geändert wurde, scheint es, als würde der Aufrufer eine ›Heimspiel-Logik‹ verfolgen, die eigentlich im Kontrast zu der Hannover'schen Tradition steht.

Zudem wurde zur selben Zeit ein Videoaufruf – ein so genanntes ›Mobi-Video‹ – auf das Videoportal YouTube geladen, das fast 2900-mal besucht wurde. Bei dieser Angabe muss man jedoch bedenken, dass es sich nicht um unterschiedliche Besucher handeln muss, sondern eine Person das Video auch mehrmals aufrufen kann. Zwischenzeitlich wurde das Video aus Urheberrechtsgründen gesperrt, ist aber seit einiger Zeit wieder verfügbar. Etwa zwei Monate nach dem ersten Video erschien ein weiteres ›Mobi-Video‹, das bisher über 2300-mal besucht wurde. Da die Seitenbesuche des zweiten Videos – chronologisch betrachtet – einigermaßen linear verlaufen und es keinen großen Anstieg kurz nach dem Einstellen des Videos gab, kann davon ausgegangen werden, dass der Aufrufer wohl keine Online-Plattform zur Verbreitung genutzt hat, wo er ›auf einen Schlag‹ ein großes Publikum erreichen konnte. Stattdessen hat er seine beiden Video als so genannte ›Videoantwort‹ mit anderen YouTube-Videos verlinkt. Da diese anderen Videos zu den ersten Suchergebnissen – bei dem Suchbegriff ›Chaostage‹– bei YouTube gehören, können Personen mit Interesse an den Chaostagen mit relativ geringem Aufwand zu den ›Mobi-Videos‹ gelangen. Die wenigen Kommentatoren auf YouTube verweisen oftmals auf ihr Erscheinen. Der ursprüngliche Aufrufer für die Chaostage 2013 in Heidelberg scheint nicht mehr ›aktiv‹ zu sein und auch seine Wordpress-Seite wurde mittlerweile gelöscht. Inwiefern konnte er aber möglicherweise weitere Personen dazu motivieren, seinen Aufruf weiterzuverbreiten?

Auf Websites bzw. in so genannten ›Gruppen‹ – z.B. bei Facebook –, bei denen nicht nur Punks und deren Sympathisanten aktiv sind, werden die Chaostage von den meisten Kommentatoren i.d.R. als ›unsinnige Aktion‹ abgetan, wenn Punks z.B. Links zu den Aufrufen senden oder nach dem Stattfinden der nächsten Chaostage fragen. So wurde bspw. in dem Online-Forum Sub-Cultures mehrfach darauf verwiesen, dass man mit den Chaostagen keine gesellschaftlichen Missstände verbessern könne. Punks antworten dann typischerweise damit, dass es gar nicht das Ziel sei, irgendetwas zu ändern, sondern einfach nur Spaß zu haben. Gerade jüngere bzw. minderjährige Punks scheinen dem Ereignis teilweise geradezu euphorisch entgegen zu blicken; allerdings handelt es sich zahlenmäßig – zumindest online – nicht um besonders viele Personen. Auch im Sozialen Netzwerk SchülerVZ existierten entsprechende Aufruf-Seiten, die aber mittlerweile wieder gelöscht wurden.

In der bei Punks relativ beliebten Online-Community Abgefuckt liebt Dich existiert eine ›Gruppe‹ zu dem Event 2013, die allerdings nur drei Mitglieder hat. Auch andere ›Gruppen‹ zum Thema Chaostage verfügen über wenige Mitglieder, Kommunikation untereinander findet kaum oder gar nicht statt oder es werden nur andere Veranstaltungen thematisiert. Ein ähnliches Bild zeichnet sich bei Facebook ab, wo ›Gruppen‹ und ›Veranstaltungsseiten‹ für die Chaostage 2013 in Heidelberg sowie zu diversen anderen Terminen und Ort existier(t)en. Offenbar laden die meisten Ersteller derartiger Seiten eine Auswahl ihres Freundes- und Bekanntenkreises zu den ›Gruppen‹ und ›Veranstaltungen‹ ein, finden dort aber meist wenig Anklang.Gezielt nach den Seiten zu suchen, scheint kaum jemand. Dementsprechend findet Kommunikation oftmals gar nicht statt oder es werden ›nur‹ Musik-Links versendet, Verachtung gegenüber der Polizei zum Ausdruck gebracht bzw. Daten für Konzerte, Festivals oder Demonstrationen bekannt gegeben. Chaostage hingegen werden fast gar nicht thematisiert. Von massenhafter Begeisterung für ein Event wie bspw. im ›Fall Thessa‹ kann also keineswegs die Rede sein. Zudem wurden auch manche ›Veranstaltungs-Seiten‹ bereits von den jeweiligen Erstellern aus Angst vor rechtlichen Konsequenzen wieder gelöscht.

Abgesehen davon, dass sich i.d.R. primär nur Punks und ›nicht-rechte‹ Skinheads sowie deren Sympathisanten mit den Chaostagen identifizieren können, liegen vermutlich noch weitere Gründe für die eher geringe Nachfrage vor. Zum einen gibt es so viele Aufrufe oder ›zaghafte Versuche‹ im Internet, die Chaostage wieder aufleben zu lassen, dass sie schon einer inflationären Wirkung unterliegen. Wie auch schon in den Jahren von 1985 bis 1993 erscheinen viele Aufrufe nicht glaubwürdig genug, damit sich hinreichend viele Personen auf den Weg zu der entsprechenden Veranstaltung machen. Das könnte daran liegen, dass sie oftmals nicht zum traditionellen Datum und/oder nicht am traditionellen Ort stattfinden soll(t)en. Am ersten Augustwochenende in Hannover hingegen ist prinzipiell noch am ehesten damit zu rechnen, Punks anzutreffen. Weiterhin scheint kaum ein Aufrufer über genug Kontakte zur bzw. genug Autorität in der Szene zu verfügen, um Menschenmassen mobilisieren zu können.

3.3 Chaostage 2022 in Hannover

Ein gänzlich anderer Fall sind die von Nagel auf Facebook angekündigten Chaostage in Hannover im Jahr 2022. Er hält sich zumindest an den traditionellen Ort des Events in der niedersächsischen Landeshauptstadt. Das Datum ist allerdings das *zweite* Augustwochenende – also eine Woche nach dem traditionellen Termin. Nagel stellt eigentlich *die* Autorität schlechthin dar, wenn es um die Organisation von Chaostagen geht, und er verfügte mit über 1800 ›Facebook-Freunden‹ Anfang 2012 über relativ viele Kontakte[6], was zunächst einmal für ein tatsächliches Stattfinden sprechen könnte. Mit seinen Kommentaren auf der Facebook-Veranstaltungsseite verweist Nagel ständig darauf, dass er nur aufruft, die Chaostage 2022 zu *beobachten*. Aufrufe, Chaos zu *veranstalten*, lehnt er explizit ab. Seiner Aussage nach finden 2022 nämlich sowieso Chaostage statt, weil bis dahin die ärmeren Bevölkerungsschichten vom Hunger geplagt und im ›kannibalistischen Wahn‹ übereinander herfallen würden.

Mittlerweile wurden über 4500 Einladungen zur Veranstaltung über Facebook verschickt und über 700 Personen haben bisher ihr Erscheinen bestätigt. Allerdings gibt es bspw. derzeit auch über 400.000 ›Zusagen‹ zu der Facebook-Party »Weltuntergang mit anschließender Aftershow-Party«, die aber de facto wohl kaum jemandem ernst nehmen dürfte. Auch im ›Fall Thessa‹ gab es wohl viele nicht ernst gemeinte ›Zusagen‹. In ähnlicher Weise dürften auch viele der Eingeladenen nur aus Spaß zur Veranstaltung Nagels ›zugesagt‹ haben, ohne ernsthaft an das Stattfinden des Events zu glauben. Schließlich liegt der Termin noch ein Jahrzehnt in der Zukunft und schon bei den Ankündigungen für die Chaostage 2013 in Heidelberg äußerten sich einige Kommentatoren skeptisch über eine solch langfristige Planung. Auch in den meisten Kommentaren auf Nagels ›Veranstaltungsseite‹ wird darauf verwiesen, dass dies ein Treffen von Rentnern werden dürfte, dass man bis dahin möglicherweise ohnehin schon verstorben oder aber die Welt vorher untergegangen sei. Wirklich ernst scheint diesen Aufruf eigentlich kaum jemand zu nehmen, so dass auch in diesem Fall ein Event mit den Ausmaßen wie im ›Fall Thessa‹ oder bei den Chaostagen 1995 aus heutiger Perspektive eher unwahrscheinlich ist.

3.4 Chaostage 2012 und 2013 in Hannover

Erfolg versprechender erschien die ›Veranstaltungsseite‹ auf Facebook zu den Chaostagen in Hannover am ersten Augustwochenende 2012, welche aber schon

6 Mittlerweile hat Karl Nagel sein persönliches ›Profil‹ in eine ›Seite‹ umgewandelt, wodurch Angaben zu Freundschaften entfallen.

Monate vor dem Event von dem Ersteller gelöscht wurde. Hier wurden die Traditionen hinsichtlich des Ortes und des Datums exakt befolgt. Auch wies der Ersteller der Seite explizit darauf hin, dass er *nicht* der Veranstalter des Events sei, sondern nur an einen traditionellen Termin erinnere. Außerdem berichtete er, schon 1995 bei den größten Chaostagen in Hannover dabei gewesen zu sein, und hat damit quasi einen ›Veteranen-Status‹, auch wenn er – anders als Nagel – nicht zur ›ersten Generation‹ deutscher Punks gehört und weniger bekannt ist. Bis Anfang 2012 wurden über 4500 Personen zu der ›Veranstaltung‹ eingeladen und einige hundert Personen hatten ihre Teilnahme schon ›zugesagt‹. Auch die Kommentare auf der Seite erweckten den Eindruck, als werde diese Veranstaltung wesentlich ernster genommen, als Nagels Ankündigung für 2022. Zudem kündigte auch Nagel an, sich das Event 2012 in Hannover anzuschauen.

Anfang 2012 löschte der Ersteller jedoch die Veranstaltungsseite, da Facebook-Administratoren die Funktionen der Seite eingeschränkt hatten. Stattdessen wurde von anderen Nutzern eine entsprechende ›Gruppe‹ bei Facebook eingerichtet, die derzeit über mehr als1000 Mitglieder verfügt. In dieser Gruppe wird relativ viel kommuniziert und es vergeht kaum ein Tag, ohne dass Mitglieder Beiträge verfassen oder kommentieren. Neben den bei ›Punk-Gruppen‹ auf Facebook üblichen Musik- und Veranstaltungstipps sowie Empörungsbekundungen bzgl. staatlicher bzw. polizeilicher Aktivitäten werden auch die Chaostage explizit thematisiert: So werden z.B. Aufruf-Flyer erstellt und Strategien zu deren Verteilung abgesprochen; Anreisestrategien werden diskutiert; mögliche Bands und Veranstaltungsorte für Konzerte während der Chaostage werden thematisiert.

Dem Event am ersten Augustwochenende 2012 in Hannover wohnten ein paar Dutzend Punks und Sympathisanten bei. Im Zuge einer parallel stattfindenden ›Anti-Nazi-Demo‹ kam es auch zu Auseinandersetzungen zwischen der Polizei und Punks sowie zur Festnahme einiger Punks, was auch entsprechende Medienberichte – u.a. auch im Fernsehen – nach sich zog. Zudem kursieren auch eine Menge Fotos zu diesem Event auf Facebook, die als eine Art Beweis fungieren, dass dort wirklich etwas stattgefunden hat.

Obwohl die Besucherzahlen nicht die Ausmaße der Chaostage in den frühen 80er Jahren und der Mitte der 90er Jahre annahmen, wird das Event einerseits von einigen Punks als Erfolg betrachtet und für das Jahr 2013 werden mehr Besucher erwartet. Andererseits werfen (vermeintlich) ältere Punks, die nicht anwesend waren, den (vermeintlich) jüngeren Besuchern der Chaostage 2012 vor, dass diese nicht in der Lage seien, ›richtige Randale‹ zu veranstalten und rühmen sich ihrer Straftaten in den 90er Jahren. Ob das Event 2012 tatsächlich zu einem Wiederaufleben der Tradition führen und 2013 wieder mit mehr Besuchern zu rechnen sein wird, ist zum gegenwärtigen Zeitpunkt schwer einzuschätzen. Jedenfalls bestehen unter den Besuchern von 2012 nun ein engerer Zusammenhalt, eine stärkere Vernetzung und ein größerer ›Aktionsdrang‹; zudem beteuern sie meist auch ihr Erscheinen im August 2013. Ein wesentlicher Hinderungsgrund für prinzipiell Besuchsinteressierte, der sich auch 2012 bereits abzeichnete,besteht darin, dass an dem ersten Augustwochenende auch das in der Szene einigermaßen beliebte Resist-to-Exist-Festival bei Berlin stattfindet. Einige Szenemitglieder nehmen nämlich lieber an dem Festival teil, dessen Stattfinden eher außer Frage steht, als die Chaostage in Hannover.

3.5 Punk- und Skin-Treffen

Weiterhin gibt es seit einigen Jahren immer wieder Aufrufe zu Punk- und Skin-Treffen an unterschiedlichen Orten – nur *u.a.* in Hannover. Oftmals liegen diese Events allerdings außerhalb des Zeitrahmens der ›traditionellen‹ Chaostage. Bei manchen dieser Treffen waren einige hundert Besucher anwesend. Zwar verweisen die Aufrufer z.T. explizit darauf, dass Randalierer absolut unerwünscht seien, dennoch kommt es auch bei diesen Treffen hin und wieder zu Auseinandersetzungen mit der Polizei. Diese Treffen sollen also eigentlich offiziell gar keine Chaostage sein; wenn jedoch hinreichend viele Betrunkene an öffentlichen Plätzen zusammenkommen und dabei Lärm sowie Müll produzieren, wird das Interesse der Polizei i.d.R. schnell geweckt.

Die Auseinandersetzungen mit der Polizei erwecken wiederum hin und wieder das Interesse der Medien, die dann über diese Treffen berichten und z.T. Vergleiche mit den Chaostagen anstellen (vgl. Bartling et al. 2010). Entsprechende Medienberichte könnten dazu führen, dass sich die Aufmerksamkeit von Punks und auch der ›sonstigen Öffentlichkeit‹ für Chaostage erhöht und damit ihr Stattfinden wahrscheinlicher wird. Damit könnten sie eine prinzipiell ähnliche Funktion erfüllen, wie die eigentlich vorgesehenen Warm-Ups zu den Chaostagen 2013 in Heidelberg[7].

4. FAZIT

Zwar nutzen Punks, Skinheads und deren Sympathisanten heutzutage tatsächlich für ihre Aufrufe zu Chaostagen oder ähnlichen Veranstaltungen die Möglichkei-

7 Diese Warm-Ups fanden – abgesehen von Verweisen auf wenige Teilnehmer 2010 – allerdings nie wieder Erwähnung.

ten des Web 2.0, allerdings kann in den meisten Fällen nicht mit Besucherzahlen in dem Ausmaß wie z.B. bei der Facebook-Party im ›Fall Thessa‹ gerechnet werden. Das mag zum einen daran liegen, dass Chaostage prinzipiell nur ein verhältnismäßig kleines Publikum ansprechen, bei dem z.T. eine besondere Form von Gewaltbereitschaft besteht: nämlich primär die Bereitschaft, sich der Gewalt der Polizei *auszusetzen*. Zum anderen könnten aber auch die mittlerweile geradezu inflationären Aufrufe zu Chaostagen im Internet dazu führen, dass sie grundsätzlich nur noch schlechte Chancen haben, jeweils von hinreichend vielen Personen ernst genommen zu werden. Das erste Augustwochenende in Hannover erscheint durch die Tradition aus den 90er Jahren noch als der Termin und Ort, an dem noch am wahrscheinlichsten ist, dass hinreichend viele Personen erscheinen könnten, um wieder ›große‹ Chaostage zu zelebrieren.

Hinsichtlich der Jahresankündigung zu einem Event lässt sich konstatieren, dass Aufrufe weniger ernst genommen werden, wenn sie auf eine sehr ferne Zukunft verweisen. Außerdem bedarf es offenbar Autoritäten der Szene, die zum einen genug Kontakte zu anderen Szenemitglieder haben und sich zum anderen als hinreichend kompetent inszenieren können, ›wirkliche Chaostage‹ zu initiieren. Ob sich kurzfristigere Ankündigungen von derartigen ›Veteranen‹ jedoch als tatsächlich erfolgreich erweisen, werden weitere Forschungen zeigen.

LITERATUR[8]

Arndt, Moses [Hg.] (1994): Streetpunk, ZAP-Sonderausgabe, Mai 1994.

Arndt, Moses (1998): Chaostage. 2. Auflage. Mainz: Dreieck-Verlag.

Bartling, Torsten/Drews, Vivien-Marie/Koch, Matthias (2010): »Polizeipräsenz wegen Punk-Treffens in Hannover«. In: Hannoversche Allgemeine vom 15.05.2010. Im Internet: http://www.haz.de/Hannover/Aus-der-Stadt/Uebersicht/Polizeipraesenz-wegen-Punk-Treffens-in-Hannover

Brenneisen, Hartmut/Wilksen, Michael (2007): Versammlungsrecht. Das hoheitliche Eingriffshandeln im Versammlungsgeschehen. 3. aktualisierte Auflage. Hilden/Rhld.: Verlag Deutsche Polizeiliteratur.

Corinth, Ernst (2011): »Netzgeflüster. Gestern Chaostage, heute Facebook-Partys«.In: Hannoversche Allgemeine vom 06.07.2011. Im Internet: http://www.haz.de/ Nachrichten/Medien/Netzgefluester2/Gestern-Chaostage-heute-Facebook-Partys.

8 Alle aufgeführten Webseiten wurden zuletzt am 13.08.2012 aufgerufen

Herbertz, Oliver (2011): »Die Organisation von Chaostagen. Analyse zur Konstruktion von Objektivität«. In: Gregor Betz/Ronald Hitzler/Michaela Pfadenhauer (Hg.): Urbane Events, Wiesbaden: VS, 245-260.

Lutz, Martin (2011): »Soziale Netzwerke. Innenminister fordern Verbot von Facebook-Partys«. In: Welt Online 02.07.2011. Im Internet: http://www.welt.de/politik/deutschland/article13463937/Innenminister-fordern-Verbot-von-Facebook-Partys.html

Nagenborg, Michael (1999): Mit Gewalt Schlagzeilen machen. Rückkopplungseffekte von dokumentarischen Gewaltdarstellungen am Beispiel ›Chaos-Tage‹. Im Internet: http://www.michaelnagenborg.de/pdf/gewalt_in_den_medien-anhang2.pdf

Schuller, Alexander (2011): »Facebook. Im Netz der falschen Freunde«. In: Hamburger Abendblatt 03.06.2011. Im Internet: http://www.abendblatt.de/hamburg/article1911377/Facebook-Im-Netz-der-falschen-Freunde.html

Welt Online [Hg.] (2011a): »Mehr als 7000 Facebooker wollten zu Thessas Party kommen«. In: Welt Online 01.06.2011. In Internet: http://www.welt.de/print/welt_kompakt/webwelt/article13406433/Mehr-als-7000-Facebooker-wollten-zu-Thessas-Party-kommen.html

Welt Online [Hg.] (2011b): »›Thessa!‹ – Facebook-Nutzer rocken und randalieren«. In: Welt Online 04.06.2011. Im Internet: http://www.welt.de/vermischtes/article13412347/Thessa-Facebook-Nutzer-rocken-und-randalieren.html

FILM

Chaostage – We Are Punks! (D 2008, R: Tarek Ehlail)

WEBSITES

http://www.abgefuckt.de
http://www.chaostage-film.de
http://www.facebook.com
http://www.meinvz.net
http://www.punkfoto.de
http://www.schuelervz.net
http://www.sub-cultures.de

Pogo auf dem Altar

Punk in der DDR

ANNE HAHN

GRÜNE OHREN GEFÄLLIG?

»Spitzel kriegen grüne Ohren, der General hat die Armee verloren...«, lauten die ersten beiden Zeilen eines Gedichtes von *Lutz Rathenow*[1] (1982). Nach seiner Lesung in einer Erfurter Kirche verschenkte der Dichter Anfang der achtziger Jahre ein Exemplar des vorgestellten Bandes an einen der anwesenden Punks. In vielen evangelischen Kirchen der DDR trafen sich Punks und Hippies mit den Kirchengängern der jeweiligen Gemeinde, um Konzerte, Vorträge oder Lesungen mitzuerleben. Strickende Omas saßen neben stachelhaarigen Widerborsten, wie Rathenow amüsiert beobachtete. Dieter »Otze« Ehrlich, Sänger und Bandleader der prominenten DDR-Punk-Band SCHLEIMKEIM war der Beschenkte und ließ sich von diesem Gedicht zu einem in den ersten Zeilen gleichlautenden Song inspirieren. »Spitzel« stellte seit 1984 einen der Band-Hits dar, der bei SCHLEIMKEIM-Konzerten stets eingefordert wurde. Mit Spaß und Raffinesse installierten die Ost-Punks Botschaften in ihre Texte, die ihre Lebensumstände reflektierten[2]. Wie einfach wäre es gewesen, inoffizielle Mitarbeiter der Staatssicherheit, die umgangssprachlich als Spitzel bezeichnet wurden, an ihren grünen

---

1 Alle kursiven Begriffe und Namen sind im Glossar erklärt, Zitat aus Hahn/Willmann 2008.

2 »Der Humor stellte dabei eine zentrale Vergemeinschaftungspraxis der DDR-Punks und ihrer Weggefährtinnen und Weggefährten dar. Es gelang damit, aus Ausgrenzungs-und Diskriminierungserfahrungen heraus zu einer neuen kollektiven Identität zu finden« (Gajdukowa/Moldt 2009: S. 186).

Ohren zu erkennen! Punk in der DDR war geprägt von Freiraumsuche und Selbstbehauptung, die, anders als in westlichen Nachbarländern, oft in die Kirchen führte. Punk zu zeigen, Punk zu leben, war freiheitsgefährdend. Den schützenden Fittichen einiger mutigen Kirchenarbeiter standen Spitzel und ihre geheimdienstlichen Auftraggeber gegenüber; lauerten Heim, Gefängnis, Armee oder Ausweisung auf die aufmüpfige Jugend. Dennoch veranstaltete sie einen zehn Jahre währenden schillernden Krawall (1979-1989), der sicher nicht den Zusammenbruch des Kulissenstaates DDR herbeigeführt hat, aber vielleicht zu einer nervösen Balance des Systems beitrug, die 1989 nicht mehr zu halten war (Gericke 2008).

Abb. 1: Einladung zu einem Punkkonzert in die Berliner Erlöserkirche, 1987

DDR-JUGENDFORSCHUNG ALS RANDERSCHEINUNG

Die wissenschaftliche Wahrnehmung des Phänomens Punk in der DDR fand bis zum Ende ihrer Existenz so gut wie nicht statt. Eine DDR-Jugendforschung etablierte sich verhältnismäßig spät, erst zu Beginn der sechziger Jahre konnten vereinzelt empirische Untersuchungen zu Problemen der Jugendentwicklung unternommen werden. Empirische Sozialforschung war nach 1945 lange Zeit politisch suspekt, erst 1966 wurde in Leipzig das Zentralinstitut für Jugendforschung ZIJ gegründet, welches die Gesetzmäßigkeiten der sozialistischen Erziehung im Jugendalter erforschen sollte. Die Ergebnisse dieser Längsschnittstudien standen »häufig im Widerspruch zu den geschönten Routine-Einschätzungen verschiedener Ministerien«, so dass ab 1970 Publikationen des Institutes untersagt wurden und das ZIJ in der Wahrnehmung seiner Arbeit nahezu bedeutungslos wurde. Systematische Untersuchungen zu jugendkulturellen Stilen und Praxen waren in der DDR die Ausnahme, obwohl spätestens in den 80er Jahren nicht mehr zu übersehen war, »dass viele Jugendliche in den Jugendorganisationen für sich keine Orientierungsmuster mehr sahen und sich Subkulturen und Protestbewegungen anschlossen« (Bien/Kuhnke/Reißig 1999, S.140). Diese sprunghafte »Ausdifferenzierung des Umgangs mit jugend(sub)kulturellen Stilen« (ebd.) wurde vom ZIJ nur unzureichend analysiert. In Auswertung eines in vier Studien bei 3000 Probanden eingesetzten Zusatzfragebogens stellte das ZIJ 1983 fest: »Die Jugendrichtungen… kennzeichnen sich mittels oberflächlicher Klischeebildung… Der Popper wird zum Elitejugendlichen, der speziell auf Karriere setzt. Der Punk ist als sozialer Durchhänger mit destruktiver Grundhaltung gekennzeichnet. Heavy Metal Fans gelten als dem Hard Rock verfallen und damit als musiksüchtig. Der rowdyhafte Fußballfan wird zum Inbegriff des Primitivjugendlichen. Grufties sind die DDR-spezifischen Ableger der New-Romantics. Sie sind Jugend in der Vereinzelung. Die Skinheads dagegen sind die Jugendmonster schlechthin, der ›Lucifer ante portas‹...« Die Jugendforschung in der DDR blieb oberflächlich, die Ausdifferenzierung der Jugend-Stile und ihre vielfältigen Interpretationen als Ausdruck einer Abgrenzung bzw. als Ausstiegsversuch aus der real sozialistischen Gesellschaft wurden nicht wahrgenommen.

MIT DEM AUGE DER KRIMINALISTIK

Bernd Wagner, Kriminalist und Oberstleutnant der Kriminalpolizei, war von 1988 bis 1989 in einer Arbeitsgruppe der Abteilung 3 der Hauptabteilung der

Kriminalpolizei in Berlin damit beauftragt, Repressionsstrategien gegen rechtsradikale jugendliche Straftäter zu entwickeln (Willmann 2007). Seine Studien fanden in der DDR kein Gehör, da sie nicht publiziert wurden. Erst 1995 veröffentlichte Wagner seine (überarbeitete) Analyse zu »Jugend-Gewalt-Szenen«, in der er ein ausdifferenziertes Modell der Jugendkulturen in der DDR entwirft (unveröffentlicht blieben Wagners Arbeiten »Modell der Entstehung von Gefährdungserscheinungen bei der Deliktart Rowdytum Jugendlicher 14-18 Jahre« und »DDR-Kriminalität in den 80er Jahren«). Ebenso wenig Breitenwirksamkeit entfalteten die Arbeiten der Juristischen Hochschule des *MfS* und der Sektion Kriminalistik an der HU Berlin, die sich mit Akzenten der Jugendkultur auseinandersetzten, um wirksame(re) Repressionsstrategien zu entwickeln. In ihnen sind jedoch tief gehende Analysen der sozialen Situation und Darstellungsformen »kriminell gefährdeter/negativ-dekadenter Jugendlicher« enthalten. Die Verfasser übten Kritik an mangelnder Jugendarbeit der FDJ-Jugendklubs und fehlerhafter Erziehungsarbeit im Elternhaus sowie an den Schulen und plädierten für eine bessere Wiedereingliederung straffällig gewordener Jugendlicher.[3]

FREIRAUM UND GENERATIONSMODELL

Eine kritisch soziologische Interview-Untersuchung aus den Jahren 1988/89 zu Szenen (Skinheads, Grufties, Heavy Metal, Punks) in der DDR (Mühlberg/Stock 1990) wurde erst 1990 veröffentlicht. Bei der Auseinandersetzung mit jugendlichen Subkulturen in der DDR stellt sich das grundlegende Problem dar, Wurschi (2007): »nonkonforme jugendkulturelle Entwicklung in einer von der SED einheitlich gedachten DDR-Gesellschaft zu verorten und mit Hilfe westeuropäischer sozialwissenschaftlicher Thesen darstellen zu wollen« (21). Das strukturell manifestierbare Unverständnis der Herrschenden gegenüber ihrem Volk bleibe ausgespart; anderseits eröffne sich eine vergleichende Perspektive auf die Entwicklung der »quasi parallel laufenden Jugendkulturen« in Westdeutschland. Im Hinblick auf die Unterschiede der subkulturellen Entwicklungen in Ost- und Westdeutschland bleibt festzuhalten, dass sich (nach Schwendter) progressive Subkulturen in der westlichen Gesellschaft grundsätzlich mit dem System auseinandersetzen und dieses letztendlich erneuern wollen, während in der DDR die Motivation weniger die Änderung der Gesellschaft, sondern in erster Linie der Ausbau der Individualität des eigenen Freiraums war (Baacke 1998, Wurschi 2007 und in Bezugnahme auf Raum: Völker 2008).Wurschi (2007) unternimmt

3 Hahn 2007.

eine Unterteilung der Organisationsformen ostdeutscher Jugendlicher in subkulturellen Erlebniswelten; die er schlüssig in ›Kleingruppe‹, ›Szene‹ und ›Szenerie‹ aufteilt. Zur generativen Unterscheidung innerhalb der Jugendkulturen der DDR greift Wurschi auf Lindners Generationenmodell zurück (Lindner 2003, 2005). Die »distanzierte Generation« der 1960 bis1975 Geborenen bezeichnet Lindner als erste Mediengeneration, die durch schöpferische Anverwandlung westlicher Kultur gekennzeichnet ist (Lindner 2005). Die Impulse westlicher Subkulturen wurden den ostdeutschen Verhältnissen angepasst, ergänzt und leichtfüßig zu originären Szeneschöpfungen verbunden und durch das spezifische Klima der geschlossenen Gesellschaft zusätzlich aufgewertet. Gajdukowa und Moldt (2009) schlussfolgern aus der radikalen und offen gezeigten Verweigerung der DDR-Punks: »Der öffentliche Raum erfuhr dabei eine schrittweise Wiederaneignung, als Konstitutionsbedingung für eine neue politische und kulturelle Öffentlichkeit. Verbunden war dieser Prozess mit einer radikalen Distanz zu den Herrschaftsstrukturen. Die Generation der DDR-Punks lässt sich daher nicht als ›distanzierte Generation‹, sondern als ›ganzheitlich distanzierte Generation‹ bezeichnen« (187). Und aus kunsthistorisch beschwingter Sicht Tannert: (2005) »Punk war das Ausrufezeichen eines Generationenwechsels, auf der staatszu- wie abgewandten Seite der DDR-Wirklichkeit.«[4]

PUNK IM SCHRANK – DIE QUELLENLAGE

Bei einer Podiumsdiskussion unter dem Titel »Die Lust, anders zu sein« im Berliner Archiv der Jugendkulturen sprachen am 14. April 2009 Paul Kaiser, Dirk Moldt (Historiker, *OA, KvU*) und Dirk Teschner (*telegraph*) über Subkulturen in der DDR. Dabei betonte Paul Kaiser, Kunsthistoriker an der TU Dresden, dass der »Punk«-Begriff einer neuen Definition bedürfe. Es handle sich um eine »originäre Melange«, da die Biografien der betreffenden Personen nur eine gewisse Zeitspanne einer Subkultur wie Punk zugeordnet werden könnten, dann folge die Phase der Anpassung.

Die Frage, was und wer wann als Punk zu bezeichnen ist, ist bis heute nicht ausreichend definiert. Tannert (2006) merkt in »Die Ambivalenz des Kunst-Punks« an; was »Punk« in der DDR sein sollte

4 Tannert, Christoph : »Punk als Kitt zwischen Keller und Künstleratelier« In: Boehlke, Michael/Gericke, Henryk [Hg.] (2005): toomuchfuture. Punk in der DDR 1979-89. Ausstellungskatalog zur gleichnamigen Ausstellung. Berlin: Künstlerhaus Bethanien GmbH.

»darüber gingen zwischen Künstlern und Szene-Punks die Meinungen weit auseinander. Zwar kam es in Mode, bei Underground-Ausstellungen Punks mit ihren Bands auftreten zu lassen, aber eigentlich ging den meisten Künstlern Metrum und Gehabe der DDR-Punks gehörig auf die Nerven. Während Punk auf der Seite der Musiker aggressiv und stupide zu sein versuchte, hegten und pflegten die Künstler-Punks ihre Träume von Experiment, Geräusch und Formauflösung.«[5]

Punk in der DDR bildet ein »abgeschlossenes Sammelgebiet« (Galenza/Havemeister 1999, 2005). Primärquellen stellen neben den Akten der Überwachung der Punkszene durch das MfS und der K1 die frühen Interviews dar, die Furian 1982 (Becker/Furian 2000) und Mühlberg, Stock 1988 bis 1989 (Mühlberg/Stock 1990) mit Berliner Punks führten. Gilbert Furian erarbeitete 1982 eine Materialsammlung zu Ost-Berliner Punks. Für seinen Versuch, die»Punk-Broschüre« in einigen selbstkopierten Exemplaren bekannt zu machen und diese in die BRD zu schmuggeln, verbüßte Furian 1985/86 eine 13-monatige Haftstrafe. 1999 führte er wiederum Interviews mit den damals Porträtierten und nahm Unterlagen aus dem BStU-Archiv in seine Publikation auf.[6]

Manfred Stock und Philipp Mühlberg, Soziologen, führten zwischen 1988 und 1990 sechs Interviews mit Ost-Berliner Punks (außerdem mit Grufties, Skinheads, Heavy Metals) und setzten ihnen eine Analyse zur jugendkulturellen Punkbewegung voran. Sie bescheinigen der Bewegung ein kollektives Bewusstsein, »in dem eine klare Abgrenzung zum bestehenden politischen System postuliert wurde« (Mühlberg, Stock 1990: 168). Wenn Punk der Versuch ist, so die Autoren, einen kulturellen »Schutzraum« zu entwickeln, der »proletarische oder unterdrückte Lebensbedingungen zum selbstbestimmten, herrschaftsfreien Milieu erhebt, so kann der Punk-Szene in der DDR hierbei Erfolg attestiert werden.« (Ebd.: 170)[7]

Nach den politischen Umbrüchen von 1989 arbeiteten zahlreiche Protagonisten der Punkszene ihre Erfahrungen auf, die in den Folgejahren publiziert wurden. Ronald Galenza, u.a. ab 1986 als Musikjournalist für das *Jugendradio DT64* tätig, veröffentlichte 1999 mit Heinz Havemeister, Kunsthistoriker, Samisdat-Autor und Musiker, die umfangreiche und fundierte Textsammlung »Wir wollen

---

5 in: Pehlemann/Galenza 2006: 32.

6 Becker, Nikolaus/Furian, Gilbert(2000):Auch im Osten trägt man Westen. Punks in der DDR und was aus ihnen geworden ist. Berlin: Archiv der Jugendkulturen.

7 »Was woanders in dunklen und verräucherten Räumen ablief, fand in der DDR in ehrwürdigen, gold- und marmorverzierten Hallen statt. Erschrockene Gekreuzigte und fassungslose Putten bildeten den Backround für die wilden Pogopartys in den Kirchen der evangelischen Landesgemeinden.« (Ebd.:170)

immer artig sein...« (1999, erweitert 2005). Interviews, Essays und Fotografien reflektieren die Musikszene der DDR, mit dem Focus auf die Punkszene (desweiteren New Wave, HipHop und Independent-Szene) und setzen sie ins Verhältnis zu künstlerischen, politischen und historischen Gegebenheiten zwischen 1980 und 1990.

Michael Boehlke, 1981-83 Sänger der Ost-Berliner Punkband PLANLOS und Henryk Gericke, 1982-83 Sänger der Ost-Berliner Punkband THE LEISTUNGSGLEICHEN und Autor sowie Herausgeber unabhängiger Editionen, organisierten 2005 in Berlin die erste umfassende Ausstellung zu Punk in der DDR, »ostPUNK! Toomuchfuture«. Zeitgleich gaben beide Autoren den Katalog »ostPUNK! Toomuchfuture« heraus, der vor allem die unabhängige Kunstszene in der DDR mit der Punkbewegung in Beziehung setzt. Dieser Aspekt der gegenseitigen Durchdringung war bereits 1997 ansatzweise in der Ausstellung »Boheme und Diktatur in der DDR« untersucht worden und fand Eingang in den Katalog zur gleichnamigen Ausstellung (Kaiser/Petzold 1997). Fundierte Essays zur Kunstszene der DDR und ihrer wechselseitigen Befruchtung durch Punk verfasste Christoph Tannert, Kunsthistoriker/-kritiker und Publizist (u.a.: Galenza/Havemeister 1999, Boehlke/Gericke 2005, Pehlemann/Galenza 2006). Tannert warf in seinem Beitrag zur Ausstellungspublikation »ostPUNK! Too much future« die Geschlechterfrage in der Beziehung Kunst-Punk in der DDR auf[8] und beantwortet sie dahingehend, dass die damalige Abgrenzung (männlicher) Prenzlauer Berg Schriftsteller gegenüber weiblicher Punk-Kunst nachwirke; »auch deshalb steckt so wenig Punk in den bis heute vorgelegten Anthologien und Nachschlagewerken der DDR-Subkultur« (ebd. 144).

Im November 2009 fand im Jugendwiderstandsmuseum in der Berliner Galiläa-Kirche eine Podiumsdiskussion zum Thema »bemalt und ungenormt. Frauen im Ost-Punk« statt, welche von Studenten der Ethnologie der Humboldt Universität zu Berlin durchgeführt wurde. Im Gespräch zwischen Mechthild Katzorke (Regisseurin »Störung Ost«), Anne Hahn und dem Punk-Girl »Tupfer« kristallisierte sich heraus, dass zumindest seitens der staatlichen Organe in der Nachstellung ihrer subkulturellen Jugend und bei der Gewinnung von IMs unter jugendlichen Punks Gleichberechtigung herrschte. In Ost-Berlin spielten bei den Bands NAMENLOS, DIE FIRMA, KEIN TALENT, KLICK & AUS und EXPANDER DES FORTSCHRITTS Frauen auf, während sie in der sonstigen Republik oft lediglich als Groupies fungierten. Galenza stellt 2009 fest: »Das Verhältnis zwischen Männern und Frauen innerhalb der Subkultur ist weitgehend unbeschrieben und

8 Boehlke/Gericke 2005: 142ff. »Vulgärer Sexismus war an der Tagesordnung. Das Verhältnis zwischen Künstlern und Punks war ein rein männerdominiertes.«

wäre ausführlicher Betrachtungen wert.«[9] Eine der Punk-Frauen der ersten Stunde, Angela »China« Kowalczyk, legte in mehreren im Eigenverlag publizierten Erinnerungen ihre Jugend als Punkmädchen in Ostberlin dar. China, deren Markenzeichen eine alte Omahandtasche und ein langer Ledermantel waren, sammelte unter anderem Interviews mit damals bekannten Punkfrauen wie Subs, Major und V1, die ihre Wohnungen zu Szenetreffs machten. Sie erzählt vom Herumvagabundieren, Übernachten in kalten Hausfluren, Stylingfragen, sexuellen Erfahrungen, Abstürzen wie Alkoholexzessen und Drogengeschichten, einer Zwangsabtreibung, sexuellen Übergriffen und Konflikten mit der Staatsmacht. Immer wieder schildert sie die Erfahrung, sich in einer feindlichen Umgebung durchsetzen zu müssen, zu der für sie teilweise auch die Punk-Szene wurde. Die Autorin vermittelt das Bild einer Straßenkinderszene im Sozialismus, die sich aus den sozialistischen Normen herauskatapultiert hatte.[10]

Shanghai Drenger, 1984-85 Sänger der Magdeburger Punkband VITAMIN A, setzte sich in der Studie »Der Punk im Schrank« (Shanghai 1997) mit der Einflussnahme des MfS auf die Punkszene in Sachen-Anhalt auseinander. Biografische Darstellungen untersuchten Musiker einzelne Punkbands wie SCHLEIMKEIM (Hahn/Willmann 2008) und FEELING B (Galenza/Havemeister 2002, Feeling B 2007). Regionale Untersuchungen betreffen einzelne Bands bzw. die Geschichte in einzelnen Bundesländern wie »Pogo im Bratwurstland. Punk in Thüringen« (Hahn 2009) und »Punk in der Halleschen Provinz« (Lindner, Westhusen 2007). In seiner umfangreichen Forschungsarbeit zu jugendlichen Subkulturen im Thüringer Raum geht Peter Wurschi (Wurschi 2007) u.a. ausführlich auf die Punkszene in Suhl ein.

Musiktheoretische Arbeiten von Susanne Binas-Preisendörfer, Ende der 80er Jahre Musikerin bei EXPANDER DES FORTSCHRITTS, untersuchen u.a. Aspekte der Musikproduktion in der DDR im Hinblick auf subkulturelle Praxen (Binas-Preisendörfer 1996, 2002, 2005). Michael Rauhut, Populärmusik-Wissenschaftler, beschäftigte sich mit dem Punk in der DDR innerhalb der Analyse der Rockmusik der DDR. Hervorzuheben sind die Publikationen »Ohr an der Masse – Rockmusik im Fadenkreuz der Stasi« (Rauhut 1996) und»Rock in der DDR 1964 bis 1989« (Rauhut 2002). Singulär erstellte die Pädagogin Häder eine bildungstheoretische Analyse zum Subjekt (Häder2004) in

9 Galenza 2009 »Diese Situation war nicht tanzbar« in: Quaas/Warnke 2009: 288

10 Gajdukowa, Katharina. Rezension in: http://www.horch-und-guck.info/hug/archiv/2004-2007/heft-58/05822/ zuletzt aufgerufen am 2.4.2012.

»Zeugnisse von Eigen-Sinn-Punks in der späten DDR« am Beispiel der Musikerin Jana Schlosser (Sängerin der Ost-Berliner Punkband NAMENLOS). 2008 ergänzte der Dokumentarfilm »ostPUNK! toomuchfuture« von Michael Boehlke und Carsten Fiebeler die Aufarbeitung zur Punkgeschichte in der DDR um eine vielschichtige Biografien-Collage. Michael Boehlke betreibt seit 2011 »SUBstitut«, das bisher umfangreichste Bild-, Ton- und Film-Archiv zu DDR-Punk mit gleichnamiger Website (http://www.substitut.net/).

DIE ERSTE WELLE – SCHLEIMKEIM BIS WUTANFALL

Punk in der DDR währte etwa von 1979 bis 1989. Vereinzelte Vertreter tauchten schon seit 1977 auf den Straßen der DDR auf und waren in ihrem Erscheinungsbild nur mit Aliens vergleichbar. Als erster Punk wird das Mädchen Major in Berlin benannt (Boehlke/Gericke 2005). Die Junge Welt, zentrales Presse-Organ der Freien Deutschen Jugend (FDJ), beschrieb im gleichen Jahr, was von Punks (westlicher Provenienz) zu halten sei, ihre Musik »ist musikalischer Analphabetismus« (14.12.1977, 5). Weiter geht eine Studie der Publikation »PS: Rock-Musik« von 1980; Punk habe keinerlei Einfluss auf die DDR, da er nur im gesellschaftlichen Kontext zu verstehen sei und »unseren sozialistischen Normen für Moral und Ethik« widerspreche (Rauhut 2002). Anders als in Westeuropa, wo Punks ein »popkulturelles Phänomen mit politischen Ursachen« darstellten, waren sie nach Gericke in der DDR ein »politisches Phänomen mit popkulturellem Hintergrund« (Gericke 2008). Die westdeutschen Punks traten als Folie in Erscheinung, aus der Zeitschrift Bravokopierten bzw. improvisierten die Ost-Punks Kleidung und Accessoires ihrer Vorbilder. Auf Müllkippen suchten sie ihre ersten Lederjacken, bemalten oder beklebten sie, nähten sich Klamotten, bastelten Badges, färbten Haare, hörten Radio, nahmen Kassetten auf, gründeten Bands. Etwa jeder zweite jugendliche Aussteiger hatte einen handwerklichen Beruf erlernt und jeder dritte konnte sich für ein paar Mark eine eigene, kleine Wohnung leisten. Die frisch geschlüpften Punks erkundeten einander, erkannten sich wie Außerirdische und vertraten einander wie Musketiere in einer feindlich gesonnenen Welt. Sie trafen sich auf Markt- und Rummelplätzen, erkämpften sich Zutritt in Discos und Kneipen, feierten in Wohnungen und auf Dachböden. Auftrittsmöglichkeiten gab es für die Bands so gut wie keine, Proben in Kellern und Wohnungen wurden zu Konzerten ausgeweitet. Systemferne Rockmusik nahm in den Anfangsjahren zu Beginn der Achtziger eine besondere Stellung ein.»Eine Band war mehr als nur eine Band« (Galenza/Havemeister 2005). Sie bot Randgruppen Identifikation und mobilisierte »aktionistische Sammelbewegungen jenseits musikalischer Harmlosigkeit« (ebd.). In der Aufbruchsphase von 1979 bis 1983 entstanden Punkgemeinden um die Bands der ersten Stunde: in Berlin zum Beispiel um PLANLOS, KOKS, ROSA EXTRA und NAMENLOS, in Leipzig um WUTANFALL, in Magdeburg um RESTBESTAND und VITAMIN A, in Weimar um die MADMANS und ERNST F.ALL/CREEPERS, in Erfurt um SCHLEIMKEIM, in Rostock um VIRUS X, in Eisleben um MÜLLSTATION und in Dresden um ROTZJUNGEN/PARANOIA. Die Zahl der Punks, Aussteiger, Freaks und Eigensinnigen stieg an, sie sahen sich in ihrer ablehnenden Haltung gegen den Staat bestätigt, von dem sie sich innerlich längst verabschiedet hatten. Insgesamt blieb ihre Zahl überschaubar. Nach Galenza und Havemeister (2005) waren lediglich 5 Prozent der DDR-Jugend subkulturellen Gruppierungen zuzurechnen, die jene schon erwähnte (ganzheitlich) »distanzierte Generation«[11] bildeten, die konsequent den Ausstieg aus den bestehenden Strukturen vollzog.

Abb. 2: Frühlingfest auf Kirchenboden, Erlöserkirche 1988

Punkmusik ›Made in DDR‹ umfasste drei Richtungen; aus der Verknüpfung mit der Kunstszene entwickelte sich der Art-Punk, der vor allem an den Universitäten verbreitet war, deftiger Punkrock und Fun-Punk. Art-Punk bot intellektuelle Texte, Poesie und Klangmalerei. Auftritte wurden oft mit Lesungen verbunden

11 Galenza/Havemeister 2005: 15, Lindner 2005, Wurschi 2007,Gajdukowa/Moldt 2009.

und Punkrocker konnten mitunter bei Künstler-Festen das Schlagzeug dreschen, so im Sommer 1982 auf einer Hinterhofparty in Erfurt. In der Folge entstand die erste (in West-Berlin erschienene) Punk-Platte mit SCHLEIMKEIM und ZWITSCHERMASCHINE (Umfeld der Kunsthochschule Dresden).[12] Conny Schleime, Künstlerin und Sängerin der ZWITSCHERMASCHINE, konstatiert rückblickend:

»Ich habe Schleimkeims Schlagzeuger immer bewundert, der durch sein Gedresche den ganzen Scheißhaufen DDR zerlegen wollte. SCHLEIMKEIM waren im Gegensatz zu uns viel punkiger. Gingen wir in den Labyrinthen unserer Arrangements verschollen, so klangen sie, als würden sie gerade ein Schwein schlachten.«[13]

Die künstlerische Opposition hatte sich seit dem Ende der 70er Jahre ein subkulturelles Netzwerk aus unabhängigen Galerien und Zeitschriften geschaffen, das den Punk fugenlos integrierte. Intellektuelle und Künstler sahen im Punk eine Möglichkeit, Emotionen freizusetzen und Radikalität auszudrücken. Bei Bands wie ROSA EXTRA und ZWITSCHERMASCHINE bildete Punk ein künstlerisches Ausdrucksmittel, bei einzelnen auch eine Provokation als Durchgangsstation zur Ausreise. Punkbands spielten zu Ausstellungseröffnungen und Künstler/innen interessierten sich umgekehrt für das ästhetische Konzept der Punkkultur, Punk funktionierte als »Kitt zwischen Keller und Künstleratelier.«[14] Punk als Lebensgefühl einer sich distanzierenden Generation. Liedermacher waren out. Dichter griffen zum Mikrofon. Das kleinste gemeinsame Vielfache war von gigantischer Größe, denn der Feind galt als ausgemacht.[15] Zwischen den Polen Art-Punk und Punkrock bewegte sich Fun-Punk, welcher mit Dadaistischen Aktionen, Spaßkonzerten und Performances von sich reden machte. Die Weimarer Künstlergruppe DAS FAULE EI, zu der Musiker verschiedener Punk-Rockformationen der ersten Stunde zählten, erregte z.B. im September 1984 mit einer Dada-Performance in den Gemeinderäumen der Jakobskirche Aufsehen, daraufhin wurde die Kirche für die Offene Arbeit gesperrt.[16]Dem gegenüber stand Punkrock, gezeichnet durch Schnelligkeit, Aggressivität und Einfachheit. Im Gegensatz zu den Art- und Fun-Punk-Texten, die sich einer Interpretation zu entziehen versuchten, äußerten sich Bands wie MÜLLSTATION, SCHLEIMKEIM, NAMENLOS und WUTANFALL unzweideutig. So heißt es beispielsweise im MfS-Lied von

12 Ausführlich Hahn 2008: 125ff.

13 Ebd., Boehlke/Gericke 2005: 184.

14 Christoph Tannert 2005, hier in: Löser/Pehlemann (2007): Filmheft Ostpunk! Toomuch Future, Bpb.

15 Galenza 2009: 275.

16 Hahn, Willmann 2011: 33ff., Ulrich Jadke »Dada« in: Jadke, Kirsten/Luther, Onißeit (2011): Macht aus dem Staat Gurkensalat, 157ff.

1983 bei NAMENLOS: »Ich sitz' zu Hause bei 'ner Flasche Bier/ im Radio klimpert ein Punkklavier/ Dann zünd' ich mir 'ne Karo an/ und wichs' meiner Käthe auf die hohle Hand/ Refrain: Aufgepasst, Du wirst bewacht/ vom Mf-MfS.« Nach drei Strophen lautet der Abschluss-Refrain: »Aufgepasst, Du wirst bewacht/ vom MM-ff-SS.« Ähnlich unverblümt textete Dieter Otze Ehrlich von SCHLEIMKEIM; »Ich schäme mich schon lange nicht mehr, für meine Heimat die DDR/ Die westdeutschen Touristen sind alles nur Faschisten/ Das soll nicht heißen, wir sind Kommunisten/ Wir sind Anarchisten.« Die Bands besangen ihren Alltag, Probleme in der Schule, mit Lehrmeistern, Polizei, Gastwirten und Kleingärtnern. PLANLOS schilderte in einem Song von 1981 »Überall, wohin's dich führt/ wird dein Ausweis kontrolliert/ und sagst du einen falschen Ton/was dann geschieht, du weißt es schon...«Die Band WUTANFALL beschrieb im Song »Leipzig in Trümmern«, der zur Punk-Hymne avancierte: »Die Frau die sich zur Messe/ auf die Straße stellt/ gibt's hartes Geld was fünffach zählt/Die VP bittet um Mithilfe der Bürger/ und in den Kneipen stößt man an/ auf den Führer.« Punk hatte sich bis 1983 als untergründiges Synonym etabliert, die »Party totalitär« war am Laufen.

SCHUTZRAUM EVANGELISCHE KIRCHE

Seit 1968 hatte sich die Evangelische Kirche der DDR für Hippies geöffnet (u.a. Moldt 2008, Rauhut/Kochan 2009), ihre Bands erlebten Auftritte innerhalb der *Blues-Messen* und bei *Friedens-Werkstätten*. Ende der sechziger Jahre lud der Gemeindepfarrer von Braunsdorf-Dittrichshütte bei Saalfeld in Thüringen, Walter Schilling, unangepasste Jugendliche in seine Gottesdienste. Es ist der Anfang der Offenen Jugendarbeit der Evangelischen Kirche. Die Jungen Gemeinden organisierten das Jugendleben innerhalb der evangelischen Kirchen, während die Offene Arbeit sich an eine konfessionslose Klientel richtete (Rauhut 2002). Schilling[17] baute einen Kuhstall zum Rüstzeitheim um und versammelte dort die »Weihnachtsmänner«, wie die Dorfkinder die langhaarigen Vollbärte riefen. Das Rüstzeitheim wurde 1974/1980 aus »hygienischen Gründen« geschlossen. Schilling versteckte 1974 einen Wehrdienstverweigerer und engagierte sich unermüdlich für Eigensinn und Selbstbestimmung. 1980 schätzte das MfS, dass Schilling

17 Siehe auch Leo, Annette (2009): »Die Halleluja-Liedlein könnt ihr vergessen. Walter Schilling und die ›Offene Arbeit‹ der Evangelischen Kirche« In: Rauhut, Michael/Kochan, Thomas (2009): Bye Bye, Lübben City. Bluesfreaks, Tramps und Hippies in der DDR. Berlin: Schwartzkopf & Schwartzkopf.

im Bezirk Erfurt 500 bis 800 junge Leute »betreute« (Lenskiu.a. 1993). Er setzte sich für Bedrängte ein, gab Tipps gegen Anwerbungsversuche durch das MfS und praktizierte Gegenkonspiration.[18] Nach dem Vorbild des Thüringer Modells richtete sich die Offene Arbeitum den Sächsischen Pfarrer Jürgen Wizisla, in Berlin um Gerhard Cyrus und Karl-Rudi Pahnke, in der Dresdner Weinbergsgemeinde ab 1972 um Frieder Burkhardt, in Erfurt um den Diakon Wolfgang Musigmann und in Halle um den Diakon Lothar Rochau ein (in seinem Fall führte das Engagement zu Inhaftierung und Ausweisung)[19].

Ab Anfang der 80er Jahre nahmen Punks diesen Freiraum wahr und frequentierten die Offene Arbeit. Ihre »Inbesitznahme« war direkt auf die Erfahrungen der Hippies zurückzuführen, die sich diese Räume bereits erobert hatten. Großveranstaltungen wie die *Blues-Messen* in Berlin, *Friedens-Werkstätten*, Jugendsonntage und die Rudolstädter *Jugend86* zeigten für beide starke Gruppierungen Verständnis und lieferten Angebote. Bisweilen spielten ihre Bands direkt nacheinander, pogende Hippies oder sich sanft wiegende Punks waren keine Seltenheit. Aber auch Flaschenwürfe und Massen-Schlägereien konnten dabei ausgelöst werden, wie 1983 bei der Blues-Messe in Berlin.[20] Die Probleme, die zwischen der Hippie-Generation und den in die bestehenden Gruppen hereinplatzenden jüngeren Punks auftraten, führten in einigen Regionen zum Herausdrängen einer der Gruppen aus den kirchlichen Räumen. In der Berliner Pfingstgemeinde wurden die Hippies aus der evangelischen Sozialarbeit gedrängt, in Erfurt dagegen die Punks, in Dresden verhinderten die Hippies die Aufnahme der Punks. In Form einer »Umdefinition von Räumen«, wie sie Völker (2008) beschreibt, etablieren sich Jugendliche soziale Räume durch Umdeutung des Zwecks. In der DDR kreierten die Punks gesellschaftlich autarke Freiräume.[21] Neben einer wachsenden Selbstversorgungs-Infrastruktur (Wohnungen, Jobs, Rechtsberatung etc.) führte dieses Erstarken der DDR-Punks zu einer überaus lebendigen Subkultur, die sich ihr Recht auf Vergnügen erkämpfen musste und soziale Kompetenzen wie Humor und Situationskomik entwickelte. (Gajdukowa/Moldt 2009)

18 Neubert (1997): 430; in einem Fall griff Schilling »zu dem ungewöhnlichen Mittel einer heimlichen Tonbandaufnahme«, um einen IM dazu zu bewegen, sich vom MfS zu lösen. Das MfS ließ diesen IM fallen.

19 Biografie Lothar Rochaus zuletzt in: Hoffmann 2009: 122ff.

20 siehe Interview mit (A) Michael Horschig in Moldt (2008), Zusatzmaterial DVD Interviews, ab 49.

21 Gajdukowa/Moldt (2009): »Sozialräumlich durchbrachen die Punks die Grenzen der Diktatur, indem sie versucht haben, herrschaftsfreie Strukturen und Räume zu produzieren. Diese Versuche fanden in aller Öffentlichkeit statt... Dies bedeutete einen konkreten und messbaren Machtverlust des Staates und seiner Organe...« (188).

Die evangelische Kirche reagierte auf die Bedürfnisse der aus staatlichen Räumen nahezu komplett ausgeschlossen Jugendbewegung des Punk mit der Einrichtung eines Ausbildungsganges zum *Sozialdiakon* im Stephanusstift in Berlin Weissensee, aus dem wichtige Protagonisten der Offenen Arbeit hervorgingen (Moldt 2008). Die kirchlichen Mitarbeiter lebten in einem Freiraum bzw. einem geschützten Raum, was in den Begegnungen mit den Jugendlichen deutlich wurde, die Konflikte im Beruf, in der Ausbildung oder im Studium hatten, die mit dem Gesetz in Konflikt gerieten oder wegen »asozialen Verhaltens« verfolgt wurden.[22] Unter den Protestanten in der DDR entstanden zahlreiche Vorstellungen von einem »Dritten Weg« zwischen Kapitalismus und Sozialismus und das Konzept eines »verbesserlichen Sozialismus« (Kowalczuk/Sello 2006: 188f.). Anfang der 80er Jahre existierten in allen größeren Städten Gruppen der Offenen Arbeit und stellten ein für die SED »kaum kontrollierbares widerständiges Potential« dar.

Abb. 3: Die Offene Arbeit sucht ein Dach, kircheninterner Comic von Dirk Moldt

22 Moldt 2010, zum »Assi-Paragraphen« ab Seite 45.

REPUBLIKFLUCHT NACH INNEN

In ihrer Szene-Beschreibung durch Interviews definierten Mühlberg und Stock 1990 Punk in der DDR als stark politisiert und tabuisiert. »Die in dem engen sozialen (Überwachungs-) Netz, das den Lebensweg eines jeden Individuums bis ins kleinste Detail planen sollte, entstandenen Freiräume konstituierten einen Teil des Raumes, in dem ›ungestörte‹ Kommunikation zelebriert werden konnte.« [23] Eine bemerkenswerte Differenzierung dieses Freiraum-Gedanken für Punks in der DDR schafft Henryk Gericke in seinem Text »Zu Klärung eines Sachverhaltes« 2008, auf der Website zur Ausstellung über Punk in der DDR – Too much Future; »Zuviel Zukunft hieß für sie keine Zukunft. Der zunächst ziellose, popinspirierte und unbekümmerte Ausbruchsversuch junger Leute führte zum Abbruch jeder Identifikation mit ihrer Heimat und somit zum Umbruch in ihren Biografien. Im schrillen Treiben der Punkszene fanden sie eine Heimat, die ihnen die DDR nicht mehr zu bieten hatte. So waren sie innerhalb der Republik republikflüchtig und in Grenzen frei.«[24] Der Dichter Stefan Döring beschrieb dies lakonisch bereits 1982: »ich fühle mich in grenzen wohl.[25] Die Schaffung eines internen Raumes, der sich auch in einer eigenen Sprache ausdrückte (Gajdukowa/Moldt 2009, Lindner/Westhusen 2007), ging mit der Inbesitznahme tatsächlicher Räume innerhalb der evangelischen Kirche der DDR einher. Die relative Abgeschlossenheit dieser inneren und äußeren Räume war natürlich eine besondere Herausforderung für den Repressionsapparat des Staates. Die Staatssicherheit, in den Jahren 1979-1981 vor allem noch vertreten durch die Abteilung K1 der Kriminalpolizei, versuchte gezielt, Informelle/Inoffizielle Mitarbeiter unter den frischgeschlüpften Punks zu gewinnen, um Einblick und Einfluss zu erwirken. Mit Erfolg. In den frühen Bands SCHLEIMKEIM, WUTANFALL/L´ATTENTAT, CREEPERS und der FIRMA wurden zeitweise jeweils Schlüsselfiguren (Bandleader, Sänger) als IM bzw. *IMKR* gewonnenen.

Wie stellte sich die Punkszene öffentlich dar? Presseberichte über Punks in der DDR gab es in den Westmedien, die BZ berichtete am 27. Juli 1981 unter dem Titel »Die Kirche ist der einzige Ort, wo sie uns noch in Ruhe lassen« über ein Konzert in der Galiläa-Kirche in Berlin Friedrichshain.

---

23 Mühlberg/Stock 1990: 168.

24 http://www.toomuchfuture.de/deutsch/index.php - zuletzt aufgerufen am 21.3.2012.

25 Uwe Warnke in seiner Rede zur Ausstellungseröffnung »Poesie des Untergrunds«, zitiert nach: http://www.fixpoetry.com/feuilleton/interviews_essays/1165.html, zuletzt aufgerufen am 30.3.2012.

»Punker tanzten in Ost-Berlin stundenlang vor dem Altar der Galiläa-Kirche in der Rigaer Straße. Mädchen mit grell bemalten Gesichtern, Jungen mit bunten Strähnen im streichholzkurzen Haar. Ein junger Mann trägt in knallgelber Schrift auf seiner schwarzen Lederjacke den Spruch ›Nofun‹-kein Spaß. ›Zum Glück gibt uns die Kirche hier ein wenig Freiraum in dem sozialistischen System, das uns alles vorschreiben möchte‹, sagt ein Jugendlicher mit Sicherheitsnadeln und Röhrenhose. Vor dem Altar stehen Lautsprecherboxen, Mikrofone. Im hellfarbenen Taufbecken aus Sandstein liegen Kabel, Steckdosen. Rund 200 Leute sitzen auf den hölzernen Bänken oder stehen in der Nähe des Eingangs. Mit dem gekreuzigten Jesus im Hintergrund füllt Punkmusik – made in ›DDR‹ -dröhnend das Kirchschiff. Die Gruppe singt deutsche Texte: ›Seht den Mann auf der anderen Seite der Mauer.‹«[26]

Interviews und Reportagen vieler Illustrierter folgten. 1985 sendete das ZDF unter dem Titel »Gott und die Welt« einen Beitrag über den Kirchentag in Erfurt, bei dem unter anderen SCHLEIMKEIM auftrat. Platten ostdeutscher Punkbands erschienen in den Anfangsjahren nur vereinzelt bei westdeutschen Labels, u.a. 1983 »eNDe – DDR von Unten« 1983 (mit SCHLEIMKEIM und ZWITSCHERMASCHINE), 1985 »Live in Paradise« (Sampler mit HAPPY STRAPS, DER DEMOKRATISCHE KONSUM und AUFRUHR ZUR LIEBE), 1986 die LP »Panem et Circensis« von KG REST und 1987 der »Tour the Farce III«-Sampler mit L´ATTENTAT.[27] Fanzines in Westdeutschland berichteten seit 1980 über die Entwicklung der Szene in der DDR, die umfangreichste Sammlung befindet sich im Archiv der Jugendkulturen in Berlin. Innerhalb der DDR wurde die Musik der Punkbands vor allem über Kassetten verbreitet und wahrgenommen, Auftritte waren relativ selten. Michael Boehlke spricht 2007 davon, dass seine Band PLANLOS, die 3 Jahre existierte, insgesamt höchstens 10 Konzerte gegeben hat (Willmann/Hahn 2007). Illegale Kassettenlabels wie die Hinterhofproduction von Thomas »Kaktus« Grund in Jena oder Trash Tape Records aus Rostock trugen wesentlich zur Verbreitung der Musik bei. Die Kassettenmitschnitte funktionierten wie Kassiber (Binas2005a), sie waren zumeist nur in den ›Geheimlogen‹ lokaler Zusammenhänge oder über Mail-Systeme zugänglich. Die Kassettenproduktionen rückten an die Stelle nicht vorhandener Schallplattenaufnahmen (ebd.: 462f.), selbst in ihrem Erscheinungsbild nahmen sie den ›Kultcharakter‹ einer Vinylpressung und ihrer Cover an.[28] Erst ab Mitte der 80er Jahre fand eine teilweise öffentliche

26 BZ 27.7.1981, Robert Havemann-Archiv, Kopie BStU / HA XX/4 – 274 000119 eine Auswahl der zeitgeschichtlichen Zeitungsartikel zur Punkszene in der DDR siehe Galenza/Havemeister 2005: 765ff.

27 Diskografie und Kassettografie siehe Galenza/Havemeister 2005: 713ff.

28 ausführlich zum »Magnetbanduntergrund« Pehlemann/Galenza 2009.

Wahrnehmung der Punkbewegung statt, bis dahin zeichneten den organisierten Kulturbetrieb erhebliche Berührungsängste aus, »geschürt von der unheiligen Allianz aus ästhetischen Ressentiments und politischem Verdikt.«[29] Mit Ausstrahlung der o.g. Sendung »Parocktikum« erreichten die Kassetten-Kassiber ein breites Publikum, ab 1987 gab der Rundfunk der DDR sogar Band-Aufnahmen in Auftrag, die jedoch letztendlich selten die Zensur passierten und ungesendet blieben. Amiga (offizielles Schallplattenlabel der DDR) produzierte lediglich 15 Platten pro Jahr, wovon ab 1987 einzelne mit den »anderen Bands« erscheinen konnten (1987/88 Kleeblatt-Sampler Nr. 23 mit den Bands FEELING B, HARD POP, SANDOW und WK 13, 1989/90 u.a.: Parocktikum-Sampler mit den Bands SKEPTIKER, SANDOW, FEELING B, AG-GEIGE, EXPANDER DES FORTSCHRITTS).

Punkkonzerte fanden bis Mitte der 80er Jahre beinahe ausschließlich auf privatem bzw. kirchlichen Gelände statt, in den Gemeinderäumen/Gelände der evangelischen Kirchen, auf Privatpartys, in Galerien und künstlerischen Zusammenhängen (Ausstellungseröffnungen und Kunstfestivals wie die »Intermedia« in Coswig 1985). Mit der relativen Öffnung der Medien (Rundfunk DT 64, Amiga) für die Punkkultur konnten ab 1986 auch in den FDJ-Jugendclubs Konzerte stattfinden, allerdings erhielten nur Bands mit einer »Einstufung« (offizielle Spielgenehmigung) Auftrittsmöglichkeiten. Im Verständnis der Bands und ihrer Fans kamen diese Platten und Konzerte viel zu spät.

In der Presse der DDR wurde das Phänomen Punk zögerlich wahrgenommen, das Monatsmagazin Unterhaltungskunst veröffentlichte ab Februar 1988 eine Porträtserie unter dem Titel »Die neuen Bands«. Ganze 40 Seiten widmete ein Blatt zur populären Musik namens Profil in der Nummer 13/89 der Frage nach alternativem Rock in der DDR. Zeitgleich entstanden kleine (illegale) unabhängige Fanzines wie Trashaus Rostock, Messitsch aus Leipzig und Breakdown aus Freiberg. Als Gipfel der medialen Umarmung kann der abendfüllende Dokumentarfilm »flüstern und SCHREIEN« gesehen werden, der seit Oktober 1988 ostdeutsche Kinosäle füllte. In diesem »Rockreport« wurden die eher angepassten Bands SILLY und CHICOREE sowie die beiden »anderen« Combos FEELING B und SANDOW filmisch über einige Zeit begleitet. In der Szene wurde dieses Auftreten der »anderen Bands« kritisch diskutiert. Ein Dokumentarfilm, der frei von weiblichen Befindlichkeiten erzählt, erfuhr ebenfalls 1988 seine Premiere in DDR-Kinos. Helke Misselwitz porträtierte in »Winter Ade« unter anderem sechzehnjährige Punk-Mädchen, die Einblick in ihrem Alltag gewähren. Punk in der Kunst war gesellschaftsfähig geworden. Im Jahr 1987 wurden die Punks schließlich zum Massenereignis der X. DDR Kunstausstellung, die in Dresden stattfand,

29 Galenza/Havemeister 2005. S. 455.

dort waren einige von ihnen in Öl gemalt oder auf Fotos porträtiert zu bewundern.[30]

DAS MFS UND SEINE »BEARBEITUNG« DER JUGEND

Ausgehend vom Begriff der »sozialistischen Unterhaltungskunst«[31] bildeten sich Anfang der siebziger Jahre in der DDR das Komitee für Unterhaltungskunst, die entsprechende Abteilung im Ministerium für Kultur, Bezirkskommissionen usw., die nur unzureichend regulierten und verwalteten, was als Phänomen Rockmusik bezeichnet werden konnte. Wicke (1996) zeichnet den äußeren Rahmen nach, der durch das Erteilen/oder Versagen einer Spielerlaubnis, die Kontrolle von Musik-Produktion und Auftrittsmöglichkeiten bis in die achtziger Jahre hinein versuchte, den Einfluss westlicher Musikströmungen in die DDR zu unterbinden. Doch die Entwicklung der Rockmusik in der DDR ist »von einem untrüglichen Instinkt für die Schwächen des Apparates gekennzeichnet gewesen« (ebd.: 26). Ausdruck kultureller Selbstbehauptungs-Strategien war nach Wicke auch die immer wieder erfolgte allmähliche Umwandlung öffentlicher Räume durch die Macht des Faktischen in landesweite Szenetreffs jugendlicher Gruppenkulturen, wie sie sich mit Blues, Heavy Metal, Punk, New Wave, Hip Hop etc. verbanden. Rauhut (1996) beschreibt, wie die Staatssicherheit versuchte, in die Sphäre der Rockmusik einzudringen. »Rockrelevante Observationsbefunde flossen vorwiegend in den Abteilungen IX (verantwortlich für strafrechtliche Ermittlungsverfahren) und XX (Staatliche Organe, Kultur, Kirche, Untergrund) zusammen« (30). In der Frühphase des DDR-Rock waren es nach Rauhut vor allem Meldungen über interregionale Fanbewegungen, die diesen Weg gingen, ab 1976 sorgte eine Dienstanweisung Erich Mielkes für zielgerichtete Handhabe der Staatsmacht gegen jugendliche Rock/Blues-Fans, die sich massenhaft zu Konzerten ihrer Bands auf Kirchengelände und in ländlichen Gebieten zu sammeln begannen.[32] Durch Operative Vorgänge (OV) und Operative Personenkontrollen (OPK) versuchte das MfS, die Erscheinung Punk »aufzuklären«. Zunächst wurde beobachtet, wie sich Phänomen entwickelte.

30 u.a. Ölbilder von Norbert Wagenbrett und Hans-Peter Szyska, Skulptur von Gabriele Reinemer (siehe Boehlke/Gericke 2007: 146).

31 Wicke 1996: 14.

32 Erich Mielke an die Leiter der Diensteinheiten: Zur vorbeugenden politisch-operativen Schwerstarbeit unter negativ-dekadenten Jugendlichen und Jungerwachsenen 15.11.1976 BStU, ZA, VVS 008-1127/76, Rauhut 1996: 34.

»Am 20.5.1981 wurde bekannt, daß sich auf dem Stadtpark von Erfurt eine Gruppe Jugendlicher zusammenfindet, die sich ›Punk‹ nennt und die nach dem Vorbild der englischen ›Punks‹ oder ›Punkys‹ durch eine dekadente Lebens- und Verhaltensweise auftritt. Bei der Kontrolle tragen sie Kuh- und andere Ketten am Körper, waren mit Sicherheitsnadeln und Reißverschlüssen u.a. behängt. Im Gespräch drückten sie aus, daß sie sich als ›organisiert‹ betrachten und von einer ähnlichen, ca 50 Personen starken Gruppe aus Wiemar angeleitet würden. Ihr Ziel wäre die ›gewaltlose Gewalt‹. Zur Aufklärung dieser Erscheinung, der Aufklärung des Personenkreises, der Ziele und Handlungen, macht sich die vorbeugende Bearbeitung in der KA (Kriminal Akte) ›Nadel‹ erforderlich... Oltn. Birkner, Oltn. Haun«[33]

Die üblichen Methoden der Kriminalisierung[34], des vorzeitigen Einzugs zum Dienst bei der Nationalen Volksarmee und der Ausweisung in die BRD waren geeignet, die frisch gebildeten Kreise auszudünnen. Jugendliche unter 16 Jahren wurden zur Regulierung und sozialistischen Erziehung in Kinderheime, die Kindergefängnissen gleichkamen, eingewiesen.[35] Punk verkörperte Anfang 1983 das leibhaftig Böse in der DDR. Um 900 aktive Punks waren zu dieser Zeit im ganzen Land beziffert. Ihnen standen zehntausende hauptamtliche Mitarbeiter der Stasi gegenüber (1988 waren es 85 000), dazu kam eine halbe Million inoffizieller Mitarbeiter. Jede Bezirksdienststelle des MfS erstellte Statistiken und machte regelmäßig Meldung nach Berlin. Für 1984 war das Nationale Jugendfestival der FDJ in Berlin geplant, das alle fünf Jahre stattfand. Der Minister des MfS, Erich Mielke, wollte bis dahin die Straße von »negativem Unrat« gesäubert wissen (Hahn/Willmann 2011) und befahl Härte.

Abb. 4: NAMENLOS beim Sommer-Konzert in Karl-Marx-Stadt, 1983

Nach einem ersten großen Punkfestival am 30. April 1983 in der Christusgemeinde in Halle, einem Sommerfest auf Kirchengelände in Karl-Marx-Stadt mit einer Handvoll Punkbands und einer *Blues–Messe* kurz darauf in Berlin mit jeweils mehreren hundert Teilnehmern (bei letzterer traten erstmals auch Punkbands auf[36]) schlug das MfS zu. Unter Einsatz inoffizieller Informanten und ihrer Protokolle der Veranstaltungen war es möglich, der Liedtexte der jungen Punkbands habhaft zu werden und die Verfasser wegen »staatsfeindlicher Hetze« und »unerlaubter Kontaktaufnahme« (das Schmuggeln von Liedgut in den Westen) oder »öffentlicher Herabwürdigung« zu verurteilen. Punkmusiker/innen verbüßten mehrere Monate bis zu anderthalb Jahren im Gefängnis, darunter die minderjährige Schlagzeugerin der Berliner Band NAMENLOS, Mita Schamal. Innerhalb nur eines Jahres gelang es, fünf der insgesamt siebzehn illegalen »Punk-Rock-Formationen« aufzulösen (Rauhut 1996). Die Bands, ihre Freundeskreise und Beschützer innerhalb der Evangelischen Kirche wurden systematisch aufgestöbert, verunsichert und tyrannisiert. In Weimar gelang bis Herbst 1984 die vollständige Zerschlagung des »Montagskreises«, einer von Hippies um den Pfarrer Kranz installierten wöchentlichen Gesprächsrunde mit Vorträgen und Konzerten, die zeitweise auch Punks frequentierten.[37] Auch in Leipzig, Magdeburg, Berlin, Erfurt kann um 1984 die erste Welle der Punk als zerschlagen angesehen werden. Wer nicht eingesperrt oder zur Armee einberufen wurde, verließ die DDR in Richtung Westen oder tauchte ab.

Dessen ungeachtet eroberte eine zweite Punkgeneration im Bannkreis neu gegründeter Kapellen unter dem Gattungsbegriff »Die anderen Bands« ab Mitte der achtziger Jahre sogar offizielle Klub- und Kulturhäuser.[38] Ab 1986 ging »Parocktikum« beim Jugendradio DT64 auf Sendung, das »nunmehr Songs von THE CLASH, westdeutschen Punk-Bands und bald auch einheimischen Kapellen« ausstrahlte.[39] Eine Verschärfung in der Betrachtung und Bearbeitung der Punkszene in der DDR stellte sich durch die Spaltung derselben dar, seit Mitte der 80er Jahre traten Skinheads in Erscheinung, nicht selten aus den Reihen der Punks. Die oft gewalttätigen Konfrontationen beider Szenen wurden staatlicherseits weitgehend ignoriert. Traurigen Höhepunkt erreichten die Auseinandersetzungen zwischen Punks und Skins bei einem Konzert in der Ost-Berliner Zionskirche am 17. Oktober 1987. Etwa dreißig alkoholisierte Skins aus dem BFC-Umfeld (Berliner

36 dazu ausführlich das Interview mit (A) Michael Horschig in Moldt 2008, Zusatzmaterial DVD Interviews, ab 49.

37 Siehe Hahn 2011, der Weimarer Montagskreis, Landeszentralef.p.Bildung sowie Hahn/Willmann 2011.

38 Zur Definition der »anderen Bands« siehe Binas 1996 in Müller/Wicke 1996: 48f.

39 Hahn 2009.

Fußball Club BFC-Dynamo) stürmten nach Ende des Konzertes der Westberliner Band ELEMENT OF CRIME und der Ostberliner Combo DIE FIRMA die Kirche und prügelten auf die Zuschauer ein. Alte Freunde und Bekannte standen sich unversöhnlich gegenüber. Die präsente Staatsmacht griff nicht ein, erst Wochen später kam es auf Grund des überregionalen Pressechos zur Verurteilung einiger beteiligter Skins. Die unangenehme Erscheinung einer rechtsradikalen Jugendbewegung ließ sich angesichts einiger Schwerverletzter in der Zionskirche und der lautstarken Empörung eines Teils der DDR-Bevölkerung nicht mehr ignorieren. Mit den üblichen Methoden der »Zersetzung« und Unterwanderung durch IMs widmete sich die Stasi jetzt auch den Skins. Nun wurde genauer hingeschaut, analysiert und Bericht erstattet. Neue Maßnahmenkataloge wurden entwickelt und innerhalb eines Jahres republikweit 1076 Skins erfasst. Heavy Metals, Popper, Grufties, New Romantics und natürlich die Punks gerieten ebenfalls wieder ins Fadenkreuz der Beobachtungen. Immer schneller wurden Ausreiseanträge unliebsamer Personen bewilligt. Auch »konterrevolutionäre« Kräfte der Friedens- und Umweltschutzbewegung, der Kirche von unten und der Wehrdienstverweiger verdankten den Skins die neu erwachte Aufmerksamkeit des Staates. Kirchen bildeten den letzten geschützten Raum. Ab 1987 bildeten sich unter ihren Dächern erste Antifa-Gruppen, hier wurden die ersten Demo-Plakate gemalt, Hausbesetzungen geplant.[40] Immer stärker wurden der aufkeimende Widerstand ausgedünnt, warf ein Land seine Jugend hinaus oder in seine Verliese.

DIESE SITUATION WAR NICHT TANZBAR – EINE DIKTATUR ERLISCHT

»Ohnmacht. Sackgassen überall. Man konnte sehr müde davon werden. Das kreative Weitermachen als ein Akt der Selbstüberredung.«[41] Ronald Galenza bringt 2009 den Alltag Ende der 80er Jahre auf den Punkt. Clubs waren halbleer, Wohnungen verlassen, jede dritte Band hieß DER REST. Die Szene driftete gen Westen, keiner wusste, ob der Freund, die Liebste am nächsten Tag noch da war. Wer blieb, versuchte zu vergessen. »Biertrinker in den nachtblauen Parks, Bulgarenwein in Bushaltestellen, Friedhofstrinker, leberkrank und mondstolz. Eine schunkelnde Gemeinde.« Auf den Straßen formierte sich Protest und in Leipzig, wo die Revolution auf den Scheitelpunkt zu taumelte, sangen mitziehende Punks eine Liedzeile des SCHLEIMKEIM-Songs »Prügelknaben« von 1986: »Wir wollen

40 Dirk Moldt »Punks in der Kirche« in: Boehlke/Gericke 2007: 108.

41 Galenza 2009: 290.

nicht mehr/ wie ihr wollt/ wir wollen unsere Freiheit/Wir sind das Volk, wir sind die Macht...«[42] Es folgte ein wildes Jahr der Anarchie und Unordnung, über Nacht sprossen Bands und Clubs aus Ruinen.

Nach 1990 fand die Aufarbeitung der Punkbewegung in der DDR auf vielen Ebenen statt, Filme wie die Dokumentation »Störung Ost - Punks in Ostberlin 1981-83« von Mechthild Katzorke und Cornelia Schneider (1996) und der Spielfilm »Wie Feuer und Flamme« (2001) zeichnen die frühe Punkbewegung in Ostberlin nach. 2010 stellte Andreas Kuno Richter seinen Dokumentarfilm »Der Verrat. Wie die Stasi Kinder und Jugendliche als Spitzel missbrauchte« vor, in welchen erstmals ein als Kind geworbenes Punkmädchen mit der von ihr verratenen und inhaftierten Punkerin Angela »China« Kowalczyk zusammentrifft. In einigen Publikationen findet die IM-Tätigkeit mancher Punk-Musiker/Akteure am Rande Erwähnung.[43] Die zufällige Entdeckung der Akte eines Weimarer Punks brachte hingegen 2010 neue Aspekte in die Bewertung der damaligen Vorgänge um den dortigen Montagskreis.[44]

Im Jahr 2013 gehören Artefakte der Punkkultur in den Kanon der DDR-Kunst. Die Ausstellung zur Fotografie im letzten Jahrzehnt der DDR »Übergangsgesellschaft. Porträts und Szenen 1980-1990« in der Akademie der Künste Berlin reihte 2009 die Fotodokumentation der Künstlerin Christiane Eisler über Punks in Leipzig 1982/83 in Porträtserien von Ulrich Wüst, Gundula Schulze elDowy und Thomas Florschuetz. Auch in der Ausstellung »In Grenzen frei. Mode, Fotografie, Underground 1979-89« im Kunstgewerbemuseum Berlin 2010 gehörten die Fotografien Harald Hauswalds, Sven Marquarts und Helga Paris´, auf denen Ost-Berliner Punks porträtiert sind, in die Grenzbereiche der Modefotografie. In Kompendien zur Rockmusik der DDR finden sich detaillierte Darstellungen zu Punk in der DDR (DDR Rock und Pop, Lindner 2008).

In der Literatur und Poesie der DDR finden sich frühe Ansätze einer punkkulturellen Verflechtung (innerhalb der »Boheme der DDR«: Bert Papenfuß, Matthias »Baader« Holst, Peter Wawerzinek, Flanzendörfer, Stefan Döring, Thomas Roesler)[45], die bis nach der politischen Wende Bestand hatte. In Romanen, die Jugend in der DDR erzählen, finden sich Bezüge zum Punk (u.a. Andre´ Kubiczek »Junge Talente«, Anne Hahn »Dreizehn Sommer«, Clemens Meyer »Als wir träumten«, Marc Schweska »Zur letzten Instanz«). Interviewsammlungen wie »Durchgangszimmer Prenzlauer Berg« lassen Künstler 10 Jahre nach

42 Hahn/Willmann 2007: 143, Galenza 2009: 274.

43 Galenza/Pehlemann 2006 zu Sascha Anderson und Frank »Trötsch« Tröger.

44 Jürgen Onißeit, Mitglied der CREEPERS berichtete jahrelang der Stasi in Weimar, siehe Hahn/Willmann 2011.

45 Galenza/Havemeister 2005, Felsmann/Gröschner 1999.

der Wende über ihre Erfahrungen reflektieren. Bezüge zur Kunst-Punk-Verflechtung werden insbesondere vom damals in der Art-Punkband ROSA EXTRA agierenden Dichter Bert Papenfuß.[46] benannt, der auch an weiteren Publikationen interdisziplinär mitwirkte (Galenza/Havemeister1999, 2005, Galenza/Pehlemann 2006, Boehlke/Gericke 2007, Quaas/Warnke 2009). Eine Betrachtung der Website zum Thema Punk in der DDR weist von zahlreichen Originalquellen (Bands wie MADMANS, KÜCHENSPIONE, RAMMSTEIN) bis zu gut gestalteten Übersichten zum Thema.[47]

Punk in der DDR ist vorbei, aber nicht gestorben. »Punk ... war die Erkenntnis, dass es von befreiender Wirkung ist, das Reglement zu verletzen und die Etikette zu benetzen – dass der Kampf gegen das System Lebensgewinn ist. Punk ist Mitfreude, Gegenwehr und Selbstbehauptung... Punk ist steinalt. Punk ist unter uns.«[48]

GLOSSAR

Lutz Rathenow: Dichter und Dissident, 1952 in Jena geboren, seit 2011 Sächsischer Landesbeauftragter StU Sachsen

MfS: Ministerium für Staatssicherheit

OA: Offene Arbeit, Jugendarbeit der evangelischen Kirche

KvU: Organisation zum »Kirchentag von Unten« 1987 in Berlin, entwickelte sich aus der Offenen Arbeit

*telegraph:*Underground-Zeitschrift der 80er Jahre, existiert bis heute

46 Felsmann/Gröschner 1999: 321f.;»Ich war mit der Beatmusik der sechziger Jahre aufgewachsen, dann kam der Rock der Siebziger. Punkrock war insofern für mich die Konsequenz aus dem, was vorher passiert war...«

47 http://www.jugendszenen.com
http://www.generationpunk.de
http://www.toomuchfuture.de
http://www.parocktikum.de
http://www.jugendopposition.de

48 Bert Papenfuß, Gegenrede anlässlich der Buchpremiere »Wir wollen immer artig sein...« am 17.9.1999 im Prater, Berlin in: Galenza/Havemeister 1999: 378.

K1: stasinahe Abteilung 1 der Kriminalpolizei, verpflichtete *I*(noffizielle) *M*(itarbeiter) *KR*(Kriminalpolizei)

BStU: Bundesbeauftragter für die Unterlagen des Staatssicherheitsdienstes (z.Z. Roland Jahn)

Jugendradio DT64: 1964 gegr. Radiosender, sendete ab 1986 mit *Parocktikum*internationale und nationale Punkmusik

Blues-Messen: 1979-1986 Live-Konzerte mit Blues- und später Punkbands in Berliner Kirchen/Gelände

Friedens-Werkstätten: mehrtägige Kirchenveranstaltungen, mit Live-Musik (Blues, Punk, Ska, Hiphop u.a.)

Jugend 86: Festival der Offenen Arbeit in Rudolstadt im Sommer 1986 mit etwa 800 Teilnehmern, davon ca. 100 Punks, durch Auseinandersetzungen Verbot für Nachfolgeveranstaltungen

Operativer Vorgang: vom MfS eingeleiteter Überwachungsvorgang einer Person oder Gruppe

IMKR: Inoffizieller Mitarbeiter der Kriminalpolizei

Sozialdiakon: Ausbildungslehrgang der evangelischen Kirche in Berlin Weissensee für den Umgang mit Punks

LITERATUR

Becker, Nikolaus/Furian, Gilbert (2000): Auch im Osten trägt man Westen. Punks in der DDR und was aus ihnen geworden ist. Berlin: Archiv der Jugendkulturen.

Bien, Walter/Kuhnke, Ralf/Reißig, Monika. [Hg.] (1999): Wendebiografien. Zur ökon., soz. und moral. Verselbst. junger Erw.. Ergebnisse der Leipziger Längsschnitt-Studie 3. DJI Deutsches Jugendinstitut. Opladen: Leske +Budrich.

Binas-Preisendörfer, Susanne(2005a):»Kassetten als Kassiber«. In: Galenza, Ronald/Havemeister, Heinz [Hg.] (1999, erweitert 2005): Wir wollen immer artig sein... Punk, New Wave, Hip Hop, Independent-Szene in der DDR 1980-1990. Berlin: Schwarzkopf & Schwarzkopf, 248-257.

Boehlke, Michael/Gericke, Henryk [Hg.] (2005): toomuchfuture. Punk in der DDR 1979-89. Ausstellungskatalog zur gleichnamigen Ausstellung. Berlin: Künstlerhaus Bethanien GmbH.

Boehlke, Michael/Gericke, Henryk [Hg.] (2007): toomuchfuture. Punk in der DDR. Erweiterte und veränderte Neuauflage. Berlin: Verbrecher Verlag.

Feeling B/Lorenz Flake (2007): Grün & Blau. Berlin: Edel Entertainment.

Felsmann, Barbara/Gröschner, Annett [Hg.] (1999): Durchgangszimmer Prenzlauer Berg. Eine Berliner Künstlersozialgeschichte in Selbstauskünften. Berlin: Lukas Verlag.

Friedrich, W./Griese, H. [Hg.] (1991): Jugend und Jugendforschung in der DDR. Gesellschaftspolitische Situationen, Sozialisation und Mentalitätsentwicklung in den achtziger Jahren, Opladen: Leske+Budrich.

Gajdukowa, Katharina/Moldt, Dirk (2009): Party totalitär. Punksein in der DDR. In: Häußer, Ulrike/Merkel Marcus [Hg.] (2009): Vergnügen in der DDR. Berlin: Panama-Verlag,175-188.

Galenza, Ronald/Havemeister, Heinz [Hg.] (1999, erweitert 2005): Wir wollen immer artig sein... Punk, New Wave, Hip Hop, Independent-Szene in der DDR 1980-1990. Berlin: Schwarzkopf & Schwarzkopf.

Galenza, Ronald/Havemeister, Heinz (2002): Mix mir einen Drink. Feeling B. Punk im Osten. Berlin: Schwarzkopf & Schwarzkopf.

Galenza, Ronald/Pehlemann, Alexander [Hg.] (2006): Spannung. Leistung. Widerstand. Magnetband-Kultur in der DDR 1980-1990. Berlin: Verbrecher Verlag.

Gericke, Henryk (2008): Zur Klärung eines Sachverhaltes. Im Internet unter: http://www.toomuchfuture.de/deutsch/index.php (zuletzt aufgerufen am 21. 3.2012).

Glocke, Nicole (2011): Erziehung hinter Gittern, Schicksale in Heimen und Jugendwerkhöfen der DDR. Halle: Mitteldeutscher Verlag.

Hahn, Anne (2005): Dreizehn Sommer. Roman. München: Schirmer & Graf.

Hahn, Anne (2007): Im Widerspruch mit der Wirklichkeit. Diplomarbeiten des MfS. In: Willmann, Frank [Hg.] (2007): Stadionpartisanen. Fans und Hooligans in der DDR. Berlin: Verlag Neues Leben,162-174.

Hahn, Anne/Willmann, Frank (2008): Satan, kannst du mir nochmal verzeihen. Otze Ehrlich, Schleimkeim und der ganze Rest. Mainz: Ventil Verlag.

Hahn, Anne (2009): Pogo im Bratwurstland. Punk in Thüringen. Erfurt.: Landeszentrale für Politische Bildung.

Hahn, Anne/Willmann, Frank (2011): Der Weiße Strich. Vorgeschichte und Folgen einer Kunstaktion an der Berliner Mauer. Berlin: Christoph Links Verlag.

Häder, Sonja [Hg.](2004): Der Bildungsgang des Subjekts. Bildungstheoretische Analysen. Weinheim/Basel: Beltz Verlag.

Häußer, Ulrike/ Merkel Marcus [Hg.] (2009): Vergnügen in der DDR. Berlin: Panama-Verlag.

Hoffmann, Constantin (2009): Ich musste raus. 13 Wege aus der DDR. Halle: Mitteldeutscher Verlag.

Jadke, Ulrich/Kirsten, Holm/Luther, Jörn/Onißeit, Thomas (2011): Macht aus dem Staat Gurkensalat! Eine andere Jugend. Weimar 1979-1989. Berlin: wjs Verlag.

Kaiser, Paul/Petzold, Claudia (1997): Boheme und Diktatur in der DDR. Gruppen Konflikte Quartiere 1970-1989. Berlin: Katalog zur Ausstellung des DHM.

Kowalczuk, Ilko-Sasch/ Sello, Tom (2006): Für eine freies Land mit freien Menschen. Kvu. Opposition und Widerstand in Biographien und Fotos. Berlin: Robert-Havemann-Gesellschaft.

Kowalczyk, Angela »China« (2003): Negativ und Dekadent. Ost Berliner Punk-Erinnerungen. Berlin: CPL Verlag, Berlin.

Kubiczek, André (2002): Junge Talente. Roman. Berlin: Rowohlt.

KvU (1997): Wunder gibt es immer wieder. Fragmente zur Geschichte der Offenen Arbeit Berlin und der Kirche von Unten. Berlin: Eigenverlag.

Lenski/Schön/Grund/Kulisch/Schilling [Hg.] (1993): Die ›Andere‹ Geschichte. So besteht nun in der Freiheit zu der uns Christus befreit hat... Erfurt.

Lindner, Bernd (2005): »Das eigentliche Gestaltungsfeld. Kulturelle Prägungen der Jugendgeneration in der DDR«. In: Deutschland Archiv 2005, 49-56.

Lindner, Bernd/Westhusen, Mark M (2007): Von Müllstation zu Größenwahn. Punk in der Halleschen Provinz. Halle/Saale: Hasen Edition.

Moldt, Dirk (2010): Nein, das mache ich nicht! Selbstbestimmte Arbeitsbiographien in der DDR. Berlin: Christoph Links Verlag.

Moldt, Dirk (2008): Zwischen Haß und Hoffnung. Die Blues-Messen 1979-1986. Eine Dokumentation. Berlin: Schriftenreihe des Robert-Havemann-Archivs, Bd. 14.

Moldt, Dirk [Hg.] (2005): mOAningstar. Eine Ostberliner Untergrundpublikation 1985-1989. Berlin: Schriftenreihe des Robert- Havemann-Archivs.

Moldt, Dirk (2005): »Punk in der Kirche«. In: Boehlke, Michael/Gericke, Henryk [Hg.](2005): toomuchfuture. Punk in der DDR 1979-89. Ausstellungskatalog zur gleichnamigen Ausstellung. Berlin: Künstlerhaus Bethanien GmbH, 103-109.

Mühlberg, Philipp/Stock, Manfred(1990): Die Szene von innen. Skinheads, Grufties, Heavy Metals, Punks. Berlin: LinksDruck Verlag.

Neubert, Ehrhart (1997) Geschichte der Opposition in der DDR 1949-1989. Berlin: Bundeszentrale für Politische Bildung, Schriftenreihe Band 346.

Quaas, Ingeborg/Warnke, Uwe [Hg.](2009): Die Addition der Differenzen. Die Literaten- und Künstlerszene in Ostberlin 1979-1989. Berlin: Verbrecher Verlag.

Rathenow, Lutz (1982): Zangengeburt. Gedichte. München: Piper.

Rauhut, Michael (1996): »Ohr an der Masse. Rockmusik im Fadenkreuz der Stasi«. In: Müller, Lothar/Wicke, Peter [Hg.](1996): Rockmusik und Politik. Analysen, Interviews und Dokumente. Berlin: Ch. Links Verlag.

Rauhut, Michael (1996): Schalmei und Lederjacke. Udo Lindenberg, BAP, Underground: Rock und Politik in den achtziger Jahren. Berlin: Schwarzkopf & Schwarzkopf.

Rauhut, Michael (2002): Rock in der DDR. 1964 bis 1989. Zeitbilder. Bonn: Bundeszentrale für Politische Bildung.

Rauhut, Michael/Kochan, Thomas (2009): Bye Bye, Lübben City. Bluesfreaks, Tramps und Hippies in der DDR. Berlin: Schwartzkopf & Schwartzkopf.

Schilling, Walter (1997): »Die ›Bearbeitung‹ der Landeskirche Thüringen durch das MfS«. In: Vollnhals, Clemens, [Hg.]: Die Kirchenpolitik von SED und Staatssicherheit. Eine Zwischenbilanz. Berlin: Ch. Links Verlag, 211-266.

Shanghai (1997): Der Punk im Schrank. Ein Report über die Einflussnahme des MfS auf die Punkrockszene in Sachsen-Anhalt. Betroffene erinnern sich (6). Magdeburg: Landesbeauftragte für die Unterlagen des Staatssicherheitsdienstes der Ehemaligen DDR Sachsen-Anhalt.

Schweska, Mark (2011): Zur letzten Instanz. Roman. Die andere Bibliothek. Frankfurt: Eichborn.

Wagner, Bernd (1995): ›Jugend-Gewalt-Szenen‹. Zu krimin. und histor. Aspekten in Ostdeutschland. Die achtziger und Neunzigerjahre. Berlin: Dip Gesellschaft für Dokumentation, Information, Publizistik und Weiterbildung mbH.

Wicke, Peter (2006): Handbuch der populären Musik: Geschichte - Stile - Praxis – Industrie. Mainz: Schott Music, Mainz.

Willmann, Frank [Hg.] (2012): Leck mich am Leben. Punk im Osten. Berlin: Verlag Neues Leben.

Willmann, Frank [Hg.] (2007): Stadionpartisanen. Fans und Hooligans in der DDR. Berlin: Verlag Neues Leben.

Wurschi, Peter (2007): Rennsteigbeat. Jugendliche Subkulturen im Thüringer Raum 1952-1989. Köln/Weimar/Wien: Böhlau.

Vereinbarkeit von Unternehmertum und DIY-Ethik im Punkrock

NEJC M. JAKOPIN

1. EINLEITUNG

Die unternehmerische Gewinnorientierung ist in der Betriebswirtschaftslehre eine grundlegende Prämisse des wirtschaftlichen Handels von Personen und Organisationen. Betrachtet man allerdings den Kulturkreis des Punkrocks, wird sowohl von Punkbands als auch von Fanzines und generell mit Punkrock befassten Kommentatoren seit jeher eine kommerzielle Ausrichtung im Punkrock als verwerflich kritisiert. Diese Kritik richtet sich aufgrund ihrer zentralen Stellung als Gesprächsthema und inhaltgebende Instanz besonders gegen Bands/Musiker – aber genauso auch gegen Plattenlabels, Konzertveranstalter oder Händler von Tonträgern und anderen Musikprodukten.[1] Als Feindbild besonders klar abgrenzbar sind die sogenannten Major-Labels und Punkbands, die mit diesen Firmen Verträge eingehen – beispielsweise Green Day, Chumbawamba, Jawbreaker oder auch The Clash (s. für viele die Auseinandersetzung mit dem Thema in Sinker 2008: 98-161, Hesmondhalgh 1998, O'Hara 2002, Will 1998).

1 Neben diesen Anfeindungen *innerhalb* des Punk-Kulturkreises ist natürlich die Kritik gegenüber der Wirtschaft / großen Konzernen im Allgemeinen noch deutlicher ausgeprägt. S. etwa die Werke von CRASS, DEAD KENNEDYS, ANTI-FLAG, NAKED AGGRESSION, PROPAGHANDI, oder auch CASUALTIES»Sell Out Society«, DRI »Capitalists Suck«, SUBHUMANS»Businessmen«, MDC»Business on Parade«.

Etliche Lieder befassen sich mit der Thematik – sowohl indem sie Kritik formulieren als auch als Gegenstück dazu[2]:

»(…) CBS promote the Clash
But it ain't for revolution, it's just for cash
Punk became a fashion just like hippy used to be
And it ain't got a thing to do with you or me (…)
Do I need a business man to promote my angle?
Can I resist the carrots that fame and fortune dangle? (…)«
(Auszug aus »Punk is dead« von Crass, 1978)

» (…) You get a record deal with a big label on the coast (…)
And your money is spent - And you can't pay the rent
But you're having a gay old time - You don't have cash for food (…)
The merchandise is selling out, you're the talk of the scene
The profit margins far exceed your most orgasmic dreams
But touring feels wrong when they're shouting out
songs or punching you in the mouth
The ones who don't want your autograph scream at you that you've sold out
You wonder why you ever got involved in this
You find yourself despising all your fans
Your appointments with accountants and your lawyers are
More important than the stupid punk band (…)«
(Auszug aus »Punk Rock Explained« von SCREECHING WEASEL, 1999)

»You better watch out, you better not cry (someone's watching)
You better put out records D.I.Y. (punk rock cops)
Cause it's not what you've done, it's what you've been
If you fuck up, I'm telling Tim (…)«
(Auszug aus »I'm telling Tim« von NOFX, 1997)

»(…) You say I'm bitter, I'm just jealous - I just resent my lack of success
Why should I even care about this? - Why don't I give it up, accept this? (…)
They played 15 shows now they're signed to a label
See them look sexy on magazine covers

---

2 Auf die Erläuterung der Hintergründe und Geschichte der genannten Lieder und Bands wird an dieser Stelle nicht näher eingegangen – auch wenn es dazu eine Vielzahl von Anekdoten zu erzählen gäbe. Neben diesen Zitaten aus Punksongs kann auch eine Fülle an Material aus den in den vergangenen 35 Jahren erschienenen Fanzines wie Maximum Rock'n'Roll, Punk Planet, Hitlist, Profane Existence, Plastic Bomb, OX, Trust, Zap, u.a. an dieser Stelle angeführt werden.

Make-up applied and they're all photo-friendly
This record label has the perfect roster - This record label has a formula
This record label made you an instant millionaire«

(Auszug aus »Where is the danger?« von 7 SECONDS, 2005)

»Well we finished up the record and we think that it's the shit
And we want it to go huge but to play it off legit
And the guy at A&R's got the CD in his car
And he thinks that tracks four and six are contenders (...)
This could be the big one - time to celebrate perhaps
Our fate is in the hands of strangers - going gold or down the hole (...)
And a video got made and it cost a hundred grand
But we never got it played - we're trying to hit the road
But the agent doesn't know
if there's enough in the budget for tour support (...)«

(Auszug aus »Behind the music« von THE VANDALS, 2000)

»(...) It's like certain bands remind you of someone you hated
'Cause they didn't wear the right clothing - And there's only one true fashion
And a lot of the bands on the college charts are great bands
Until they get signed. Then you hate them.
It's such bullshit - you used to love them you hypocrite. (...)
I remember you and I listening to bands that we liked
Only the songs mattered to you
But now you're a D.J. and preaching that hype - ›Corporate Rock Sucks‹ (...)
The bands are good 'til they make enough cash - To eat food and get a pad
Then they've sold out and their music's cliché
Because talent's exclusive to bands without pay (...)«

(Auszug aus »Know it All« von LAGWAGON, 1995)

Ziel des Beitrags ist es, die Kritik am »Geld verdienen« in einer Subkultur zu analysieren und daraus ein Fazit zur Einschätzung von gewinnorientierten Akteuren und Angeboten zu ziehen. Der Beitrag befasst sich somit vor allem mit den folgenden Fragestellungen: Gegen welche Akteure richtet sich die kommerzbezogene Aversion im Bereich des DIY-Punkrock besonders? Welche Bedeutung haben gewinnorientierte Zielsetzungen für Musiker / Bands - speziell im Punk-Kulturkreis? Unterscheidet sich die Ausprägung des kommerziellen Strebens von Punkbands von der Ausrichtung von Musikgruppen anderer Musikrichtungen?

In Kapitel 2 wird die Wertschöpfungskette der Musikwirtschaft gegen die Punk-Subkultur gespiegelt und bewertet. Kapitel 3 berichtet die Ergebnisse einer empirischen Untersuchung der Bedürfniseinschätzungen von Musikgruppen verschiedener Musikrichtungen. In Kapitel 4 wird ein Fazit gezogen und offene Forschungsfragen aufgeworfen.

2. UNTERNEHMERISCHE GEWINNORIENTIERUNG UND DIY-ETHIK IM PUNKROCK

In der wissenschaftlichen Betriebswirtschaftslehre wird die langfristige Gewinnmaximierung als wichtigstes Ziel privater Unternehmen vertreten (s. etwa Simon 2006; Wöhe/Döring 2011). Gewinn wird gemeinhin als Residualgröße aufgefasst, die nach Abzug aller Aufwände von den Erträgen übrig bleibt – also vereinfacht gesprochen Umsatz abzüglich aller Kosten. Die Orientierung am langfristigen Gewinn, d.h. einem profitablen wirtschaften ist für Unternehmen überlebenswichtig, da ohne ein im Schnitt positives Ergebnis die Mittel zur Deckung der Betriebskosten fehlen und das Unternehmen nicht weiter bestehen kann. Es benötigt somit Gewinne um beispielsweise einzelne schlechte Ergebnisse, d.h. Verluste auffangen zu können oder auch in neue Produkte investieren zu können und sich weiterzuentwickeln. Würde ein Unternehmen versuchen Gewinne um jeden Preis zu vermeiden, wäre es bei der ersten unvorhergesehenen Abweichung »pleite«.

Gerade dieses Dilemma führt auch bei vielen wirtschaftlichen Aktivitäten im Punkbereich zu schwierigen Situationen – s. etwa das Rough Trade-Beispiel bei Hesmondhalgh (1998). So können auch Institutionen die jahrzehntelang der DIY-Ethik folgend tätig waren irgendwann wirtschaftlich scheitern und bei Betroffenen Anfeindungen auslösen. Dies war selbst bei Mordam Records der Fall, die nach über 25 Jahren und einem Eigentümerwechsel im Jahr 2009 zahlungsunfähig wurden, was entsprechend auch bei den auf sie vertrauenden Independent Labels zu Verlusten führte (s. Jailhouse Records 2009, s. zu Mordam Records z.B. Sinker 2008).

Eine über die generelle Gewinnorientierung hinausgehende Fragestellung betrifft die Angemessenheit der Höhe des Gewinns bzw. der Grad an „Ausbeutung" von Stakeholdern (z.B. Mitarbeitern, Lieferanten, Kunden) der mit diesem Gewinn verbunden ist (s. etwa zu unethischem Verhalten von Plattenfirmen die Ausführungen bei Dunn 2008, Hesmondhalgh 1998 und Sinker 2008). D.h. wie viel Gewinn darf von einem Unternehmen oder einer Person erwirtschaftet werden? Diese Frage sorgt auch in der breiteren Öffentlichkeit und unter Betriebswirten für Diskussionen und wird auch an dieser Stelle nicht beantwortet. Übertragen auf den Bereich des DIY-Punkrocks könnte man die Frage beispielsweise anhand einer Punkband erörtern, die für einen Auftritt eine Gage von 10.000 Euro verlangt. Wann ist das »angemessen« – wenn die 5 Bandmitglieder nur ein Konzert in dem Monat absolvieren und sich ansonsten unkommerziellen Aktivitäten innerhalb der Szene widmen?

In der Punk-Kultur ist der Begriff »DIY« von großer Bedeutung – Die »Do it yourself«-Ethik symbolisiert die aktive Beteiligung und Mitgestaltung der „Szene“. Damit ist gemeint, dass der passive Konsum in den Hintergrund tritt und es stattdessen wertgeschätzt wird, wenn man sich an welcher Stelle auch immer selbst einbringt und Zeit investiert – z.B. indem man Konzerte organisiert, ein Kulturcafé betreibt, ein Fanzine herausgibt oder Berichte für eines schreibt, eine Band gründet oder auf sonstige Art und Weise aktiv wird (s. Bennett 2002; Burian 2000; Dean 2002; Frick 1998; Hesmondhalgh 1997; Moran 2011; Moore/Roberts 2009; Schreiber 2011; Silverstone 1996; Sinker 2008; Thompson 2001; Triggs 2006; Vale 2008; Waksman 2004).

Auch an dieser Stelle bietet sich wieder der Blick auf Songs von Punkbands an:

> »It's important everybody contributes - Anyone can help turn the page.
> And that's the best thing about punk rock - Anyone can get on the stage«

(Auszug aus »Get on the Stage« von SPERMBIRDS, 1986)

> »Look around at what we've created, take a good look at the scene
> Build something from nothing, we gave it meaning
> DIY or die, look out for everyone, concentrate on having fun«

(Auszug aus »D.I.Y.« von THE UNSEEN, 1996)

Die Bedeutung der DIY-Ethik zeigt sich auch in den von seit etlichen Jahren bzw. Jahrzehnten herausgegebenen Publikationen verwendeten Claims wie etwa »International DIY punk fanzine, radio show, and record label. By the punks, for the punks since 1977« oder »America's first and only non-profit DIY punk rock fanzine. We do our part« und »A document of the international d.i.y. punk conspiracy«

Um die verschiedenen mit Punkrock bzw. dem musikbezogenen Teil der Punk-Kultur einhergehenden Tätigkeiten einzuordnen wird das Konzept der Wertschöpfungskette verwendet. Die Wertschöpfung der Musikindustrie wird üblicherweise in vier bis sechs Stufen untergliedert, die prozessual oder institutionell aufgefasst werden (S. etwa Dietl/Franck/Opitz 2005: 55-57; Kulle 1998: 119-129; Wirtz 2006: 476; Zerdick et al. 1999: 52 sowie Jakopin 2012). Abbildung 1 zeigt schematisch die wirtschaftlich relevanten Bereiche, die von der schöpferisch-kreativen Leistung der Musiker ausgeht und über die Produktion von Musikaufnahmen und schließlich Tonträgern bis hin zu deren Vermarktung reicht. In Tabelle 1 wird dies detaillierter aus Sicht einer DIY-Ethik-Betrachtung für die im Punk-Kulturkreis relevanten Akteure entlang der Wertschöpfungskette genauer ausdifferenziert und bewertet.

Abb. 1: Schematische Wertschöpfungskette der Musikwirtschaft

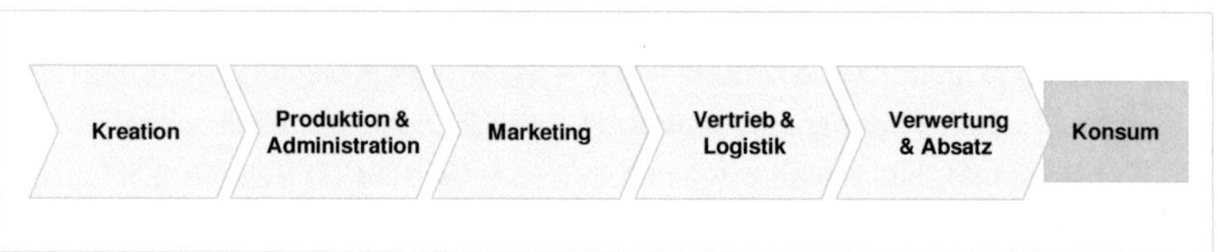

Ein wesentlicher Treiber der Anfeindungen ergibt sich aus daraus, ob die Leistungen eines Akteurs den »Endkunden« zugewandt sind und von diesen direkt bezahlt oder konsumiert werden oder ob es sich dabei um Vorleistungen handelt. Letztere sind weniger »sichtbar« (d.h. werden von einem kleineren Teil der Personen im Punk-Kulturkreis wahrgenommen) und werden somit seltener thematisiert und sind weniger öffentlicher / wahrnehmbarer Kritik ausgesetzt. Dementsprechend sind z.B. Tonstudios, Tonträgerhersteller oder Proberaumbetreiber im Allgemeinen weniger sichtbar und auch seltener Anfeindungen aus der Punk-Szene ausgesetzt. Der Bezug zur DIY-Ethik ist bei einigen dieser Akteure eher gering, da sie sich mit ihren Dienstleistungen oft nicht ausschließlich auf den Punk-Kulturkreis konzentrieren (mangels eines ausreichenden Nachfragevolumens um davon dauerhaft ein ausreichendes Einkommen zu erwirtschaften). Anders stellt sich die Situation für Record Labels, Bands und Konzertveranstalter dar: Sie stehen in direktem Austausch mit Käufern von Tonträgern und Besuchern von Veranstaltungen. In diesen Feldern gibt es auch eine ganze Reihe von »spezialisierten« Personen und Institutionen, die einen hohen Bezug zur DIY-Ethik aufweisen und tief im Punk-Kulturkreis verwurzelt sind. Zugleich werden bei einer kommerziellen Ausrichtung – z.B. bei einer Band durch einen Major Label-Vertrag oder Bereitstellung der Musik für einen TV-Werbespot – besonders schnell negative Kommentare geäußert.

Punkbands, die der DIY-Ethik entsprechend eine ganze Reihe von den geschilderten Aktivitäten selbst erbringen und dazu nicht mehr auf Musik-Dienstleister die darauf spezialisiert sind und solche Leistungen kommerziell, d.h. mit dem Ziel damit ihren Lebensunterhalt zu bestreiten, anbieten, werden damit selbst zu Unternehmern (s.a. allgemeiner Burke 2003: 321; Wilson/Stokes 2004: 219).

Die beschriebene Einordnung in Bezug auf DIY-Ethik und Anfeindungsgrad ist als Tendenz einzustufen, da es natürlich etliche Ausnahmen in allen Bereichen gibt, die aber an dieser Stelle nicht gebührend dargestellt werden können. Zugleich beruhen die hier geschilderten Einschätzungen auf einzelnen Fallstudien und Anekdoten. Insofern können sie keinen Allgemeingültigkeitscharakter beanspruchen. Hierzu wären empirische Belege erforderlich die durch Inhaltsanalysen vollständiger Jahrgänge von Fanzines oder durch eine größere Befragung gewonnen werden könnten.

Sehr viele der Akteure von denen die musikbezogenen Aktivitäten im Punk-Kulturkreis abhängen haben bezeichnenderweise eher einen geringen bis moderaten Bezug zur Punkszene und DIY-Ethik, da sie ein viel breiteres kulturelles Betätigungsfeld in ihrem Spezialisierungsgebiet abdecken müssen um dauerhaft von diesem Tätigkeitsfeld das eigene Einkommen bestreiten zu können. Häufig wäre es somit erforderlich andere Tätigkeiten (außerhalb der musikbezogenen Spezialisierung, z.B. als Veranstalter oder Tontechniker) zur Sicherung des eigenen Einkommens aufzunehmen, um dem engeren Kulturkreis stärker verbunden zu bleiben (c.p. anderweitiger Sozialtransferleistungen). Ob unter einem solchen strengeren unkommerziellen Fokus bei gleichzeitiger Einkommensgenerierung außerhalb des Musikspektrums eine ethisch-moralisch bessere Gesamtbilanz erzielt wird als durch kommerziellere Ausrichtung im musikbezogenen Wirken soll an dieser Stelle nicht beantwortet werden.

Tab. 1: Einordnung der im Punk-Kulturkreis entlang der Wertschöpfungskette beteiligten Akteure nach Sichtbarkeit, DIY-Bezug und Anfeindungsgrad.

Akteure entlang der Wertschöpfungskette	Sichtbarkeit	Bezug zu DIY-Ethik	Anfeindungs-grad
Komponisten / Autoren	Gering	Gering – Hoch	Niedrig
Bands / Musiker	**Hoch**	**Hoch**	**Hoch**
Proberaumbetreiber	Gering	Gering	Niedrig
Instrumenten- / Zubehörhersteller & Händler	Mittel	Gering	Niedrig
Booking-Agenturen & Konzert-Promoter	Mittel	Gering – Hoch	Niedrig
Konzertveranstalter & Betreiber von Veranstaltungsorten	**Hoch**	**Gering – Hoch**	**Hoch**
Tour-Crew-Mitglieder (Tourmanager, Ton-techniker, Stage-Hands, Busfahrer, usw.)	Mittel	Hoch	Niedrig
Tonstudios und Produzenten	Gering	Gering – Hoch	Niedrig
Record Labels und Verlage	**Hoch**	**Gering – Hoch**	**Hoch**
Grafiker / Designer & andere Dienstleister	Gering	Moderat	Niedrig
„Versorger“ (Verpflegung, Küche, Getränke u. ä.)	Mittel	Gering	Niedrig
Tonträgerhersteller	Gering	Gering	Niedrig
Vertriebe für physische & digitale Musikerzeugnisse	Mittel	Gering – Hoch	Moderat
Künstleragenturen / Management	Gering	Moderat	Moderat
Fanzines, Magazine, Blogs, Radiosendungen & andere Medien	Hoch	Hoch	Moderat

3. VERGLEICH DES GEWINNSTREBENS VON BANDS VERSCHIEDENER MUSIKRICHTUNGEN

Zur Analyse der relativen Bedeutung des Gewinnstrebens für Musiker aus dem Punkbereich im Vergleich zu anderen Musikrichtungen wurde auf Daten einer Erhebung von deutschsprachigen Musikern und Musikgruppen zurückgegriffen. Die Stichprobe wurde zufällig anhand der bei den Online-Portalen www.bandforum.de und www.bandlist.de vertretenen Künstler ausgewählt. Insgesamt wurden 927 Einladungen zur Online-Befragung versendet worauf 247 ausgefüllte Fragebögen eingingen (Rücklaufquote von 27%).

Die Mehrheit der Respondenten war zwischen 26 und 40 Jahren alt (60%). Am häufigsten bestanden die Musikgruppen aus 4 (38,1%) oder 5 (33,2%) Mitgliedern. Am stärksten vertreten war die Musikrichtung Rock (44,7%). Daneben waren Metal (34,1%) und Punk (15,0%) häufig genannte Musikrichtungen bzw. Szenenzugehörigkeiten. Andere Stilrichtungen wie Pop, Jazz, Soul oder Hip Hop waren nur zu einem geringen Teil vertreten. Fast die Hälfte der Musikgruppen war bereits seit mehr als 4 und bis zu 10 Jahren aktiv (48,2%). Entsprechend wurde auch mit durchschnittlich 77 Konzerten eine hohe Zahl an Auftritten ausgewiesen.[3]

Wie auch andere Musikgruppen, können Punkbands in Bezug auf ihr musikalisches Tun verschiedene Ziele verfolgen bzw. verschiedene »Bedürfnisse« im Zusammenhang mit ihren Aktivitäten haben, die sie zu erfüllen versuchen. Gemäß dem Konzept der Musiker-Bedürfnispyramide, besteht eine archetypische Hierarchie und Beziehung zwischen den Aktivitäten und Zielsetzungen von Künstlern (s. Jakopin 2012). Zur Messung der Stufen der Bedürfnispyramide wurden neun Variablen erhoben (s. Tab. 2). Diese reichen vom Wunsch auf einer Bühne aufzutreten und Konzerte zu spielen, bis zum Erschaffen eigener Kompositionen und der Erstellung von Aufnahmen der Werke sowie der Veröffentlichung ebendieser. Darüber hinaus spielt die Vermarktung oder das Bekanntmachen der Veröffentlichung eine Rolle sowie zu guter Letzt das „Geld verdienen" um ein Einkommen aus dieser Tätigkeit zu bestreiten. Die unternehmerischen Aktivitäten der Musiker reichen auch bis zum Verhandeln von Verträgen, der Durchführung von Aufnahmen oder auch der Organisation von Konzerten oder Tonträgerproduktionen und Vermarktung.

3 Eine ausführlichere Stichprobenbeschreibung und deskriptive Statistiken finden sich in Jakopin 2012.

Abb. 2: Bedürfnispyramide von Musikschaffenden und Fragestellungen
Quelle: In Anlehnung an Jakopin 2012.

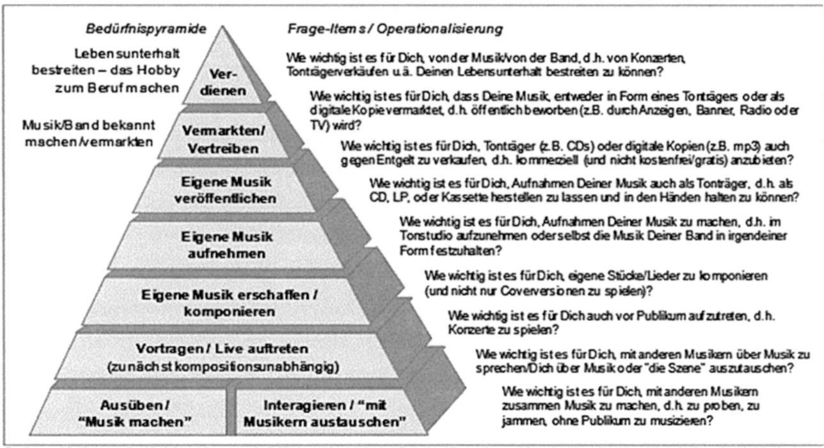

Skalierung/Kodierung aller Variablen: Antwortmöglichkeiten: Unwichtig (codiert als „1"); weniger wichtig (codiert als „4"); wichtig (= 3); sehr wichtig (= 4).

Die empirische Analyse zu Unterschieden der Bedeutung der Stufen der Bedürfnispyramide für Musiker verschiedener Musikrichtungen ergab kein durchgängiges Muster – Punkbands hatten lediglich bei zwei Merkmalen eine höhere Ausprägung als Bands anderer Szenen: Sie legen einen größeren Wert auf das Miteinander unter Bandkollegen und anderen Musikern als dies bei Metal- und Rockbands der Fall ist. Darüber hinaus waren sie aber auch deutlich stärker daran interessiert Einkommen aus der Tätigkeit zu generieren als die aus dem Metal-Bereich vertretenen Musiker.

Bezüglich der anderen Merkmale bestehen keine signifikanten Unterschiede. Für alle Musiker war der mittlere Bereich der Bedürfnispyramide von größter Bedeutung. Das Konzerte spielen und eigene Musik erschaffen, erzielte die höchsten Relevanzwerte (s. etwa die Mittelwerte von 3,9 bei Punkbands in Tab. 2). Die höchste Pyramidenstufe, das Geld verdienen, hatte mit Mittelwerten von 2,1 bis 2,7 die geringste Bedeutung, auch wenn die Unterschiede zwischen den Musikrichtungen für dieses Merkmal signifikant waren. Insgesamt fällt im Vergleich der Punkbands zu Metal- und Rockbands auf, dass die Unterschiede der Relevanz der grundlegenden musikbezogenen Aktivitäten zu den am höchsten bewerteten Merkmalen deutlich geringer sind, d.h. Punkbands auch dem Musik machen an sich und dem Austausch untereinander einen vergleichsweise hohen persönlichen Wert ziehen.

Tab. 2: Mittelwertvergleich der Merkmale entlang der Bedürfnispyramide

	Musikrichtung[a]			
Variablen	***Punk***	***Rock***	***Metal***	
Bedürfnispyramide				***Signifikante Unterschiede***[b]
1. Ausüben	3,5	3,4	3,3	
2. Interagieren	3,5	3,2	3,1	Punk > Metal * Punk > Rock +
3. Vortragen	3,9	3,7	3,8	
4. Erschaffen	3,9	3,8	3,9	Rock < Metal *
5. Aufnehmen	3,7	3,7	3,7	
6. Publizieren	3,6	3,4	3,7	Rock < Metal *
7. Vertreiben	2,7	2,7	2,7	
8. Vermarkten	3,1	3,0	3,0	
9. Verdienen	2,7	2,4	2,1	Punk > Metal ** Rock > Metal +

a) Fallzahl Punk = 37, Metal = 110, Rock = 84. 15 Fälle anderer Musikrichtungen werden vernachlässigt.
b) Mittelwertvergleichstest nach Scheffé. Signifikanzniveau: + p < 0,1 , * p < 0,05, ** p < 0,01 (beidseitiger Test)

Eine valide Begründung für die signifikanten Unterschiede bietet sich nicht auf Anhieb an. Da sich die befragten Musiker zu einem großen Teil selbst als Amateur-Musiker (40%) oder allenfalls als semi-professionelle Musiker (51%) einschätzen und die Bands aus einem verwandten musikalischen Kontext stammen ist anzunehmen, dass auch Rock- und Metalbands viele Aktivitäten – Auftritte, Aufnahmen, Veröffentlichungen – selbst organisieren und somit auch eine DIY-Ethik vorhanden ist. Diese Vermutung liegt auch aufgrund der höheren Bedeutung der mittleren Stufen der Bedürfnispyramide nahe.

In Summe kommt den grundlegenden Musikeraktivitäten in den Musikrichtungen Punk, Metal und Rock eine ähnliche Bedeutung zu. Die Zwischenstufen Auftreten, Erschaffen und Aufnehmen hatten unabhängig von der Musikrichtung die höchste Bedeutung.

ZUSAMMENFASSUNG

Der Beitrag bringt zwei grundsätzlich verschiedene Perspektiven zusammen: Die unternehmerische Gewinnorientierung als fundamentale Annahme der Betriebswirtschaftslehre und die DIY-Ethik im Punk-Kulturkreis. Punk-Bands, Labels und Konzertveranstalter sind aufgrund der direktesten Beziehung zu den aktiven Musikrezipienten den meisten Anfeindungen ausgesetzt. Für eine exponierte

Gruppe – Punkbands – zeigen die Ergebnisse einer Befragung von 247 Musikgruppen im Vergleich zu Gruppen aus dem Rock und Metal-Milieu wenige Unterschiede. Es zeigt sich ein größeres Interesse der Punkbands an grundlegenden Aktivitäten – Musik machen und sich austauschen – aber auch an der Generierung von finanziellem Einkommen, wenn auch die Differenzen nicht sehr groß sind. Alle Gruppen haben gemein, dass Auftreten, Erschaffen und Aufnehmen die wichtigsten Bedürfnisse sind.

Letztlich spiegelt sich das Ressentiment gegen das »Geld verdienen« auch in der nicht selten zu findenden Ansicht, dass eine Band *umso besser* ist, *je unbekannter* sie ist (vorausgesetzt natürlich, dass die Musik einem sehr gut gefällt) – sie verliert an individuellem Wert, je mehr Personen sie gut finden. Umso mehr noch, je weiter die »neuen Fans« von der eigenen Wertewelt entfernt sind – also beispielsweise nicht mehr in das Wertebild des »Punks« oder »Punkrockers« hineinpassen. Die Band oder auch die Veröffentlichung (LP, CD, Single) wandelt sich so von einer »Perle« in ein Massenprodukt, dass jeder kennt oder haben kann und bei dem es »leicht« ist, es gut zu finden oder zu besitzen.

Letztlich bleibt in der Diskussion zwischen Fans und Aktiven im Punk-Kulturkreis der Blick auf die Verhältnismäßigkeit und Integrität ein wesentliches Gestaltungsmerkmal. Dementsprechend sollten die von solchen Vorwürfen betroffenen Personen oder Institutionen den offenen Dialog suchen und für Transparenz sorgen. Das Eingehen auf solche Vorwürfe und der offene Austausch mit Kritikern erscheinen als probatestes Mittel um Vorurteile auszuräumen und Missverständnissen vorzubeugen. Dies entspannt nicht nur die Beziehung zu den Musikrezipienten sondern erhöht zugleich die Wertschätzung im Kulturkreis.

In Bezug auf weitere Forschungsvorhaben bieten sich weitergehende empirische Auswertungen an, die sich mit den im vorliegenden Beitrag unterstellten Mustern und Zusammenhängen befassen. Diese sind weniger aus betriebswirtschaftlicher sondern eher aus soziologischer Perspektive interessant und könnten durch Inhaltsanalysen sowie Primärerhebungen und Beobachtung weiter vertieft werden.

LITERATUR

Bennett, Andy (2002): Cultures of Popular Music. Buckingham, Philadelphia: Open University Press.

Burian, Al (2000): Burn Collector: Collected Stories from One Through Nine. Oakland, California: Pm Press.

Burke, A.E. (2003): »Music business«. In: Towse, Ruth [Hg.]: A handbook of Cultural Economics, Cheltenham: Edward Elgar Pub, 321-330.

Dean, Michael W. (2002): D.I.Y. or Die: How to Survive as an Independent Artist. Oaks, Pennsylvania: Music Video Distributors.

Dietl, Helmut/Franck, Egon/Opitz, Christian (2005): »Piraterie auf dem Tonträgermarkt und die Evolution von neuen Geschäftsmodellen in der Musikproduktion«. In: Medienwirtschaft, 2 Jg., 53-62.

Dunn, Kevin C. (2008): »Never Mind the Bollocks: The Punk Rock Politics of Global Communication« In: Review of International Studies, Vol. 34, 193-210.

Frick, Klaus N. (1998): »Was zum Teufel ist mit Punk?« In: Farin, K. (1998): Musik & Rebellion. Berlin: Tilsner, S. 101-107.

Goshert, J.C. (2000): »Punk' after the Pistols: American Music, Economics, and Politics in the 1980s and 1990s«. In: Popular Music and Society, 24(1), 85-106.

Hesmondhalgh, David (1997): »Post-Punk's Attempt to Democratise the Music Industry: The Success and Failure of Rough Trade«. In: Popular Music, Vol. 16, No. 3, 255-274.

Hurchalla, George (2005): Going Underground – American Punk 1979-1992. Stuart, Florida: Zuo Press.

Jailhouse Records (2009): Lumberjack Mordam Music Group Shuts Doors. URL: http://www.mi2n.com/press.php3?press_nb=121115.

Jakopin, Nejc M. (2012): »Bedürfnispyramide und Transaktionskosten von Musikschaffenden als strategische Ansatzpunkte für die Musikwirtschaft«. In: Der Markt. 51. Jg. Springer: Berlin.

Koch, Walter J. (2006): Zur Wertschöpfungstiefe von Unternehmen – Die strategische Logik der Integration. Wiesbaden: Gabler.

Kot, Greg (2002): »Who sells out?« In: Chicago Tribune. URL: http://articles.chicagotribune.com/2002-10-06/news/0210060191_1_crow-rock-punk

Kulle, Jürgen (1998): Ökonomie der Musikindustrie. Frankfurt am Main: Lang.

Moore, Ryan/Roberts, Michael (2009): »Do-It-Yourself Mobilization: Punk and Social Movements« In: Mobilization. Vol. 14(3), 273-291.

O'Hara, Craig (2002): The Philosophy of Punk – Die Geschichte einer Kulturrevolte. Mainz: Ventil.

Schreiber, Helge (2011): Network of Friends: Hardcore-Punk der 80er Jahre in Europa. Duisburg: Salon Alter Hammer.

Silverstone, Roger (1996): Visions of Suburbia. London: Routledge Chapman & Hall.

Simon, Hermann (2006): Der gewinnorientierte Manager: Abschied vom Marktanteilsdenken. Frankfurt am Main: Campus.

Sinker, Daniel [Hg.](2008): We Owe You Nothing: Punk Planet: The Collected Interviews. New York: Akashic Books.

Wöhe, Günter/Döring, Ulrich (2011): Einführung in die Allgemeine Betriebswirtschaftslehre, 24. Aufl. München: Vahlen.

Thompson, Stacy (2001): »Market Failure: Punk Economics, Early and Late«. In: College Literature. Vol. 28, No. 2, 48-64.

Thompson, Stacy (2004): »Punk Cinema«. In: Cinema Journal. Vol. 43. No. 2, 47-66.

Triggs, Teal (2006): »Scissors and Glue: Punk Fanzines and the Creation of a DIY Aesthetic«. In: Journal of Design History. 19(1): 69-83.

Vale, V. (2008): »Maker Faire and Punk Rock«.Im Internet: http://researchpubs.com/Blog/?p=125

Waksman, Steve (2004): »California Noise: Tinkering with Hardcore and Heavy Metal in Southern California«. In: Social Studies of Science. Vol. 34. No. 5. Special Issue on Sound Studies: New Technologies and Music, 675-702.

Wilson, Nicholas C./Stokes, David (2004): »Laments and serenades: Relationship marketing and legitimation strategies for the cultural entrepreneur«.In: Qualitative Market Research. 7 Jg.218-227.

Will, Michael (1998): »Independent«. In: Farin, Klaus (1998): Musik & Rebellion. Berlin: Tilsner, 127-129.

Wirtz, Bernd W. (2006): Medien- und Internetmanagement. 5. Auflage. Wiesbaden: Gabler.

Zerdick, Axel et al. (1999): Die Internet-Ökonomie – Strategien für die digitale Wirtschaft. 2. Auflage. Berlin: Springer.

Mehr als dicke, alte Männer aus England

Skinheads als Working Class Punks?

SEBASTIAN BITTERWOLF UND MORITZ MÜLLER[1]

1. KAHLKÖPFE UND KLISCHEES

Skinhead. Ein Schlagwort. Der Name einer Jugendkultur, der bei (un-)gebildeten Leser/-innen sofort negative Assoziationen hervorruft. Gedacht wird an schwere Schuhe, Bomberjacke und kahl rasierte Schädel. Die Medien der 90er Jahre prägten dieses Bild vom allzeit zur Gewalt bereiten Skinhead, der meistens eher dümmlich, gerne mit der Bierflasche in der Hand und ohne nennenswerten Schulabschluss dargestellt wurde und wird (vgl. Farin 2001: 237-257). Die begonnene Reihenfolge weiter fortzuführen ist ein Leichtes: Skinheads haben nicht nur ein auffälliges Äußeres, sondern auch eine eindeutige Herkunft. Beheimatet sind sie – so die Vorstellung – in den von Arbeitslosigkeit geprägten Gebieten Ostdeutschlands. Damit die Horrorvorstellung komplett wird, ist der Wendeverlierer selbstredend politisch rückwärtsgewandt: Skinheads saufen und raufen in braunen Kameradschaften, man trifft sie auf den Demonstrationen der politisch extremen Rechten, wenn sie sich nicht schon randalierend vor einem Asylantenheim zusammengerottet haben, um den vermeintlichen deutschen Volkswillen zu vollstrecken, als dessen Avantgarde sie sich sehen. In diese Kerbe schlägt auch der im Januar 2012 in deutsche Kinos angelaufene Film »Kriegerin«, dessen Protagonistin - ein jugendliches Skingirl in der rechtsextremistischen Szene – einen jungen Asylanten tötet. Soviel zum öffentlich vermittelten Bild einer Jugendkultur. Zugegebenermaßen etwas zugespitzt, aber schon eine oberflächliche

1 Wir danken Martin Seeliger und äußern Respekt und Anerkennung gegenüber dem großartigen FC Schalke 04.

Auseinandersetzung mit der etablierten Medienlandschaft reicht, um die scheinbare Abwegigkeit der letzten Zeilen erheblich zu reduzieren.

Ein etwas tieferer Blick in die Geschichte dieser – vielleicht einzig nicht samt und sonders vermarktbaren Jugendkultur – enttäuscht jedoch die Sensationslust. Anzufangen ist bei den jamaikanischen Einwanderersöhnen, den Rude Boys der späten 60 Jahre, die mit der Ska-Musik ein wesentliches Element der Jugendkultur nach Großbritannien brachten, über explizit politische bzw. antirassistische Ausprägungen der Jugendkultur (z.B. die Red & Anarchist Skinheads (RASH)) oder der SHARP-Bewegung (Skinheads against racial Prejudice), ist allen sonst noch so gegensätzlichen Varianten dieser Jugendkultur der Stolz eigen, tief mit der (britischen) Arbeiterklasse verwachsen zu sein. Die Skinheads markier(t)en einen Gegenpol zu den Mods, deren Individualismus und Sympathie für die Mittelschicht sie ablehn(t)en. In diesem Zusammenhang lässt sich auch die Skinhead-Adaption des Punks begreifen: Während der frühe, durchaus künstlerisch inspirierte, britische Punk eher die Aufstandsphantasien der britischen Mittelschichtsjugend beflügelte – man denke z.B. an die SEX PISTOLS und Vivienne Westwood – wendete sich Oi!-Punk der Skinheads an Jugendliche aus der Arbeiterklasse. Oi!-Bands wie die COCKNEY REJECTS, die sich an die musikalisch-minimalistische Konzeption des Punks hielten, griffen in ihren Texten entsprechend Themen, die sie mit diesem Milieu in Verbindung brachten, immer wieder auf (Vgl. Brown 2004: 158 f.).

In Deutschland erschienen die ersten Skinheads etwa zehn Jahre später auf der Bildfläche, wo die Szene um1982 (zu dieser Zeit erschien auch die erste Platte der deutschen Oi!-Band DIE ALLIIERTEN) herum an Zuwachs gewann. Der innere Zusammenhalt der Szene – so der Jugendforscher Klaus Farin – sei »im Kern der verzweifelte Versuch, die guten alten und vor allem einfachen Zeiten der Working Class, die nur noch in den Erzählungen der Eltern und Großeltern existieren[...] zumindest symbolisch zurückzuholen« (Farin2001:23). Dieser kurze Blick in die Geschichte der Skinhead-Bewegung reicht um zu zeigen, in wie vielen Ausprägungen diese Jugendkultur auftritt. Im Schatten der medialen Inszenierung des Rechtsextremismus hat sich eine erstaunlich vielfältige Jugendbewegung erhalten und entwickelt, deren Existenz vom öffentlichen wie wissenschaftlichen Diskurs kaum wahrgenommen wurde. In jüngerer Zeit hingegen erschien eine wissenschaftlicher und kultureller Beiträge, die auch dem anti-rassistischen Teil der Szene Beachtung schenkten. Herausragendes Beispiele sind die TV-Dokumentation »Skinhead-Attitude« des eidgenössischen Regisseurs Daniel Schweizer und der Spielfilm »This is England« (Regie: Shane Meadows), der das Spannungsverhältnis zwischen rechten und nicht-rechten Skinheads thematisiert. Pionierarbeit für den (sozial-)wissenschaftlichen Diskurs über Skinheads in Deutschland leistete der Jugendforscher und Leiter des Archivs der Jugendkulturen in Berlin, Klaus Farin (Vgl. u.a. Farin 1996, 2010a, 2010b). An jüngeren Veröffentlichungen ist vor allem das Werk »40 Jahre Skinheads. Jugendszene und Arbeitermythos« (Vgl. Lauenburg 2009) hervorzuheben.

Die bereits aufgezeigte Vielschichtigkeit der Skinhead-Szene verbietet eine übergreifende Behandlung im Rahmen dieses Aufsatzes.[2] In der vorliegenden Untersuchung wird daher die Gruppierung im Fokus stehen, die dem Spektrum des Oi!-Punk zugerechnet werden kann. Ausgehend von aktuellen Diskussionen in der Jugendforschung (Hitzler/Gebhardt u.a.), welche die Verknüpfung gesellschaftlicher Modernisierungsprozesse mit der konkreten lebensweltlichen Ausgestaltung von (Jugend-)Szenen in den Mittelpunkt rücken, stellt sich der folgende Aufsatz die Frage, wie sich die Skinhead-Szene im Spannungsfeld zwischen selbstverordnetem Konservatismus (im Sinne eines positiven Wertebezugs auf eine totgesagte englische Arbeiterkultur und -Klasse) einerseits und der »akzelerierende[n] Pluralisierung [...] kultureller Sinn- und Lebensstilangebote« (Gebhardt 2006: 2.) der Spätmoderne andererseits bewegt.

Anhand der Definition und Spezifikader Jugendszene wird untersucht, inwiefern ›den Skinheads‹ noch Kennzeichen einer Subkultur anhaften und sie somit einen Sonderfall darstellen. Als Untersuchungsmaterial dienen Interviews mit Angehörigen der ›Organisationselite‹, also langjährigen Szenegängern, und Songtexte von Bands des ›Oi!-Punk‹-Spektrums, die als Trendsetter und sinnstiftende ›Reflektionselite‹ verstanden werden (vgl. Gebhardt 2006: 4–8). Im Weiteren wird deshalb nochmals ausführlicher auf den begrifflich-theoretischen Diskurs eingegangen, um so die Voraussetzungen für schärfere Abgrenzung und Formulierung der Fragestellung zu schaffen.

2. THEORIE DER JUGEND(-SZENE)

In der wissenschaftlichen Diskussion gehen die Vorstellungen darüber, wie man spezifisch jugendliche Lebensstile am besten begreifen kann, weit auseinander. Wilfried Ferchhoff bemerkt in seinem 1990 erschienenen Buch »Jugendkulturen im 20. Jahrhundert«, dass »Subkultur (…) kein geschlossener, in sich abgerundeter Begriff« (Ferchhoff 1990: 19) sei. Dennoch, so führt Ferchhoff zum Begriff aus, wird Subkultur von den meisten zeitgenössischen Autoren als Abweichung von der dominanten Kultur betrachtet. Subkulturen entstünden dann, wenn die

2 Eine gute Überblicksdarstellung über die Ausformungen der Skinhead-Szene bietet Brown 2004.

Folgen des Wandels der Sozialstruktur von der dominanten Kultur nicht sinnvoll verarbeitet und interpretiert werden können: » [W]enn eine große Zahl der individuellen Karrieren nicht mehr nach den alten Ordnungsprinzipien miteinander synchronisiert werden kann« (Ferchhoff 1990: 21), bilden sich Subkulturen gewissermaßen als ›Versuchsmodelle‹ alternierender Alltags- und Lebenswelten mit eigenen »Verhaltenserwartungen, die von der Gesamtgesellschaft als abweichend begriffen, innerhalb der Subkultur jedoch als mehr oder weniger zwingend erwartet werden« (Lamnek 1979: 185). Diese relative Eigenständigkeit beansprucht auch die Skinhead-Szene für sich, indem sie sich als legitimen Erben der vom Zeitgeist bedrohten Arbeiterkultur darstellt.

In Abgrenzung zum Begriff der Subkultur hat sich der Dortmunder Soziologe R. Hitzler in den letzten Jahren nicht nur um die Erfassung und Darstellung zeitgenössischer Jugendkulturen verdient gemacht (www.jugendszenen.com), sondern auch zur begrifflichen und konzeptionellen Erforschung juveniler Lebensstile beigetragen. Dazu hat er - den Modernisierungsdiskurs soziologischer und sozialwissenschaftlicher Forschung aufgreifend – den Begriff der Subkultur zugunsten des weiter gefassten Begriffs der Jugendszene aufgegeben, der ein

»locker verknüpftes soziales Gefüge von Personen [beschreibt], welche bestimmte materiale und/oder mentale Formen der kollektiven Selbststilisierung teilen und diese Gemeinsamkeiten interaktiv stabilisieren und weiterentwickeln.« (Gebhardt 2006: 5)

R. Hitzler entwirft seine Idee juveniler Vergemeinschaftung vor dem Hintergrund einer umfassenden Modernisierung der Gesellschaft. Diese Modernisierung umfasst zunächst gesellschaftliche Prozesse die der Soziologe U. Beck als ›Individualisierung‹ begreift. Gemeint ist damit die zunehmende Auflösung traditionaler Bindungen (Auflösung des großfamiliären Lebenszusammenhangs, Zerfall dörflicher Lebensgemeinschaften, Säkularisierung etc.). Dieser zu Beginn des industrialisierten Zeitalters einsetzende Prozess verstärkt sich etwa seit Ende der 50er Jahre nochmals. Mit der Auflösung »alter Gewissheiten, die von der Wiege bis zur Bahre reichten« (Korte 2004: 157/158) ist das Individuum gezwungen, eigenständig (und damit reflexiv), identitäts- und sinnstiftende Momente zu kreieren.

Der Anschluss an eine Szene ist eine Möglichkeit Sinn- und Identitätsstiftung zu betreiben, die insbesondere von Heranwachsenden genutzt wird. Hitzler bestimmt die Szene als lockeres soziales Netzwerk unbestimmt vieler beteiligter Personen. Die Mitgliedschaft in diesem Netzwerk ist dabei weder durch Sozialisation noch per Geburt vorgeschrieben, vielmehr sind eigenständig entwickelte Interessen und Neigungen ausschlaggebend. Der Netzwerkzugehörigkeit liegen nur informelle Mitgliedschaftsregeln zugrunde, ähnlich unbestimmt ist die Dauer.

Szenen weisen trotz lokaler Eigenheiten keine prinzipielle räumliche Begrenzung auf, sondern sind – etwa durch das Internet – tendenziell global (Vgl. Hitzler 2008: 56/57). Entsprechend dieser Definition von Szene »als prototypische Gesellungsform der individualisierten und v.a. der juvenilen Menschen im Übergang zu einer ›anderen‹ Moderne« (Hitzler 2008: 57) mit unklaren Zugehörigkeitsbedingungen, die i.d.R. auch ein jederzeitiges Verlassen der Szene möglich machen, versucht Hitzler, die Szene in der Metapher der Wolke zu beschreiben, in deren Dunstkreis man sich bewegen kann, ohne dass jemals einwandfrei zu klären ist, inwieweit man in ihr bereits versunken ist oder ob man sich an ihren Rändern befindet.

Trotz dieser an den Rändern unbestimmten Konturen der Szene lassen sich im Inneren der Szene wesentliche Strukturmerkmale ausmachen. Hitzler unterscheidet zwischen einem die Szene umgebenden Publikum, das sich in verschieden starker Weise für die Inhalte der Szene interessiert, und dem eigentlichen Kern Szenegänger, »die die Szene samt den je typischen Aktivitäten, Einstellungen, Motiven und Lebensstilen maßgeblich repräsentieren« (Hitzler/ Niederbacher 2010: 185). Aus den Szenegängern heraus rekrutiert sich die wichtigste Gruppe: die Szene-Elite. Sie besteht aus einer Organisations-, einer Repräsentations- und einer Reflektionselite und ist für das Bestehen und die Weiterentwicklung einer Szenekultur von größter Bedeutung. Die Elite der Szene wiederum ist vernetzt mit zwei weiteren Gruppen, die für das Bestehen der Szene relevant sind. Zum einen kann die Elite auf Freunde bauen, die ihnen punktuell bei der Umsetzung von Szeneaktivitäten helfen, zum anderen gibt es oftmals Verbindungen zu ›Professionell Interessierten‹, die selbst nicht zur Szene gehören, sie aber mit materiellen und Dienstleistungen (etwa Sponsoren, Tonstudios etc.) zentrale kulturelle Veranstaltungen der Szenen unterstützen. Das Verhältnis von Szenekern und Szenepublikum konzipiert Hitzler als fließend. Gerade auf Szeneevents wird diese ›analytische‹ Hürde überwunden und ein reger Rollenwechsel initiiert, der dem Publikum ein hohes Maß an Beteiligung am Szenegeschehen ermöglicht. (Vgl. Hitzler/Niederbacher 2010: 185).

Mittelpunkt von (Jugend-)Szenen ist die Figur des Szenegängers. Der Szenegänger zeichnet sich durch szenespezifische Kompetenzen, Einstellungen, Handlungsmodi und Lebensstile aus. Die relevanten szeneabhängigen Kompetenzen müssen meist über einen längeren Zeitraum erlernt werden. Dazu gehören sowohl szenetypisches Wissen als auch szenetypisches Ausdrucksvermögen, sei es künstlerischen oder sportlichen Ursprungs. Der Szenegänger muss zudem – zumindest für andere Szenegänger erkennbar – mit der Szene identifizierbar sein. Dass dies nur nach einiger Erfahrung im Umgang mit szenetypischer Stilisierung gelingt, zeigt sich an oft misslungenen Versuchen von Mitläufern, Ausdrucksformen und Verhaltensweisen von Szenegängern zu kopieren. »Stilisieren fungiert für den Handelnden also sozusagen als Zugehörigkeitsinszenierung: ›Eingeweihte‹ erkennen im ›erfolgreichen‹ Stilisieren die ›authentische‹ Identifikation des Akteurs mit szenischer Kultur« (Hitzler / Niederbacher 2010: 187). Den Handlungsmodus der Szenegänger beschreibt Hitzler in dem Sinne als wertrational, als dass Szenegänger ihr Verhalten häufig an den Normen der Szene ausrichten und weniger Rücksicht auf sonstige Verpflichtungen aus anderen Lebenszusammenhängen nehmen. Der Lebensstil des Szenegängers schließt Aktivitäten außerhalb der Szene nicht aus. Dennoch bildet die Szene das Zentrum auf das die Handlungen des Szenegängers ausgerichtet sind. Andere Zusammenhänge, Handlungen und Verpflichtungen werden gewissermaßen um diesen Lebensmittelpunkt herum organisiert und vollzogen. Der Szenegänger »platziert und gestaltet jene Teilstücke, aus denen er sein Leben bastelt, im Hinblick auf die Frage, welche Konsequenzen sich daraus für sein Szeneengagement ergeben« (Hitzler/Niederbacher 2010: 188).

Szenen sind soziale Gebilde, die durch die Interaktion von Szenegängern konstituiert werden. Folglich ist es notwendig, dass Szenen bestimmte Treffpunkte haben, um eine Szenekultur zu etablieren. Wie diese Treffpunkte, an denen Szenegänger typischerweise zusammen kommen, beschaffen sind, ist dabei zu vernachlässigen. Als weitere Voraussetzung für das Bestehen von Szenen nennt Hitzler das Event. Das Event findet abseits von alltäglichen Treffpunkten statt. Es eröffnet die »außergewöhnliche Chance (...) in verdichteter Weise am symbolisch vermittelten Sinn-Ganzen der Szene zu partizipieren« (Hitzler / Niederbacher 2010: 188). Entsprechend wichtig sind solche Events für die Zusammensetzung eines überlokalen Szene-Bewusstseins. Szenemedien – als weiteres konstituierendes Moment – reflektieren die Geschehnisse an Treffpunkten und Events. Sie bleiben sozusagen als Zeugnis von Handlungen im Szenekontext (vgl. Hitzler/Niederbacher 2010: 188/199).

3. SKINHEAD-KULTUR IM WANDEL: MEHR ALS NUR ALTE MÄNNER AUS ENGLAND

Der in der Einleitung und im II. Kapitel skizzierte gesellschaftliche Wandel macht auch vor der Skinhead-Szene nicht halt und wirkt auf diese ein. Im Folgenden Kapitel wird anhand von Aussagen aus der Reflektionselite dieser Jugendszene deren aktueller Zustand rekonstruiert. Dazu wurden Interviews von Mitgliedern der bekannten deutschen Oi!-Bands VOLXSTURM, LOIKAEMIE und

STOMPER 98 betrachtet. Diese Bands wurden als Referenz deshalb ausgewählt, weil sie zur Zeit als maßgebende Bands der deutschen Oi!- und Skinhead-Szene angesehen werden können. Als Belege dafür können Oi!-Festivals gelten, auf denen die genannten Kapellen häufig auf den vorderen Plätzen oder gar als Headliner auftraten (z.B. auf dem Spirit from the Streets Festival in Magdeburg 2009, Punk and Disorderly-Festival Berlin 2012, Punk im Pott-Festival, Oberhausen 2011 etc.). Die hier angeführten Interviewausschnitte sind allesamt aus Print- und Onlineangeboten zusammengestellt, die als Teile der Szenepresse gelten können.[3] Auf diese Weise wird ein authentisches Bild der aktuellen Selbstwahrnehmung der Szene gezeichnet und zugleich ein Blick auf ihre zukünftige Entwicklung der gewagt.

Größte Sorge, so ist den Interviews zu entnehmen, bereitet der drohende Ausverkauf »der Subkulturen als Eventkultur, das heißt frei nach den gesellschaftlich akzeptierten Grundsätzen ›höher, schneller, weiter‹ wird der Versuch unternommen, sich mit der Anzahl an Tattoos, prolligem Auftreten, ein paar ›coolen‹ Klamotten und Bildern mit Tussen gegenseitig aufs Brot zu schmieren, wer der Checker ist« (V). Dieses Bild verweist auf eine grundsätzliche Haltung, die die Szene als etwas annimmt, das u.U. den gängigen Professionalisierungs- und Verwertungsprozessen entzogen sein sollte. Gleichzeitig wird aber auch bemerkt, dass es auch z.T. genau diesen Tendenzen zu verdanken ist, dass es zunehmend Möglichkeiten zur szenetypischen Entfaltung gibt: »Früher hat man sich diesen Zustand gewünscht, heutzutage ist er für einige ein Fluch. Mich stört es nicht unbedingt, da ich mir meine Musik aussuchen kann, die ich höre.« Allerdings wird auch bemerkt, dass diese Tendenzen nur selektiv wirken und traditionelle Szenevergnügen ins Hintertreffen geraten: »Ein paar mehr Skins auf Soul- und Reggae-Nightern könnten aber schon zugegen sein« (V).

Auch von Mitgliedern der Band STOMPER 98 finden sich zu diesen Thema Äußerungen in den Szenemedien. Sie bekunden ebenfalls eine ambivalente Einstellung zu den die Szene berührenden Modernisierungsprozessen. Dabei stellen sie in Rechnung, dass die Szene schon viele Ausprägungen erfahren hat:

»Die erste Generation, in Brogues, 3-Button-Suit und Crombie hätte sich wohl totgelacht über ihre nassrasierten Nachfahren in Bomberjacke und Domestoshose. Aber das ist wieder ein Gegenargument für die These, dass Skinhead ultrakonservativ in der Vergangenheit verhaftet ist. Jede Zeit hat ihre Spuren hinterlassen in Mode, Musik und Habitus. Heu-

3 Damit die Lesbarkeit des Textes gewahrt bleibt, geben wir jeweils in Klammern hinter dem Zitat an, von welcher Band wir zitieren (STOMPER 98 (S), VOLXSTURM (V), LOIKAEMIE (L)). Selbstverständlich wird im Literaturapparat zum Schluss des Textes auf die genaue Herkunft der Zitate hingewiesen.

te haben wir die Möglichkeit auszuwählen: will ich der 69er-Smartie sein, der 70er Suedehead, der 80er Bomberjacken-Skin, der eher amerikanisch beeinflusste Hardcore-Skin? Skinhead 2008 ist eine Kombination aus alldem mit den Zutaten von heute. Das gilt nicht nur für die Mode, sondern auch für die Musik, Plattencover, Literatur, Fanzines und Konzerte/Nighter. Skinhead ist einfach eine äußerst lebendige Szene [...].« (S)

Diese Wandlungsfähigkeit wird im Interview als positiv bewertet, denn »cool ist doch: Es gibt immer mehr Möglichkeiten. Kulturen werden nicht ersetzt, sondern ergänzt, und jeder kann für sich herauspicken, was für ihn oder sie das Richtige ist« (S).

Inhaltlich anschlussfähig an dieses Statement von STOMPER 98 mit ihrem Verweis auf Wandlungen des über 40-jährigen Kultes der Skinheads sind Äußerungen von Thomas von LOIKAEMIE, der die Offenheit der Szene gegenüber anderen Einflüssen anhand seines persönlichen Lebensstils beschreibt: »›Ihr für uns und wie für Euch‹ drückt das Zusammengehörigkeitsgefühl der Punkszene, was die Skinhead-Szene für mich einschließt, aus« (L) und »Ich selbst bezeichne mich als Skinhead, ich bin aber auch in der Hardcore-Szene zu Hause« (L).

Auch STOMPER 98 verweisen in diesem Zusammenhang auf ihre Beobachtung:

»Schwer zu begreifen ist für mich die von dir ständig erwähnte Trennung der verschiedenen Szenen. Die gibt es doch so nicht mehr. Das ist vielleicht noch in den Köpfen der älteren Leute verwachsen, aber wenn du unter die jungen Leute schaust, siehst Du, dass es die Punkszene, die Skinhead-Szene oder die HC-Szene so nicht (mehr) gibt.« (S)

Die Durchmischung der Szenen wird von LOIKAEMIE als Bereicherung empfunden, die notwendig ist, um sich auch persönlich wandeln zu können:

»Wir sehen auch nicht aus wie Bilderbuch-Skinheads, aber wir sind im Kopf und im Herzen Skinheads. Unsere Grundaussage ist, dass man nicht alles so ernst nehmen soll. Egal ob man Punk, Skinhead, Hardcore oder sonst was ist. Das ist halt nicht alles im Leben. Wenn man sich immer auf eine Sache beschränkt, bleibt man doch höchstens zehn Jahre dabei und das war's.« (L)

Damit ist die bemerkenswert lange Zugehörigkeit zur ›Jugend‹-Szene Skinhead angesprochen worden. In den Interviews wird dieser Wandel häufig von dieser Warte beurteilt. Besonderes Augenmerk liegt dabei auf der einfachen Verfügbarkeit von szenerelevanter Kleidung und Musik:

»Skinhead zu sein war bei Weitem nicht so leicht wie heute, das fing bei ganz profanen Sachen an. Wo findet ein Konzert überhaupt statt? Wo bekomme ich Infos, Platten und ein Fred Perry her? Heute gehen die Kids mal kurz ins Netz und wissen alles besser, haben eine Sta-Prest bei Ebay für 15 Euro ersteigert und nennen sich Skinhead. Wir hatten da viel mehr Interesse für die ganze Sache an sich - dieses Lebensgefühl. Ob das heute noch bei den vielen Leuten ähnlich ist, die ich auf den größeren Festivals sehe... ich weiß es nicht, wenn ja – super!« (V)

Wobei den Jüngeren, die diese Vorteile genießen können, mit etwas Skepsis begegnet wird: »Frag heute mal einen jüngeren Skin, der kennt vielleicht einige englische Bands neben dem ganzen Sortiment von Deutschrockbands. Es ist heutzutage so verdammt einfach Skinhead zu sein« (V). STOMPER 98 bringen in einem Interview das Problem, dem sich die Skinhead-Szene gegenüber sieht, auf den Punkt: »[W]as soll aus einer Subkultur werden, wenn die Alten immer von früher schwärmen und die Jungen nicht für voll genommen werden?« (S).

Skinhead und Mode

Dass die Skinhead-Kultur eine ganze Palette an verschiedenen Outfits bereithält, deren Kauf über spezialisierte Labels im Internet mittlerweile problemlos möglich ist, ist erwähnt worden. Davon machen die Skins auch Gebrauch. Eine Vorschrift für den richtigen Skinhead-Look gibt es aber nicht: »Der Skinheadstil hat ja nun viele Facetten in Sachen Mode und ich werd bestimmt nicht festlegen, was man als Skinhead tragen darf und was nicht« (V). LOIKAEMIE sprechen sich explizit für eine Kombination mit anderen Stilen aus:

»Mich stört dieses kleinkarierte Denken. Wenn wir jetzt mal Chucks anhaben und dann angelabert werden: ›Hey ihr seid doch Skins. Wieso habt ihr solche Latschen an?‹ Das finde ich bescheuert. [...] Es ist absoluter Quatsch, sich in einer Subkultur zu bewegen und dann so intolerant zu sein. « (L)

Ähnliche Bemerkungen finden sich auch bei VOLXSTURM wieder:

»D.h. ich trage nun nicht den ganzen Tag Stiefel und Domestoshosen und in meinem Alter guckt man auch eher, dass man sich selber wohlfühlt als vergeblich darauf zu hoffen das andere Menschen meinen Lebensweg gut finden könnten.« (V)

Ebenso wird darauf verwiesen, dass mit dem Alter auch eine gewisse Bequemlichkeit an den Tag gelegt wird: »Im Denken und Handeln auf jeden Fall. Auch wenn man im Laufe der Zeit nicht mehr im klassischen Skinheadoutfit unterwegs ist, im Herzen lebt man so was und da spielt Aussehen keine so große Rolle mehr« (L). Aber Mode, bzw. dem Anlass angemessene Kleidung, bleibt wichtig:

»Jedoch legten wir als junge Skins, und damit meine ich unseren Freundeskreis, auch Wert auf Stil. Wir gingen natürlich nicht mit Domestoshosen und 4-Skins Shirt zum Soul-

Nighter, nein wir machten uns schon adrett zurecht zum Ausgehen. Aber das war eine Selbstverständlichkeit und kein Stigma.« (V)

STOMPER 98 äußern sich hier wie folgt:

»Das Einzige, was ich im Zusammenhang mit STOMPER 98 mit Sicherheit sagen kann ist, dass wir alle 5 nun schon sehr lange Skins sind und uns in der sog. Szene bewegen. Dadurch entsteht eine Verbundenheit mit Werten, die in der Lebensphilosophie Skinhead eine Rolle spielen.« (S)

Allerdings sind diese Werte nicht ein für alle Mal festgelegt: »Für jeden bedeutet es etwas anderes und Style geht natürlich einher damit. Die Frage, ob Hemd oder Shirt, Boots oder nicht, stelle ich nicht [...]« (S).

Was macht den Skinhead aus?

Nachdem nun von der ›Reflektionselite‹ Beobachtungen um Wandel und Einfluss in der Skinhead-Szene aufgezeichnet wurden, bleibt die Frage, was einen Skinhead im Kern ausmacht, über. Auch hier fällt auf, dass es kaum eine wirklich harte Definition gibt.

»Was uns eint, ist die Abgrenzung gegenüber dem Mainstream (also der allgemein anerkannten Pop-Kultur) durch einen bestimmten Kleidungsstil, Musik, Wertvorstellungen, Erfahrungen, etc. Skins sind sicherlich Nostalgiker, aber deswegen nicht unbedingt romantisierend. Die Subkultur der Skinheads ist über 40 Jahre alt, sie war und ist in einem ständigen Fluss, sowohl stilistisch als auch musikalisch. Ständig kamen und kommen neue Einflüsse, die Eingang finden in den ›Skinhead Way of Life‹, einen Stillstand gibt es nicht.« (S)

Die Bestimmung dessen, was ein Skinhead heute ist, fällt bei LOIKAEMIE eher minimalistisch aus:

»Ich lege keinen Wert mehr auf Begriffe wie ›Working Class‹ oder sonst was (...), sondern eher auf Grundsätzlichkeiten, Ehrlichkeit und Intelligenz. Was einen Skinhead ausmacht? Die kurzen Haare und früher noch der Respekt, der einem entgegengebracht wurde.« (L)

Die hier zusammengetragenen Interviewausschnitte belegen, dass auch die Skinhead-Szene vom sozialen Wandel betroffen wird. Entgegen dem gängigen Klischee vom dumpfen Schläger mit Glatze machen sich die hier vorgestellten Mitglieder der ›Reflektionselite‹ durchaus Gedanken zu diesem Prozess und seinen Auswirkungen auf den Status quo der Szene sowie deren Zukunft. Besondere Behandlung genießen dabei die Themen Kommerzialisierung, Mode und Skinhead-Sein. Dabei zeigt sich eine durchaus reflektierte Haltung gegenüber den Auswirkungen des gesellschaftlichen Wandels auf die Szene: Einerseits wird der vereinfachte Zugang zur Szene beklagt, der dem Mitläufertum Tür und Tor öffnet, während andererseits anerkannt wird, dass die Szene – etwa in Bezug auf einfachere Veröffentlichungsmöglichkeiten für Bands, bessere Verfügbarkeit von Szene-Kleidung, usw. – von dieser Öffnung profitiert. Schwierigkeiten bestehen nach wie vor in der konkreten Ausgestaltung dessen, was oder wer als Skinhead gelten kann. Deshalb werden wir im nächsten Schritt unseren Fokus verlagern und den Blick auf das konkrete Geschehen auf Szene-Events richten.

4. SONGTEXTE

Der Ort, an dem sich die Szeneangehörigen mit ihren Freunden treffen, sind in der Regel Konzerte. Sie stellen das Event dar, ohne das die Szene nicht existieren kann: »Ein guter Gig, was trinken, flirten, Spaß haben und für ein paar Stunden alles hinter sich lassen« (S). Auf diesen Veranstaltungen treffen sich die Szenegänger und konstituieren mit dem Szene-Publikum und Szene-Musikern interaktiv das Szenegeschehen. Die meisten dieser Veranstaltungen finden am Wochenende statt. Dementsprechend verdichtet sich das Skinhead-Dasein eher an den arbeitsfreien Tagen als im normalen Alltag. Im Folgenden wird daher auf von Publikum und ›Reflektionselite‹ gemeinsam geteilte Inhalte auf Oi!-Punk-Konzerten rekurriert. Neben bestimmten Moden und Verhaltensweisen, die von Publikum wie Artisten erwartet werden, sind die Songtexte, die häufig auswendig gekonnt und mitgesungen werden, integraler Bestandteil der Szene-Kultur (Vgl. Hitzler/Niederbacher 2010: 143, sowie Möller 2001: 115.) Sie werden im Folgenden auf ihren Beitrag zur Vergemeinschaftung, d.h. auf ihre sinn- und identitätsstiftenden Merkmale, hin untersucht.

Fremdwahrnehmung und Gesellschaft

Ein nicht unerheblicher Teil der Songtexte beschäftigt sich damit, wie Skinheads von ›Gesellschaft‹ und ›Medien‹ wahrgenommen werden. Während die Band STOMPER 98 bemängelt, die Skinhead-Szene würde von der Außenwelt nicht oder nur falsch verstanden und in ihrer Differenziertheit nicht wahrgenommen, weil »[d]iese Szene, diese Kultur [...] viel komplexer [sei,] als es von außen scheint« (S), diskutieren die Mitglieder der Band VOLXSTURM in eine andere Richtung. Die ablehnende Haltung gegenüber großen Musiksendern wie MTV trage nicht dazu bei,

> »die Toleranz gegenüber unserer Szene zu erhöhen und Vorurteile abzubauen [...]. Auf der einen Seite versuchen wir [...] das klischeehafte Bild über Skins in der Öffentlichkeit gerade zu rücken und auf der anderen Seite haben wir die paranoide Vorstellung über Vereinnahmung durch die Mainstream-Medien.« (V)

Trotz dieser unter Umständen in gegenteilige Einschätzungen laufenden Überlegungen halten die vorgestellten Oi!-Bands in ihren Songtexten am widerspruchsvollen Verhältnis zwischen Skins und Gesellschaft fest.

Die totale Fremdheit und die damit verbundene Feindschaft der Gesellschaft drücken STOMPER 98 u.a. durch Textzeilen wie diese aus: »Ein Produkt dieser Gesellschaft, in dieser kranken Zeit! Dafür erwartest du das Schlimmste – mach dich dafür bereit! [...] Deine Art zu leben ist ihnen fremd« (STOMPER 98 2007: Identität). Auch wird unterstellt, dass häufig von Seiten der ›Gesellschaft‹ gar kein ernstes Interesse daran bestehe, den Lebensstil der Skinheads zu verstehen: »Willst du wissen, wo ich herkomm'? Wirklich wissen, wer ich bin? Du schaust mich an, doch du siehst nichts, für dich ergibt das keinen Sinn« (STOMPER 98 2011: Antisocial). Die Band VOLXSTURM wehrt sich in ihren Texten gegen gesellschaftliche Bevormundung. In dem Lied »Tanz!« heißt es: »Ich brauch keinen, der für mich denkt, brauch kein Arschloch, das mich lenkt. Nehm mir die Freiheit, die ich brauch« (VOLXSTURM 2002: Tanz!).

Für die Band LOIKAEMIE ist die Auseinandersetzung mit der angenommen gesellschaftlichen Perspektive auf Skinheads ebenfalls ein Thema, das häufig in ihren Texten bearbeitet wird. Mit ironischem Unterton wird ein Bild des Skinheads skizziert, welches das der veröffentlichten Meinung zum überdimensionierten Bürgerschreck weiter überzeichnet und gleichzeitig mit dessen Umsetzung spielt:

> »Wir rasieren uns nicht die Haare, nein wir reißen sie uns aus. Wir haben einen an der Waffel und wir machen uns nix draus. Und wenn da einer kommt, der sagt: ›Ich könnt kotzen, wenn ich euch seh!‹ Dann sagen wir: ›Eh Alter, wir bedienen das Klischee!‹« (LOIKAEMIE 2005: Wir sind geil, wir sind schön)

Ein ähnliches Spiel mit den veröffentlichten Klischees wird von der ostdeutschen Band in dem Song »Sex, Gewalt und gute Laune« getrieben:

> »Wenn du wissen willst, wie wir leben, mach die Augen auf und staune: Für uns kann's nur eines geben: Sex, Gewalt und gute Laune [...] nie machen wir das, was wir sollen und gehen lieber alles kaputt machen« (LOIKAEMIE 2007: Sex, Gewalt und gute Laune).

Besonders die Mainstream-Medien, die – wie bereits erwähnt – in der Regel ihren Fokus auf Berichterstattung über Nazi-Glatzen legen, kommen in den Texten der Bands selten gut weg (Vgl. Hitzler / Niederbacher 2010: 140.) Die Band LOI-

KAEMIE kritisiert auf ihrem Album »III« die ›Journaille‹: »Es gibt beim Fernseh'n Leute, die kennen mich genau: Ich gehe nicht zur Arbeit und benehm' mich, wie 'ne Sau [...]« (LOIKAEMIE 2002: Es gibt beim Fernsehen Leute). Die Band kombiniert ihre Medienkritik mit einer Polemik gegen Menschen, die den Zeitungen, Fernsehberichten, usw. Glauben schenken:

»Hintergründe erkennt man nicht und wenn, dann interessier'n sie nicht. Sie reden nur Stuss und Lügen über uns - Die Bild-Zeitung hat immer recht [...] Wenn einer immer Talkshows schaut und dabei an das Gute im Menschen glaubt, dem gehört aufs Maul gehauen, denn er kann nicht über seinen eigenen Horizont schau'n« (LOIKAEMIE 1999: Haut dem Volk aufs Maul).

STOMPER 98 unterstellen den Mainstream-Medien, die Skinhead-Szene mit allem, was sie ausmacht, zu bekämpfen: »Auf die Lügen aus den Medien sollst du nicht hören, alles was dir wichtig, wollen sie zerstören [...]« (STOMPER 98 2007: Identität). Generell nimmt das Thema Medienberichterstattung in den Texten von STOMPER 98 einen relativ großen Raum ein: »Hör' die Worte der Presse – garantiert niemals fair. Hör die Worte der Presse – ignorieren fällt dir schwer« (STOMPER 98 2008: Die Blicke der Leute). Auch bei VOLXSTURM finden sich Texte, welche die Verständnislosigkeit von Nicht-Szeneangehörigen thematisieren:

»Manche sagen wir wären Assis, der Verstand nicht gerade groß. Tätowierte Arbeitslose, gewalttätig und doch tatenlos. [...] Es ist nun mal so, mein Leben eine Punkrock Show. Auch wenn Du es nicht verstehst und mit deinen Idealen baden gehst« (VOLXSTURM 2005: Punkrock Show).

In diesen Zusammenhang fällt – eben auch vermittelt durch die mediale Öffentlichkeit – die Auseinandersetzung mit und die Abgrenzung von der Nazi-Szene. Dazu finden die angesprochenen Bands allesamt deutliche Worte: So heißt es bei LOIKAEMIE: »Right-winged scum, you have no place in our scene, right-winged scum, we'll teach you what skinhead really means.« Und im Refrain des Liedes heißt es weiter: »You're the sickness of our generation, you've infested almost every nation. You're the plague of our society, you're are our most hated enemy« (LOIKAEMIE 2002: Good night, white pride).

Die ›normale Bevölkerung‹, deren Bild von der Szene hochgradig von der Vermittlung durch die Medien abhängt, wird ebenfalls als Aggressor betrachtet: »All' die Leute in den Straßen, sie dreh'n sich flüsternd nach uns um. Wir sind gewalttätig und hässlich, asozial, stinkfaul und dumm [...]« (STOMPER 98 2007: Für die Ewigkeit). Stets sieht sich die Szene von der Gesellschaft an den Pranger gestellt und teilweise inszeniert man sich als Opfer einer Hetzjagd, bzw. Freiwild (Vgl. STOMPER 98 2003: Ich schlag' zurück): »Wie hast du reagiert, als sie deinen Namen benutzten? Als sie dich niedermachten und deinen Kult beschmutzten? [...] Hat man dich auch gehasst, voller Abscheu betrachtet [...] bei ihrer Hexenjagd?« (STOMPER 98 2008: Hexenjagd)

Das Verhältnis zwischen Skinheads und Außenwelt erweist sich jedoch trotz aller Opferstilisierung in den Songtexten als zwiespältig. Bei aller Kritik an falscher Medienberichterstattung, Nazi-Klischees und angeblicher Hexenjagd auf die Szene, wird das Vorurteil des dumpfen, rechten Schlägers gelegentlich als Vehikel genutzt, absichtlich zu provozieren und Stärke zu zeigen, bzw. sich vom Rest der Gesellschaft abzugrenzen: »Die Blicke der Leute – genieße das. Die Blicke der Leute – ja, es macht dir Spaß. Was sagen ihre Augen? Sie wenden sich ab. Respekt oder Angst spielt keine Rolle – es ist dir egal« (STOMPER 98 2008: Die Blicke der Leute).

In diesem Sinn ist auch die Abgrenzung von vermeintlichen Hippies zu verstehen, zu denen sich die Skinheads als nicht nur als ästhetischen Gegenentwurf verstehen, obwohl man sich textlich primär bei den Klischee-Bildern aufhält: »Jesus-Latschen, Zottelmähne, lange Haare, gelbe Zähne. Freie Liebe – Blumenmeer, Krieg – wir sind die Gegenwehr« (LOIKAEMIE 2002: Das Haar im Bier) singen LOIKAEMIE, während STOMPER 98 sekundieren: »Hippie-Frauen mit unrasierten Beinen, bei diesem Anblick fangen wir an zu weinen!« (STOMPER 98 1999: Happy Hippie Hit) Die Haltung der Hippies was Natürlichkeit und Ablehnung von Gewalt angeht, widerspricht dem Ideal ›harter Männlichkeit‹ der Skinheads, die ihre Stärke durch das Aushalten und tägliche Abarbeiten an gesellschaftlichen Widersprüchen gewinnen. (Hitzler/Niederbacher 2010: 145).

Gesellschaftskritik und Klasse

Obwohl sich die meisten Skinhead-Bands einer eindeutigen (partei- oder lager-) politischen Zuordnung verwehren und sich als ›unpolitisch‹ bezeichnen, nehmen sie alle für sich in Anspruch, » [u]nbequem zu sein, Dinge zu hinterfragen und in Frage zu stellen [...]«(V) Während sich STOMPER 98 explizit auf die Arbeiterklasse beziehen, bzw. »einen Klassenstandpunkt« (S) für sich in Anspruch nehmen, bleibt die Verwendung des Arbeits- bzw. Klassenbegriff von Band zu Band unterschiedlich. Dabei stört auch die in den Interviews gemachte Bemerkung nicht, dass es in Deutschland »keine klassische Arbeiterklasse mehr gibt [...]« (S) Dennoch bleibt der Szene, auch wenn sie sich zu weiten Teilen nicht mehr selbst aus dem traditionellen Fabrikarbeiter-Milieu rekrutiert, ein gewisser Produzentenstolz – als eben ›ehrlich arbeitender‹ Teil der Bevölkerung eigen –, aus dem auch gestalterische Ansprüche abgeleitet werden können. Ein Bandmitglied von VOLXSTURM erklärt:

»[I]ch bin aber durchaus der Meinung, dass man für seine Familie und seinen Lebensunterhalt schon selber sorgen sollte und Konsequenz im Handeln durchaus erstrebenswert ist [...]. Im Caféhaus sitzen und einen überhöhten Anspruch an die Anderen haben, sich zu bewegen, selber aber wenig praktisch zu handeln, ist ein eben solches Thema«(V).

In den Songtexten wird dieser Bereich noch pointierter dargestellt. Die Band LOIKAEMIE etwa behauptet in »Wir kommen auf die Welt« ein gegensätzliches Interessenverhältnis der Klassen. Sie beschreiben: »Tagein, tagaus, Jahr für Jahr, ein Leben lang: Immer schön Routine, alle ziehen am selben Strang, damit es meinem Chef gut geht und seine Firma weiter wächst. Ist man auf der Welt und mit 60 verreckt.« Und stellen im Refrain zunächst fest: »Ich komme auf die Welt und ich weiß nicht, warum. Ich arbeite und sterbe. Alle werden reich und ich bleib' dumm. Auf das ich niemals glücklich werde!« (LOIKAEMIE 1999: Wir kommen auf die Welt) Bei STOMPER 98 finden sich positive Bezüge auf die Arbeiterklasse, der als benachteiligter Klasse Gerechtigkeit wiederfahren sollte. So heißt es im Refrain des Songs »C.B.C«: »Die Großen lasst ihr laufen und die Kleinen sperrt ihr ein. Gleiches Recht für alle, muss auch für euch sein.« Und weiter in der Strophe: »Schweigegeld von Unternehmern, und jeder weiß Bescheid. Vereitelt die Gerechtigkeit, mit euren blinden Augen« (STOMPER 98 1999: CBC). In »Helden des Alltags« besingen STOMPER 98 den Widerstandsgeist der Unterdrückten, auch wiederum mit explizitem Verweis auf die Arbeiterklasse, die noch zu wenig aus ihrem Möglichkeiten mache: »Helden des Alltags, auch ihr seid mit dabei! Ohne Rücksicht auf Verluste macht ihr euch von allem frei!« und in der Strophe: »Hörst du das Gerede deiner Klasse? Die sich verkennt, verkauft und verrät. Die nur noch ans konsumieren denkt. Wacht auf, sonst ist es zu spät!« (STOMPER 98 2007: Helden des Alltags) Auch VOLXSTURM behaupten die Existenz einer – wie auch immer gearteten – Arbeiterklasse. Ähnlich wie bei STOMPER 98 finden sich Aufrufe an die Klasse, sich bewusst zu werden und gemeinsam zu handeln. Im ersten Teil der Strophe von »So sind sie« wird fragen VOLXSTURM »Ist die Working Class schon Vergangenheit, denn ich frage mich, wo ist der Zusammenhalt?« (VOLXSTURM 2006: So sind sie)

Kritik, die kapitalistische Eigentumsverhältnisse explizit in Frage stellt – so wie sie etwa von sozialistischen und kommunistischen Gruppierungen propagiert wird, die ebenfalls für sich in Anspruch nehmen, Arbeiterinteressen zu vertreten – wird von den Bands in ihren Songtexten nicht geäußert. Allerdings finden sich häufig Aussagen und Textzeilen zu den Themen Armut, bzw. geringe Bezahlung, also Beschreibungen der »Existenz im Minimalen« (STOMPER 98 2003: Furcht besiegt die Hoffnung), Arbeitslosigkeit und Kündigungspolitik, sowie das Beklagen mangelnder Solidarität innerhalb der Gesellschaft und der doch irgendwo verorteten Arbeiterklasse. Im Interview heißt es dazu: »Die einfachen

Leute machen von ihrer Macht[,] auf die Straße zu gehen [und] Veränderungen/Verbesserungen einzuleiten einfach keinen Gebrauch« (S). Dies hänge damit zusammen, dass »in Deutschland noch jeder Fabrikarbeiter auf einen Hartz IV-Empfänger runterguckt« (S). LOIKAEMIE kritisieren in diesem Zusammenhang den Umgang mit Arbeitern, die ihr Leben lang gearbeitet haben und durch Jobverlust ihre Würde zu verlieren drohen. In dem Song »Beschissenes kleines Leben« heißt es:

»Einfach fallengelassen, vor die Tür gesetzt. Ging er jahrelang arbeiten und erfüllte seinen Zweck. So was kann doch nicht wahr sein, so was stinkt doch bis zum Himmel. Diese Ungerechtigkeit, da geht's doch nur noch um Gewinne« (LOIKAEMIE 2002, Beschissenes kleines Leben).

Einen alternativen Gesellschaftsentwurf oder einen Aufruf zu großen politischen Veränderungen sucht man in den Songtexten der drei Oi!-Bands vergebens. Dem viel kritisierten Konsum wird keine irgendwie anders geartete Gesellschaft entgegengestellt, sondern sich in den Bereich des Privaten zurückgezogen: »[...] wenn ich mal wenig habe, geht davon die Welt nicht unter, weil ich gelernt habe, andere Dinge wertzuschätzen, wie eben meine Musik, meine Familie [...]« Zu dieser Einschätzung korrespondieren die Textzeilen: »Deine Klasse, die Familie, ist das was für dich zählt. Ganz egal, wer hier die Macht hat, du hast sie nicht gewählt« aus dem Song »Identität« von STOMPER 98.

Neben der Familie, die modernen Tendenzen der Vereinzelung Einhalt gebieten soll, wird auch immer wieder Freundschaft als adäquates Gegenmittel präsentiert. Verbunden mit der wiederkehrenden Nennung dieses Begriffs ist der Aufruf, Einigkeit (Unity) zu erzeugen. Es wird die Frage gestellt: »Warum kann es nicht wie früher sein, alle zusammen und alle vereint?« (VOLXSTURM 2008: Oi!). Auch bei STOMPER 98 finden sich einige Songtexte, in denen Freundschaft und Zusammenhalt beschworen werden: »Noch immer zählt Zusammenhalt, bei uns bist Du nie allein. Noch immer gibt es Freundschaft, so wird es auch lange sein« (STOMPER 98 1999: Du bist wie wir). Freundschaft dient auch als Mittel zur Abgrenzung gegen den Rest der Gesellschaft, der für Skinheads wenig übrig hat: »Das was du so erhältst, ist nicht das was dir gefällt. Doch in mir hast du einen Freund, der sich an deine Seite stellt. Vergiss die Welt, sie kann dich nicht verändern! Mach nur, was dir gefällt! Für uns, ja da bist du ein ganz normaler Held« (STOMPER 98 2008: Vergiss die Welt). Und bei LOIKAEMIE heißt es: »Ihr bringt uns nicht auseinander, mit euren Lügen. Gegen euch zusammenzuhalten, das ist uns ein Vergnügen« (LOIKAEMIE 2002: Oi! That's yer Lot).

5. FAZIT

In der Zusammenstellung wir deutlich, dass die Skinhead-Szene trotz aller lyrisch verfestigten Anti-Haltung nicht alle Werte und Konventionen über Bord wirft, sondern in der Regel sogar ins Wanken geratene Einstellungen ins Leben zurück rufen möchte: »Es ist also mehr der romantisierende Versuch einer (symbolischen) Rückgewinnung der Ästhetik und Bedeutung der Arbeiterkultur [der Vergangenheit] [...] als eine politische Protesthaltung.« (Hitzler/Niederbacher 2010: 141) Es geht um ›Ehrlichkeit‹ und ›Treue‹, die männlich-standhafte Skinhead-Solidarität ist Ausdruck des Anspruchs, soziale Verbindungen und Freundschaft auch in einer individualisierten Gesellschaft aufrecht zu erhalten.

Aus den angeführten Text-Ausschnitten wird deutlich, wie sehr der Skinhead in seiner gesellschaftlichen Opferrolle gefangen ist: Die Szene sieht »ihrer eigenen Deklassierung mit unerschütterlichem Opferstolz zu« (Farin 2001: 17.) Auf der einen Seite ist es nötig, sich über die gesellschaftliche Missachtung zu beschweren, zu zeigen, wie sehr man unter ihr zu leiden habe, auf der anderen Seite muss dieselbe gesellschaftliche Missachtung immer neu reproduziert werden, da sonst der gesamte Mythos des ›social outcast‹ über Bord ginge:

»Der Skinheadstil, bei all seiner scheinbaren Plumpheit, ist eine bewu[ss]t eingenommene Pose, die Inszenierung eines Opfers, das trotz aller Widrigkeiten stolz und männlich-wehrhaft den nächsten Angriff erwartet« (Farin 2001: 24.) Auf die Spitze getrieben wird diese Pose im Bild des ›Crucified Skin‹, einem beliebten Tattoo- und Plattenmotiv, welches einen an ein Kreuz geschlagenen Skinhead zeigt. Heldenhaftes Martyrium und Ohnmacht in einer Person vereint (Vgl. Hachel 2001: 167.)

Im Licht der hier vorgestellten Äußerungen aus den Interviews wie auch aus den Songtexten erscheint die Skinhead-Szene als eine Szene im dauer-prekären Zustand. Der angenommene Urzustand der Skinheads als rein proletarische Jungendbewegung, an der die bürgerlich-kapitalistischen Verwertungsprozesse vorbeiziehen, wird dabei zum Prüfstein. Einerseits fühlt man sich sehr wohl in dieser von Medien und Mainstream unbeobachteten Ecke, andererseits sieht man sich gezwungen, die Dinge richtig zu stellen. Es wird als Gratwanderung wahrgenommen, wenn eine Öffnung der Szene angestrebt wird, die mit einer eindeutigen Distanzierung von dumpfen rechten Schlägern einhergehen soll, gleichzeitig aber in relativer Distanz zur Vereinnahmung durch Massenmedien und -kultur zu verbleiben.

Die angenommene gesellschaftliche Sicht auf die Skinhead-Szene schreit nach einer Antwort. Reagiert wird mit Songtexten, die an der sozialen Herkunft der Skinheads keinen Zweifel lassen. Mit der mythischen Beschwörung der Arbeiterklasse und deren konstruierten Werten und Normen, die als Verhaltensrichtlinien gelten, soll dem verbürgerlichten gesellschaftlichen Mainstream ein Gegenpol gesetzt werden.

LITERATUR

Brown, Timothy S. (2004): »Subcultures, Pop Music and Politics. Skinheads and ›Nazi Rock‹ in England and Germany«. In: Journal of Social History.Heft 38:1. 157-178.

Farin, Klaus (2001): »Die mit den Roten Schnürsenkeln... Skinheads in der Presseberichterstattung«. In: Farin, Klaus [Hg.]: Die Skins. Mythos und Realität. Bad Tölz: Thomas Tilsner Verlag, 233-257.

Ferchhoff, Wilfried (1990): Jugendkulturen im 20. Jahrhundert. Von den sozialmilieuspezifischen Jugendsubkulturen zu den individualbezogenen Jugendkulturen, Frankfurt am Main: Peter Lang.

Gebhardt, Winfried (2006): »Jugendkultur, Jugendsubkultur, Jugendszene. Zur Soziologie juveniler Vergemeinschaftung«. In: Institut für Soziologie der Universität Koblenz-Landau [Hg.]. Im Internet unter: http://www.uni _koblenz.de/~instso/gebhardt/sose_06/seminarmaterial_ss__2006/jugendkult uren__.pdf

Hachel, Heinz (2001): »Alex und Co. Glatzensymbole«. In: Farin, Klaus [Hg.]: Die Skins. Mythos und Realität. Bad Tölz: Thomas Tilsner Verlag, 167-176.

Hitzler, Ronald (2008): »Brutstätten posttraditionaler Vergemeinschaftung. Über Jugendszenen«. In: Hitzker, Ronald/Honer, Anne/Pfadenhauer, Michaela [Hg.]: Posttraditionale Gemeinschaften. Theoretische und ethnografische Erkundungen. Wiesbaden: VS, S. 55-72.

Hitzler, Ronald/Niederbacher, Arne (2010): Leben in Szenen. Formen juveniler Vergesellschaftung heute, 3., völlig überarbeitete Auflage. Wiesbaden: VS.

Korte, Hermann (2004): Soziologie. UTB: Konstanz.

Lamnek, Siegfried (1979): Theorien abweichenden Verhaltens: eine Einführung für Soziologen Psychologen, Pädagogen, Juristen, Politologen, Kommunikationswissenschaftler und Sozialarbeiter. München: Fink.

Lauenburg, Frank (2009): 40 Jahre Skinheads. Jugendszene und Arbeitermythos, München: Meidenbauer.

Möller, Kurt (2001): »Hässlich, kahl und hundsgemein. Männlichkeits- und Weiblichkeitsbilder in subkulturellen Selbstverständnissen von Skinheads«.

In: Farin, Klaus [Hg.]: Die Skins. Mythos und Realität. Bad Tölz: Thomas Tilsner Verlag, 118-141.

SONGS

LOIKAEMIE (1999): »Haut dem Volk aufs Maul« Auf: Wir sind die Skins.
LOIKAEMIE (1999): »Wir kommen auf die Welt« Auf: Wir sind die Skins.
LOIKAEMIE (2002): »Beschissenes kleines Leben« Auf: III.
LOIKAEMIE(2002): »Das Haar im Bier« Auf: III.
LOIKAEMIE(2002): »Es gibt beim Fernsehen Leute« Auf: III.
LOIKAEMIE(2002):»Good Night, White Pride« Auf: III.
LOIKAEMIE(2002): »Oi! Thats yer lot!« Auf: III.
LOIKAEMIE (2005): »Wir sind geil, wir sind schön« Auf: 10 Jahre Power from the Eastside.
LOIKAEMIE (2007): »Sex, Gewalt und gute Laune« Auf: Loikaemie
STOMPER 98 (1999): »C.B.C« Auf: Stomping Harmonists.
STOMPER 98(1999): »Du bist wie wir« Auf: Stomping Harmonists.
STOMPER 98(1999): »Happy Hippie-Hit« Auf: Stomping Harmonists.
STOMPER 98 (2003): »Furcht besiegt die Hoffnung« Auf: Jetzt erst recht!
STOMPER 98(2007): »Für die Ewigkeit« Auf: Für die Ewigkeit.
STOMPER 98(2007): »Helden des Alltags« Auf: Für die Ewigkeit.
STOMPER 98(2007): »Identität« Auf: Für die Ewigkeit.
STOMPER 98(2008): »Die Blicke der Leute« Auf: Tage deiner Jugend.
STOMPER 98(2008): »Die Blicke der Leute« Auf: Tage deiner Jugend.
STOMPER 98 (2008): »Hexenjagd« Auf: Tage deiner Jugend.
STOMPER 98(2008): »Vergiss die Welt« Auf: Tage deiner Jugendkultur.
STOMPER 98(2011): »Antisocial« Auf: Antisocial-EP.
VOLXSTURM (2002): »Tanz!« Auf: Bi Uns to Hus.
VOLXSTURM(2005): »Punkrock Show« Auf: Ultimo Asalto Split-EP
VOLXSTURM(2006): »So sind sie« Auf: Lichter meiner Stadt
VOLXSTURM(2008): »Oi!« Auf: Oi! is Fun!

FANZINES UND ONLINE-INTERVIEWS

http://crazyunited.de/interview-stomper-98/, zuletzt abgerufen am 25.06.2012.
http://volxsturm.proboards.com/index.cgi?board=inties&action=display&thread=23, zuletzt abgerufen am 25.06.2012.

http://volxsturm.proboards.com/index.cgi?board=inties&action=display&thread=4, zuletzt abgerufen am 25.06.2012.
http://volxsturm.proboards.com/index.cgi?board=inties&action=display&thread=53, zuletzt abgerufen am 25.06.2012.
http://www.ox-fanzine.de/web/itv/3610/interviews.212.html, zuletzt abgerufen am 25.06.2012.
http://www.ox-fanzine.de/web/itv/3987/interviews.212.html, zuletzt abgerufen am 25.06.2012.
http://www.ox-fanzine.de/web/itv/3995/interviews.212.html, zuletzt abgerufen am 25.06.2012.
http://www.ox-fanzine.de/web/itv/948/interviews.212.html, zuletzt abgerufen am 25.06.2012.
http://www.ox-fanzine.de/web/stage_bottles_und.356.html, zuletzt abgerufen am 25.06.2012.
http://www.plastic-bomb.eu/cms/index.php/artikelkolumnen/interviews/694-atakeks-vs-volxsturm, zuletzt abgerufen am 25.06.2012.
http://www.pressuremagazine.de/news/volxsturm-im-interview-zum-album-ein-kleines-bisschen-wut.html, zuletzt abgerufen am 25.06.2012.
http://www.punkrock-fanzine.de/?p=89, zuletzt abgerufen am 25.06.2012.
http://www.westzeit.de/interviews/index.html?id=1228, zuletzt abgerufen am 25.06.2012.
http://www.westzeit.de/interviews/index.html?id=984, zuletzt abgerufen am 25.06.2012.

»Lies (through the 80s)« Immer gleich und besser

Popkultur und -musik zwischen Trash und Innovation am Beispiel der Neuen Deutschen Welle (NDW)

CHRISTOPH JACKE

1. EINLEITUNG

Der Song »Lies (through the 80s)« der MANFRED MANN'S EARTH BAND aus dem Album »Chance« von 1980 (Bronze Records) kann hier als Charts-tauglicher Song einer Megaseller-Band gelesen werden, der dennoch eine für jene Zeit so typische Mentalität in der Popmusik widerspiegelt: Der absolute Fortschrittsgedanke einer sich entwickelnden postindustriellen Gesellschaft wird gekoppelt mit einer gewissen Zukunftsangst. In dem von Chris Thompson gesungenen Song werden die vielen Versprechungen der späten Siebziger und frühen Achtziger Jahre als Lügen und Schein bezeichnet und immer wieder die Frage nach der eigenen Position und Zukunft gestellt. Freilich ist dies eine pure Interpretation von »Lies (through the 80s)«. Bemerkenswert ist in jedem Fall, dass dieser Song und seine Interpreten keinesfalls im Verdacht standen, aus nihilistischen Punk-Szenen zu stammen oder mit affirmativ-ironischen New Wave-Gestus zu performen. Das Gefühl aus Euphorie und Apokalypse schien also im Mainstreambereich der Popmusik angekommen zu sein, wie sich an vielen anderen, auch deutschsprachigen Beispielen belegen ließ.

In meinem Beitrag möchte ich ein besonderes Augenmerk auf die so genannte Neue Deutsche Welle (NDW)[1] werfen. Dabei soll in einer Collage aus Text- und Bandzitaten sowie einer medienkulturwissenschaftlichen Betrachtung dieser Art von deutscher Popmusik Ende der siebziger, Anfang der achtziger Jahre essayistisch heraus gearbeitet werden, wie sich dieses Genre entwickelt hat, also woher es kam, wie es sich ausdifferenzierte und wieso so viele der damaligen Künstler bis heute einen sehr großen Einfluss auf nicht nur deutschsprachige Popmusik zwischen Punk, New Wave, Electro, Techno und experimenteller Musik ausstrahlen, die frühen Bands und Musiker immer wieder als Referenzen genannt werden und selbst bis heute diverse Fortführungen oder Comebacks erleben.

Dabei möchte ich weniger eine popmusikhistorische Auflistung oder detailgetreue Beschreibung leisten, sondern vielmehr eine Einordnung dieser für deutsche Popmusik so wichtigen Phase in popkulturelle und gesamtgesellschaftliche Verhältnisse und ihre Charakteristik für die allgemeine postmoderne Mentalität jener Zeit. Zudem erscheint mir dieses Umfeld von popmusikalischen und künstlerischen Akteurinnen und Akteuren interessanterweise ca. 30 Jahre später erstaunlich aktuell und viel zitiert in Sounds, Lyrics, Moden, Images etc. junger Bands, weswegen ein genauerer, dicht beschreibender Blick angebracht ist.[2]

Der ›launische‹ Beitrag soll sich zunächst mit den für die achtziger Jahre so typischen großen Unterscheidungen wie Ost/West, Links/Rechts, Mainstream/Subkultur etc. auseinandersetzen und diese als Kennzeichen auch in der Popmusik systematisch und diskutierend darstellen, also etwa verschiedene Arten von binären Oppositionen und deren Bedeutung für Fortschritt erläutern (Kapitel 2: 1980er: Klare Differenzen und Oppositionen!? Postmoderne und Popmoderne). Daran anschließend soll die Popmoderne als typische postmoder-

---

1 Diedrich Diederichsen verdanke ich den persönlichen Hinweis, dass der Berliner Indie-Laden Vinyl Boogie, der den Begriff laut Diederichsen als erster, noch vor Alfred Hilsberg, benutzte, alles groß oder alles klein schrieb in seinen Anzeigen. Hilsberg schrieb in seiner Artikelserie für die Musikzeitschrift Sounds von neuer deutscher Welle. Später wurde vor allem unter Journalisten und Feuilletonisten über die zweite Neue deutsche Welle als Neue Deutsche Welle geschrieben (also mit Diederichsen etwa Ideal in Unterscheidung zu Mittagspause). Letzteres Label hat sich bis heute letztlich etabliert. Vgl. zu einer leicht anderen Version der Begriffsbildung Hornberger 2011: 38-47.

2 Meine dichten Beschreibungen speisen sich dabei aus den Rezeptionen von und Diskussionen zu Popmusik der NDW als Journalist, Wissenschaftler, DJ und neugieriger Zuhörer. Zu meiner Perspektive auf Pop vgl. Jacke 2009 und Diederichsen/Jacke 2011.

ne ernsthafte Spielerei mit diesen ehemaligen Gegensätzen vor allem eben in der deutschen Popmusik erläutert werden, bevor einige Beispiele aus dem Bereich der »NDW« diese popmoderne Wende illustrieren und belegen sollen, inwiefern auch hier wieder Popmusik und -kultur als gesellschaftlicher Seismograph gelesen werden können (Kapitel 3: Das Beispiel »Neue Deutsche Welle«). Abschließend soll sich mit dem Nachlass und mit den Weiterentwicklungen bzw. Zitationen der »NDW« beschäftigt werden, um eventuell erste Thesen für eine umfassendere Beobachtung von Wiederholung und Innovation, von Historisierung und Kanonisierung (deutscher) Popmusik zu formulieren (Kapitel 4: Was bleibt?).

2. 1980er: Klare Differenzen und Oppositionen!? Postmoderne und Popmoderne

Ost und West
DDR und BRD
Osten und Westen
Blau und Grau
Links und Rechts
Oben und Unten
Mann und Frau
High und Low
Heiß und Kalt
Drinnen und Draußen
Mainstream und Subkultur
Programm und Werbung
Melodie und Kakophonie
Aktiv und Passiv
Objekt und Subjekt
Zartbitter und Vollmilch
Kunst und Kommerz
Produktion und Rezeption
Röhre und Karotte
System und Umwelt
Original und Kopie
Fußball und Tennis
Sendung und Sendeschluss
Hippie und Yuppie

Aktualität und Historizität
Kapitalismus und Kommunismus
Kaffee und Tee
Information und Unterhaltung
Weiße Schnürsenkel und rote Schnürsenkel
Schnürsenkel und Slipper
Punk und Müsli
Tageszeitung und Fanzine
Krieg und Frieden
Freizeit und Arbeit
Kunst und Popmusik
Dallas und Denver
Stars und Publikum
Black und White
Innen und Außen
Alkohol und Heroin
Erde und Weltall
Nazis und Antifa
Mensch und Maschine
Bonn und Berlin
NDW und Schlager
TV und Computer
Trash und Innovation
...

»Das Spiel mit der Umkehrbarkeit der Medaillen (von deren Kehrseiten bislang immer behauptet worden war, dass sie ihr anderes Selbst zumindest moralisch negierten) brachte auf die alte Frage Kopf-oder-Zahl eine ganz neue Antwort hervor, nämlich Kopf-und-Zahl, was nahelegte, dass von nun an sogar Geist und Geld zusammengingen. Hier war man anfangs von sich selber überrascht.« (Meinecke 1986: 117)

Der Musiker, DJ und Autor Thomas Meinecke, der selbst bis heute Popmusikgeschichte mit seiner Band FREIWILLIGE SELBSTKONTROLLE/F.S.K. schreibt, bringt in seinem (freilich 1986 publizierten) Fazit zu den achtziger Jahren den so typischen Gestus der entschlossenen Unentschlossenheit auf den Punkt. Pop(musik) scheint hier mal wieder avantgardistische Potenziale entwickelt zu haben. Wo aber die MANFRED MANN'S EARTH BAND eher gesellschaftspolitische Bedenken in einem Popsong formulierten, hat Meinecke längst nach einer Strategie gesucht. Ja, die oben auszugsweise genannten klaren Differenzen, sie waren wohl noch da. Deren Erosion begann eben erst allmählich vor allem in künstlerischen

Bereichen. Das Meinecke'sche»Kopf-oder-Zahl« war noch allgegenwärtig und zudem in der Bundesrepublik Deutschland auch gleichzeitig mit Asymmetrien belegt. Wenn man heute die oben genannte Liste durchliest, scheinen diese Gewichtungen immer noch bewertend durch. Der soziologische Systemtheoretiker Niklas Luhmann hätte hierzu aus Sicht der Differenztheorie eine ganze Menge sagen können, nur, dass er sich mit Musik und Pop eher weniger bis gar nicht beschäftigte. Dennoch ist es sicherlich kein Zufall, dass seine Großtheorie, die mit der Unterscheidung zwischen System und Umwelt beginnt, eben zu jener Zeit an immenser Bedeutung vor allem in den deutschsprachigen Sozial- und Geisteswissenschaften gewann, als die EARTH BAND von den latenten Lügen sang und Meinecke von den Seiten der Medaille schrieb.

Nun aber brachen in die Welt dieser klaren Unterscheidungen und Modelle zunächst in den künstlerischen Bereichen, dann aber auch immer mehr sowohl in Lebenswirklichkeiten als auch wissenschaftlich-philosophischen Beobachtungen Irritationen, Verwässerungen, Erosionen und Vermischungen ein, das Meinecke'sche »Kopf-und-Zahl«, die »Popgesellschaft« im Sinne von Olaf Karnik (2003) erhielt einen evolutionären Schub. Das bedeutete zweierlei: Pop selbst wurde immer gesellschaftsfähiger und bemerkte, dass damit ein starker Verlust an subversivem Potenzial einherging. Da Pop – und das bedeutet immer, dessen Akteure – stets strategisch denkt, wurde in bestimmten Bereichen längst darüber nachgedacht, wie man diesen Verlust kompensieren kann. So entstanden neue Provokationen, etwa das Aberkennen der etablierten Differenzen oder das überzeichnete Ausstellen dieser. In diesen Haltungen oder Strategien trafen sich spielerische Momente aus Pop (Popmoderne) und durchaus grundlegendere Ansätze aus Kunst, Literatur, Musik und Philosophie (Postmoderne) ohne Anspruch auf Verbindlichkeit.

Noch einmal kurz zu den Oppositionen: Diese können für die genannte Phase in Pop(musik) besonders gut auf zwei Arten erkannt werden:

- Diachron/historisch: das Erbe der 70er: Punk versus Hippie, New Wave versus Punk, Pop versus Punk/Hippie. Skin versus Hippie/Punk etc., Rock versus Skin, Rock versus Mod etc., Jugend gegen Eltern etc.
- Synchron/systematisch: Stile/Genres gegeneinander, Bevölkerungsgruppen gegeneinander, Schichten gegeneinander etc.

Diese Oppositionen bewegten sich auf einem spielerischen Terrain, waren immer nur für bestimmte Phasen verbindlich und oftmals nur für ihre Teilnehmenden erkenntlich und anwendbar. Ein Beispiel: Natürlich gab es im Punk eine gewisse Antipathie gegenüber den eher weltflüchtigen Hippies, natürlich galt Punk noch viel mehr als jugendkulturelle Erfahrung der Großstadt oder überhaupt erst einmal der Stadt. Dennoch lassen sich diese Beobachtungen nur schwerlich insbesondere im Nachhinein pauschal beschreiben. Wie es Diederichsen (1983) so treffend für den Bereich des reflexiven Punks, also in starken Anteilen auch den akademisierten Punk skizzierte, ging es ja eben nicht nur um Opposition gegen Eltern, Establishment, Hippies oder die Gesellschaft, sondern auch um ein Versagen der Möglichkeit der zeichenhaften Opposition überhaupt, allerdings mit Hilfe der Zeichen. Man konnte also nur versuchen, die Sicherheitsnadel und das Hakenkreuz umzudeuten oder sogar zu entleeren.

Oder mit den Worten des Literaten, Gesellschaftsbeobachters oder Wirklichkeitsbedeuters (vgl. Bonz 2011) Rainald Goetz formuliert:

»Es ist ein Fehler, die Ordnungskategorien anzuerkennen, mit deren Hilfe Wahrheit, Radikalität, Subversion staatstragend gemacht werden sollen und gemacht werden. Wem es so wichtig ist, ein Revolutionär zu sein, dass auch der letzte Dödel es weiß und anerkennt (Du böses Extremist, du kriegen Telefonüberwachung und nix Staatsdienst), der kann nur stützen wollen, was zu bekämpfen er vorgibt.« (Goetz 2003: 91)

Um diesen Gestus insbesondere von Meinecke, Diederichsen und Goetz noch ein bisschen besser einschätzen zu können – so unterschiedlich er natürlich in diesen drei Perspektiven angelegt ist – und um die Bedeutung und Tragweite von Musik und Text der Neuen Deutschen Welle besser einordnen zu können, soll hier noch einmal kurz auf die Postmoderne eingegangen werden.

In seiner Nachschrift zum Roman »Im Namen der Rose« beschreibt der italienische Semiotiker und Literat Umberto Eco sein Verständnis von Postmoderne:

»Ich glaube indessen, dass ›postmodern‹ keine zeitlich begrenzbare Strömung ist, sondern eine Geisteshaltung oder, genauer gesagt, eine Vorgehensweise, ein *Kunstwollen*[.]« (Eco 1984: 77)

»Die postmoderne Antwort auf die Moderne besteht in der Einsicht und Anerkennung, dass die Vergangenheit, nachdem sie nun einmal nicht zerstört werden kann, da ihre Zerstörung zum Schweigen führt, auf neue Weise ins Auge gefasst werden muss: mit Ironie, ohne Unschuld.«(Eco 1984: 78)

»Ironie, metasprachliches Spiel, Maskerade hoch zwei. Weshalb es dann – wenn beim Modernen, wer das Spiel nicht verstand, es nur ablehnen konnte – beim Postmodernen auch möglich ist, das Spiel nicht zu verstehen und die Sache ernst zu nehmen.« (Eco 1984: 79)

In Ecos kurzen Beschreibungen zeigt sich die Auffassung von Postmoderne nicht etwa als eigenem historischem Abschnitt, sondern eher als Auswuchs aus der so genannten Moderne. Die Aufklärung wird durch die Postmoderne reflexiv, und das vor allem im künstlerischen Bereich, aber auch in der Werbung (vgl. Schmidt/Spieß 1996: 53-104) nicht etwa lediglich durch Beobachtung auf der Meta-Ebene oder Kritik, sondern eben gern durch spielerische Ironie, permanente Zitation ohne Quellenangaben und komplexe Hybridisierungen. Die Medienkulturwissenschaftler Siegfried J. Schmidt und Brigitte Spieß haben in ihrer groß angelegten Studie zur Werbung in Deutschland 1956-1989 diese ›Phase‹ oder besser Mentalität der Postmoderne ausgiebig und Eco ganz ähnlich beschrieben:

»Die Grenzen zwischen Kultur, Kommunikation und Konsum werden zunehmend eingerissen. Kultur wird zur popularisierten Ware. Diversifizierung und Pluralisierung schreiten voran, und die sog. Masse differenziert sich aus in Zielgruppen (Special interestgroups) und Marktnischen. In der Kommunikation dominieren Ironie und Intertextualität, Pasticheund Sampling. Die audiovisuellen Medien sind zunehmend fasziniert von Simulation und Hyperrealität; Oberfläche und Repräsentation setzen sich gegen Referenz und hermeneutische Sinn- und Wirklichkeitsverständnisse durch.« (Schmidt/Spieß 1996: 75)

Und weiter:

»Wie bei der Kennzeichnung von Moderne lässt sich auch für Postmoderne keine homogene Gesamtcharakterisierung erkennen, wohl aber ein komplexes Geflecht von Tendenzen. Abstrahiert man von den Detailanalysen, dann lassen sich die signifikanten *Tendenzen von Postmoderne* bestimmen als: Traditionsvernichtung und Kontingenzerweiterung [...]; als Umschalten von Identität auf Differenz; als Tendenz zunehmender Selbstorganisation in funktional differenzierten Gesellschaften; als Depotenzierung aller universalistischen Ansprüche auf Wahrheit, Legitimation, Werte, Ziele, Deutungsmuster, Identitäten und Sinnangebote [...]; als Popularisierung, Entdifferenzierung und Hybridisierung von Kunst und Kultur; als Erosion sozialer Schichtung und zunehmende intersystemische Interaktion.« (Schmidt/Spieß 1996: 85-86)

Die Reflexivität der Beobachter sowohl auf Produktions- als auch Rezeptionsseite spielt dabei die entscheidende Rolle:

»Post-Modern ist, wer und was sein eigenes Beobachten beobachtet, aber angesichts der An-/Einsicht der/in die Konstruktivität gesellschaftlicher wie individueller Wirklichkeitsentwürfe nicht in epistemologisches Entsetzen gerät, sondern auf optimale Optionsstrategien setzt.« (Schmidt/Spieß 1996: 86)

Aus den Zitaten von Meinecke, Goetz und Eco heraus lässt sich diese hier konkretere Betrachtung für den gesellschaftlichen Bereich der Werbung bei Schmidt/Spieß illustrieren, erst Recht durch die zudem stattfindende Entwicklung immer neuer Kommunikations- und Medientechnologien wird auch technologisch die postmoderne Multiperspektivität umgesetzt:

»Die Ausdifferenzierung von Medien und Kommunikation und die Entwicklung hin zur Pluralisierung der Lebenswelten und zum neuzeitlichen Individualismus haben [...] zu einem radikalen Wandel der *Beobachtungsverhältnisse* geführt: Auf der einen Seite wird im Prinzip jeder Teilbereich – Personen, Ereignisse, Schauplätze, Szenen usf. – beobachtbar und (mit oder ohne Zustimmung der Betroffenen) auch tatsächlich beobachtet; auf der anderen Seite wird Gesellschaft, ja werden schon gesellschaftliche Teilsysteme insgesamt unbeobachtbar [.] [Hervorh. im Original, C.J.]« (Schmidt/Spieß 1996: 91)

Dass diese Veränderungen sicherlich Kosten und Nutzen gleichermaßen haben, »Kopf-und-Zahl« bedeuten, erscheint zu Beginn der zehner Jahre des neuen Jahrtausends kaum noch erwähnenswert.[3]

All diese Beobachtungen liefern in ihrer Zusammenstellung aus Musik, Literatur, Kunst, Journalismus und Wissenschaft einen neuen Text, der auch beim Lesenden ohne Zeitzeugentum zumindest ansatzweise ein Gefühl für den Wandel in Pop und Gesellschaft entstehen lassen kann. Betrachtet man heute nun einen bestimmten Bereich deutschsprachiger Popmusik aus einer Zeit, in der eben diese postmodernen Auswüchse wirkungsvoll in der Popmusik angekommen waren und der wiederum bis heute in neuere Popmusik ausstrahlt, scheinen sich die zuvor benutzten Zitate und Überlegungen (v.a. von Meinecke, Goetz, Diederichsen, Eco) beinahe von alleine einzufügen. Deswegen soll auch mit derartigen Zitaten fortgefahren werden.

3. DAS BEISPIEL »NEUE DEUTSCHE WELLE«

»Die zentrale Hoffnung, die zentrale kulturelle und politische Idee dieser New Wave lautet: Nicht der Verblendungszusammenhang der Pop- und Massenkultur ist zu kritisieren, vielmehr ist ihr Angebot an Künstlichkeiten und Fiktionen der Ideologie des Natürlichen, bei der sich Hippies und Grüne mit Nazis und älteren Mitbürgern treffen, vorzuziehen (Das waren nicht ganz unsere Worte). Es kommt vielmehr darauf an, das Nichtauthentische zu gestalten, ja zu steigern und mit den richtigen Ideen – durchaus linken Ideen! – zu füttern. Entfremdung gilt es als Chance zu erkennen, das eigene Seelen- und ästhetische Leben zu objektivieren und zu programmieren.«(Diederichsen 2002a: II)

Im Vorwort zur Neuauflage seines Buchs »Sexbeat« von 1985 knüpft Diedrichsen an Meineckes Überlegungen zu »Kopf-und-Zahl« an, nur, dass hier bei Die-

3 Vgl. zu wissenschaftlichen Einschätzungen der achtziger Jahre auch die Beiträge in Faulstich 2005.

derichsen noch deutlicher wird, dass »Kopf-und-Zahl« zumindest den Hang eines neuen »Kopf-oder-Zahl« zu haben scheint. Neue Oppositionen wurden und werden gesucht und zumindest zunächst einmal konstituiert, und seien es die saturierten Linken, die sich mittlerweile etabliert haben, nachdem der auch popkulturelle ›Gegner‹ von der politischen rechten Seite bereits langweilig geworden schien. Wir reden hier immer noch über die achtziger Jahre, wohl bemerkt. Noch einmal Thomas Meinecke dazu:

»Der Stil, ursprünglich wichtigste Waffe gegen eine bornierte Linke, hatte sich (mit dem Gegner seiner Hauptkonstituante verlustig) von seiner geschichtlichen Relevanz gelöst und somit in neugewonnener Unverbindlichkeit jenen hysterischen Taumel sich jagender und gegenseitig in den Schwanz beißender Mikro-Moden vom Zaun gebrochen, in dessen unaufhaltsamer Akzeleration jeder wache Zeitgenosse notgedrungen zum Steilwandfahrer werden musste. Andauerndes Steilwandfahren jedoch besitzt nicht nur den Nachteil ungesunder Zentrifugierung, dient es doch auch, im Gegensatz zu der Bewegung in der Ebene, keinem empirischen Vorankommen. Die ewige Steilkurve des Lifestyle führte schließlich zu kaum etwas anderem als der Verflüchtigung fast aller kritischen Positionen. Endlich war alles gleichzeitig erlaubt, die große Stunde des Gutdünkens hatte geschlagen, und jeder Stenz posaunte es in den Äther: Anything Goes.« (Meinecke 1986: 119)

Anything goes – as long as it is possible. Diese hier noch mal von Diederichsen und Meinecke so stark vertretene Ambivalenz aus Möglichkeiten und aber eben auch Bedrohungen und Trostlosigkeiten manifestiert sich in zwei Plattencovern der NDW illustrativ: FEHLFARBEN (1980) und Markus (1982), beides zur damaligen Zeit kommerziell sehr erfolgreiche Acts, dennoch im Zeitgeist eher zum Einen aus einer Mischung aus Punk, vor allem textlichen Witz und Kunsthochschule (Fehlfarben, Abb. 1), zum Anderen eher aus dem Kalkül der Hit-Industrie (Markus, Abb. 2) kommend:

Abb. 1: FEHLFARBEN. Quelle: FEHLFARBEN (1980): Monarchie und Alltag. Weltrekord (EMI).

Abb. 2: Markus. Quelle: Markus (1982). Ich will Spaß. CBS.

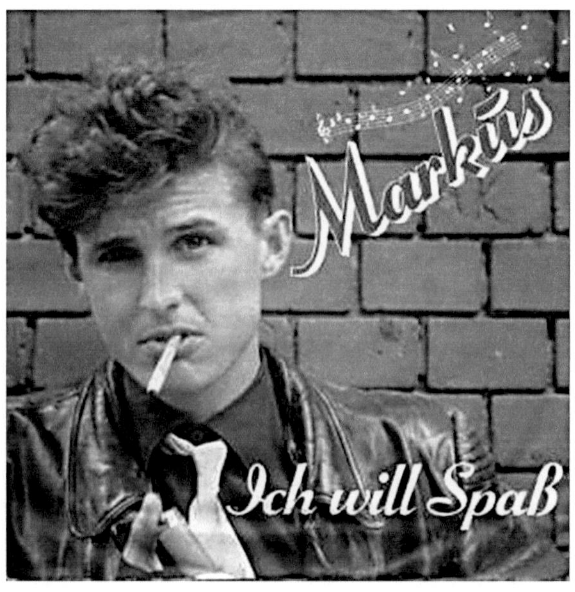

Plakativ im wahrsten Sinne des Wortes treffen hier Monarchie und Alltag auf Spaß und Hedonismus, das Grau der Häuserwand auf das Bunte des Spaßwilligen. Natürlich hat sich diese damals neue Popmusik vor allem im weiteren Verlauf selbst nachgemacht und recycelt, ohne etwa postmodern bzw. popmodern strategisch wie Meinecke vorgehen zu wollen. Im Moment des kommerziellen Erfolgs werden Konzepte übernommen, Texte, Sounds und Images benutzt, das gab es insbesondere in künstlerischen Bereichen nicht erst seit Popmusik oder NDW. Doch besonders scharf lässt sich hier diese Entwicklung skizzieren, weil nur wenige Bands, die durchaus offenkundig aus gewachsenen Szenen heraus mit einem gewissen reflexiven Anspruch in die Popmusik gestartet waren – also etwa die schon genannten FEHLFARBEN und ihre Vorläufer, S.Y.P.H., THE WIRTSCHAFTSWUNDER, PALAIS SCHAUMBURG, NICHTS, DER PLAN, IDEAL, NEONBABIES, DEUTSCH-AMERIKANISCHE FREUNDSCHAFT (D.A.F.), ABWÄRTS, DER MODERNE MAN, MYTHEN IN TÜTEN, HANS-A-PLAST oder ROTZKOTZ (etwa mit ihrem überaus major-kritischen Song »Tante EMI«) –, dann auch über mehrere Alben bei einem Major und erfolgreich blieben.[4] Ebenso wenig schienen bis vor einigen Jahren viele dieser Bands im popmusikalischen Kanon, also etwa in Handbüchern, Lexika, Einführungen, Museen etc. angekommen bzw. sogar ›aufbewahrt zu werden‹. Gleichzeitig aber entwickelten sich zunehmend Weiterverarbeitungen oder Zitationen vieler dieser Bands zunächst durch andere popmusikalische Szenen: Die Band TRIO etwa scheint insbesondere im Umfeld US-amerikanischer Noise Rock- und Garagen-Bands Kultstatus zu besitzen, was sich nicht zuletzt etwa durch Interviews oder das Covern ihres Songs »SundayYou Need Love, MondayBeAlone« (1981) durch THE JESUS LIZARD oder die OBLIVIANS belegen lässt. Dann wiederum wurden nach und nach alte Alben in Form von Kompilationen (S.Y.P.H.) oder in Gänze neu aufgelegt, oftmals von interessierten Indie-Labels wie Tapete Records aus Hamburg oder Glitterhouse Records aus Beverungen; dazu im abschließenden Kapitel 4 (»Was bleibt«) noch einmal mehr.

Bemerkenswert jedenfalls erscheint, dass seit einigen Jahren bis heute – und somit auch zunehmend über ›Institutionen‹ wie andere Musiker, Labels oder eben auch Museen – diese Sparte deutscher Popmusik immer stärker und prominenter aufgearbeitet wird, und dass dabei besonders die düsteren, eher aus Punk, New Wave und Krautrock denn aus Schlager, Volksmusik oder Deutschrock gespeisten Bands berücksichtigt werden.

4 Ganz unterschiedliche Einblicke in deutschsprachigen und internationalen New Wave und Post Punk liefern Schneider 2010, Teipel 2001, Cateforis 2011 und Reynolds 2007.

Im Booklet der 2004 veröffentlichten Zusammenstellung »Ungehörsam« der Band S.Y.P.H. (Glitterhouse Records) stellt Jochen Distelmeyer, Kopf, Sänger und Songschreiber der mittlerweile aufgelösten Band BLUMFELD, folgendes Motto voran:

»S.Y.P.H.! Wie sich das Traurige und das Komische, das Nachdenkliche und das Alberne, das Aggressive und das Zärtliche, das Rauschhafte und das Nüchterne, das Offene und das Geformte, das Harte und das Weiche, das Laute und das Leise, das Können und das Nicht-Können, das Hässliche und das Schöne, das Dunkle und das Helle gegenüberstehen, ergänzen und miteinander spielen. Daraus entsteht Musik, die etwas friedliches [sic!] hat und einen befreien kann und Mut macht. Es selber zu versuchen.« (Distelmeyer 2004: o.S.)

»Zurück zum Beton« der Band S.Y.P.H. von 1980 als Song war sperrig, unpopulär, einer nicht besonders ausgefeilten Ästhetik folgend und musikanalytisch betrachtet eher unterkomplex. Dennoch gab der Song Jahrzehnte später einer großen, viel beachteten Ausstellung zu Musik und Kunst im Sinne von Pop an der Kunsthalle Düsseldorf im Jahre 2002 den Titel. »Zurück zum Beton« wurde ebenso als Motto der Popmusikmesse »Pop Up« in Leipzig gewählt und gibt mittlerweile zahlreichen DJ-Performances speziell zur innovativen Seite der NDW seinen Namen, taucht also hierzulande mitterweile im Zusammenhang mit Popmusik immer wieder prominent auf.

Zurück zum Beton: In seinem Begleittext über Intensität, Negation und Klartext zu der erwähnten, gleichnamigen Düsseldorfer Ausstellung bringt Diederichsen den Zeitgeist der popmusikalischen Früh-Achtziger im Sinne der unpopulären Popmusik von S.Y.P.H. in seinen Widersprüchen treffend auf den Punkt, in dem er auf einen Titel der wesentlich eingängigeren britischen Punk-Band The Stranglers namens »No More Heroes« (1977) anspielt, wenn er sagt:

»Der Kehrreim ›No More Heroes‹ lässt die Deutung des Bedauerns ebenso zu wie die der Forderung. Tatsächlich war die Identifizierung mit Helden in der Punk-Kultur zeitweilig viel stärker als in der vorangegangenen Jugend- und Gegenkultur auf Musik-Basis: Gerade weil alle möglichen Regeln und Institutionen kultureller Produktion und Rezeption wie Schallplattenfirmen, große Konzerte, Hitparaden, High-Tech etc. in Frage gestellt waren, und natürlich auch der sichtbare Starkult, etablierten sich Personen als letzte konstante Einheiten der Kultur, als Helden, wurden Einzelne zu völlig überforderten Vertretern, der von sonst nichts Materiellem, Fixem und Konstantem mehr zusammengehalten geglaubten Lebensform (Sid Vicious) oder Moral (Joe Strummer). Was eine entsetzliche Form der Verräterverfolgung hervorbrachte.« (Diederichsen 2002b: 141)

Und auch Diederichsens Bruder Detlef, Journalist, Bereichsleiter Musik, Tanz und Theater und Musik am Haus der Kulturen in Berlin und Musiker bei der Band Die Zimmermänner, beschreibt das Betongefühl und den Ausbruch daraus:

»Später, als alles unübersichtlicher wurde, hatten einige gemerkt, dass es gut war, die alten Spielweisen und Klischees hinter sich zu lassen und machten die Neulanderoberung zu ihrem hauptsächlichen Anliegen.« (Detlef Diederichsen 2002: 115)

Aus diesem betonierten Groll entwickelte sich eine überraschende Sensibilität für Pop, in den Worten des Schriftstellers und Journalisten Peter Glaser: »Ende 1980 waren die Musiker die besseren Dichter geworden. Das Buch des Jahres war eine LP: ›Monarchie und Alltag‹ von FEHLFARBEN.« (Glaser 2002: 127) Diese Öffnung entstammte eben auch gebildeten Betonsitzern, der Kunsthistoriker und Journalist Thomas Groetz beobachtet ein tief verwurzeltes Bedürfnis für Veränderung zu jener Zeit, also im Deutschland der späten Siebziger und frühen Achtziger, welches dann durch Musik und Kunst formuliert wurde:

»[N]icht nur die seriöse Hochkultur der bildenden Kunst nährt sich zunehmend aus der Popkultur, auch der für viele ernsthafte Wissenschaftler als ›Unbereich‹ klassifizierte Punk verdankt seine Virulenz und Sprengkraft nicht nur gelangweilten arbeitslosen Jugendlichen, sondern einem tief verwurzelten, existenziellen Ausdruckswillen.« (Groetz 2002: 10)

Am besten allerdings beschreibt Peter Hein, der Sänger und Texter der Düsseldorfer Band FEHLFARBEN, die seinerzeit ungewollt und etwas missverstanden mit ihrem absolut zynischen ›Hit‹ »Ein Jahr (Es geht voran)« plötzlich in eine Party-Schublade und auf Compilations mit wesentlich unpolitischeren Acts wie Nena, Hubert Kah oder Fräulein Menke eingeordnet wurden, die Crux von Assimilation und Subversion in Musik, Kunst und hier Mode[5]: »Auch im Anzug kann ein Punk punkig aussehen und ein Depp deppert.« (Hein 2002: 134) Und weiter: »Und so zwang das Leben uns dann mit jeder Zunahme von inzwischen ja an *Bild* und *Bravo* geschulten Ketten- und Nieten-Punks zu einer neuen Wendung, einer optischen und inhaltlichen Kursänderung. Von der Lederjacke zur selbstbemalten Berufskluft, zum Blaumann, zum Sechziger-Jahre-Look, zum grotesken Schrebergärtneranzug, Kapitänsmützen, Skahütchen.« (Hein 2002: 133).

Die Protagonisten vor allem der reflektierten Bands und Projekte der NdW, das zeigt das Zitat Peter Heins, waren sich ihrer stetigen Wendungen und Bewe-

5 Vgl. dazu und zu den Beispielen KRAFTWERK, FEHLFARBEN und KOMPAKT Jacke 2008.

gungen bewusst. Sie beherrschten weitgehend das, was Diederichsen (2002c: 143) in »Sexbeat« als die Fähigkeit oder auch »[...] Unfähigkeit, den dialektischen Uhrzeiger richtig zu lesen [...]«, bezeichnet.

Der Präsident ist tot – Paul ist tot – Ich will Spaß – Was ist mit Lupa? – Hurra, hurra, die Schule brennt – Hohe Berge, La Montanara für das Objektiv – Es liegt ein Grauschleier über der Stadt, den meine Mutter noch nicht weggewaschen hat – In Mogadischu – Deutschland, Deutschland, alles ist vorbei – Drah di net um, oh, oh, oh, schau, schau, der Kommissar geht um, oh, oh, oh – Wir bauen eine neue Stadt – Und wenn die Wirklichkeit Dich überholt, hast Du keine Freunde, nicht mal Alkohol – Draußen am Bahnhof liegt ne alte Pizza – Rank Xerox – Heutzutage ist alles nur Schein, am liebsten wär ich scheintot – Ich und die Wirklichkeit – Du, Papa, ichämöchtä eine Eis – Ich bin ja so verschossen in Deine Sommersprossen – Dreiklangsdimensionen, so taktvoll – Komm wir lassen uns erschießen, an der Mauer nachts um zwei, Sonntag morgens fünf vor zehn, ich kann den Sonntag nicht ertragen, und ich kann keinen Montag sehn – Zurück zum Beton – Deutschland kommt gebräunt zurück – Digital – Mach Dir das Leben schön – Da vorne steht ne Ampel, komm schnell, sie leuchtet rot, ich will nicht gern bei Rot stehn, und will nicht gern bei Grün gehen, ich will auch mal bei Rot gehn – Tanz mit ihm, sprich zu ihm – Tanz mit dem Herzen oder tanz gar nicht – Ein Tanz mit dem Tod – Karl der Käfer wurde nicht gefragt, man hat ihn einfach fortgejagt – Ekel, Ekel, Natur, Natur – Arbeit, nur für Automaten – Duett komplett im roten Kadett – Einmal nur mit Erika dieser Welt entfliehen – Moderne Welt – Otto Hahn in Stahlgewittern – Kaltes klares Wasser – Kalte Sterne – Für ihn würde ich seine Prinzessin werden – Ich will nicht glücklich sein, weil das Glück doch immer erst am Schluss – Spielfilm, Spielfilm – Da leg ich mich doch lieber hin – Was kostet die Welt? – Da fliegt mir doch das Blech weg – Ich bereue nichts – a-e-i-o-u-was soll denn das bedeuten? – Ich bin Analphabet – ich wünsch mir so einen reichen Vati, dann widme ich mein Leben der Kunst und der Kultur – Ich bin das letzte Biest am Himmel – Die neue Kollektion – Licht aus – Erste Hilfe – Wir stehen zusammen im Niemandsland am Ende des 20. Jahrhunderts, allein, doch nicht einsam – Hinter den Bergen, fordert Harlekin, Schamlos grinsend, Artemis zum Tanz – Ich will Lokomotivführer sein – Tretboot in Seenot – Ich bau Dir ein Schloss – Grünes Winkelkanu – Angst, Angst, Angst – Jetzt wird wieder in die Hände gespuckt, wir steigern das Bruttosozialprodukt – 3 nach 9, es stürzt, es lacht das Bleichgesicht – Da, Da, Da, ich lieb Dich nicht, Du liebst mich nicht – Berlin, Berlin- ich steh auf Berlin – Schwarze Wolken über Moskau – Ich habe Angst, Angst vor dieser Stimme, ich weine, doch die Tränen spür ich nicht – Ich kenne das Leben, ich bin im Kino gewesen – Ich wär' so gerne so glücklich, ich wär' so gerne so froh – Alltag – Ich habe keinen Wunsch mehr – Ich will was haben, bevor's zu spät ist – Sie wolln was tun, was nicht in der Zeitung steht – 99 Luftballons – Ich seh den Sternenhimmel – Ich habe ein Völlegefühl – Fütter mein Ego!, Lass uns noch was Wodka holen, russische Vitamine, Ich glaub, wir müssen nochmal hin, Ich glaub, der Typ schläft schon, Bestimmt! Niemals! Zieh! – Los Paul, du mußt ihm voll in die Eier haun, das ist die Art von Gewalt die wir sehn wolln, wenn auch nicht spürnwolln, schnell gesehen schnell geschossen, gute Aktion, zwei Mann gleich bei ihm, schade, was gibt es noch zu tun, actionaction – Völlig losgelöst von der Erde, schwebt das Raumschiff völlig schwerelos – Nett sein ist doof, süß sein macht sauer – Und darußen vor der großen Stadt stehn die Nutten sich die Füße platt – Polizisten wissen, was zu tun ist, denn sie haben Funkverkehr, Polizisten werden jeden Tag und jeden Monat immer mehr. Wenn du abends eiskremessend von der Tanzstunde nach Hause gehst, wenn du morgens mit der neuen Bravo an der Haltestelle stehst, wenn du bei McDonalds in der Schlange deinen Kopf nach hinten drehst, kannst du sie sehn... Du kannst sie sehn! – Tanzende Körper verlieren den Verstand – Hey, hey, hey, ich bin der Goldene Reiter, hey, hey, hey, ich war so hoch auf der Leiter, doch dann stürzte ich ab – Wir sind alle prostituiert – Ich werd verrückt, wenns heut passiert – Heute Disco, morgen Umsturz, übermorgen Landpartie – Keine Atempause, Geschichte wird gemacht, es geht voran Thisbauernlifemachtmichbltschia!!!

4. WAS BLEIBT?

»Was bleibt da also als Vermächtnis des deutschen Punks und der Neuen Deutschen Welle, von den 80er-NDW-Revival-Shows im Fernsehen einmal abgesehen? Annette Humpe produzierte Hit-Acts wie DÖF, Rio Reiser, DIE PRINZEN oder LUCILECTRIC. Seit 2004 feiert ihr Projekt ICH+ICH Riesenerfolge. Ihre alte Band IDEAL beeinflusste Frontfrauengruppen wie MIA und WIR SIND HELDEN. Ihre jüngere Schwester Inga, mit der sie 1979 bei den NEONBABIES sang, repräsentiert mit 2RAUMWOHNUNG [...] exemplarisch ein positives Lebensgefühl von Berlin-Mitte in den 2000ern. Und selbst aus der Asche der DDR entstand eine Weltkarriere: Die Band RAMMSTEIN, mit Ursprüngen im DDR-Underground wurde laut US-Branchenblatt Billboard zur weltweit erfolgreichsten Gruppe mit deutschsprachigen Texten.« (Dorau 2010: 17)

Mit Andreas Dorau äußert sich ein weiterer kommerziell erfolgreicher und bis heute in der Popmusik aktiver Protagonist der NDW im Booklet zum 80er-Jahre-Teil der CD-Reihe »Popmusik in Deutschland 1950-2010«, die vom Deutschen Musikrat herausgegeben wurde. Dorau nennt die bekanntesten Namen, die bis heute zugegen sind. Diese Art der Kanonisierung ist in einem derartigen Projekte mit der Kürze von Zeit und Text notwendig. Gleichzeitig bleibt es Pop selbst überlassen, die NDW in allen ihren Nuancen zu archivieren und auch immer wieder zu reaktivieren. Dies geschieht dann wahlweise über Wiederveröffentlichungen der Originale, Kompilationen mit teilweise noch unveröffentlichten Songs oder Musikclips, mal mehr direkten Huldigungen (Tribute-Alben) oder eher in Sound, Bild, Text und Image zu identifizierenden Verweisen wie bei jüngeren Bands wie etwa 1000 ROBOTA, STABIL ELITE oder MESSER.

Festzuhalten bleibt – und das ergaben auch zahlreiche Gruppendiskussionen und Referate im Rahmen mehrerer Seminare zur Popmusik der achtziger Jahre in Deutschland an der Universität Paderborn –, dass es offenbar 30 Jahre später vor dem Hintergrund ganz ähnlicher, wieder existenziellerer gesamtgesellschaftlicher Bedrohungen und Ängste (transnationaler Terrorismus, Umweltkatastrophen, Euro- und Bankenkrise, Überbürokratisierungen etc.) sicher nicht nur zufällig sowohl ein Revival der politischen und avantgardistischen Bands der frühen achtziger Jahre gibt, sondern dass eben auch jungen Bands ganz klar die Attitüden der Acts von vor 30 Jahren weiterverarbeiten, und dies auch wesentlich deutlicher als das etwa Bands der späten achtziger und frühen neunziger Jahre getan haben, also etwa KOLOSSALE JUGEND, BRÜLLEN, CPT. KIRK&., BLUMFELD, DIE STERNE, DIE GOLDENEN ZITRONEN, DIE BRAUT HAUT INS AUGE, LASSIE SINGERS oder TOCOTRONIC. Wenn diese auch gewiss die erste NDW rezipiert hatten.

Parallel dazu konstatierte selbst die Wochenzeitung Die Zeit vor einigen Monaten dem wohl einzigen derzeitigen neuen Weltstar der Popmusik, Lady Gaga, ein Zeichen für die Rückkehr der achtziger Jahre im postmodernen Gestus zu sein, wenn auch mit neuen Technologien und auf einer kommerziell überragend erfolgreichen, weltweiten Ebene: »Lady Gaga bedeutet die Rückkehr der Achtziger als Geisteshaltung.« (Hünninger 2011: 48)

Für die Musiken und Konzepte der frühen und politischen NDW dauerte es interessanterweise länger, um derart breit wieder entdeckt zu werden. Natürlich hatten viele DJs, Musiker und Journalisten die Originale immer mal im ›Koffer‹ oder auf der Agenda. Bevor allerdings eine nachweisbar umfassendere Präsenz dieser Bands von Produktion über Distribution bis zu Rezeption und Weiterverabeitung beobachtbar wurde, mussten auch die achtziger Jahre zunächst durch die Retro-Trash-Phase, in der alles möglichst Hässliche und Unstimmige von einst nochmals augenzwinkernd und gar nicht postmodern, weil unreflektiert präsentiert wird: die Chart-Shows, die Retro-Partys, die Kompilationen, Stadtfest-Auftritte etc. Die einzige Strategie dabei ist: Quote. Einige der ehemals politischen Protagonisten haben sich mittlerweile auf diese Vorgehensweise (vielleicht auch notgedrungen) verlagert. Wertungen/Umwertungen finden gewissermaßen kultürlich statt oder auch ganz bewusst nicht – PALAIS SCHAUMBURG scheinen etwa 2012 genauso integer wie 1981. Manche Bands und Stile werden abgelegt oder verschoben, dann wird auf der Suche nach (quantitativen) Attraktionen zunächst vom Mainstream dass gefunden, was gesucht wird, das oftmals nur homöopathisch nicht Bestimmte sensu Michael Thompsons Mülltheorie (2003: 97-121), was hektisch ins Bestimmte überführt wird und dementsprechend auch einfach überführt werden kann. Aufwendiger in Raum und Zeit sind dann die Suchen nach dem vollkommen Unbestimmten (eher von Seiten der reflektierten Subkulturen/Fans mit Zeit und Raum und meistens ohne Aufmerksamkeitsökonomie im Hintergrund).[6] Vielleicht steht die erste Phase und Verwendung mit den Hauptmotiven Quote und Effekt auch dauerhafter für das, was Thomas Meinecke und ich Erinnerungsmusik haben. Die zweite Phase bzw. Herangehensweise wäre dann Verständnismusik mit den Hauptmotiven Erkundung und Vermittlung (vgl. Meinecke/Jacke 2008: 251-253). In jedem Fall entstand zwischen Popkultur, Medien, Kunst, Literatur und Musik mit Aram Lintzel (2005: 528) eine »Nostalgie-Konjunktur«, die zukünftig genauer betrachtet werden sollte: »Ein vages Kontinuum der Pop-Nostalgie ist entstanden, und auch bildende Künstler/innen docken an diese Erinnerungspraxis an, indem sie Szenen und Orte, Stimulationen und Situationen der Popkultur visuell verhandeln.« (Lintzel 2005: 529)

Es sei mir kein Fazit gestattet, sondern eine vorläufig abschließende Anmerkung zum Duktus dieses Beitrags. Um es noch mal mit Rainald Goetz (2008: 117) zu sagen: Nichts schlimmer, als »Verblödung durch vorsortierte Kommunikation«.

Seltsam, es ist Sonntag Abend, an meinem gekippten Wohnungsfenster gehen gerade ein paar Leute vorbei und sprechen über die ›magischen achtziger Jahre‹,Thisbauernlifemachtmichbltschia!!!

---

6 Bemerkenswerterweise wurde auch Thompsons Mülltheorie selbst, deren Erstveröffentlichung auf Deutsch aus dem Jahre 1981 stammt, u.a. von D. Diederichsen wieder entdeckt. Vgl. zu Pop-Nostalgie auch Lintzel 2005 und einem weiteren, aktuellen Revival der Indie-80er Tepel 2012. Vgl. grundlegend zu Pop und Erinnerung auch Jacke/Zierold 2008, 2009.

LITERATUR

Bonz, Jochen (2011): »Punk als Medium der Entäußerung in Rainald Goetz' früher Prosa«.In: Text + Kritik. Zeitschrift für Literatur. Heft 190: Rainald Goetz, 4-16.

Cateforis, Theo (2011): Are We Not New Wave? Modern Pop at the Turn of the 1980s.Michigan: University of Michigan Press.

Diederichsen, Detlef (2002): »Wie ich mal meine Jugend verschwendete«. In: Groos, Ulrike/Gorschlüter, Peter/Teipel, Jürgen [Red.]: Zurück zum Beton. Die Anfänge von Punk und New Wave in Deutschland 1977-'82 Ausstellungskatalog. Köln: Verlag der Buchhandlung Walther König, 111-119.

Diederichsen, Diedrich (1983): »Die Auflösung der Welt. Vom Ende und Anfang«. In: Diederichsen, Diedrich/Hebdige, Dick/Marx, Olaph-Dante: Schocker. Stile und Moden der Subkultur.Reinbekbei Hamburg: Rowohlt, 165-187.

Diederichsen, Diedrich (2002a): »And then they move, and then they move. 20 Jahre später«. In: Ders. (2002 [1985]): Sexbeat. Neuausgabe. Köln: Kiepenheuer & Witsch.

Diederichsen, Diedrich (2002b): »Intensität – Negation – Klartext. Simultanes und Inkommensurables zwischen Theorie, Bildender Kunst und Musik im deutschen Punk«. In: Groos, Ulrike; Gorschlüter, Peter; Teipel, Jürgen [Red.]: Zurück zum Beton. Die Anfänge von Punk und New Wave in Deutschland 1977-'82 Ausstellungskatalog. Köln: Verlag der Buchhandlung Walther König, 137-146.

Diederichsen, Diedrich (2002c [1985]): Sexbeat. Neuausgabe. Köln: Kiepenheuer & Witsch.

Diederichsen, Diedrich/Jacke, Christoph (2011): »Die Pop-Musik, das Populäre und ihre Institutionen. Sind 50 Jahre genug? Oder gibt es ein Leben nach dem Tod im Archiv? Ein Gespräch«. In: Jacke, Christoph/Ruchatz, Jens/Zierold, Martin ([Hg.]: Pop, Populäres und Theorien. Forschungsansätze und Perspektiven zu einem prekären Verhältnis in der Medienkulturgesellschaft. Münster u.a.: LIT, 79-110.

Dorau, Andreas (2010): »Die 80er. NDW, Punk & Rock«. In: Deutscher Musikrat [Hg.]: Booklet zu Popmusik in Deutschland 1950-2010. CD 4: 80er Jahre NDW, Punk & Rock. RCA/Sony, 4-17.

Eco, Umberto (1984): »Postmodernismus, Ironie und Vergnügen«. In: Ders.: Nachschrift zum ›Namen der Rose‹. Aus dem Italienischen von Burkhart Kroeber. München und Wien: Carl Hanser, 76-83.

Faulstich, Werner [Hg.] (2005): Die Kultur der 80er Jahre. München: Wilhelm Fink.

Glaser, Peter (2002): »Geschichte wird gemacht. Peter Glaser über Punk und Sprache«. In: Groos, Ulrike/Gorschlüter, Peter/Teipel, Jürgen [Red.]: Zurück zum Beton. Die Anfänge von Punk und New Wave in Deutschland 1977-'82 Ausstellungskatalog. Köln: Verlag der Buchhandlung Walther König, 121-128.

Goetz, Rainald (2003 [1986]): Hirn. Schrift. Frankfurt/M.: Suhrkamp.

Goetz, Rainald (2008): Klage. Frankfurt/M.: Suhrkamp.

Groetz, Thomas (2002): Kunst – Musik: deutscher Punk und New Wave in der Nachbarschaft von Joseph Beuys. Berlin: Schmitz.

Hein, Peter (2002): »Alles ganz einfach«. In: Groos, Ulrike/Gorschlüter, Peter/Teipel, Jürgen [Red.]: Zurück zum Beton. Die Anfänge von Punk und New Wave in Deutschland 1977-'82 Ausstellungskatalog. Köln: Verlag der Buchhandlung Walther König, 131-134.

Hornberger, Barbara (2011): Geschichte wird gemacht. Die Neue Deutsche Welle. Eine Epoche deutscher Popmusik. Würzburg: Königshausen & Neumann.

Hünninger, Andrea Hanna (2011): »Sphinx ohne Geheimnis. Lady Gagas neue CD ›Born This Way‹ steckt gewiss wieder voller Symbole und Rätsel. Das muss uns nicht irritieren. Denn ihre wahre Botschaft lautet immer nur: Du darfst«. In: Die Zeit. Nr. 21/2011, 48.

Jacke, Christoph (2008): »Pop und Mode: Anpassen oder Abweichen. Zu ästhetischen Distinktionsmerkmalen im visuellen Sound zwischen Kraftwerk, Fehlfarben und Kompakt«. In: Matejovski, Dirk/Kleiner, Marcus S./Stahl, Enno [Hg.]: Pop in R(h)einkultur. Oberflächenästhetik und Alltagskultur in der Region. Essen: Klartext, 131-150.

Jacke, Christoph (2009): Einführung in Populäre Musik und Medien. Münster u.a.: LIT.

Jacke, Christoph/Zierold, Martin (2008): »Pop. die vergessliche Erinnerungsmaschine«. In: Dies. [Hg.]: Populäre Kultur und soziales Gedächtnis. Theoretische und exemplarische Überlegungen zur dauervergesslichen Erinnerungsmaschine Pop. Popular Culture and Social Memory: Theoretical and Empirical Analyses on The Oblivious ›Memory-Machine‹ Pop. Siegener Periodicum zur Internationalen Empirischen Literaturwissenschaft. Heft 24/2, 199-210.

Jacke, Christoph/Zierold, Martin (2009): »Produktive Konfrontationen. Warum der Erinnerungsdiskurs von dem Austausch mit der Popkulturforschung profitiert - und umgekehrt«. In: Medien & Zeit. Kommunikation in Vergangenheit und Gegenwart. Populäre Erinnerungskulturen. Erinnern und Vergessen in der Medienkultur. 24. Jg. Heft 4/2009, 4-13.

Karnik, Olaf (2003): »Polit-Pop und Sound-Politik in der Popgesellschaft«. In: Neumann-Braun, Klaus/Schmidt, Axel/Mai, Manfred [Hg.]: Popvisionen. Links in die Zukunft. Frankfurt/M.: Suhrkamp, 103-120.

Lintzel, Aram (2005): »Spiralen der Erinnerung. Pop – Nostalgia – Art«. In: Graw, Isabelle/ Draxler, Helmut/Rottmann, André [Hrsg.] (2011): Erste Wahl. 20 Jahre ›Texte zur Kunst‹. 2. Dekade. Hamburg: Philo Fine Arts, 528-539.

Meinecke, Thomas (1986): »Das waren die achtziger Jahre«. In: Ders. (1998): Mode & Verzweiflung. Frankfurt/M.: Suhrkamp, 115-121.

Meinecke, Thomas/Jacke, Christoph (2008): »Vorübergehende Vergegenwärtigungen in der Popkultur. Ein Gespräch über das Sprechen über und das Erinnern von Pop«. In: Jacke, Christoph/Zierold, Martin [Hg.]: Populäre Kultur und soziales Gedächtnis: theoretische und exemplarische Überlegungen zur dauervergesslichen Erinnerungsmaschine Pop. (SPIEL 24/2) Frankfurt am Main.: Peter Lang, 239-256.

Reynolds, Simon (2007): Rip It Up And Start Again. Schmeiß alles hin und fang neu an: Postpunk 1978-1984. Höfen: Hannibal.

Schmidt, Siegfried/Spieß, Brigitte (1996): Die Kommerzialisierung der Kommunikation. Fernsehwerbung und sozialer Wandel 1956-1989. Frankfurt/M.: Suhrkamp.

Schneider, Frank A. (2007): Als die Welt noch unterging. Von Punk zu NDW. Mainz: Ventil.

Teipel, Jürgen (2001): Verschwende Deine Jugend. Ein Doku-Roman über den deutschen Punk und New Wave. Frankfurt am Main: Suhrkamp.

Tepel, Oliver (2012): »Spleen and Ideal. In der Schule mit 4AD«. In: De:Bug. Elektronische Lebensaspekte. Musik, Medien, Kultur & Selbstbeherrschung. Heft 164 (Juli/August 2012), 28-30.

Thompson, Michael (2003 [1979]): Eine dynamische Theorie des Mülls. Essen: Klartext.

»California uber alles«?

(Wie) Wird Skatepunk im Deutschpunk adaptiert?

MARTIN SEELIGER

1. EINLEITUNG

HipHop stammt aus der Bronx, der Blues von den Baumwollfeldern der Südstaaten, Beat kommt aus dem Vereinigten Königreich und Disco aus Manhattan – »dass ein großer Teil der Popmusik [...] unter dem Einfluss des angloamerikanischen Rock/Pop entsteht« (Regev 2003: 284), kann angesichts der originären Wurzeln der verschiedensten populären Genres als gesicherte Erkenntnis gelten. Gleichzeitig, und das erscheint ebenfalls als unstrittig, bleiben die genannten Pop-Phänomene ihren regionalen Entstehungskontexten keineswegs verhaftet: Stattdessen lassen sich in den Entwicklungspfaden etablierter Genres Internationalisierungsbewegungen verzeichnen, im Zuge derer sich diese jenseits ihrer Ursprungszusammenhänge verbreiten konnten:

> »Popkultur hat sich seit ihren Anfängen in den 1960er Jahren im Spannungsfeld von Globalisierung und Lokalisierung entfaltet – und das unterscheidet die Popkultur wesentlich von allen anderen kulturellen Feldern, ob der Hochkultur, der Massenkultur oder der populären Kultur.« (Kein 2005: 44)

So gilt es beispielsweise genauso als selbstverständlich, dass auch in Japan Jazzbands gegründet werden, Südafrikanerinnen als DJanes auf Technoveranstaltungen Platten auflegen und brasilianische Rockfans z.B. bei Rock in Rio ein Konzert der australischen Band AC/DC besuchen können. Während Popkultur also einerseits als globales Phänomen anzusehen ist, das als umfassendes System von Symbolen, Artefakten und sozialen Praktiken Bezüge im weltweiten Maßstab erlaubt, erscheint es vor dem Hintergrund fortwirkender nationaler (oder auch regionaler) Binnendifferenzierungen ebenfalls als geboten, je nach Zusammenhang unterschiedliche Ausprägungen derselben Phänomene in Rechnung zu stellen. So unterscheiden sich Rahmenbedingungen je nach soziokulturellem Zusammenhang in einer Weise, die sowohl Produktion als auch Rezeption kultureller Repräsentationen auf grundverschiedene Weise ausfallen lassen können. Die sich hieraus für kultursoziologische Forschung ergebende Herausforderung, solche Entstehungskontexte auf angemessene Weise zu berücksichtigen, wird von Trültzsch (2009: 38) folgendermaßen auf den Punkt gebracht: »Ausgangspunkt für eine adäquate Analyse von Medienprodukten muss ein Konzept ihrer Eingebundenheit in gesellschaftliche und individuelle Kontexte sein.«

Wie Gabriele Klein und Malte Friedrich (2003) am Beispiel von HipHop zeigen, stellt der Transfer popkultureller Phänomene einen Prozess dar, welcher sich sowohl im Rahmen lokaler Ursprungs- wie auch Adaptionszusammenhänge vollzieht. Wenn im Folgenden von der grenzüberschreitenden Verbreitung von Skatepunk die Rede sein soll, basieren die Ausführungen demnach auf eben dieser Grundannahme. Eine differenzierte Betrachtungsmöglichkeit bietet hierbei die Operationalisierung von Skatepunk als spezifischem ›Subgenre‹ von Punkrock. Nach Lena und Peterson (2008: 697) leitet sich die gesellschaftliche Bedeutung von (Musik-)Genres hauptsächlich aus ihrer kulturordnenden Wirkung ab (i.e. »organizing people and songs within a system of symbolic classification«). Wenn wir nun, wie dargestellt, davon ausgehen, dass diese strukturierende Kraft sich nicht zuletzt aus relevanten Umweltbedingungen ableitet, welche die Genreentwicklung maßgeblich beeinflusst haben, ergibt sich hieraus die Frage, ob und inwiefern diese in grenzüberschreitenden Kulturtransfers im Zuge der Globalisierung zum Tragen kommen. Einem entsprechenden Anliegen, soll im Folgenden anhand des Beispiels der Adaption von Skatepunk(-elementen) im deutschen Punkrock nachgegangen werden. Im Anschluss an eine kurze Begriffsbestimmung, bei der auf die inhaltlichen Komponenten des Genres einzugehen sein wird, soll mit einem knappen Überblick über die Debatte um (pop-)kulturelle Globalisierung ein begrifflicher Bezugsrahmen geschaffen werden, welcher die Einordnung der hier angestellten Betrachtungen ermöglicht. Nachdem die konkrete Adaption dieser Elemente im bundesrepublikanischen Setting genauer erörtert wurden, werden die erarbeiteten Befunde zum Ende in einem abschließenden Fazit zusammengefasst.

2. WAS IST SKATEPUNK? KURZE (HISTORISCHE) BEGRIFFSBESTIMMUNG

Im Feld der Popmusik sieht sich die trennscharfe Unterscheidung musikalischer Stile der Schwierigkeit ausgesetzt, dass diese in aller Regel nicht in Reinform auftreten, sondern Elemente unterschiedlichster Provenzienzen (und wenn auch nur Nuancen-weise) vereinen. Erschwert wird die Verfolgung einer entsprechend klassifikatorischen Absicht im Zusammenhang mit Skatepunk insofern, als dass es sich hierbei um eine Unterform des Punkrock-Genres handelt, innerhalb dessen unterschiedliche Elemente gewissermaßen als roter Faden dienen, während Genre-interne Distinktion vor allem über gezielte Berücksichtigung bestimmter Elemente (Off-Beat-Rythmen, Horror-Schminke, Riot Girl-Attitüde, etc.) hergestellt wird. Anstatt also nach einer rigiden Abgrenzungsmöglichkeit von Skatepunk zu anderen Stilen des Punkrock zu suchen, erschiene es sinnvoller, gemeinsame Elemente zu identifizieren. Hierbei ließe sich nun (wiederum idealtypisch) zwischen Skatepunk als bestimmtem Musiktyp (1) sowie Skatepunk als subkulturellem Stil (2) unterscheiden. Bevor ich mich am Ende dieses Absatzes an einer entsprechenden Bestimmung versuchen möchte, soll ein kurzer historischer Abriss eine informative Grundlage für den Bestimmungsvorschlag erschließen.

Beginnt man die musikalische Begriffsbestimmung mit der Identifikation spezifischer phonetischer Eigenheiten, liegen die Wurzeln des Genres im Hardcorepunk, welcher in erster Linie durch die vergleichsweise hohen Tempi heraussticht, welche in der Instrumentierung der Stücke vor allem über die hohe Schlagzahl der Drums sowie häufig über die schnellen Anschläge der Saiteninstrumente umgesetzt werden. Eine für Punkrockrythmen typische Schlagzeugfigur mit Bass Schlägen auf die erste, fünfte und sechste, sowie Snare-Schlägen auf die dritte und siebte Achtelnote eines Taktes sorgt hier meist für eine hohe Grundgeschwindigkeit des Rhythmus'.[1] Ihren Ursprung findet diese charakteristische Grundfigur in den Klangwelten des Hardcorepunk.[2] Während das Label Skatepunk im Verlauf der 1980er Jahre noch relativ synonym mit der Bezeichnung Hardcore-Punk (Budde 1997) verwendet wird, lässt sich für das Ende des Jahrzehnts eine fortschreitende Ausdifferenzierung verzeichnen, in der Skatepunk mehr und mehr mit einer melodischeren Variante der Musik assoziiert zu

---

1 Sicherlich trifft dies nicht auf alle Songs zu, bildet jedoch eine charakteristische Grundfigur von Skatepunkrythmen ab.

2 Der Musikstil Hardcorepunk entsteht in den späten 1970er Jahren an der Westküste der USA. Populäre Genrevertreter der ersten Stunde sind hier u.a. D.O.A. aus Vancouver, BLACK FLAG aus Hermosa Beach oder ILL REPUTE aus Oxnard.

werden beginnt. Während diese stärker melodische Ausrichtung in den USA in den Anfängen der Genreformierung wohl vor allem der Gruppe BAD RELIGION zuzuschreiben ist, durchläuft die Abgrenzung des Genres gewissermaßen einen Zementierungsprozess, indem Vertreterbands sich auf neu entstehenden Labels mit wachsender Popularität versammelt werden. Hier sind vor allem die – selbst von szeneinternen Musikern gegründeten Firmen Epitaph Records und Fat WreckChords von Bedeutung. Ihr wohl bekanntestes europäisches Pendant finden diese im schwedischen Label Burning Heart Records. Eine stilbildende Gemeinsamkeit finden diese drei Unternehmen, welche hier exemplarisch für eine Menge entsprechender Labels genannt werden sollen, in der Kanonisierung und damit Institutionalisierung im Rahmen eines gemeinsamen symbolischen Bezugspunktes: So tragen sie nicht nur zur marktförmigen Verbreitung in immer breiteren Käuferschichten bei, sondern entwickeln mit einer im Folgenden weiter auszuführenden symbolischen Konnotation der Produkte einen spezifischen Markenkern (Hellmann 2011) des Skatepunkgenres. Eine anhaltende musikalische Entwicklung unterstützt diese nischenförmige Ausdifferenzierung: Während vereinzelte Bands, wie beispielsweise NOFX entsprechende Nuancen bereits in den 1980ern in ihr Repertoire integriert hatten, avancieren vor allem in den 1990er Jahren komplexe Chorgesänge im Hintergrund, komplizierte Rhythmusstrukturen und technisch wie kompositorisch anspruchsvollere Soli (meist von Gitarre, aber durchaus auch auf dem Bass) zu stilprägenden Elementen des Genres. Exemplarisch seien hier die schwedische Band RANDY, die US-amerikanischen LAGWAGON sowie die kanadische Gruppe DAGGERMOUTH genannt, welche alle drei durch musikalische Fähigkeiten zu beeindrucken vermögen, welche – gelinde gesagt – im Punk-Umfeld eher unüblich sind. Eine entsprechende Sonderstellung kommt hier sicherlich auch der Band NOFX zu, die mit ihrer 18 Minuten langen Single »The Decline« einen Meilenstein in der technisch-kompositorischen Entwicklung des Genres zu setzen vermochte. Von anderen Ausprägungen von Punk-Musik unterscheidet sich Skatepunk musikalisch also vor allem durch seine Geschwindigkeit und den – in den meisten Fällen – herausstechenden spielerisch-technischen Anspruch, die eine fehlerfreie Performance an die Genrevertreter richtet.

Die 1990er Jahre stellen für das Skatepunk-Genre eine einer unter kommerziellen wie aufmerksamkeitsökonomischen Aspekten als Hochzeit zu identifizierenden Entwicklungsperiode dar. Der wirtschaftliche Erfolg genannter Labels sowie die hohen Besucherzahlen der erst im US-amerikanischen, später auch im weiteren internationalen Rahmen durchgeführten Warped Tour stellen hier weitere Indikatoren dar. Im folgenden Jahrzehnt verlor das Genre zunehmend an populärer Bedeutung, zog hierbei allerdings wesentliche Ausläufer im Feld zeitgenössischer Musikkultur nach sich: So finden vor allem die melodischen Elemente bei erfolgreichen Bands wie BLINK 182 oder SUM41 Erscheinung, die gemeinhin dem Genre des Pop-Punk zugeordnet werden. Ihre besondere Popularität gewinnen diese Gruppen aber auch nicht zuletzt dadurch, dass sie spezifische Elemente der Selbstdarstellung von Skatepunkbands in abgeschwächter Form adaptieren. Diese werden weiter unten eingehender vorzustellen sein.

Da nun die Namensgebung des Genres unweigerlich auf eine Verbindung zum Skateboardingsport[3] aufweist, stellt sich die Frage, worin genau diese besteht. Wie verschiedene Einträge in deutschen und englischsprachigen Versionen einer bekannten Online-Enzyklopädie belegen, wird die etymologische Herkunft der Genrebezeichnung gemeinhin aus einer Überlieferung abgeleitet, nach der die Musik vorwiegend von Leuten gehört wurde, die ihrem Betreiben des Skateboardsports eine wesentliche identitäre Dimension abgewannen. In dieser Überschneidung findet sich ein erstes zentrales Element des symbolischen Kosmos Skatepunk: Skateboard fahren lässt sich als (männlich konnotiertes, siehe Meuser 2005) Risikoverhalten im doppelten Sinne interpretieren: Zum einen ergibt sich die dem Skater (und in den allermeisten Fällen bedauerlicherweise nicht der Skater*in*)aus der vergleichsweise hohen Verletzungswahrscheinlichkeit, die die Ausübung des Sports mit sich bringt (vorausgesetzt, man kommt ihr – wie es die gängigen Normen gebieten – ohne eine entsprechende Schutzausrüstung nach). Eine zweite Dimension dieses typischen Risikoverhaltens liegt in der gezielten Grenzüberschreitung, die durch das Brechen gängiger (Verkehrs-)Regeln herbeigeführt wird. Szenetypische Mottos wie »Skate and Destroy« oder »Skateboarding is not a Crime« versinnbildlichen diesen Grenzüberschreitungscharakter auf anschauliche Weise. Eine dezidierte Abgrenzung von Inline-Skatern (»Friends don´t let Friends Rollerblade«) dient darüber hinaus der Ausgrenzung vermeintlich verweichlichter Ausprägungen des Sports. Neben den beiden genannten Dimensionen des Risikoverhaltens findet sich im Skateboarding ein dritter identitärer Bezugspunkt, welcher auch für die symbolischen Welten des Skatepunks von Bedeutung ist: Insofern die Skate-Session nicht im zum

3 Skateboarding hat seinen Ursprung im Kalifornien der 1950er Jahre, wo Surfer Rollschuhe unter ihre Bretter montierten. Nachdem 1963 das erste fabrikgefertigte Skateboard auf den Markt gekommen war, erlebte der Skateboard-Sport eine erste Hochphase in den 1970er Jahren vor allem in den USA. Während die globale Entwicklung von Skateboarding mittlerweile v.a. durch Ungleichzeitigkeiten gekennzeichnet sind, deren Ausprägungen je nach Region von vollständiger Ignoranz bis hin zu begeisterter Adaption reichen, lässt sich für den deutschen Raum nach einer Phase relativ hoher Popularität für den aktuellen Zeitraum eine Rückverschiebung des Phänomens in die szene-eigene Nische feststellen.

designierten Ausübungsbereich erklärten Skatepark stattfindet, birgt die Ausübung auf der Straße die Notion der Aneignung öffentlichen Raumes. Von Skateboardern häufig auch als unmittelbar politischer Akt romantisiert, lässt sich derartiges Auftreten allerdings auch als subjektive Selbstverwirklichungsstrategie der beteiligten Akteure interpretieren, die sich in Abgrenzung zu einer als restriktiv dargestellten Umwelt behaupten (müssen), und dies durch kreative Aneignungsleistung auch bewerkstelligen. Obwohl Frauen hiervon nicht prinzipiell ausgenommen sind, lässt sich sowohl angesichts der numerischen Überrepräsentation männlicher Szenegänger als auch vor dem Hintergrund der spezifischen kulturellen Konnotationen typischer Szenecharateristika mit Hitzler und Pfadenhauer 2005: 58) konstatieren: »Die Skater-Szene ist eindeutig männlich dominiert.«

Schaut man etwas genauer hin, lassen sich in den spezifischen Herausforderungen des Skateboardingsports und –lebensstils bestimmte Attribute erkennen, welche sich im in den Repräsentationen des Skatepunk-Genres widerspiegeln: Innerhalb einer politischen Dimension zeigen sich (häufig relativ diffus und unspezifisch vorgebrachte) Statements für Selbstbestimmtheit verzeichnen, die eine Assoziation mit dem Topos einer Aneignung öffentlichen Raums zu eigenen Nutzung nahe legen. Während (libertäre) politische Orientierung zwar – dies betonen praktisch alle wissenschaftlichen Quellen (siehe den Überblick bei Calmbach 2007: 20ff.) – ein grundsätzliches Charakteristikum von Punk und Hardcore als Wurzeln des Skatepunkgenres darlegen, erscheint es geboten, eine strikte Gemeinwohlorientierung als Antrieb zur politischen Äußerung der Genrevertreter in Frage zu stellen. Hierfür lassen sich verschiedene (mögliche) Gründe anführen, die von Fall zu Fall in unterschiedlicher Intensität zutreffen mögen.

1. **Formelle Gründe**: Um sich in einem Genre zu profilieren, in dem Texte als zentraler Bestandteil der Musik gelten, steht man vor dem (keineswegs banalen) Problem, dass man irgendein Thema braucht, über das man singen kann. So ist es keineswegs gesagt, dass die politische Orientierung Ausgangspunkt des im Text geäußerten Gedanken gewesen ist. Vielleicht war ja genau das Gegenteil der Fall und man bediente sich ein paar linkspolitischer Allgemeinplätze? Vermutlich trifft in den meisten Fällen beides zu.
2. **Traditionale Gründe**: Eng verbunden mit der ersten Erklärung lassen sich die Fortschreibung bestimmter politischer Topoi auch als Isomorphismus (1983) oder auch traditionales Handeln (Weber 1980) deuten. So hat es ab dem Jahr 2001 kaum eine (erfolgreiche) US-amerikanische Skatepunkband gegeben, die sich nicht irgendwie auf George Bush und

den »War on Terror« bezogen hat. Interessanterweise (s.u.) war hiervon auch in deutschen Jugendzentren häufiger die Rede. Weitere zentrale Themenstellungen sind z.B. Vegetarismus, Polizeigewalt oder die Drogengesetzgebung.

3. **Selbstdarstellung und Identitätsbehauptung**: Neben der Verfolgung individueller Überzeugungen lassen sich hierdurch auch szenetypische Grundwerte wie moralische Integrität und gewisse intellektuelle Kapazität demonstrieren: Durch die Inszenierung als politisch informierter und engagierter Akteur (und wiederum: in aller Regel nicht Akteurin) gelingt es dem Sprecher so, subkulturelles Kapital im Sinne Thorntons zu akquirieren.[4]
4. **Vergemeinschaftung:** Schließlich liegt im Bezug auf politische Angelegenheiten die Chance einer Schaffung und Nutzung gemeinsamer identitärer Bezugspunkte, welche – auch aus den vorher genannten Gründen – Attraktivität für ein breites Publikum entfalten können. So garantierte z.B. in der Zeit seiner Regierungsperiode George Bush-Merchandise rentable Verkaufsmargen nicht nur für FatWreck- Chords als größtes Skatepunklabel der Welt.

Insgesamt erscheint politische Orientierung (oder wenigstens ihre Inszenierung) nicht nur (oder je nach Künstler auch nicht mal vordergründig) als konkrete Illusio (Bourdieu 1998) denkbar, sondern ist als Teil eines in den Bildwelten des Skatepunk vermittelten Identitätsangebots zu verstehen. Eine kritische Haltung der sozialen Umwelt gegenüber versinnbildlicht hier nicht nur moralische Aufrichtigkeit und Gemeinwohlorientierung der Identitätsbehaupter (Schimank 2010), sondern soll gleichzeitig zeigen, dass diese in der Lage sind, komplexe Zusammenhänge unabhängig zu durchschauen und kritisch zu hinterfragen. Ein ähnlicher Bezug auf besondere Kapazitäten der Adressaten solcher Identitätsan-

4 »Subkulturelles Kapital verleiht in den Augen seiner relevanten Besitzer den entsprechenden Status. In vielerlei Weise beeinflusst es das Ansehen [...] ähnlich wie sein Äquivalent in der Erwachsenenwelt. Subkulturelles Kapital kann *objektiviert* sein oder *verkörpert* [Hervorhebung im Orig. M.S.]. So wie Bücher und Gemälde in der Familienwohnung kulturelles Kapital ausstellen, ist subkulturelles Kapital in der Form modischer Haarschnitte und guter Plattensammlungen objektiviert [...]. So wie kulturelles Kapital mit ›guten‹ Manieren und urbaner Kommunikation personifiziert wird, so ist subkulturelles Kapital verkörpert in Form von ›Bescheidwissen‹, der Verwendung (aber nicht Über-Verwendung) der angesagten Szenesprache und einem Aussehen, das vermuten lässt, man sei für den allerneuesten Tanzstil geradezu geboren« (Thornton 1996: 11f).

gebote findet sich auch in den häufig relativ komplizierten technisch-musikalischen Anforderungen von Skatepunk-Musik. Wenn sich Genremusiker nach außen hin – wie Hitzler und Niederbacher (2010: 120) es treffend formulieren – durch eine »gewisse Selbstironie gegenüber dem eigenen Dilettantismus« auszeichnen, wirft dies einen interessanten Widerspruch auf. Dieser lässt sich wiederum dahingehend interpretieren, dass die Diskrepanz zwischen den eigenen (nach außen dargestellten) Ansprüchen (»wir sind mal wieder viel zu betrunken, um unsere Lieder richtig zu spielen«) und dem tatsächlichen Resultat der Intonierung relativ komplizierter Stücke, auf eine besondere Leistungsfähigkeit der Sprecher verweisen soll. Auch wenn sie also nicht ständig offen und auf den ersten Blick nachvollziehbar zu Tage treten, lassen sich (intellektuelle wie auch soziale) Unabhängigkeit und Leistungsfähigkeit also als Bestandteile zentraler Wertebezüge im Genre identifizieren.

Nicht zuletzt die hier zusammengetragenen Erkenntnisse zur spezifischen Subkultur des Skatepunkgenres haben (reflexiv motivierte) Vertreter der Punkkultur zur kritischen (Selbst-)Beobachtungen veranlasst. Einwände gegen Kommerzialisierung, Verharmlosung und reaktionäre Tendenzen lassen sich so z.B. bei Büsser (2000: 97) vernehmen:

> »Bands wie NOFX und BAD RELIGION sind natürlich dadurch, daß sie (noch) nicht im Radio gespielt werden, keinen Deut besser (d.h. untergründiger) als ihre Partyrock-Vorgänger KISS oder CHEAP TRICK. Aber sie bewahren den nostalgischen Schein von Punk und geben einer oft konservativen Szene damit genau das, was sie braucht: Selbstbestätigung auch noch im Abglanz und Abgesang.«

Während Büssers Kritik sich zwar in den (gewollt) subjektivistischen Duktus seines Gesamttextes einfügt und so nur bedingt die Standards wissenschaftlichen Erkenntnisinteresses erfüllen kann, verweist sie jedoch auf wesentliche Tendenzen, welche sich – evtl. nicht in breiter Fläche und häufig auch nur in abgeschwächter Form – für das Genre erkennen lassen.

Nachdem das Skatepunkgenre nun aus seiner Entstehung heraus sowie in seinen zentralen inhaltlichen und kulturell-repräsentativen Elementen vorgestellt worden ist, widmet sich der nächste Abschnitt der Nacherzählung seiner Internationalisierungsentwicklung.

3. Globale Popkultur? Zur grenzüberschreitenden Diffusion kultureller Elemente

Spricht man heute über Globalisierung, so lässt sich als ›kleinster gemeinsamer Nenner‹ der unterschiedlichen Verständnisse des Begriffes in Rechnung stellen, dass es sich hierbei grundsätzlich um eine Zunahme der Kontaktintensität zwischen territorialräumlich entfernten Regionen der Welt handelt. Einer, wohl auf Grund ihrer entsprechenden Allgemeinheit, recht populären Definition zu Folge, handelt es sich bei der Globalisierung also um »a worldwide social relationship which links distinct localities in such a way that local happenings are shaped by events occurring miles away and vice versa.« Verfolgt man die Diskussion um kulturelle Globalisierung nun eine Weile zurück, stößt man mit einiger Wahrscheinlichkeit auf einen historischen Kernsatz, welcher im Zuge der beschriebenen Internationalisierungstendenzen eine Entwicklung antizipiert, die eine Annäherung kultureller Spezifika aus den Dynamiken ökonomischer Integration ableitet:

> »An die Stelle der alten lokalen und nationalen Selbstgenügsamkeit und Abgeschlossenheit tritt ein allseitiger Verkehr, eine allseitige Abhängigkeit der Nationen voneinander. Und wie in der materiellen, so auch in der geistigen Produktion. Die geistigen Erzeugnisse der einzelnen Nationen werden Gemeingut. Die nationale Einseitigkeit und Beschränktheit wird mehr und mehr unmöglich, und aus den vielen nationalen und lokalen Literaturen bildet sich eine Weltliteratur.« (Engels/Marx 1959, 466.)

Nun ist diese Homogenisierungsannahme, die v.a. in der sozialwissenschaftlichen Fachdiskussion auch unter dem Label der »Konvergenzthese« (Schwinn 2006) erörtert worden ist, nicht völlig unwidersprochen geblieben – und dies augenscheinlich nicht ohne Grund, schließlich lässt sich trotz stetig wachsender Kontaktintensität ein Fortbestand nationaler Binnendifferenzierungen verzeichnen. Solche widersprüchlich erscheinenden Prozesse hat auch Streeck (2004: 5) im Blick, wenn er feststellt, dass »Konvergenz häufig mit Divergenz einhergeht.« Im Anschluss an Klein und Friedrich (2003), die aufbauend auf ihrer Analyse der internationalen Verbreitung der HipHop-Kultur einen Adaptionsprozess beschreiben, im Zuge dessen spezifische Kulturelemente im Rahmen einer grenzüberschreitenden Transferbewegung aus dem US-amerikanischen Entstehungskontext übernommen und dann unter jeweiligen lokalen Bedingungen reinterpretiert und ggf. aktualisiert werden, lässt sich eine entsprechende Sichtweise auch auf die Verbreitung von Skatepunkelementen entwickeln. Eine relativ basale Erklärung des Einflusses internationaler Verbreitung von Skate- und Poppunkmusik findet sich bei Schomers (2006: 129), die die im Verlauf der 1990er Jahre zunehmende Popularität einschlägiger Musikgruppen auch im deutschen Sprachraum erkennt:

»Durch Bands wie ›GREEN DAY‹ oder ›THE OFFSPRING‹, die heute in den Fun- oder Skate-Punk einzuordnen wären, wurde Punk musikalisch endgültig salonfähig und in den Mainstream überführt, was sich am Erfolg beispielsweise der ›ÄRZTE‹ und der ›TOTEN HOSEN‹ auch in Deutschland nachweisen lässt.«

Nun erscheint es angesichts bereits vor internationalen der ›Expansion‹ US-amerikanischen Pop- und Skatepunks bereits recht ordentlichen Verkaufszahlen der genannten deutschen Bands[5] wenigstens fraglich, inwiefern sich eine solche Entwicklung »nachweisen« ließe. Unzweifelhaft erscheint hingegen die von Schomer angeführte Tendenz: So lassen sich im Verlauf der 1990er Jahre eine zunehmende Adaption US-amerikanischer Stilelemente in der deutschen Punk-Musik und dem dazugehörigen Lebensstil erkennen. Dieser Adaptionsprozess soll im folgenden Abschnitt genauer unter die Lupe genommen werden.

4. ADAPTION VON SKATEPUNK(ELEMENTEN) IN DER BUNDESREPUBLIK

Die Frage, ob die Entwicklung des Genres Deutschpunk auch die Inkorporation von Skatepunkelementen bedeutete lässt sich relativ einfach mit einem Ja beantworten. Anders als bei zeitgenössischen Deutschpunkbands finden sich Bezüge zum Skateboardfahren (und damit auch relativ direkt zum US-amerikanischen Genre) im deutschen Sprachraum anfänglich etwa im 1987 erschienenen SPERMBIRDS-Song »MyGod Rides A Skateboard«. Musikalisch hat diese Referenz allerdings wenig mit den Klangwelten der US-Szene gemein. Erst im Verlauf der 1990er Jahre ließ sich eine Tendenz zur Erhöhung der Song-Tempi genauso beobachten wie der für den US-amerikanischen Stil typische Einsatz zweier Gitarren, die durch einander ergänzende Harmonien charakteristische Sounds erzeugen. Es ist allerdings anzumerken, dass es sich bei diesen Inkorporationsentwicklungen nicht um einen generellen Trend handelte. Stattdessen beschränkte

5 So konnten die Toten Hosen ihr erstes Nummer-Eins-Album »Kreuzzug ins Glück« bereits 1991 verzeichnen und bei den Ärzten war dies sogar noch früher der Fall, als 1988 die Live-CD Nach uns die Sintflut Spitzenreiter der Album-Charts wurde.

sich die Adaption der Skatepunk-Stilistik im deutschen Sprachraum vordergründig auf einen relativ kleinen Kreis von Bands.[6]

Versucht man nun die Etablierung des Genres im Kulturraum der Bundesrepublik nachzuzeichnen, ist zum ersten der Verweis auf eine ›erste Welle‹ von deutschen Bands geboten, die den Skatepunkstil noch relativ originalgetreu übernahmen. Hierzu zählen unter anderem die Gruppen D. SAILORS, SKIN OF TEARS sowie NOT AVAILABLE. Im Hinblick auf die musikalische Ausprägungen dieser frühen Adaption fällt auf, dass trotz hoher Tempi die Lead-Vocals hier meist langsam gesungen werden und Geschwindigkeit nicht in erster Linie über rasche tonale Abfolgen im Gesang oder schnell vorgetragende Texte, sondern i.d.R. über eine hohe Schlagzahl an den Drums in die Stücke gelangt.[7] Seine Weiterentwicklung findet diese erste, eng am Original befindliche Adaption in Nachfolgebands wie den DONOTS oder den BEATSTEAKS, die v.a. in ihren Anfangsjahren eine ähnliche Orientierung aufwiesen (wenn auch fast immer mit poppigeren Harmonien und geringen Songgeschwindigkeiten). Auffällig erscheint nun, dass die genannten Bands dieser ›ersten Welle‹ sich fast ausnahmslos (wobei sich diese Ausnahmen lediglich auf einzelne Songs beziehen) alle der englischen Sprache bedienten.

Eine ›zweite Kohorte‹ von Bands weist diesbezüglich eine mehrdimensionale Binnenentwicklung auf. Während sich die WOHLSTANDSKINDER und TAGTRAUM hier relativ eng am US-amerikanischen (und schwedischen) Stil orientieren, findet die Verbreitung von Skatepunk*elementen* eine – gemessen am kommerziellen und aufmerksamkeitsökonomischen Umfang – populärere Erschei-

6 Es erscheint hier zumindest erwähnenswert, dass diese Beeinflussung nicht allein aus den USA zu wirken begann. Nachdem zu Beginn der 1990er Bands wie GREEN DAYoder OFFSPRING, und in geringerem Umfang sicherlich auch NOFX und BAD RELIGION das Genre Skatepunk auch im Mainstream zu einiger Popularität verholfen hatten, kamen stilbildende Einflüsse in wesentlichem Umfang auch aus dem Umfeld des schwedischen Labels Burning Heart Records. Gruppen wie MILLENCOLLIN, NO FUN AT ALLoder SATANIC SURFERS trugen hier vom Norden Europas aus zur Etablierung und Weiterentwicklung des Genres bei. 2002 wurde Burning Heart vom US-amerikanischen Label Epitaph übernommen, behält aber in organisatorischen und inhaltlichen Fragen bis heute wesentliche Autonomie.

7 Ähnliches lässt sich auch für niederländische Adaptionen, wie im Falle der Gruppe UNDECLINABLEAMUSCADE (später nur noch: UNDECLINABLE), feststellen. Schnellere Vocal-Abfolgen finden sich hingegen v.a. im Spanischen Raum, wie z.B. bei der Band UNION 13. Während sich also entsprechende nationalspezifische Adaptionsmuster wenigstens in groben Konturen erkennen lassen, erscheinen die Gründe hierfür auf dem aktuellen Stand der Forschung nicht offensichtlich nachvollziehbar.

nung in den Werken der Bands TERRORGRUPPE und WIZO, die in ihren spezifischen Stilen eher zwischen den Klangmustern von klassischem Deutschpunk[8] und Skatepunk changieren. Referenzen an ein spezifisch ›kalifornisches‹ Lebensgefühl treten in diesen ersten beiden Wellen genauso zu Tage, wie die üblichen politischen Statements (wobei diese sicherlich genauso im deutschen Entwicklungspfad des Punkrock verwurzelt sind, siehe z.B. die hier monumentalen SLIME). Vergleicht man die deutsche Punkmusik der 1990er Jahre mit den Machwerken der 1980er, lässt sich hier generell eine höhere Geschwindigkeit der Songs erkennen, die zeigt sich z.B. recht deutlich, wenn man Sampler vergleicht, die einen guten Überblick über zeitgenössische Musik geben).

Eine ›Dritte Etappe‹ Skatepunk-beeinflusster Musik lässt sich schließlich v.a. seit dem Beginn des neuen Jahrtausends verzeichnen. Getragen wird (und wurde) diese wesentlich von der erst Göttinger und später Berliner Gruppe ZSK, die nicht nur Genreelemente adaptierten, sondern sich selbst explizit als Skatepunkband verstanden und darstellten. Dass sie hierbei einen wesentlichen Teil ihrer Texte in deutscher Sprache vortrugen und ihr erstes Demo-Tape »Keep Skateboarding Punkrock« nannten, ermöglicht hier eine recht einfach Zuordnung. Ähnliche stilistische Orientierungen finden sich u.a. bei Bands wie FAT FLANDERS oder RADIO HAVANNA.

Im Hinblick auf die Wertebezüge deutscher Punkbands lässt sich bis auf wenige Ausnahmen kein signifikanter Einfluss ihrer US-amerikanischen Vorgänger feststellen. Was humoristische Gestaltung des eigenen Programms oder die Kokettierung mit vermeintlichem Dilettantismus angeht, sticht hier v.a. die TERRORGRUPPE hervor. Entsprechende Adaptionen stellen beim Blick auf das aktuelle Deutschpunk-Panorama allerdings eher ungewöhnliche Beispiele dar. Ein etwas stärkeren Einfluss lässt sich im Hinblick auf die Genre-spezifische Ästhetisierung politischer Inszenierungen feststellen. Zwar ist die propagandistische Darstellung politischer Inhalte (siehe Bands wie SLIME, HASS oder auch die BOSKOPS) schon immer eindeutiger Bestandteil von Deutschpunk gewesen. In den letzten Jahren wurden hier allerdings – wie im Falle von ZSK – vor allem im Hinblick auf die Ästhetische Darstellung wesentliche Elemente der US-amerikanischen Länderkultur des (Skate-)Punk übernommen. Diese finden sich auch in anderen Erscheinungsformen Politspektren-spezifischer Inszenierung, wie etwa in Konzept und Erscheinung von Plattformen wie Peta2.

8 Diese Elemente umfassen vor allem geringere Tempi und tendenziell weniger komplexe Songstrukturen.

5. FAZIT

Geht man vor dem Hintergrund der weiter oben getroffenen Ausführungen davon aus, dass es sich bei Popkultur im Allgemeinen wie Punkrock im Besonderen um Phänomene handelt, die aus ihrer grenzüberschreitenden Verbreitung heraus eine praktisch weltumspannende Präsenz gewinnen stellt sich gleichzeitig die Frage, inwiefern die Ausprägungen, die sie annehmen, weitgehend einheitlich bleiben oder andererseits von national- oder regionalspezifischen Binnendifferenzierungen geprägt sind. Wie gezeigt werden konnte weist das Phänomen ›Skatepunk in Deutschland‹ Elemente beider Argumentationsfiguren auf. So lässt sich einerseits ein Transfer US-amerikanischer Punk-Elemente in den deutschen Kontext konstatieren. Gleichzeitig ist hier allerdings bei Weitem keine vollkommene Angleichung zu erkennen. Vielmehr besteht weiterhin ein wesentlicher Teil der deutschen Punkmusiklandschaft relativ unabhängig und die Adaption von Skatepunk-Elementen beschränkt sich auf den Output einer relativ kleinen Zahl von Musikgruppen. Eine grundsätzliche Konvergenzannahme muss hier also deutlich zurückgewiesen werden. Fragt man anschließend an die hier erarbeiteten Erkenntnisse zum globalen Kulturtransfer in der Punk(sub)kultur, lassen sich perspektivisch (mindestens) zweierlei Ursachen für diese Entwicklung benennen:

Erstens ist den weiter oben angeführten ›Klassikern‹ Karl Marx und Friedrich Engels der Internationalisierungstheorie insofern recht zu geben, als dass die Unternehmen einer sich globalisierenden Kulturindustrie grundsätzlich an einer Expansion in ausländische Märkte interessiert ist (Gebesmair 2008). Die Erzielung nationaler Produktionserträge in ausländischen Märkten folgt hier also nicht zuletzt dem Motiv grenzüberschreitender Absatzstrategien. Ein zweiter, nicht minder wichtiger Grund liegt aber neben der marktbasierten Verbreitung auch in der netzwerkförmigen Koordination aktiver Szenegänger, welche sich auch in grenzüberschreitenden Austauschprozessen ›von unten‹ äußert. Illustrativ auf den Punkt gebracht werden solche Aktivitäten in einem Interviewzitat aus der Studie von Calmbach (2007: 126):

»Mir ist keine andere Szene bekannt, die sich weltweit dermaßen global vernetzt hat, wie die HC- bzw. Punkszene. Jeder kennt irgendwie jeden oder kann zumindest problemlos in Kontakt mit anderen treten. [...] Es ist doch absolut keine Seltenheit, wenn jemand aus dem kleinsten Dorf im Saarland eine Platte rausbringt, dass die dann auch auf irgendwelchen malaysischen Kellershows zu bekommen ist. Da bedarf es nicht vieler Mittler dazwischen. Man tauscht halt die Platte mit dem Typen von ENVY, wenn die auf Tour sind und er spielt dann halt dort und vertickt die weiter.«

Was sich hier ein weiteres Mal zeigt, ist ein spezifischer Hybridcharakter zwischen Kommerzialisierung und szeneinterner Gestaltungskraft, durch den sich Punkrock auch nach mittlerweile über 30 Jahren kulturindustrieller Vereinnahmungsversuche auszeichnet.

LITERATUR

Bourdieu, Pierre (1998): Sozialer Sinn. Kritik der theoretischen Vernunft. Frankfurt am Main: Suhrkamp.

Budde, Dirk (1997): Take Three Chords… Punkrock und die Entwicklung zum American Hardcore. Karben: Coda.

Büsser, Martin (2000): If the Kids are united. Von Punk zu Hardcore und zurück. Mainz: Ventil.

Calmbach, Marc (2007): More than Music. Einblicke in die Jugendkultur Hardcore. Bielefeld: Transcript.

DiMaggio, Paul/Powell, Walter (1983): »The Iron Cage Revisited: Institutional Isomorphism and Collective Rationality in Organizational Fields«. In: American Sociological Review, 48 (2), 147-160.

Engels, Friedrich/Marx, Karl (1959): »Manifest der Kommunistischen Partei«. In: MEW 4. Berlin, 459-491.

Gebesmair, Andreas (2008): Die Fabrikation globaler Vielfalt. Struktur und Logik der transnationalen Popmusikindustrie. Bielefeld: Transcript.

Giddens, Anthony (1990): The Consequences of Modernity. Cambridge. Cambridge University Press.

Hellmann, Kai-Uwe (2011): Fetische des Konsums. Studien zur Soziologie der Marke. Wiesbaden: VS.

Hitzler, Ronald/Pfadenhauer, Michaela (2005): Unsichtbare Bildungsprogramme? Zur Entwicklung und Aneignung praxisrelevanter Kompetenzen in Jugendszenen. Düsseldorf (Expertise zum 8. Kinder- und Jugendbericht der Landesregierung NRW). Quelle: https://services.nordrheinwestfalendirekt.de/broschuerenservice/download/1211/Expertise%20Hitzler%20Druckfassung.pdf

Klein, Gabriele/Friedrich, Malte (2003): Isthis real?! Die Kultur des HipHop. Frankfurt am Main: Suhrkamp.

Klein, Gabriele (2005): »Pop leben, Pop inszenieren«. In: Neumann-Braun, Klaus/Richard, Birgit (Hg.): Coolhunters. Jugendkulturen zwischen Medien und Markt. Frankfurt aam Main: Suhrkamp, 44-52.

Lena, Jennifer C./Peterson, Richard A. (2008): »Classification as Culture: Types and Trajectories of Music Genres«. In: American Sociological Revew 73, 697-718.

Meuser, Michael (2005): Männliche Sozialisation und Gewalt. Vortrag beim Berliner Forum Gewaltprävention. Quelle: http://www.berlin.de/imperia/md/content/lb-lkbgg/bfg/nummer24/ 06_meuser.pdf (Abruf 1.12.11).

Meuser, Michael. (2010): Geschlecht und Männlichkeit. Soziologische Theorie und kulturelle Deutungsmuster. Wiesbaden: VS

Regev, Motti (2003): »Alles Rock. Vielfalt und Ähnlichkeit im Bereich der globalen Pop-Musik«. In: Beck, Ulrich et al. [Hg.]: Globales Amerika? Die kulturellen Folgen der Globalisierung. Bielefeld, Transcript, 284-299.

Schimank, Uwe (2010): Handeln und Strukturen. München/Weinheim: Juventa.

Schomers, Bärbel (2006): »Forever Punk! – Totgesagte leben länger«. In: Lucke, Doris (Hg.): Jugend in Szenen. Lebenszeichen als flüchtige Welten. Münster: Westfälisches Dampfboot, 117-139.

Schwinn, Thomas (2006): »Konvergenz, Divergenz oder Hybridisierung? Voraussetzungen und Erscheinungsformen von Weltkultur«. In: Kölner Zeitschrift für Soziologie und Sozialpsychologie 58 (2), 201-232.

Streeck, Wolfgang (2004): Globalisierung. Mythos und Wirklichkeit. MPIfG Working Paper 04/4, Quelle: http://www.mpifg.de/pu/workpap/wp04-4/wp04-4.html

Thornton, Sarah (1996): Club Cultures: Music, Media and Subcultural Capital.Middletown.

Trültzsch, Sascha (2009): Kontextualisierte Medieninhaltsanalyse. Wiesbaden: VS.

Weber, Max (1980): Wirtschaft und Gesellschaft. Tübingen: Mohr-Siebeck.

Punk goes Elektro, goes Web 2.0

Deutschsprachiger Elektropunk seit den 2000er Jahren

JULIA LÜCK, MIHAELA DAVIDKOVA UND BIANCA WILLHAUCK

»Wir sind nicht die,
die immer nur verballert feiern
Wir sind auch die,
die mehr vom Leben wollen
Ja die alte Leier.«
(EGOTRONIC: »Nicht nur Raver«)

HINLEITUNG

Viele bunte Farben an gut gelaunten tanzenden Menschen, laute Musik mit dröhnendem Bass, eine gewisse hedonistische Einstellung mit dem starken Hang zum Weltverbessertum: eine Mischung, die auf den ersten Blick nicht ganz unbekannt erscheint. Doch die konkrete Ausgestaltung lässt Spielraum, den eine relativ junge Jugendkultur für sich zu Nutze gemacht hat. Die Rede ist von der Elektropunk-Kultur, die durch die Kombination von Punk- Minimalismus und –Attitüde mit elektronischer Musik gekennzeichnet ist. Ideologische Nähe zeigt sich vor allem zu der Punk-Rock-Szene, während gleichzeitig der Einfluss musikalischer Strömungen rund um Industrial und Minimal-Elektro schnell deutlich wird. Während in Großbritannien und den USA diese Musik- und Stilform bereits in den späten 1970er Jahren in Erscheinung tritt, existiert deutschsprachiger Elektropunk erst seit Anfang der 2000er Jahre. In Deutschland ist es insbesondere ein Label, das die Elektropunk-Musik auflegt und verbreitet: Es ist das 2003 von Lars Lewerenz in Hamburg gegründete Label Audiolith. Hier sind alle großen Vertreter der deutschen Szene unter Vertrag: EGOTRONIC, FRITTENBUDE,

SUPERSHIRT, BRATZE, JURI-GAGARIN, IRA ATARI und einige mehr. Auf der Internetseite stellt sich Audiolith folgendesmaßen vor:

»Who we are: Wir sind ein Plattenlabel, wie tausend andere auch und wir sind noch mehr als das. Wir sind das Baby von Lars Lewerenz, der 2003 begann, Musik von uns, seinen Freunden, seiner Wahlfamilie, zu veröffentlichen. Das war gut, denn deswegen feiern wir inzwischen überall. Coz Audiolith Youth is Everywhere. Und die ist mit uns und wir unten mit ihr. Wir kommen auch in deine Stadt, und wir hören dich an, und wir seh'n uns auf der Straße und wir tragen das gleiche Shirt. Dein Style ist uns wichtig, weil du unsern Mix magst. Dann bist du mit dabei, da alles geht, was Spass macht und echt ist, weil wir nicht auf Ärger stehen, sondern auf Parkplätzen. Auf denen wir raven. Wir trinken unser Bier. Aber machen nicht den Kopf zu. Wir tanzen und singen Lieder. Denn wir sind geiler als der Scheiss, den sie dir verkaufen wollen in Discounterland. Hör nicht auf die. Mach dich locker: Blow your Mind with good Music.«

In der wissenschaftlichen Betrachtung hat der Elektropunk bisher noch nicht viel Aufmerksamkeit erfahren. Da die Elektropunk-Kultur aber bereits auf den ersten Blick Elemente diverser anderer Jugendszenen, -kulturen und –bewegungen für sich vereint, erscheint für uns eine genauere Betrachtung wertvoll, um herauszufinden, inwiefern es sich eventuell nur um eine Spielart einer anderen Jugendkultur handelt, oder ob sich Elektropunk tatsächlich zu einer eigenen Szene entwickelt (hat). Vor allem vor dem Hintergrund und zum Verständnis der Rolle neuer Medien für die Etablierung neuer Jugendkulturen, ist die Elektropunk-Kultur ein gutes Beispiel und verdient daher auch wissenschaftliche Aufmerksamkeit.

Um die Frage beantworten zu können, inwieweit es sich beim Elektropunk um eine eigene Szene handelt, werden wir im ersten Teil der Arbeit den Szene-Begriff näher betrachten. Das Hauptaugenmerk der Untersuchung wird sich auf die Rolle des Internets für den Elektropunk konzentrieren, weshalb auch Vorbetrachtungen zu Jugendkultur und Internet vorangestellt werden. Wie bereits angemerkt, sind die Einflüsse anderer Szenen und Jugendkulturen im Elektropunk unverkennbar. Um herauszufinden, wie im Elektropunk Elemente anderer Szenen und Jugendkulturen genutzt werden, und um eine Sensibilität für Stil, Symbole, Grundsätze und Einstellungen der entsprechenden Vorläufer zu entwickeln, werden wir einige einführende Absätze zu Punk, Techno sowie der Antifa-Bewegung ebenfalls der Analyse voranstellen. Die Analyse selbst wird sich auf verschiedene Angebote der Szene auf der Videoplattform YouTube befassen. Methodische Grundlagen liefern Überlegungen zur Virtuellen Ethnographie, mit der folgende Forschungsfragen beantwortet werden sollen:

FF1: Handelt es sich bei der jugendkulturellen Vergemeinschaftungsform des Elektropunk um eine eigene Szene im theoretischen Sinne?
FF2: Wie stellt sich die Elektropunk-Bewegung auf YouTube dar und welcher Elemente aus anderen Szenen bedient sie sich?
FF3: Welche Bedeutung hat YouTube für den Elektropunk?

Zur möglichst breiten Abdeckung der Darstellung der Elektropunk-Kultur werden auf YouTube dargestellte Experteninterviews ausgewertet, um die Seite der Produzierenden zu beleuchten. Außerdem werden als Produktanalyse Videoclips untersucht und Liedtexte vergleichend interpretiert. Zu guter Letzt sollen auch die Rezipierenden untersucht werden, indem Kommentare von NutzerInnen unter YouTube-Videos sowie Videoclips, die AnhängerInnen auf Veranstaltungen zeigen, analysiert werden. Die Ergebnisse dieser Einzeluntersuchungen werden dann übergreifend interpretiert und im Hinblick auf das Erstellen eines Gesamteindrucks sowie auf die Beantwortung der Forschungsfragen gerichtet ergründet.

THEORETISCHE VORBETRACHTUNGEN

Szene-Begriff

Wurde in der Jugendforschung noch in den 1960er und 1970er Jahren weitgehend der Begriff Subkultur verwendet, um Vergemeinschaftungsformen von Jugendlichen zu charakterisieren, so dominiert heutzutage in der Forschung der Begriff der »Szene« (Ferchhoff 2000: 139). Heinzlmaier (1999) schlägt als Definitionsmerkmale einer Szene die Elemente Musik, Marken und Meinungen vor. Demnach würde ein Szenemitglied nur dann in der jeweiligen Szene akzeptiert werden, wenn es die richtige Musik hören und kennen würde, die richtige Kleidung tragen würde, sowie mit der Szeneweltanschauung und dem ›Sprach-Code‹ der Szene vertraut sei. Leitmedium der jeweiligen Szene sei dabei die Musik, deren Aufgabe es sei, die Szenephilosophie zu transportieren (S. 44ff.).

Eine Szene zeichnet sich darüber hinaus vor allem durch ein gemeinsames Wissen zu Verhaltensweisen und Einstellungen aus. Szenen sind generell für jede/n (die/der sich das szenetypische ›Know-How‹ aneignet) offen. Darüber hinaus brauchen Szenen auch ein »Publikum« und eine Abgrenzung nach außen hin, um als eine Vergemeinschaftungsform wahrgenommen zu werden (ebd.). Die gemeinsame Interessensgrundlage der Mitglieder bedingt die Ausbildung eines »Wir-Gefühls«, dennoch ist jedes Mitglied einer Szene auch noch in andere Lebensbereiche eingebunden und die Szenemitgliedschaft nur ein Teilbereich des

Lebens (S. 24). Hitzler et al. verstehen Szenen nicht als starre, sondern vielmehr als dynamische Gebilde, die sich in einzelne Gruppen und Gruppierungen aufspalten, organisiert sind und so etwas wie einen »Szenekern« aufweisen (S. 25 ff.). Szenen haben außerdem bestimmte Treffpunkte (in Form von Konzerten, Festivals aber auch im Internet, das, wie gezeigt werden soll, heutzutage eine große Bedeutung als Treffpunkt für Szenemitglieder haben kann).

Hitzler et al. (2005) nennen für eine Untersuchung von Szenen folgende zu erforschende Elemente: (1) Die thematische Fokussierung der Szene, (2) Einstellungen und Motive der Szene (3) eine Untersuchung des Lebensstils, (4) eine Beschreibung der szenetypischen Treffpunkte und Events (5) die von SzenegängerInnen getragene Kleidung und die Musik sowie (6) die Medien (S. 31f.).

Jugendkultur und Internet

Da die Rolle des Online-Video-Portals Youtube im Zusammenhang mit Elektropunk zentral für diese Untersuchung ist, wollen wir folgend einige Überlegungen zu Jugendkultur und Internet zusammentragen. In der Einleitung des Sammelbandes »Digitale Jugendkulturen« stellt Hugger (2010) fest, moderne Jugendkulturen »sind heute nicht mehr denkbar ohne ihre Erweiterung im Internet« (S. 7). Zunächst führt Hugger einige statistische Kennwerte an, die erkennen lassen, dass die 14-29 Jährigen diejenigen sind, die das Internet am intensivsten nutzen. Diese NutzerInnen-Gruppe beschäftigt sich auch am häufigsten mit Videomaterial im Internet, während in der von Hugger zitierten Studie 16% aller NutzerInnen mindestens einmal in der Woche Videobeiträge im Internet rezipieren, beträgt der Wert bei den 14-29 Jährigen fast 50 %. Bei Audiomaterial liegen die Werte ähnlich (S. 9). Wenngleich nicht in allen Jugendszenen die unterschiedlichen medialen Möglichkeiten gleich genutzt werden, so spielen die verschiedenen Angebote doch eine wichtige kommunikative Rolle, die der Band aufzudecken versucht.

Von Gross (2010) untersucht beispielsweise die Visual Kei Szene und ihre Nutzung des Internets und bezeichnet sie als einen »Prototyp der internetgenerierten Jugendszene« (S. 153). Die Translokalität des Internets wird hier als herausragendes Merkmal beschrieben, denn durch diese »technikinduzierte Ort-Losigkeit verbindet das Internet Menschen jenseits lokaler Kontexte miteinander« (S. 151). Dies ermöglichte deutschen Jugendlichen im Falle von Visual Kei überhaupt erst mit dieser aus Japan stammenden Jugendkultur in Kontakt zu kommen. Von Gross führt außerdem Überlegungen zur Rolle der Medien in der Sozialisation Jugendlicher generell in heutiger Zeit an. Dazu erwähnt die Autorin, dass Mediensozialisation nicht einfach als »Sozialisation durch Medien« (Fritz et al. 2003 zitiert in von Gross 2010: 152) verstanden werden darf, denn diese würde einen unidirektionalen Zusammenhang nahelegen. Vielmehr nutzen junge Menschen die medialen Möglichkeiten aktiv, die ihnen zur Verfügung stehen, und wählen sich Sinnangebote entsprechend ihrer Neigungen.

Bereits in der Einleitung führt Hugger (2010) an, welche identitätsstiftende Rolle das Handeln im Internet einnimmt. Durch Zugehörigkeit zu einer Gruppe kann hier auch Anerkennung erlangt werden (S.10). Nichtsdestotrotz warnt Hugger davor, in Anbetracht der intensiven Mediennutzung auch vor dem Hintergrund ähnlicher Motive von einer »Netz-Generation« zu sprechen, weil der Versuch, Homogenität der Jugend aufzuzeigen, die eigentliche Heterogenität überdecken und fälschlicherweise »gemeinsame Werte und Orientierung« (S. 14) nahelegen würde.

Techno, Punk und Antifa

Der folgende Abschnitt gibt einen kurzen Überblick über die drei Szenen, die die Entwicklung des Elektropunks in Deutschland besonders geprägt haben: die Techno-Szene, die Punk-Szene sowie die Antifa-Bewegung. Die Betrachtungen dienen dazu, im Vorfeld der Analyse den Blick für mögliche Einflussfaktoren aus anderen Szenen zu schärfen, um auf dieser Grundlage ein Urteil über die Eigenständigkeit der Elektropunk-Kultur zu treffen.

Der Ursprung der **Techno-Szene** wird auf Anfang der 1980er Jahre in Chicago datiert. In den 90ern erfolgten die weltweite Verbreitung und die Etablierung von Techno als eine musikalische Jugendkultur. Der Durchbruch in Deutschland gelang 1991 (Fuchs 2007: 82f.). Der große Wunsch der Gruppe war damals die Überschreitung der einschränkenden gesellschaftlichen Normierungen über die Grenzen von Herkunft, Geschlecht und Hautfarbe hinweg, so dass jede/r ein gleichberechtigter Teil jedes Techno-Ereignisses sein konnte. Techno entwickelte sich als kollektiver Lebensstil, »der sich – sozusagen ›kultisch‹ – in einer ausdifferenzierten Art von stark repetitiver, elektronisch erzeugter Musik, in besonderen Tanzformen, speziellen Konsumgewohnheiten, auffälligen Attitüden und habituellen Eigenarten und in signifikanten Arten von Geselligkeit äußert.« (Hitzler &Pfadenhauer 2000: 11). Die Techno-Musik bricht mit den herkömmlichen Strukturen der Popmusik. Melodien, Harmonien und Sprechgesang sind extrem reduziert oder ganz abgeschafft. Die einzelnen Stücke heißen Tracks und können immer wieder überarbeitet werden, haben keinen üblichen Spannungsbogen, dafür aber eine eigene Dynamik, und sind nie abgeschlossen. Die Techno-Fans setzen sich immer wieder einer Überflutung von Licht, Farbe, Formen und Musik aus. Der ganze Körper wird in Schwingung versetzt (Rehm

1996: 4). Die Zugehörigkeit zur Szene manifestiert sich grundsätzlich am Spaß an und Verständnis für Techno-Musik, Techno-Tanzen und Techno-Partys (Rave). Die Techno-Szene ist vor allem eine Szene, die sich selbst als Gemeinschaft feiert, die das Ideal einer Einheit im Hier und Jetzt, auf einem Event anstrebt (Eichler 2007). Allen gemein ist der unausgesprochene Wunsch, beim Feiern frei zu sein und die Zeit zu vergessen. Gespräche sind unmöglich, man tanzt allein und nicht in Paaren, es gilt eine individualistische Ideologie (Rehm 1996: 4). Der Drogenkonsum gehört ebenfalls zu den Besonderheiten der Szene. Eine drogenfreie Techno-Party ist eine Illusion, denn Drogen ermöglichen das dauerhafte Raven. Drogen werden genommen, um die gesellschaftlichen Zwänge zu vergessen und zu einem ekstatischen Zustand der vollkommenen Loslösung von der Realität zu gelangen (Rehm 1996: 16).

Die Wurzeln des **Punk** liegen in den 1960er und 1970er Jahren, in denen sich erste Vorläufer von Punkbands bildeten, einfache ›Garagenbands‹, die vor allen Dingen in den USA verbreitet waren. Mit den SEX PISTOLS gelang der Durchbruch des Punk: Durch die mediale Aufmerksamkeit durch provozierenden Auftritten gelang Punk in die Öffentlichkeit. Ende der 1970er Jahre gab es auch in der BRD Punkbands, die zuerst auf Englisch, und erst ab den 1980er Jahren auf Deutsch sangen.

Punk ist mehr als Musik – vielmehr ist es eine ideologische Lebenseinstellung der Fans (Haenfler 2004: 412). Will man diese Einstellungen nachvollziehen und erklären, so muss man zu den Ursprüngen des Punks zurückkehren. Vor allen Dingen die politischen und gesellschaftlichen Hintergründe der Entstehungszeit des Punks sind wichtig. Punk wird in erster Linie als eine Jugendprotestbewegung gegen die Gesellschaft und die Politik der damaligen Zeit verstanden. Darüber hinaus wird Punk auch als Antwort auf die damals bestehende softromantische Hippiekultur verstanden (S. 411). Punks lehnten die bestehende Gesellschaft ab, schafften eine Ideologie des Chaos und der dekonstruktiven Weltanschauung und lebten nach ihrem Motto »No Future« (S. 412).

Die Musik des Punk-Rocks ist einfach, rau, ungeschliffen, schnell und geradlinig. Oftmals werden nur wenige Akkorde verwendet. Die Musik wird von Außenstehenden als ›aufheizend‹ empfunden, die PunkanhängerInnen lassen ihren aufgestauten Emotionen beim Tanz, dem »Pogo« freien Lauf.

Eine dem Punk zugrunde liegende Do-it-Yourself-Kultur spiegelte sich nicht nur in der Erschaffung eigener Labels und Fanzines wieder, sondern auch im ›Modestil‹. Ausgerichtet darauf, zu schocken, wurden alltägliche Symbole subversiert, um damit Kritik an bestehenden gesellschaftlichen Zuständen und dem Kapitalismus zum Ausdruck zu bringen.

Diese »Ästhetik des Hässlichen« (Schwarzmeier 2003: 33) bekommt in der Mode der Punks besonderen Ausdruck: Zerschlissene, alte Kleidung, die mit provozierenden Parolen und Buttons (z.B. Aufdruck »Schieß doch Bulle«) verziert ist, wird ebenso Ausdruck der Punkkultur wie bunt verzierte Leder- und Jeans-Jacken oder Parkas, Anarchie-Symbole, Hundehalsbänder, Sicherheitsnadeln, Vorhängeschlösser, Ketten, Patronengurte und in der Anfangszeit auch Nazisymbole (was mittlerweile aber verpönt ist) (Kuttner 2007). Die Punks wollten einen ›Arbeiterlook‹ nachempfinden, diesen aber gleichsam provozierend einsetzen und in seiner Symbolik verkehren (Hebdige 1983: 110). Daneben ist auch gerade die Gestaltung der Frisur ein Erkennungszeichen der Punks: Bunt gefärbte Haare, oftmals in ausgefallenen Farben zusammen mit Irokesenschnitten sind ›typische‹ Frisuren der Punks.

Bei der Antifa-Bewegung handelt es sich nicht um eine Musikszene sondern vornehmlich um eine politische Szene, wobei »Antifa« für Antifaschismus steht. Die Antifa steht in der Tradition der Studierendenbewegung der 1960er und der kommunistischen Gruppen der 1970er Jahre. Sie konstituiert sich durch Abgrenzung, ihre Gegnerschaft sind FaschistInnen bzw. der Faschismus generell. Ziel ist es dementsprechend jedwede Form des Nationalismus und Rassismus zu bekämpfen. Antisemitismus und völkische Ideologie werden betont abgelehnt, genauso wie jegliche den Nationalsozialismus relativierende oder rechtfertigende geschichtsrevisionistische Tendenzen (Eichholz 2007). Darüber hinaus richtet sich der Kampf der Antifa auch gegen das kapitalistische System, das als Quelle des Faschismus verstanden wird. Diskurs und Aktion sind zentrale Formen der Arbeit innerhalb der Antifa. Unter ersteres fällt vor allem auch die politische (Eigen-)Bildung. Letzteres umfasst politische Aktionen gegen FaschistInnen, wobei auch Militanz von Teilen der Szene als Handlungsalternative akzeptiert wird. Kulturelle Aspekte wie Musik, Partys, Konzerte und Kunst haben nichts desto trotz auch ihren Platz in der Szene. Spaß als Erlebnisdimension darf nicht zu kurz kommen, wenngleich er auch ambivalent betrachtet wird, denn als AntifaschistIn ist man stetig seinen Idealen verpflichtet, für eine bessere Welt zu streiten. Die antifaschistische Grundhaltung soll sich im alltäglichen Handeln eines jeden Mitgliedes deutlich widerspiegeln. Es gibt keine Trennung zwischen Szeneleben und außerszenischem Leben (Eichholz, 2007). Zu den Symbolen der antifaschistischen Bewegung gehören der fünfzackige Stern, hochgestreckte Fäuste, die Farben Schwarz und Rot, Piktogramme mit Figuren, die Hakenkreuze in Papierkörbe werfen oder Hakenkreuze zerstören. Solche Symbole finden sich auf der Kleidung oder als Accessoires bei den Szenemitgliedern selber, sowie als Poster in Antifa-Cafés, in Fanzines und auf Flyern sowie als Transparentmotive auf Demonstrationen (ebd.).

Forschungsdesign

Die vorliegende Arbeit beschäftigt sich mit einer relativ jungen Jugendszene, zu der bisher keine konkreten Vorläuferstudien durchgeführt wurden. Unser zentraler Fokus liegt auf der Erkundung des Medienhandelns dieser Gruppe und besonders auf ihrer Nutzung des Onlineangebots YouTube. Als methodischen Zugang haben wir daher die Medienethnographie gewählt, die laut Bachmann und Wittel (2006) als »Ethnographie über Menschen, die Medien nutzen, konsumieren, distribuieren oder produzieren« (S.183) definiert ist. Ziel ethnographischer Forschung ist es, ein holistisches und verstehendes Gesamtbild einer Kultur zu entwerfen, wofür eine Vielzahl von Methoden verwendet werden sollen. (Bachmann &Wittel 2006: 183ff.). Die Medienethnographie stellt eine Besonderheit dar, denn hier gilt das Forschungsinteresse den Medien und ihrer Einbindung in den Alltag von Produzierenden und Nutzenden sowie auch in die Einbindung in soziokulturelle Welten. Bachmann und Wittel listen unterschiedliche Methodenstränge innerhalb der Medienethnographie auf. Von Interesse für unser eigenes Vorgehen ist die virtuelle Ethnographie, bei der sich Forschende und Erforschte im virtuellen Raum treffen und keine direkte Ko-Präsenz vorliegt, da die gleichzeitige physische Anwesenheit der Personen keine notwendige Bedingung ist. Das ethnographische Reisen als ein wichtiger Bestandteil der ethnographischen Forschung wird hier zu einer Wanderung im Cyberspace, die durch das Durchklicken von Websites bestimmt ist. (vgl. Bachmann &Wittel 2006:187)

Auch zu Beginn unserer Arbeit stand das ethnographische Reisen. Ausgehend von einem Lied, das uns bekannt war, traten wir die Wanderung an. Die Videoplattform YouTube erleichterte die Erkundung, in dem es neben dem aufgerufenen Video auch immer ähnliche Videos bereit stellt, beispielsweise der gleichen Band bzw. des/r gleichen KünstlerIn. Um einen Einstieg in das Feld zu bekommen, nutzten wir gerade zu Beginn auch andere Möglichkeiten zur Recherche im Internet, wie Suchmaschinen, die uns auf die Homepage des Labels Audiolith führten und auch zu diversen Einträgen in dem gemeinschaftlich hergestellten Online-Lexikon Wikipedia. Hier fanden wir weitere Anregungen zur Weiterverfolgung auf YouTube selbst.

Um die Szene aus verschiedenen Blickwinkeln zu betrachten und einen Ansatz für die Untersuchung zu erhalten, entschieden wir, sowohl Dokumente von bzw. über die Produzierenden als Experten der Szene zu analysieren als auch Produkte und zu guter Letzt die Rezipierenden, die sich in Kommentaren ausdrücken oder selber in Videos zu sehen sind. Die jeweils im Einzelnen verwendeten Methoden sollen im Folgenden vorgestellt werden.

Zwei ausgewählte **Experteninterviews** (die Bandmitglieder verstanden wir hier als Experten der Szene) sollten uns einen ersten Einblick in die Szene geben.

Die Auswertung der Interviews erfolgte in zwei Schritten. Im ersten Schritt wurden sie einzeln nach dem GAT-System mit kleinen Vereinfachungen, wie von Keppler (2006) vorgeschlagen, transkribiert. Die Transkription der Interviews sollte die Erfassung zentraler inhaltlicher Aspekte erleichtern und die Übersichtlichkeit der Analyse garantieren. Im zweiten Schritt wurde als Hilfsmittel zur besseren Strukturierung der Inhalte und zur Zusammenfassung der wichtigsten Aspekte nach der Logik der zusammenfassenden Inhaltsanalyse nach Mayring (1983) vorgegangen. Die zusammenfassende Inhaltsanalyse hat zum Ziel das Textmaterial auf eine Abstraktionsebene zu reduzieren, so dass die wesentlichen Inhalte erhalten bleiben. Der verbleibende Textcorpus soll ein überschaubares Abbild des Grundmaterials darstellen.

Das Musikvideo »Presidiator« der Band JURI GAGARIN soll uns einen Einblick in die Darstellung der Szene in Musikvideos, besonders anhand von verwendeten Symbolen, der gewählten Umgebung sowie der im Video auftauchenden Protagonisten geben. Da Videos oder Filme komplexe Strukturen aufweisen, die es hier nachzuvollziehen und offenzulegen gilt, wurde zur Analyse des Videos eine **filmanalytische Vorgehensweise** nach Keppler (2006) gewählt. Damit konnte nicht nur die (in diesem Fall nicht im Mittelpunkt stehende) akustische Ebene untersucht werden, sondern auch die (gerade im Hinblick auf das Ziel der Untersuchung als sehr wichtig erachtete) visuelle Ebene ausführlich untersucht werden. Diese qualitative Filmanalyse ermöglicht es, nicht nur die akustische Dimension, sondern auch die visuelle Dimension, Einzelheiten im Bild, Schnittführung und Kamerabewegung genau zu untersuchen.

Eine zweite Produktanalyse setzt sich vergleichend mit zwei Liedtexten auseinander. Da die Remix-Kultur in der Elektropunk-Szene eine wichtige Rolle zu spielen scheint, wurden dazu das Lied »Raven gegen Deutschland« von EGOTRONIC und der Remix von Frittenbude ausgewählt. Beide Liedtexte wurden mit einer **Feinstrukturanalyse** analysiert: »Dieses Analyseverfahren zielt auf die Erfassung von Sinngehalten, die aus der selektiven Abfolge kleinster Spracheinheiten erschließbar sind und unabhängig von jeweiligen Motiven, Intentionen oder Dispositionen der TextproduzentInnen die Strukturierung des sozialen Kontextes der Texterzeugung repräsentieren« (Lueger 2010: 188). Die Analyse leitenden Fragen sind, »warum ein Text genau in dieser Gestaltung produziert wurde und welche Bedingungen dafür angeführt werden können, dass diese Gestaltungscharakteristik als sinnvoll erachtet werden kann« (ebd.).

Für den zum Liedtextvergleich gewählten Songs »Raven gegen Deutschland« von EGOTRONIC wurden auch Kommentare analysiert, die NutzerInnen direkt zu dem Clip auf der Seite abgeben können. Die Originalkommentare wurden aus YouTube heraus kopiert, ihr Inhalt zusammengefasst bzw. paraphrasiert, sprachliche Auffälligkeiten notiert und formale Merkmale festgehalten (in Tabellenform). Dieses Verfahren sollte helfen, eine strukturierte Herangehensweise an die Kommentare zu ermöglichen und erste Erkenntnisse über Inhalt und Form der Kommentardiskussionen zu gewinnen. Die so erfolgte Aufstellung der Merkmale diente als Grundlage für eine **Systemanalyse**. Laut Lueger (2010) eignet sich die Systemanalyse besonders zur »Analyse größerer Textmengen mit dem Ziel der Erschließung prozessdynamischer Aspekte komplexer und intern hoch differenzierter sozialer Felder« (S. 199). Die Systemanalyse konzentriert sich auf abgrenzbare soziale Einheiten – in unserem Falle ist das die Gemeinschaft des Elektropunks – und versucht »Verständnis über die im Feld vorfindlichen latenten Sinnstrukturen in Form von Sinnhorizonten, Systemlogiken und Kräftefeldern« zu generieren (S. 205). Es geht hier nicht allein um die Paraphrasierung und inhaltliche oder thematische Zusammenfassung von Texteinheiten, sondern darum, über die manifesten Strukturen hinweg an grundlegendere soziale Strukturierungsmechanismen zu gelangen.

Auch bei der Untersuchung des Melt-Festivals soll zur intersubjektiv nachvollziehbaren Interpretation des Videoinhaltes die bereits bei der Untersuchung des Musikvideos vorgestellte Methode der Filmanalyse nach Keppler hinzugezogen werden. Dazu wurde auch für dieses Video ein Filmtranskript angefertigt, welches eine Interpretation anhand des vorliegenden Filmmaterials ermöglichte.

Ergebnisse

Folgend sollen die Ergebnisse der Untersuchungen zusammengefasst und nach dem untersuchtem Material gegliedert dargestellt werden, bevor eine genauere Interpretation der Untersuchungsergebnisse erfolgt.

Das hier analysierte **Interview mit Lars Lewerenz** ist auf der Internetseite des Labels Audiolith Records zu finden. Ursprünglich wurde es für »respectthemusic« – einem Projekt des VUT (Verband unabhängiger Tonträgerunternehmen, Musikverlage und Musikproduzenten e.V.) produziert und danach auf YouTube gestellt. Das Interview zeigt Lars Lewerenz, Gründer und Inhaber des Hamburger Elektropunk-Labels Audiolith Records. Zu hören sind lediglich die Antworten des Interviewten, nicht aber die gestellten Fragen. Das Interview ist geschnitten, montiert und nicht in seiner vollständigen Länge auf YouTube hochgeladen. Durch die Logik der zusammenfassenden Inhaltsanalyse, mit dem das Material untersucht wurde, konnten einige zentrale inhaltliche Aspekte erfasst werden, die nun vorgestellt werden.

Lewerenz erzählt vom Beginn seiner Musikkarriere und welche Beweggründe ihn dazu gebracht haben, das Label Audiolith Records zu gründen. Dabei nennt er vor allen Dingen die Selbstverwirklichung und sein Verständnis der Aufgabe des Künstlers und einer Band generell, das darin begründet liegt, gute, qualitativ hochwertige Musik zu machen. Lewerenz äußert sich positiv über die junge, offene Fangemeinschaft des Elektropunks. Das Internet, so Lewerenz, ermögliche die Existenz, den aktuellen Umfang und die Reichweite des Labels. Klar wendet er sich gegen kommerzialisierte und kurzlebige Musik, gegen übermäßige Mediendarstellung und eine nur auf Profit ausgelegte musikalische Karriere des Künstlers. Wichtig erscheint es ihm, sich den Respekt der Fans über eine längere Zeit hinweg aufzubauen und, wie er es nennt, zu verdienen.

Das zweite hier untersuchte **Interview** wurde mit der Band EGOTRONIC, die unter dem Label Audiolith agieren, geführt. Das Interview wurde ursprünglich für das Internetfernsehen ALTONA TV durchgeführt. Aufgezeichnet wurde es in einem Fahrstuhl in lockerer Atmosphäre – die Interviewten scherzen, kommentieren die Fragen, trinken Alkohol und reden durcheinander. Die interviewte Band stellt klar Politik, Liebe und das Feiern von Partys in den Mittelpunkt ihrer Musik. Die Interviewten wenden sich gegen den deutschen Nationalstolz oder wie sie es nennen die »Deutschtümmelei« im Zuge von Fußball WM und EM. Ihre Band und ihre persönliche Einstellung wollen sie jedoch nicht kategorisieren und wenden sich von Bezeichnungen wie »links« und »antideutsch« ab. Besonders heraus stellt die Band ihre Authentizität, die nach ihrer Ansicht zu ihrem Wachstum über die Jahre beigetragen hätte – der Spaß am Künstlertum steht eher für sie im Vordergrund als der finanzielle Aspekt. Ferner scheinen sie stolz auf ihr »schlechtes, punkiges« Benehmen, wie sie es nennen, zu sein.

Das hier untersuchte **Musikvideo »Presidator«** stammt vom Album »Energia« der Band JURI GAGARIN. Es handelt sich hierbei um ein offizielles Musikvideo, das insbesondere hinsichtlich der Symbolik des Elektropunks untersucht wurde. Zusammenfassend lässt sich sagen, dass dieses Video eine Wohnung nach einer (szenetypischen) Party zeigt. Dabei wird besonders die Verwüstung der Wohnung, einhergehend mit Alkohol- und Zigarettenkonsum, aber auch unkontrolliertes Essen (anhand der überall umherliegenden Essensreste) sowie Hinweise auf Drogenkonsum, visuell thematisiert. Es lassen sich außerdem Symbole aus dem Technobereich auffinden, in Form von Diskokugeln, Leuchtstäben und Robotern. Darüber hinaus ist auch das Symbol des Sterns (verbunden mit Antifa aber auch Punk) zu sehen, wie auch das Tragen von Uniform in einem anderen (karikierenden) Kontext. Des Weiteren wird eine Zerstörung von Medien in Form von Büchern, Fernsehapparaten, Schallplatten und Radios gezeigt, wie auch die visuelle Thematisierung von Wut und Unkontrolliertheit durch Zerstörung von materiellen Dingen. Das Label Audiolith wird im Video selbst anhand des Logos visuell thematisiert, Lars Lewerenz, Inhaber des Labels, taucht im Video schlafend in der Dusche auf.

Das Lied »**Raven gegen Deutschland**«, das hier hinsichtlich seines Songtextes analysiert wurde, ist der erste Titel auf dem 2007 erschienenen Album »Lustprinzip« von EGOTRONIC. Es handelt sich bei diesem Musikstück um elektronische Musik mit deutschsprachigem (männlichem) Gesang. Im Folgenden wird lediglich eine verkürzte und zusammengefasste Analyse der Songtexte wiedergegeben. Der untersuchte Songtext beginnt mit der Frage »Wer wird denn rumstehn?«. Bei dieser rhetorischen Frage handelt es sich um eine indirekte Ansprache einer Person oder Gruppe. Die Art der Frage ohne direkte Ansprache erinnert an Ermahnungen bei Kindern, wenn diese Fehler im Benehmen begehen. Daraufhin folgen verschiedene Handlungsanweisungen wie »Wir wolln euch tanzen sehn!« oder »Die Arme in die Höhe«. Des Weiteren wird im Lied auch der Titel »Raven gegen Deutschland« gesungen, was somit zum zentralen Element und Ausdruck des Liedes wird. Es stellt sich die Frage, was genau dahinter steckt. Aus den Vorbetrachtungen wissen wir, dass der Rave die wichtigste Form des Feierns in der Techno-Szene ist. Der Rave hier soll sich »gegen Deutschland« richten. Bei den Betrachtungen der Techno-Szene wurde deutlich, dass sich das Individuum im Rave auflöst und aufgrund der gemeinsamen Bejahung der Musik in die Gruppe übergeht. Überträgt man dies, ist das gemeinsame Tanzen zu diesem Lied Zustimmung zu einer ablehnenden Haltung »gegen Deutschland«. Der Protest drückt sich in der Bestärkung der eigenen Ansichten aus. Deutschland wird aufgrund seiner Historie insbesondere des Nationalsozialismus und seiner Verbrechen abgelehnt, vor allem, weil die dahinter stehende Ideologie auch heute noch existiert und in Teilen der Bevölkerung vertreten wird.

Die Remix-Kultur des Techno zeigt sich auch in der Elektropunk-Musik. Hier sind es nicht nur musikalische Teile, die wieder und weiter verarbeitet werden, sondern vor allem auch textliche Elemente. »Raven gegen Deutschland« ist dabei ein sehr prominentes Beispiel. Neben FRITTENBUDE, deren »Raven gegen Deutschland Indiefresse Remix« hier eingehender untersucht werden soll, haben auch JURI GAGARIN, SAINT PAULI und auch EGOTRONIC selbst das Lied nochmal verwendet.

Der Remix von FRITTENBUDE beginnt anders als das Original von EGOTRONIC gleich mit der zentralen Botschaft, nämlich »Raven gegen Deutschland«. Auch hier wir die Ablehnung Deutschlands gegenüber deutlich gemacht, wie auch mit der Passage »Deutsch deutschdeutsch Deutschland ist ein Schurkenstaat«. Die mehrfache Wiederholung des Wortes »deutsch« zu Beginn betont dieses sehr stark und erinnert daran, dass nationalistisch Gesinnte dies auch übermäßig oft verwenden. Der Begriff Schurkenstaat wurde in jüngerer Zeit durch die Übersetzung des in den USA geprägten Ausdrucks »Rogue State« eingeführt. Hiermit wurden diktatorische Staaten bezeichnet, die sich aggressiv gegenüber anderen Staaten verhalten. Besonders Länder wie Afghanistan und der Irak wurden als solche betitelt. Deutschland als westliche Demokratie würde in diesem gemeinten Sinne nicht unter Schurkenstaat fallen. FRITTENBUDE scheinen da anderer Auffassung zu sein. Des Weiteren rufen sie in ihrem Songtext zum gemeinsamen Demonstrieren gegen die bestehenden Verhältnisse auf und verpönen (den wieder aufkeimenden) deutschen Nationalstolz gerade im Hinblick auf Fußballspiele. Deutlich äußern sie sich darüber hinaus im Lied gegen Rassismus und Nationalsozialismus. »Raven gegen Deutschland« stellt auch hier ein Akt des Protestes dar, mit dem einem aufkommenden Nationalstolz eine klare Absage erteilt wird.

Untersucht wurden darüber hinaus die **Kommentare** zum oben genannten Videoclip auf YouTube »Raven gegen Deutschland« von EGOTRONIC. Bei Y ouTube können Kommentare ohne vorherige Anmeldung schriftlich und anonym hinterlassen werden. Bei der Analyse hat sich gezeigt, dass die Kommentare weitgehend danach unterschieden werden können, ob sie Zustimmung oder Ablehnung zum jeweiligen Song enthalten oder aber ob sie über den Inhalt der Botschaft diskutieren. Die auf YouTube hochgeladenen Videos von Konzerten dienen der Szene darüber hinaus als Erinnerung bzw. binden diejenigen ein, die nicht am Event teilnehmen konnten. Die Kommentare werden meist in Umgangs- oder Dialektsprache geschrieben, die gängige Rechtschreibung oftmals verletzt sowie Emoticons zum Ausdrücken von Emotionen verwendet. Kommentare setzen manchmal Szenewissen voraus oder teilen dieses mit anderen NutzerInnen. Darüber hinaus werden in den Kommentaren durch Zustimmung oder Distanzierung zum Lied auch ideologische Ansichten und Apelle deutlich, die sich über die ganze Breite politischer Einstellungen erstrecken. Daneben provozieren einige NutzerInnen mit ihren Kommentaren oder lehnen eindeutig den Liedtext ab, indem sie ihre Verbundenheit zu Deutschland preisgeben. Es kommt auch zu radikaleren Einträgen, in denen sogar Gewalt angedroht wird. Ein Aufeinanderprallen von zwei Systemen (links und rechtsextrem) wird hier deutlich, wobei die Plattform YouTube eine Interaktion zwischen diesen Gruppen ermöglicht, ohne dass diese direkte physisch Aufeinandertreffen.

Bei der ersten Beschäftigung mit der Elektropunk-Szene stießen wir auf Erwähnungen eines Treffpunktes der SzenegängerInnen, der für uns interessant schien: der **Parkplatzrave des »Melt!« Festivals**, einem Treffpunkt der kleinen Szene. Untersucht wurde ein auf Youtube gestelltes Video, das den Titel »**Parkplatzrave** mit **PLEMO AND RAMPUE**- Fancy Uncontrolled« trägt. Das Video wirkt professionell gedreht und ist unterlegt mit dem Titel »Fancy Uncontrolled«

der Gruppe PLEMO AND RAMPUE. Die SzenegängerInnen treffen sich hier im unkonventionellen Rahmen einer (weitgehend) unorganisierten Veranstaltung, die nicht den strengen Regeln und Konventionen einer offiziellen Veranstaltung unterliegt. Daher scheint das spontane, ungezwungen Zusammentreffen im Vordergrund zu stehen. Das Video zeigt deutlich, dass sich die Szene als gemeinsam feierndes Publikum versteht. Zügellosigkeit in Form erhöhten Alkoholkonsums wird deutlich, von den Szenemitgliedern selbst sogar als etwas Positives angesehen. Alkohol wird direkt aus Flaschen, Dosen, Fässern etc. getrunken, was die Spontanität des Geschehens, aber auch die Unkonventionalität der Szene unterstreicht. Teilweise wirkt es, als wollten einzelne Szenemitglieder durch Gestik (Zeigen des Mittelfingers) aber auch durch ihre Kleidung (Parolen gegen Staatsgewalt auf den T-Shirts) provozieren. Die Kleidung selbst wirkt sehr individuell, mit Elementen aus den 1980er Jahren, vor allen Dingen aber sehr bunt und gemixt. Sonnenbrillen scheinen ein wichtiges Accessoire zu sein. Daneben greifen die Feiernden auf Punk-Symbole (Parolen, bunte Haare) und Symbole der Antifa-Szene (rote Sterne) zurück. Das Label Audiolith wird im Video herausgestellt, die SzenegängerInnen tragen T-Shirts mit der Aufschrift des Labels. Daneben scheint es keine klare Trennung zwischen Künstler und Publikum zu geben, vielmehr entsteht der Eindruck, als könne jede/r mitfeiern, auf die Bühen gehen und sich am Geschehen beteiligen.

ELEKTROPUNK-SZENE? – INTERPRETATIONDER ERGEBNISSE

Nach der Darstellung der Ergebnisse aus den vielfältigen Analysen erfolgt eine übergreifende Interpretation und Zusammenfindung der zentralen Besonderheiten und Erkenntnisse über die Elektropunk-Bewegung mit Bezug auf die einzelnen Forschungsfragen und die theoretischen Grundlagen. Haben wir es bei der Elektropunk-Bewegung mit einer neu entstandenen Szene im theoretischen Sinne zu tun? Welche sind die Elemente aus der Techno- und Punkszene sowie der Antifa-Bewegung, die in ihrer Kombination die Einzigartigkeit der Elektropunk-Bewegung ausmachen? Welche Bedeutung hat YouTube für den Elektropunk? In Bezug auf die Forschungsfrage 1 kommen wir zu dem Ergebnis, dass es sich bei der Elektropunk-Bewegung tatsächlich um eine Szene im theoretischen Sinne handelt. Mit Hilfe der von Hitzler et al. (2005) aufgestellten Szeneelemente lässt sich dies bezogen auf die im vorherigen Kapitel dargestellten Ergebnisse systematisch begründen, was im folgenden Abschnitt geleistet werden soll.

Die thematische Fokussierung der Szene

Als erstes Element einer Szene benennen Hitzler et al. (2005) die *thematische Fokussierung*. Bei der Elektropunk-Bewegung scheint die Musik allgemeinhin eines der wichtigsten Themen zu sein, d.h. die Szene definiert sich vor allen Dingen durch die gemeinsam gehörte Musik, was stark an das zentrale Merkmal der Techno-Szene erinnert. Dennoch stehen hier nicht (nur) die verschiedenen Bands oder einzelne Bandmitglieder und DJs im Mittelpunkt, sondern vielmehr das Plattenlabel Audiolith. Audiolith scheint Dreh- und Angelpunkt der Bewegung zu sein, da alle vertretenen Bands bei diesem Label unter Vertrag stehen und ähnliche Ideen und Weltansichten teilen. Bandmitglieder identifizieren sich stark mit dem Label Audiolith.

Darüber hinaus demonstriert gerade die Bildung eines eigenen Labels, das, wie vom Labelgründer immer wieder betont, nicht auf Profit, sondern auf Selbstverwirklichung ausgerichtet ist, einen weiteren wichtigen Punkt: Thema der Vergemeinschaftung ist die Ablehnung des Mainstreams, des Kommerziellen und der Profitorientierung, eine kritische Grundhaltung gegenüber der (deutschen) kapitalistischen Gesellschaft, auch der Staatsgewalt. Diese Ideen sind zwar schon entweder aus der Punk-Szene oder der Antifa-Bewegung bekannt, jedoch werden sie hier wie nie zuvor miteinander gemischt und kombiniert. Der kritische Grundton zeigt sich außerdem sowohl in den Äußerungen und Liedtexten als auch in der generellen Grundhaltung der Szene: Die SzenegängerInnen wollen nicht den gesellschaftlichen Zwängen und Pflichten unterworfen werden. Vielmehr stehen sie der leistungsorientierten Gesellschaft kritisch gegenüber und äußern diese Ablehnung durch ihr eigenes Motto: Spaß und Feierei. Durch das gemeinsame exzessive Feiern, die Ablehnung gesellschaftlicher Konventionen und Normen drücken sie den Ausbruch aus der Gesellschaft, aus den Pflichten des Alltages aus.

Einstellungen und Motive der Szene

Die Ablehnung des Kommerziellen und des kapitalistischen Systems insgesamt wird nicht nur durch direkten Äußerungen deutlich (siehe Ergebnisse der Interviews), sondern auch durch die Betonung der Authentizität und der Individualität der ganzen Elektropunk-Bewegung, welche sie weitgehend unabhängig von kommerziellen Belangen machen soll.

Die Fans verwenden zahlreiche Symbole, mit denen sie sich als Gruppe nach innen und außen hin abgrenzen, die sie aber zugleich ihre Individualität ausdrücken lässt. Dabei zeichnet sich die Symbolverwendung vor allem durch den Rückgriff von schon Gegebenem, durch die neue Zusammenstellung von bereits in anderen Szenen verwendeten Gegenständen und Symbolen aus. So scheinen die Bewegungsmitglieder die Elemente des Techno und Rave zu mixen, aber auch ihre Anlehnung an andere Vergemeinschaftungsformen wie Punk und Antifa wird deutlich. Es sieht so aus, als wollten sie die Ideale des Techno und Punks miteinander kombinieren, wie das Feiern und den Rave des Techno, die antikommerzielle und auf Individualität bedachte Einstellung des Punks.

Auch politische Einstellungen der Elektropunk-Szene werden offensichtlich. Bands und Fans demonstrieren ihre politischen Einstellungen durch Parolen auf ihren T-Shirts, jedenfalls im direkten Aufeinandertreffen. Viel stärker und deutlicher werden die politischen Einstellungen der Szenenmitglieder auf der Videoplattform Youtube ausgedrückt. Die untersuchten Liedtexte haben eindeutige politische Botschaften, die sich gegen deutschnationale Gesinnung, Neonazismus und Rassismus wenden. Auch in anderen Songs lassen sich ähnliche thematische Motive und auch Aufrufe zum Wiederstand finden (z.B. JURI GAGARIN: »Takeover«, SUPERSHIRT: »Achttausend Mark«, SAALSCHUTZ: »Ravepunk für eine bessere Welt« uvm.). Die Songs sind Protestparolen, die jeden Rave zu einer kleinen Demonstration werden lassen, bei der an die Ablehnung der bestehenden Verhältnisse erinnert wird. Besonders in den Kommentaren wird deutlich, dass keine Toleranz gegenüber faschistischen und antisemitischen Äußerungen an den Tag gelegt wird.

Eine Untersuchung des Lebensstils

Laut Hitzler et al. (2005) ist die Beschreibung und Untersuchung des Lebensstils der SzenegängerInnen ebenfalls ein konstitutives Element. Auf den Lebensstil der Mitglieder der Elektropunk-Szene kann hier nur anhand der untersuchten Materialen geschlossen werden, eine Feldforschung in Form von Teilnahme an Events oder Interviews wäre jedoch sehr aufschlussreich und daher wünschenswert. In den direkten physischen Zusammentreffen der Szenemitglieder scheinen der gemeinsame Spaß, das gemeinsame Feiern, der Konsum von Alkohol und auch anderen Drogen im Mittelpunkt zu stehen. Gemeinsames Tanzen steht ebenso im Vordergrund dieser Treffen wie der exzessive Genuss, das Überschreiten von konventionellen Schranken und das Ausblenden des Alltages, ähnlich wie bei der Techno-Szene.

Beschreibung der szenetypischen Treffpunkte und Events

Anhand des Videos zum »Parkplatzrave« lässt sich ein wichtiger Treffpunkt der Szene festmachen: das unkonventionelle, ungezwungene und mehr oder weniger spontane Treffen im öffentlichen Raum, wie eben auf Parkplätzen. Auch wenn der »Parkplatzrave« von seinem Ursprung her eher spontan und ungeplant entstanden ist, wird er heute im Voraus auf der Website als ein Konzert angekündigt. Es handelt sich dabei immer noch um einen frei zugänglichen Raum. Die BesucherInnen müssen keine finanziellen Mittel für das Zusammentreffen aufwenden, da keine Eintrittskarten verkauft werden. Jede/r kann gemeinsam mit der Gruppe feiern und Spaß haben.

Darüber hinaus bieten die Bands auch Konzerte an, welche das Kaufen einer Eintrittskarte zur Konzertteilnahme verlangen. Die Gruppen können sich also nicht ganz dem Zwang des Kommerziellen, im Sinne des Verdienens eines Lebensunterhaltes (auch des Erhalts des Labels), entziehen.

Beachtenswert ist angesichts der Analysen die enorme Bedeutung des Internets als eines zentralen Treffpunktes für die Elektropunk-Szene. Gerade für die kleine Gruppe der SzenegängerInnen, die über Deutschland verteilt leben, sind der Austausch und das Informieren sowie der Zugang zur Musik der Bands über das Internet existenziell wichtig. Besonders auf YouTube wird sehr viel Szenewissen verbreitet. Durch Öffentlichmachen der Videos können NutzerInnen sie rezipieren, aus den Videos über den angemessenen Lebensstil lernen und sich austauschen. YouTube bietet gleichzeitig eine Plattform an, auf der gegensätzliche Ansichten aufeinander treffen und die Elektropunk-Szene ihre Ideen und insbesondere ihre politischen Einstellungen verteidigen und rechtfertigen muss.

Von SzenegängerInnen getragene Kleidung und Musik

Darüber hinaus betonen Hitzler et al. die Wichtigkeit der Identifikation mit der Szene über gemeinsame Kleidungsstile und gemeinschaftlich gehörte Musik. Bei der Untersuchung hat sich herauskristallisiert, dass die Szene die musikalische Komponente in den Vordergrund ihrer Zusammentreffen stellt. Elektro-Musik ist also einer der Grundbausteine der Szene. Eine ablehnende, kritische Haltung gegenüber des Staates, der herrschenden gesellschaftlichen Ordnung und des Kommerziellen zeichnet dazu die thematische Grundeinstellung der Szene aus. Ausgedrückt wird diese Ablehnung im ›stillen Protest‹ in erster Linie durch provozierende Liedtexte und ein exzessives Feiern bei den Zusammentreffen.

Darüber hinaus unterscheiden sich SzenegängerInnen hinsichtlich des Kleidungsstils. Somit verhilft die szenenspezifische Kleidung sowohl zum Ausdruck der Szene nach außen hin als auch zur Markierung einer Gemeinsamkeit innerhalb der Szene. Die Kleidung der Elektropunk-Szene scheint gerade dadurch gekennzeichnet zu sein, dass es keinen einheitlichen Modestill im Sinne eines ›Modediktats‹ gibt. Viel mehr scheinen die SzenegängerInnen ein buntes Sammelsurium an verschiedenen Kleidungsstücken zu tragen, die alle möglichst auffällig bunten Farben enthalten oder mit farbigen auffallenden Aufdrucken versehen sind. Es ist ein individueller Mix aus verschiedenen Jahrzehnten, Moden sowie von verschiedenen Stilen (wie Punk und Techno) zu erkennen. Zahlreiche Zeichen der Zugehörigkeit zur Szene wie Bandnamen, Symbole und Farben sorgen zusätzlich für die eindeutige Identifizierbarkeit der Szene.

Die Medien

Die spezifische Rolle der Medien für die Szene ist das letzte von Hitler et al. betrachtete Element, das eine Szene konstituiert. Für die untersuchte Elektropunk-Szene erscheint der Austausch über das Internet als enorm wichtig und existenzsichernd. Das Internet, seine Individualität, die schnelle Verbreitung von Nachrichten sowie der interaktive Austausch über verschiedene Portale, das Verschicken von Newslettern zur Informationsweitergabe haben eine sehr große Bedeutung. Gerade YouTube bietet hier entscheidende Vorteile. Durch das Einstellen von Konzertmitschnitten wird der Austausch darüber sowie eine indirekte Teilnahme ermöglicht. Dabeigewesene können sich gemeinsam erinnern, Nicht-Dabeigewesene können trotzdem teilhaben. Szenewissen kann sowohl über die Videos als auch über die Kommentare verbreitet werden. Wo YouTube dann an seine Grenzen kommt, kann auf die Homepage des Labels oder der Bands sowie auf interaktive Netzwerke wie Facebook verwiesen werden. Der Gründer des Labels hat selbst die enorme Bedeutung des Internets und YouTube für die Verbreitung und den Erfolg erkannt. Dadurch wird zugleich die dritte Forschungsfrage der Untersuchung bezüglich der Rolle von YouTube für die Elektropunk-Bewegung weitgehend beantwortet.

Fazit

Insgesamt zeichnet sich die Elektropunk-Bewegung durch eine beachtenswerte Vielfältigkeit und einer stark gesellschaftskritischen Grundeinstellung aus. Sie greift selektiv auf einzelne Elemente aus den älteren und etablierten, aber auch teilweise mehr kommerzialisierten Techno- und Punk-Szenen sowie der Antifa-Bewegung zurück, um sich ein einzigartiges Profil zu basteln. Es erfolgt eine einmalige Kombination aus Handlungen, Merkmalen und Symbolen aus den anderen drei Vergemeinschaftungsformen, die um neue szenenspezifischen Zeichen und Symbole ergänzt werden. Der Übersichtlichkeit halber werden die wichtigsten Elemente aus den Szenen, deren sich die Elektropunk-Szene bedient, gegenübergestellt (Abbildung 1).

Abbildung 1: Gegenüberstellung der Elemente aus den Einflussszenen

Techno	Punk	Antifa
• Rave • Spaß => Demonstration • gegen die Gesellschaft • Anlehnung an • Kleidungsstile • Mix aus Altem und Neuen (insb. musikalisch) • Lichteffekte • Elektronische Musik • -Individualität durch Kleidung zum Ausdruck gebracht	• »Do-it-yourself«-Gedanke → eigenes Label, Authentizität • Ablehnung von Kommerz • Ablehnung von Starkultur • »Do-it-yourself« • Gedanke →eigenes Label, Authentizität • Ablehnung von Kommerz • Ablehnung von Starkultur • Kleidung und Frisuren • Politische Aussagen • Exzesse und Alkohol • Ablehnung von Staatsgewalt	• Ablehnung der Staatsgewalt • Antideutsche Einstellung (bestimmte Strömung innerhalb der Antifa) durch Liedtexte ausgedrückt • Verwendung von Antifa-Symbolik

Diesen Mix aus den verschiedenen Szenen setzt der Elektropunk zu etwas Neuem zusammen. Eigene Elemente kommen hinzu und so kreiert sich die neue Vergemeinschaftungsform des Elektropunks. Besonders die ›Ideale‹ der Techno- und Punk-Szenen wie die Individualität und Authentizität, die Ablehnung des Kommerziellen und der kapitalistischen Leistungsgesellschaft, die auf Grund von Kommerzialisierungsprozessen immer mehr dem Mainstream angepasst werden, werden im Elektropunk wieder aufgegriffen und neu erlebt.

Die Interpretation der Ergebnisse und die Verbindung zur Theorie hat eindeutig demonstriert, dass es sich beim Elektropunk tatsächlich um eine neu entstandene Szene in ihrer Entwicklung handelt und nicht nur um eine Subszene einer der großen und etablierten Einflussszenen. Der Elektropunk weist alle szenenkonstitutiven Elemente und Eigenschaften auf, die von Hitzer et al. (2005) als entscheidend für eine Szene bezeichnet worden sind. Es findet nicht lediglich eine Abspaltung von einer der genannten Szenen statt, sondern durch das Aufnehmen verschiedenster Elemente wird ein eigener Sinn, also eine neue Szene geschaffen.

Letztendlich ist die enorme Bedeutung des Internets und vor allem von YouTube für die Konstituierung, den Zusammenhalt und die Weiterentwicklung der jungen Elektropunk- Szene laut der Elektropunk-Produzierenden, der musikalischen und stilistischen Inhalte sowie der RezipientInnen eindeutig zu konstatieren und hervorzuheben. Im Zeitalter der Bastelidentitäten spielt die Plattform YouTube gerade für die Generation des jungen Publikums der Szene eine zentrale Rolle, die auch von den ›Szene-Experten‹ explizit und ausdrücklich anerkannt und unterstützt wird. Gerade diese Wichtigkeit der Kommunikation und des Zugangs zur Szene durch das Internet macht eine der zentralen Einzigartigkeiten der Elektropunk-Szene in ihrem aktuellen Entwicklungsstadium aus. Denn die bewusste Abwendung von den kommerziellen Medien und den kapitalistischen Werten und Funktionsweisen ist ein Merkmal der Elektropunk-Szene. Jenseits dieser für die Szene konstitutiven Bedeutung hat sich das Internet und vor allem YouTube als die zentrale und meistens sogar die einzige Informationsquelle erwiesen, die auf die Existenz dieser neuen Szene verweist und eine wissenschaftliche Annäherung und Auseinandersetzung damit überhaupt ermöglicht hat. Es konnte eine neue, bislang unerforschte Szene identifiziert und somit auch der erste Anstoß für weitere vertiefende Forschung gegeben werden.

»Und wenn das Schiff morgen untergeht:
Was solls!
Und wir dann tanzend in den Abgrund ziehn:
Was solls!«
(Egotronic: »Was solls«)

LITERATUR

Bachmann, Götz/Wittel, Andreas (2006): »Medien-Ethnographie«. In: Ayass, Ruth/Bergmann, Jörg [Hg]: Qualitative Methoden der Medienforschung. Handbuch. Reinbeck bei Hamburg: Rowohlt.

Diederichsen, Diedrich/ Hebdige, Dick/ Marx, Olaph-Dante (1983): Schocker: Stile und Moden der Subkultur. Reinbek bei Hamburg: Rowohlt.

Eichholz, Daniela (2007): Die Antifa-Szene. Online-Publikation: http://www.jugendszenen.com. Abrufdatum: 15.1.2011.

Eichler, Boris (2007). Die Techno-Szene. Online-Publikation: http://www.jugendszenen.com. Abrufdatum: 20.01.2011.

Ferchhoff, Wilfried (2000):Jugendkulturen. Berlin: Sozialpädagogisches Institut.

Fuchs, Michael (2007): Die sprachlose Jugendkultur Techno. Ein Gegenentwurf zum Rationalismus. Saarbrücken: VDM Verlag Dr. Müller.

Haenfler, Ross (2004): Rethinking Subcultural Resistance. Journal of Contemporary Ethnography, 33/4, 406–436.

Heinzlmaier, Bernhard (1999): Jugendmarketing: setzen Sie ihre Produkte in Szene. Wien: Überreuter Verlag.

Hitzler Ronald/Bucher, Thomas/Niederbacher, Arne (2005): Leben in Szenen. Formen jugendlicher Vergemeinschaftungheute. Opladen: Leske + Budrich.

Hitzler, Ronald/Pfadenhauer, Michaela (Hg) (2000): Techno-Soziologie. Erkundungen einer Jugendkultur. Opladen: Leske + Budrich.

Hugger, Kai-Uwe (2010): »Digitale Jugendkulturen: Einleitung«. In: Hugger, Kai-Uwe [Hg.]: Digitale Jugendkulturen. VS Verlag für Sozialwissenschaften: Wiesbaden, 7-22.

Keppler, Angela (2006): Mediale Gegenwart. Eine Theorie des Fernsehens am Beispiel der Darstellung von Gewalt. Frankfurt am Main: Suhrkamp.

Kuttner, Andreas (2007): Die Punk-Szene. Online-Publikation: http://www.jugendszenen.com. Abrufdatum: 29.12.2010.

Lueger, Manfred (2010): Interpretative Sozialforschung: Die Methoden. Wien: Facultas.

Mayring, Philipp (1983): Qualitative Inhaltsanalyse. Grundlagen und Techniken. Neuausgabe: Weinheim.

Rehm, Willy (1996): Techno, Parties, Drogen. Ulm: Süddeutsche Verlagsgesellschaft.

Schwarzmeier, Jan (2003): Die Autonomen. Zwischen Subkultur und sozialer Bewegung. Göttingen: Books on Demand.

Von Gross, Friederike (2010): »Visual Kei – jugendliche Musikfans im Internet« In: Kai-Uwe Hugger [Hg.]: Digitale Jugendkulturen. VS Verlag für Sozialwissenschaften: Wiesbaden. S.151-167.

Punk-Rezeption in der BRD 1976/77 und ihre teilweise Auflösung 1979

Thomas Hecken

Zur Hochzeit des englischen Punk 1976/77 gibt es keinen bedeutenden deutschen Beitrag. Wenn man Pogo-Purist ist (s.u.) und die folgenden Veröffentlichungen strikt von Punk trennt (also z.B. D.A.F. und S.Y.P.H. gar nicht mit Punk verbindet), bleiben überhaupt keine nennenswerten, einigermaßen eigenständigen deutschen Beiträge zur Punkmusik und -mode übrig. Der deutsche Beitrag besteht in jenen Jahren vor allem darin, keine Zollschranken gegen die Einfuhr von Punk-Platten und -T-Shirts zu errichten, er besteht darin, das Abspielen von Punk-Stücken im öffentlich-rechtlichen Rundfunk nicht zu unterbinden. Anders gesagt: Der deutsche Beitrag liegt in der Rezeption einer angloamerikanischen, hauptsächlich englischen Stilrichtung.

Nun ist das für den bundesrepublikanischen, sogar allgemein für den deutschsprachigen Raum nichts Neues. Das Gleiche galt schon für Jazz, Rock'n'Roll, Soul, Beat, Pop. Egal ob aus England oder den USA stammend – der deutsche Beitrag dazu war (und ist) in den allermeisten Fällen vernachlässigenswert. Eine kleinere Ausnahme bildete lediglich die Rockmusik (zu einer anders gelagerten Ausnahme komme ich später noch kurz). Wahrscheinlich weil sie teilweise eng verwoben war mit einer politisierten, gegenkulturellen Jugend- und Studentenbewegung, die auch in der BRD eine große Zahl an Leuten erreichte, gibt es hier einige Beispiele für eine weniger epigonale Produktion.

Dies ist aber zugleich ein Grund für die kaum merklichen frühen deutschen Punk-Aktivitäten. Die Alternativbewegung dominierte Mitte der 1970er Jahre noch den allergrößten Teil jener jungen Leute, die für ein Eintreten gegen das Spießertum oder sogar gegen das System (wie man damals sagte) empfänglich waren. Auf dem Schulhof meines Bochumer Gymnasiums sah man keine Punks, in meinem Stadtteil ebenfalls nicht (auf der Haupt- und Realschule gab es demnach auch keine). Auf den meisten Schulhöfen in der BRD (von den Universitäten ganz zu schweigen) dürfte es ähnlich ausgesehen haben.

Auch wenn es zu Beginn viel weniger Punks als in England und kaum nennenswerte deutsche Punk-Gruppen gegeben hat, fand doch eine beachtliche Punk-Rezeption statt, hauptsächlich durchgeführt und/oder vermittelt durch Radio, Zeitschriften, Zeitungen (im Fernsehen dürfte es nur sehr vereinzelte, kurze Berichte gegeben haben). Wie nun wiederum diese mediale Berichterstattung und die nach Deutschland exportierten Punk-Produkte rezipiert wurden, lässt sich natürlich nachträglich nicht mehr detailliert angeben (und damals sind dazu keine Studien durchgeführt worden). Deshalb handelt dieser Artikel hauptsächlich von der vergleichsweise gut zu studierenden Punk-Rezeption durch deutsche Presseorgane. Ich konzentriere mich dabei auf Zeitschriften, die in erster Linie ein Publikum ansprechen, das vom beruflichen Status in der Mittel- und Oberschicht angesiedelt ist und/oder das Abitur besitzt oder sich kurz vor dem Erwerb der Hochschulreife befindet. Der Hauptgrund für diese Beschränkung: Im Gegensatz zu England war Punk in der BRD kein Charts-Phänomen; die Berichterstattung durch Bild und Bravo dürfte deshalb nicht von großer Wirkung gewesen sein (verschwiegen werden soll allerdings auch nicht, dass die leichtere Erreichbarkeit der im folgenden analysierten Quellen ebenfalls zu dieser Beschränkung beigetragen hat; einige Faksimiles zu Punk-Artikeln der Boulevardpresse in Stark/Kurzawa 1981).

Ich beginne mit der Zeitschrift Sounds, dem führenden deutschsprachigen Monatsmagazin für jene Anhänger der Rock- und Popmusik, die sich selbst einen anspruchsvollen Geschmack und eine progressive politische, libertäre Haltung attestierten (dazu ausführlich Hinz 1998: 167ff.). Sounds eignet sich u.a. deshalb als Ausgangspunkt, weil man mit der Zeitschrift an der Hand überprüfen kann, ob die oft gehörte Begründung zutrifft, der Aufschwung von Punk erkläre sich aus der Stagnation der Rockmusikszene, die von saturierten, prätentiösen Supergruppen à la GENESIS, ROLLING STONES, PINK FLOYD dominiert werde. Blättert man nun durch den Sounds-Jahrgang 1976, wird man eines Besseren belehrt. Natürlich gibt es auch Artikel und Schallplattenkritiken zu den gerade genannten Größen, in den Heften stehen in diesem Jahr aber ebenfalls Artikel und Rezensionen zu u.a. THE TUBES, DR. FEELGOOD, CAN (»Flow Motion«), Ted Nugent, Bruce Springsteen, BLUE ÖYSTER CULT, Miles Davis (»Agharta«), Bob Marley, KRAFTWERK (»Radio-Aktivität«), David Bowie, John Cale (»Helen of Troy«), LED ZEPPELIN, Patti Smith, LITTLE FEAT, AVERAGE WHITE BAND, Graham Parker, Steely Dan, Tom Waits (»Nighthawks At The Dinner«), THE RUNAWAYS, Chris Spedding, AC/DC (»High Voltage«), Jonathan Richman, Stevie Wonder (»Songs In The Key Of Life«). Berichtet wird in Sounds ebenfalls über

Disco-Musik, also der einzigen Popmusikrichtung, die sich zu beachtlichen Teilen deutschen Tonstudios verdankt (in Sounds fällt die Berichterstattung darüber, einem männlich dominierten, alternativen Rockmagazin angemessen, jedoch selbstverständlich kurz und abwertend aus). Als ein Panorama kultureller Stagnation und Einförmigkeit wird man das schwerlich ansehen können...

Dennoch übernimmt Sounds die in Musikerstatements und in der englischen Musikpresse öfter zu lesende Punk-Begründung. Erstens in der Form der Wiedergabe: Die SEX PISTOLS zeichne »eine absolute Intoleranz gegenüber dem Rock-Establishment mit seiner abgefuckten Hierarchie von Superstars, die – nach Meinung der Punks – dem Rock'n'Roll seine rohe Energie gestohlen haben«, aus (Strange 1977: 34). Zweitens – und wichtiger – auch direkt als Ausweis der eigenen Begeisterung über den neuen Trend: »Punk-Bands« seien ein »akustischer Genesungsurlaub! – Wovon? – Für mich z.B. vom Elton John Hören, vom Paul McCartney-Hören, vom Rolling Stones-, Udo Lindenberg-, Eela Craig-, Barclay James Harvest-, Ringo-, Pelle-, Petz- und Pingo-usw.-Hören.« Die sich gleich anschließende »Warum«-Frage wird wie üblich mit dem ›rawenergy‹-Argument beantwortet: Die guten Punkgruppen machten »keine prätentiöse, elektronische, sinfonische, verinnerlichte oder sonst wie geartete Sülze in Konzept-Album-Verpackung«, sondern »richtige Rock'n'Roll-Musik, wie man sie seit dem Ende der Liverpool-Ära nicht mehr gehört« habe (Dr. Gonzo 1977a).

Entscheidend für die frühe Rezeption in Sounds ist aber, dass dieses Lob nur für ganz bestimmte »Punk-Bands« reserviert bleibt. Der unter der Flagge des amerikanischen Journalisten Hunter S. Thompson antretende (bzw. sich darin versteckende) Dr. Gonzo (alias Sounds-Redakteur Jörg Gülden) schließt aus seiner Begeisterung für Punk die SEX PISTOLS und anderes, das »man in England irrtümlich ›Punk-Rock‹ nennt«, vehement aus. Die SEX PISTOLS seien »unbeschreiblich mau« (ebd.). Andere Sounds-Journalisten sind derselben Meinung: Hinter der »Fassade aus Lautstärke und Show« sei bei den PISTOLS bloß »ganz simpler 08/15-Dampfhammer-Rock« zu entdecken (Gillig 1977). Die gesamte Sounds-Redaktion lehnt die »Punk-Welle«, auch in Form der von den PISTOLS deutlich unterschiedenen STRANGLERS, ab; die Musik der STRANGLERS sei »laut und seltsam ungekonnt kompliziert, starr und leblos« (Anonymus 1977a). Manchmal wird Punk sogar generell in seiner »aufgemotzte[n], pubertärkraftstrotzende[n] Vehemenz« auf einem Niveau angesiedelt wie das »extrovertierte[] Wackeln mit dem Disco-Ärschchen«, negativ bemessen am Gold-Standard des »faszinierenden Rock'n'Roll«. In diesem Fall stellt den Standard Patti Smith dar: Ihr Album »Radio Ethiopia« sei »noch ein paar Nummern subtiler« als der Vorgänger »Horses« (»[d]en Stoff von Rimbaud, Burroughs, Dylan und VELVET UNDERGROUND auf eine heiße Spritze gezogen und unter die Haut gedrückt, sprich: verinnerlicht«), dennoch bleibe der »Originalton aus dem Anarcho-Äther« immer noch »ungezähmt und wild«. Angesichts dieser Attribute folgt umgehend die Warnung an »Ignoranten«, Smith nicht mit »irgendwelchen Holzhackern zusammen in die Punkrock-Kiste zu schmeißen« (Hartmann 1977).

Diese »Ignoranten« findet man bei anderer Gelegenheit freilich in der gleichen Zeitschrift. Die Heroen MC5 werden anlässlich der Wiederveröffentlichung von »Kick Out The Jams« als »Opas des Punk-Rocks« bezeichnet (Schwaner 1977: 59), Television beim erstmaligen Gebrauch des Punk-Begriffs in Sounds als »Punk-Band« (Anonymus 1976). Einige Monate später wird zwar eingeschränkt, dass man Television nur unter Mühen zur »Punk-Bewegung« zählen könne, weil »in England dieser Begriff inzwischen völlig sinnentlehrt und mit musikalischem Unrat angefüllt zum bloßen Mode-Schlagwort in den Dreck getrampelt worden« sei. Die mögliche Berufung auf Punk als US-amerikanischen »Begriff« und US-amerikanische Musik mit einer »interessante[n] und starke[n]« Tradition ist die Mühe aber offenkundig wert: »Television befinden sich da in bester Gesellschaft mit erlauchten Geistern wie VELVET UNDERGROUND, STOOGES, DOORS bis hin zu Patti Smith« (Dr. Gonzo 1977b: 64).

Im amerikanischen Sinne können dann auch die RAMONES als »Ultra-Punk-Band« bestehen. Sie sind selbstverständlich nicht ›erlaucht‹, dafür aber mit ihrer »Rock-Monotonie« und ihrem »Drei-Akkord-Bombardment« auf »essentiell[e]« Weise »unprätentiös« (Dr. punkGonzo 1976). Unter Berufung den auf ›ungezähmten‹, ›unprätentiösen‹ Rock bzw. Rock'n'Roll können natürlich auch englische Gruppen des sog. Pub-Rock positiv eingeordnet werden; hier ist interessant, dass Sounds die häufiger anzutreffende frühe Identifizierung von Pub-Rock und Punk-Rock kaum übernimmt. Entscheidend dafür ist vielleicht die Interview-Aussage von Wilko Johnson (von DR. FEELGOOD) gewesen, der sich von den dilettantischen und für ihn schlicht unmusikalischen englischen Punks entschieden abgrenzte (Houghton 1976: 30).

Dennoch ist die Sache für Sounds noch nicht erledigt. Was auch immer der Grund gewesen sein mag – vermutlich der internationale (Aufmerksamkeits-) Erfolg von Punk –, im Laufe des Jahres 1977 lässt die Redaktion vereinzelt Autoren schreiben, die auch dem englischen Punk einiges abgewinnen können. Die Pointe an dieser teilweisen Wiedergutmachung besteht darin, dass zur Rettung genau dieselben Maßstäbe angelegt werden wie bei der vorherigen Verdammung. Wird im Januar-Heft nur konzediert, dass die englische Punk-Musik »eher auf physische Energie und Leidenschaft denn auf technische Befähigung« setze, um sogleich negativ zu bilanzieren, dass »musikalische Inkompetenz«

vorherrsche (Strange 1977: 35), wird das Kriterium danach manchmal mit anderem Ergebnis bemüht.

Verantwortlich dafür ist Hans Keller, der ab Mai 1977 regelmäßig Punk-Platten rezensieren darf (vgl. Hinz 1998: 186ff.). Den »Simpel-Rock« englischer Punk-Gruppen adelt er mit genau jenem Argument, das bislang in Sounds bloß für den amerikanischen Punk-Rock gebraucht wurde: Die Einreihung von Punk in die Tradition des energetischen, einen direkt packenden Rock'n'Roll. Der Maßstab bleibt vollständig erhalten, bloß der Eintrag auf dem Maßband erfolgt nun an anderer Stelle. Keller zu THE DAMNED: »[S]eit Elvis angefangen hat, diese Art von Krach zu machen, bin ich drauf gestanden« (1977a). Keller zu THE VIBRATORS: »Catchy« (1977b). Keller zu den SEX PISTOLS: »ungeheuer griffig[e] und treffsicher[e] [...] Songs« (1977c). Auch der nun für die einschlägige Berichterstattung aus England zuständige Mike Flood Page kommt (ganz im Gegensatz zum davor verpflichteten Steve Strange) zu diesem Ergebnis: »GodSave The Queen« von den SEX PISTOLS klingt »wie die frühen WHO im Würgegriff« (Page 1977a: 33). »PrettyVacant«? Ein »R'n'R Klassiker«! (Page 1977b: 13).

Page und Keller stehen auch für eine veränderte politische Bewertung von Punk ein. Die Sounds-Redaktion – die als Teil oder zumindest im Horizont der alternativbewegten Szene 1976/77 selbstverständlich lange Artikel über Einschränkungen der Grundrechte, Landkommunen, kritische Liedermacher etc. druckt – kann die Punk-Bewegung zu Beginn politisch keineswegs positiv einordnen. Offenkundig ist der Punk-Stil auch für diese Rock-Nonkonformisten zu abstoßend, um ihn routiniert auf der Seite kultureller Rebellion zu verbuchen. Die STRANGLERS z.B. kommen ihnen schlichtweg »hässlich« vor: »geradewegs aus der Mülltonne« (Anonymus 1977a). Der zuerst verpflichtete englische Punk-Berichterstatter sieht denn auch in der Punk-»Revolte« wenig, was »bewundernswert« wäre; »nihilistisch und destruktiv« sind bei ihm strikt abwertende Charakterisierungen (Strange 1977: 35). Im Laufe der Zeit tritt immerhin ein Gewöhnungseffekt ein, der die Redaktion in die Lage versetzt, endlich routiniert ihre üblichen politischen Einschätzungen abrufen zu können. »Punk ist chic«, lautet die Feststellung, der zuverlässig das Urteil auf dem Fuße folgt, dass Punk mit der Verbreitung von T-Shirts, Postern etc. kommerzialisiert und vereinnahmt worden sei: »Big businessrules« (Anonymus 1977b). Wie um alles in der Welt der als zutiefst hässlich empfundene Punk-Stil innerhalb kurzer Zeit zum angeblichen Kommerz-Chic auf- bzw. absteigen konnte, um dieses Rätsel muss man sich im Banne der konventionellen Kritikformel am Modischen keine Gedanken machen.

Auch Keller und Page wollen selbstverständlich mehr in Punk als eine Jugendmode sehen. Im Unterschied zur Redaktion, die ihre Artikel gleichwohl abdruckt, erkennen sie aber mindestens vor der allseits befürchteten Kommerzialisierung einiges rebellische Potenzial: »Die neue Sprache ist aufregend, absichtlich provozierend, höhnisch, obszön, die Rhetorik der Jugend, sexuell aufreizend. Sie soll aufstacheln, sich zu erheben und was zu machen« (Page 1977a: 35). Auch hier ist demnach der Maßstab identisch, Page und Keller gelangen allerdings wiederum zu anderen Messergebnissen. Bei Keller besitzt die Rhetorik des Aufbegehrens sogar einen entschieden politischen Klang. Zwar kenne die aktuelle Generation der Jugendlichen »(leider) weder Woodstock noch Flower-Power- oder Apo-Erfahrungen«, die Punks ließen aber wenigstens ihre »messerscharfe Aggressivität« aufblitzen, statt sich anzupassen; angesichts der momentanen Lage ist das für Keller bemerkenswert: »Denn dies, Leute, sind Zeiten, in denen 16-20jährige zum Kriechen gezwungen werden wie nie zuvor in der Nachkriegszeit. Diese Jugend wird mit Leistungsdruck, Stellenknappheit usw. erpreßt« (Keller 1977a). Erstaunlich an diesem Urteil ist nicht nur die abenteuerliche Diagnose, dass der Tiefpunkt nun erreicht sei. Interessant ist auch, dass Keller bei seiner Feststellung nicht zwischen England und BRD trennt. Denn die Verhältnisse, unter denen Jugendliche 1977 aufwuchsen, sind mindestens in Westdeutschland nicht nur mit Blick auf die heutige Situation, sondern vor allem auf die unmittelbaren Nachkriegsjahren als gut (in jedem Fall aber als besser) einzustufen.

Page, der tatsächlich auf vergleichsweise schlechtere sozioökonomische Daten als ein deutscher Berichterstatter schauen muss, formuliert seine Diagnosen abstrakter. Er bewundert an den Punk-Musikern deren »Engagement«, das er allgemein auf den Konflikt zwischen »Jung und Alt« bezieht, er schätzt ihren Hass auf die »Autorität«, sei es nun die der »Hippies«, der »Limousinen Haie, die hip Muzak« vermarkten (1977a: 34), oder die der Monarchie (1977b). Von schlechter wirtschaftlicher Lage kein Wort, höchstens indirekt im Zitat aus »1977« von THE CLASH: »In 1977/Ain't so lucky toberich« (1977a: 33). Kaum überraschend darum, dass Page sich auch bei seiner Berichterstattung über den Erfolg der SEX PISTOLS und ihre Verträge mit diversen Major Labels die Kommerzkritik versagt. Hinnehmbar ist das für die Sounds-Redaktion, weil auch Page seine für ein deutsches Rockmusikblatt einigermaßen ungewöhnlichen Ansichten im Namen des gut eingeführten Höchstwerts »Rock'n'Roll« äußert. »Wenn Provokation noch immer der Lebensnerv des rechten Rock'n'Roll ist«, dann seien die SEX PISTOLS ihrer Konkurrenz weit überlegen (1977b: 12). Wenn auch nicht der letzten Einschätzung, kann die deutsche Redaktion dem ersten Teil des Konditionalsatzes nur zustimmen. Die Bindung an gewisse Traditionen der Rede über »Rock'n'Roll« ist die einzige Möglichkeit, der Rock- und Alternativszene in Deutschland Punk 1977 zum Teil nahe zu bringen.

Diese Einordnung und Bewertung erreicht auch die Blätter der Mittel- und Führungsschichten. In der Punk-Titelgeschichte des Spiegel Anfang 1978 (da haben sich die SEX PISTOLS schon aufgelöst...) wird darauf hingewiesen, dass »[e]tablierte Popmusik-Kritiker« die Punkmusik mit denselben Worten abwerten würden, »die ihre Vorgänger auch für Elvis Presley und die BEATLES benutzten: einfallslos, lärmend, primitiv, brutal, zügellos, geschmacklos und gemein« (Anonymus 1978: 146). Wie üblich, dürfte diese lange Nachrichtenmagazingeschichte von verschiedenen Autoren verfasst worden sein. Es dominiert auch nicht das Ideal der Widerspruchsfreiheit, sondern das einer breiteren Abdeckung hegemonial noch vermittelbarer Positionen. Deshalb heißt es anderer Stelle genau im später ironisierten Sinne: »aggressiver Primitiv-Rock« (ebd.: 140).

Die sozialpsychologische Herleitung des Phänomens fällt ebenfalls nicht eindeutig aus: »Arbeitslosigkeit und Teenager-Frustration«, »kein[] andere[r] Ausweg aus Slums, Sozialgettos und Arbeitslosigkeit« (ebd.: 148), »abgebrannt und arbeitslos, einer Kanonade unverstandener und unverdauter Nachrichten aus den Massenmedien ausgesetzt« (ebd.: 144), »aufgestaute Ängste und Ärger eines halbwüchsigen Lumpenproletariats und frustrierter Bürgerkinder« (ebd.: 140). Auf dem Spiegel-Cover hat sich der zuständige Redakteur für die in der Titelgeschichte überwiegende Variante entschieden; von »Bürgerkindern« ist hier keine Rede: »Punk. Kultur aus den Slums: brutal und hässlich« (auch dies ein Grund, weshalb man sich die Lektüre der Punk-Berichterstattung der Bild-Zeitung sparen kann; nur von »Kultur« dürfte an dieser Stelle in Bild nichts zu lesen sein). Konsequent ist diese Variante/Titelschlagzeile freilich: Denn in den »Slums« der »Arbeitslosen« vermutet man ja traditionell jene rohe Sinnlichkeit, die man auch dem Rock'n'Roll gerne attestiert.

Der Hauptartikel in der FAZ zum Thema lautet April 1978 auf den ebenfalls kindischen Titel »Haß als Zeitbombe in einer Gesellschaft ohne Liebe«. Der zuständige Musikredakteur hatte zuvor die in Deutschland bis dahin gängige publizistische Version zu »Punk« bzw. »Punk-Rock« in indirekter Rede wiedergegeben – »[a]ußerdem sei mittlerweile der Rock seit den BEATLES fast schon zu einer Feierabendkultur der Erwachsenen geworden. Also zurück zum unflätigen, proletarischen Gestus des frühen, hart akzentuierten Rock'n'Roll« –, um sie als Trugschluss hinzustellen: Denn der »Rock'n'Roll der 60er Jahre war eine Musik von Jugendlichen, die sich gegen den Pferdehalfter-Kitsch der tradierten Unterhaltungsmusik richtete. Sie wollten bessere, eigene Musik kreieren. Punk aber will nichts Besseres, er will den Dreck« (WWS 1977). Eigentümlicherweise schreibt derselbe Musikredakteur bei seiner Besprechung der Pub-Rock-Gruppe EDDIE AND THE HOT RODS wenige Wochen später genau das Gegenteil. »›Punk-Rock‹« knüpfe »sowohl musikalisch als auch im Gestus seiner Interpretation da an, wo die Wurzeln dieser Musik liegen: im proletarischen Rock'n'Roll der fünfziger Jahre« (Sandner 1978). Ob wohl die neu hinzugekommenen Anführungsstriche um Punk-Rock den Unterschied ausmachen sollen? Wie auch immer, durch den England-Korrespondenten der FAZ, Karl-Heinz Bohrer, kommt doch noch ein neuer (wenngleich seit Ernst Jünger bis Rolf Dieter Brinkmann etc. allgemein bestens eingeführter) Aspekt in die bundesdeutsche Berichterstattung zur Punk-Bewegung. Unter dem bereits erwähnten albernen »... Gesellschaft ohne Liebe«-Titel adelt Bohrer den »Haß« der Punks als eine »Emotion«, die »mehr Lebendigkeit und Kreativität besitzt als jener emotionslose, friedfertige Stumpfsinn, den man einer Freizeitgesellschaft ohne Utopie predigt« (Bohrer 1978). So können selbst konservative Revolutionäre dem Ganzen etwas abgewinnen, auch wenn sie sicherlich nicht auf dem heimischen Plattenspieler DAMNED- oder CLASH-LPs abspielen.

Beinahe absurd an diesen diversen Erzeugnissen der sog. Qualitätspresse mutet aber nicht nur an, dass sie alle – von Sounds bis FAZ – offenbar über keine Mittel verfügen, eine neue Richtung außerhalb ihrer eigenen alten Beschreibungs- und Wertungsmuster darzustellen und einzuordnen, sondern auch, dass niemand von ihnen den wichtigsten Absprungpunkt der Punk-Bewegung benennt. Bloß im Bericht des Engländers Page wird einmal kurz die Abneigung der Punks gegen die Hippies festgehalten.

Es wird einige Zeit dauern – und fällt darum kaum mehr in den Berichtszeitraum dieses Aufsatzes –, bis sich das ändert. Im Banne dieser Frontstellung treten zu den Topoi »Arbeitslosigkeit«, »Rock'n'Roll gegen prätentiöse Supergruppen«, »Hässlichkeit« endlich andere Beschreibungsmomente hinzu, die verständlich machen, in welch starkem Maße die Punk-Bewegung von Leuten aus der Nachwuchs-Künstler- und Boheme-Szene geprägt wird, die sich von der alternativen Formlosigkeit, Innerlichkeit und den Natürlichkeitsansprüchen mit aller Macht absetzen wollen (wenn es sich nicht um ganz junge Leute handelt, sind sie selbstverständlich fast alle zuvor selbst Hippies/Alternativbewegte oder K-Grüppler gewesen; es handelt sich ja um szeneinterne Geschichten und Wandlungen; mit »Arbeitslosigkeit« und »proletarische Jugendliche« kommt man an der Stelle auch in England, aber erst recht in Deutschland als Begründungsfiguren nicht hin). Verdienstvoll ist hier das Bändchen von Rolf Lindner »Punk Rock«, in dem früh, 1978, eine Übersetzung des einschlägigen Aufsatzes von Simon Frith zu den »Punk Bohemians« abgedruckt wurde. HollowSkai hat dann als erster deutscher Autor in seiner Magisterarbeit aus dem Wintersemester 79/80 ausführlicher auf eine Verbindung von Punk und Situationismus hingewiesen (als Buch 1981 im Sounds-Verlag veröffentlicht).

Diese Veröffentlichungen kommen aber entweder an zu ablegenem Ort (Lindner) oder zu spät (Skai) zustande, um größere Öffentlichkeitswirkung zu zeitigen. Dass sie aber der Sache nach bedeutsam sind, zeigt sich einfach an der Geschichte der bundesdeutschen Boheme- und Musikszene Ende der 70er Jahre. Um dies nicht nur den erst ab 1979 zahlreicheren Plattenveröffentlichungen abzulauschen, ist man freilich auf unzuverlässigere Quellen angewiesen als die bislang behandelten Zeitungs- und Zeitschriftenartikel (Fanzines gibt es 1977/78 kaum; zudem sind die Ausgaben von Ihnen nicht mehr greifbar und meines Wissens nicht archiviert; in der Anthologie Ott/Skai 1983 sind leider auch nur sehr wenige Abdrucke aus Ostrich und No Fun aus jenen frühen Tagen und dann aus dem Jahr 1979, in dem es schon wesentlich mehr Fanzines gibt, versammelt). Um die Rezeption von Punk in der Boheme- und Künstlerszene 1976-78 in den Blick zu bekommen, muss man größtenteils auf Interviewaussagen und Erinnerungsartikel zurückgreifen, die über zwanzig oder sogar dreißig Jahre später gemacht und verfasst wurden (vor allem Teipel 2001; auch Gross u.a. 2002; Stahl 2008), deren Gehalt also den üblichen nachträglichen Schematisierungen, Raffungen, Idealisierungen, Erinnerungsfehlern unterliegt. Die Abwesenheit soziologischer Kategorien und die Betonung des Anti-Hippie-Movens prägt freilich die allermeisten Selbstzeugnisse, darum darf man wohl annehmen, dass diese Übereinstimmung nicht allein jener inzwischen öfter anzutreffenden feuilletonistischen und akademischen Einordnung von Punk entspringt, die nicht (nur) jugendlich-proletarischen Frust, sondern (auch) innerkünstlerische und szeneinterne Entwicklungen zur Erklärung heranzieht.

Ohne die Erinnerung der Akteure zu bemühen, kann man die Bedeutung der jungen bzw. renovierten Kunst/Boheme-Szene für die deutsche Punk-Aneignung immerhin recht gut an der historischen (schriftlich dokumentierten) Begriffsverwendung und an dabei etablierten Wertmaßstäben erkennen. Die Dominanz des Rock'n'Roll-Bezugs wird 1978 und vor allem 1979 publizistisch gebrochen, was zweifelsfrei mit dem Wirken und den deutlich gestiegenen Veröffentlichungsmöglichkeiten jener Anti-Hippie-Boheme-Künstler-Kreise zu erklären ist, die von Punk beeinflusst sind (vgl. NGBK 2003; Diederichsen 2007).

Einschlägig ist hier vor allem der zweiteilige Artikel »Neue deutsche Welle« von Alfred Hilsberg 1979 in Sounds. Bereits im März 1978 hatte Hilsberg, der neben Keller nun bei Sounds als zweiter Punk-Experte fungiert (vgl. Hinz 1998: 190f.), seinen ersten Bericht über die deutsche Punk-Szene vorgelegt. Leitlinie seines Artikels ist die Vermutung, dass, speziell im Ruhrgebiet, die ungewisse »Zukunft der Jugendlichen im Dschungel der Industriewüste« die beste Voraussetzung für eine Punk-Bewegung darstelle. Er muss dann aber konstatieren, dass »fast alle Punks« in NRW Gymnasiasten sind. Er rettet daraufhin seine Prämisse halbwegs, indem er, am Rande der Selbstparodie, deren Punk-Begeisterung auf andere ›soziale Probleme‹ zurückführt: »Ihre Frustration und Aggression rührt mehr her von den Verhältnissen in einem wohlhabenden Elternhaus (›Hier haste fünfzig Mark, mach dir 'n schönen Tach‹) und der Schule« (Hilsberg 1978: 22). Von so schlimmen Missständen und gesellschaftlichen Ursachen der erhofften jugendlichen Devianz (Punk als ›Ausdruck‹ dessen, dass Eltern Jugendlichen viel Geld geben und sie in ihrer Freizeit in Ruhe lassen) wusste nicht einmal der Spiegel! Auch die Anliegen sind imponierend: »Die [Düsseldorfer Gruppe] MALE: ›Wir wollen was gegen diese Discoscheiße a la BONEY M. machen. Es wird Zeit für Rock'n'Roll!‹ Das ist doch schon etwas« (ebd.: 24).

Im Oktober 1979 hält sich Hilsberg in politischer Hinsicht stärker zurück, das Spektrum der Gruppen, über die er in seinem zweiten Überblicksartikel berichtet, macht es sicherlich noch schwieriger, die obigen Parolen anzubringen. Wenn Hilsberg in seinem unvollständigen »ABC der bundesdeutschen Punk-Szene« auch einräumt, dass nur noch manche der Porträtierten mit dem Punk-Begriff etwas anfangen können, benutzt er ihn gleichwohl, um so unterschiedliche Gruppen wie MITTAGSPAUSE, D.A.F., DER PLAN, DIN-A-TESTBILD, CORONERS, GEISTERFAHRER, MALE, BUTTOCKS, HANS-A-PLAST, KFC, S.Y.P.H. in seinem »ABC« unterzubringen (Hilsberg 1979a: 20). Die Abstände zwischen diesen Gruppen werden aber natürlich schon im Artikel sichtbar, etwa wenn Hilsberg berichtet, dass S.Y.P.H. von einigen für eine »Kunstrock-Truppe« gehalten werde (1979b: 26). In einem Fanzine heißt es noch deutlicher zu den BUTTOCKS, dass sie sicherlich weiter »resistant« blieben gegenüber »den ganzen Kraftwerkrevivalbands und zu den von A. Hilsberg promovierten Versuchsgruppen, die als Punk verkauft werden« (Reprintbeilage zur Box »Guter Abzug«; Anonymus 1982: o.S.). In Sounds selbst tritt der Gegensatz ebenfalls deutlich in einem Bericht zur »Zweite[n] Punknacht in Hamburg« zutage. Auf der einen Seite sieht der Artikel, der höchstwahrscheinlich vom Jung-Redakteur Diedrich Diederichsen stammt, Gruppen wie die BUTTOCKS (»Pogo-Liebhaber, die nach Feierabend oder ständig die Sau rauslassen wollen, was dem Publikum am besten gefiel«), auf der anderen Seite die vom überwiegenden Teil des Publikums abgelehnten »experimentellen Bands« wie DIN-A-TESTBILD und die »ultra-avantgardistischen und von Punkpuristen bereits als dekadent und intellektualistisch verdammten« Geisterfahrer (Anonymus 1979).

Ungeachtet der teils vehementen Ablehnung des Pogo-Publikums, ist festzuhalten, dass auch die letztgenannten Gruppen zu einem deutschen »Punk«-Abend geladen worden waren und sich als »Neue deutsche Welle« (analog natürlich zum englischen New Wave) in einem »Punk-Szene«-Überblick wiederfanden. Wichtig ist diese Feststellung nicht, weil man damit eine Erweiterung des Punk-Begriffs auch für den heutigen Begriffsgebrauch reklamieren kann (so etwa Büsser 2003), sondern weil sie den entscheidenden, bis heute wirkungsmächtigsten Punkt der damaligen deutschen Punk-Rezeption anzeigt (international vgl. etwa Reynolds 2005): Den Bruch mit der bis dahin hegemonialen Rock'n'Roll-Doktrin, von der noch die erste deutsche Punk-Wahrnehmung und -einordnung ganz durchdrungen war. Sobald »Punk« und »experimentell«, »intellektualistisch«, »ultra-avantgardistisch«, »dekadent« etc. sich nicht mehr wechselseitig ausschließen, ist die Rock'n'Roll-Lehre überwunden. An dieser Überwindung hängt auch jene Pop-Ästhetik und -Theorie, die mittlerweile in Feuilleton und Akademie die herrschende Doktrin darstellt und für die Künstlichkeit, Dilettantismus, Medienhype, Show ebenso wenig mehr reine Negativkategorien sind wie »intellektualistisch«, »ultra-avantgardistisch«, »dekadent«. Eine beachtliche, geradezu entehrende Laufbahn für eine Mode- und Musikrichtung der vorgeblichen »Hässlichkeit«, »Aussichtslosigkeit«, »Arbeitslosigkeit«. Mit »Rock'n'Roll« im 76/77 beschworenen deutschen Sinne hat das nun wirklich nichts mehr zu tun, in dieser Hinsicht hatten die frühen »Sounds«-Verächter der SEX PISTOLS und STRANGLERS völlig Recht.

LITERATUR

Anonymus (1976): »News«. In: Sounds, H. 10, 7.

Anonymus (1977a): »What ever punks you on«. In: Sounds, H. 3, 10.

Anonymus (1977b): »Zelluloid-Punks«. In: Sounds, H. 9, 6.

Anonymus (1978): »Punk: Nadel im Ohr, Klinge am Hals«. In: Der Spiegel, H. 4, 140-147.

Anonymus (1979): »Punk bis zum Untergang«. In: Sounds, H. 8, S. 6

Anonymus (1982): Guter Abzug. eine dokumentation der neuen deutschen musik, 1982.

Bohrer, Karl-Heinz (1978): »Haß als Zeitbombe in einer Gesellschaft ohne Liebe«. In: FAZ, 13.04.1978, 25.

Büsser, Martin (2003): »›Es war kein britisches Klassen-Punk-Zeug‹. US-Punk und New Wave als Rock-Demontage«. In: NGBK (2003): 108-118.

Diederichsen, Diedrich (2007): »Intensity, Negation, Plain Language: Wilde Maler, Punk, and Theory in Germany in the '80s«. In: Dominic Molon (Hg.): Sympathy for the Devil. Art and Rock and Roll since 1967. New Haven und London: Yale University Press, 142-153.

Dr. Gonzo [Jörg Gülden] (1977a): Rez. zu Original Punk Rock [div. Interpreten]: »Live from The CBGB's Club, New York«. In: Sounds, H. 1, 46.

Dr. Gonzo [Jörg Gülden] (1977b): Rez. zu Television: »Marquee Moon«. In: Sounds, H. 4, 64-65.

Dr. punk Gonzo [Jörg Gülden] (1976): Rez. zu Ramones: »Dto«. In: Sounds, H. 10, 80-81.

Gillig, Manfred (1977): »Viel Stunk um Punk«. In: Sounds, H. 2, 12.

Gross, Ulrike u.a. (Red.)(2002): Zurück zum Beton. Die Anfänge von Punk und New Wave in Deutschland 1977-'82, Köln: König.

Hartmann, Walter (1977): Rez. zu Patti Smith Group: »Radio Ethiopia«. In: Sounds, H. 3, 60 u. 62.

Hilsberg, Alfred (1978): »Krautpunk. Rodenkirchen is burning«. In: Sounds, H. 3, 20-24.

Hilsberg, Alfred (1979a): »Neue deutsche Welle. Aus grauer Städte Mauern«. In: Sounds, H. 10, 20-25.

Hilsberg, Alfred (1979b): »Aus grauer Städte Mauern (Teil 2). Dicke Titten und Avantgarde«. In: Sounds, H. 11, 22-27.

Hinz, Ralf (1998): Cultural Studies und Pop. Zur Kritik der Urteilskraft wissenschaftlicher und journalistischer Rede über populäre Kultur. Wiesbaden: Westdeutscher Verlag.

Houghton, Mick (1976): »Dr. Feelgood. Promovierte Punks aus den Southend-Pubs«. In: Sounds, H. 12, 28-30.

Keller, Hans (1977a): Rez. zu The Damned: »Dto«. In: Sounds, H. 5, 74.

Keller, Hans (1977b): Rez. zu The Vibrators: »Pure Mania«. In: Sounds, H. 9, 54.

Keller, Hans (1977c): Rez. zu Sex Pistols: »Never Mind The Bollocks«. In: Sounds, H. 12, 66.

Lindner, Rolf (Hg.) (1978): Punk Rock. Frankfurt am Main: Verlag Freie Gesellschaft.

NGBK (2003): Lieber zu viel als zu wenig. Kunst, Musik, Aktionen zwischen Hedonismus und Nihilismus (1976-1985). Berlin: NGBK Neue Gesellschaft für Bildende Kunst.

Ott, Paul/Skai, Hollow (Hg.) (1983): Wir waren Helden für einen Tag. Aus deutschsprachigen Punk-Fanzines 1977-1981, Reinbek bei Hamburg: Rowohlt.

Page, Mike F. (1977a): »London brennt. Szenen einer musikalischen Revolution«. In: Sounds, H. 7, 32-35.

Page, Mike F. (1977b): »Sex Pistols. Gott schütze sie«. In: Sounds, H. 8, 12-13.

Reynolds, Simon (2005): Rip It up and Start again. Postpunk 1978-1984- London: Penguin Books.

Sandner, Wolfgang (1978): »Punk-Rock richtig rüde«. In: FAZ 31.01.1978, 21.

Schwaner, Teja (1977): »Importe«. In: Sounds, H. 2, 59-60.

Skai, Hollow (1981): Punk. Versuch der künstlerischen Realisierung einer neuen Lebenshaltung. Hamburg: Sounds.

Stahl, Enno (2008): »Ratinger Hof – Thomas Kling und die Düsseldorfer Punkszene«. In: Dirk Matejovski/Marcus S. Kleiner/Enno Stahl [Hg.]: Pop in R(h)einkultur. Oberflächenästhetik und Alltagskultur in der Region. Essen: Klartext Verlag, 205-226.

Stark, Jürgen/Kurzawa, Michael (1981): Der große Schwindel? Punk – New Wave – Neue Welle. Frankfurt am Main: Verlag Freie Gesellschaft.

Strange, Steve (1977): »Punk-Rock. Die Rückkehr der Rotznase«. In: Sounds, H. 1, 34-37.

Teipel, Jürgen (2001): Verschwende Deine Jugend. Ein Doku-Roman über den deutschen Punk und New Wave. Frankfurt am Main: Suhrkamp Verlag.

WWS [= Wolfgang Sandner] (1977): »Gibt es eine Musik nach Punk?« In: FAZ 12.12.1977, 29.

Alle Macht der Super-8

Die West-Berliner Super-8-Film-Bewegung und das Erbe des Punks

DANIEL KULLE

Graue Dächer und Hauswände Berliner Stadtarchitektur. Füße scharren an der Kamera vorbei. Ein Blick auf eine Straße, in der Müllmänner ihre Tonnen verladen. Ein Auto fährt an Baustellen vorbei. Zwei nackte Männer plantschen in einem öffentlichen Brunnen. Eine Frau rennt durch die Straßen Berlins.

Der Super-8-Experimentalfilm »Pommes Frites statt Körner« (Yana Yo 1981) widersetzt sich dem »Zurück-zur-Natur«-Gestus der Hippies, in dem er mit der Attitüde des Punks Urbanität als Ästhetik der Hässlichkeit und des Dilettantismus setzt. Statt im Grünen wird Nacktheit hier lustvoll und mit Humor im steinernen, öffentlichen Raum zelebriert. Die Bewegung im Bildinhalt wie auch die Bewegung der Handkamera dynamisieren den Film bis hin zur Unerträglichkeit. Und in der Farbdramaturgie entbricht ein Widerstreit, der weit entfernt ist von den Grün- und Brauntönen der Ökologiebewegung: Einzelne Objekte, gehalten in den kräftigen, kalten Farben der frühen 1980er, und wechselnde Farbfilter widersetzen sich der flauen Farbästhetik des Amateurmediums Super-8 sowie dem Grau des städtischen Betons.

»Pommes Frites statt Körner« ist nur einer von vielen Super-8-Filmen, die im West-Berlin der frühen 1980er entstanden sind. Unabhängig von den etablierten Experimentalfilmern, die sich des 16mm- oder 35mm-Films bedienten, unabhängig auch vom Medium Video, das dabei war, eine ganz eigene mediale Ästhetik zu entwickeln, etablierte sich um 1980 eine eigenständige Bewegung von Super-8-Filmern, die in Berlin einen ihrer Schwerpunkte fand. Die Bewegung nahm Einflüsse des Experimentalfilms, des politischen Films, des Home-Movies und des Amateurspielfilms auf und verknüpfte sie mit Ideen der bildenden Kunst wie der Popkultur der Postpunk-Ära.

In West-Berlin führten politisches Klima und geografische Isolierung zu einer kulturellen Eigendynamik, die ein spezielles subkulturelles Mikroklima schuf: West-Berlin, das war die Stadt von Tabea Blumenschein und Wieland Speck, von Rosa von Praunheim und Ulrike Ottinger, die Stadt der EINSTÜRZENDEN NEUBAUTEN, der TÖDLICHEN DORIS und der NOTORISCHEN REFLEXE, die Stadt von TEMPO, PVC und ÄTZTUSSIS, die Stadt von Hausbesetzern und Straßenkämpfen. Ganz ähnlich wie in Westdeutschland war Berlin aber auch Austragungsort der Konflikte zwischen verschiedenen Strömungen der Populärkultur, zwischen den avantgardistischen und den anarchistischen Erben der Punkrevolution.

Die engen Verbindungen, welche avantgardistische Punk-Strömungen mit der Kunst eingingen, wirkten sich auch auf die Super-8-Film-Bewegung aus. Die Super-8-Filmer übernahmen Motive, Inszenierungsweisen und Intermedialitätsstrategien des Punks und verdeutlichten somit das weitreichende Erbe der popkulturellen Revolution von 1976. Die Super-8 lässt sich sogar als Punk-Medium par excellence betrachten, erfüllt sie doch auf medialer Ebene die Punk-Forderung nach Dilettantismus, Antiprofessionalität und Do-it-yourself.

DIE SUPER-8-BEWEGUNG IN WEST-BERLIN

Der Super-8-Film war 1965 von Kodak als Amateurmedium für den Heimbedarf auf den Markt gebracht worden. In den 1970ern fand er schnelle Verbreitung in privaten Haushalten. Doch wurde Super-8 nicht nur im privaten Raum für Home-Movies oder Pornografie benutzt. Die Schwulenszene etwa verwendete das Medium in ihren subkulturellen ikonografischen Praktiken, in dem Super-8-Pornos in Kneipen gezeigt wurden (Siegel 2008: 75). Derek Jarman drehte in dem Medium seine ersten Kurzfilme. Amateurfilmclubs bedienten sich des billigen, flexiblen und spontanen Mediums genauso wie politische Kooperativen, Filmwerkstätten und Medienläden (Alisch 1986, Film Statt Berlin 1983). Und die Medienwerkstatt Berlin produzierte auf Super-8 gar einen 80-minütigen Dokumentarfilm, »Wer keinen Mut zum Träumen hat, hat keine Kraft zum Kämpfen« (1979).

Doch erst Ende der 1970er verdichteten sich diese Strömungen zu einem regelrechten Super-8-Boom. Nachdem der Experimentalfilm in den 1970ern in eine Krise geraten war, bekam er zum Ende des Jahrzehnts durch die Etablierung alternativer Subkulturen, durch technische Innovationen wie dem Video wie durch Ausweitung von Fördermechanismen einen neuen Schub (Brinckmann 2004: 484). Davon profitierte auch die Super-8-Film-Bewegung: Während der Heimanwendermarkt sich in Richtung Video bewegte, florierte der Experimentalfilm auf dem älteren Amateurmedium. In ganz Deutschland gründeten sich Super-8-Gruppen wie die Anarchistische Gummizelle in Düsseldorf, Schmelzdahin in Bonn oder Die alten Kinder in Bielefeld.

In Berlin erfuhr diese Bewegung durch die einzigartige geopolitische und kulturelle Konstellation eine eigene Prägung: Die auf Flächensanierungen fokussierte Baupolitik Westberlins sowie der Wohnungsmangel hatten in der Stadt, ähnlich wie in anderen Städten Europas und der USA, eine Welle von Hausbesetzungen ausgelöst, die eigene, alternative Lebenswelten hervorbrachten (vgl. Suttner 2011). Die Hausbesetzerbewegung, die in West-Berlin 1981 ihren Höhepunkt erreichte, prägte in ihren Konflikten mit den staatlichen Autoritäten nicht nur Alternativkulturen und das Straßenbild. Die Straßenkämpfe boten auch eine Reihe von ikonischen Motiven, die andere Super-8-Filmer in ihren Filmen verwerten konnten.

Aus der Hausbesetzerszene in Berlin wie anderswo entwickelte sich auch eine eigene Medienproduktion, die sich allerdings nicht auf den Super-8-Film beschränkte (Alisch 1986: 106): »Schade, daß Beton nicht brennt« (Wolfgang Schukrafft et al. 1981) etwa ist auf 16mm gedreht; die Schweizer Kompilation »Züribrännt« (Videoladen Zürich 1980), die auch in Deutschland breit rezipiert wurde, gar auf dem Videomedium Portapack.

Nicht zuletzt veränderte die alternative Subkultur auch die Rezeption von Filmen: Antikommerzielle und nicht von öffentlicher Seite subventionierte Off-off-Kinos wie das D.P.A. Kino im Kuckuck (Anhalterstraße) oder das Kino Eiszeit (Blumenthalstraße) boten neue Abspielmöglichkeiten für experimentellere Filme. 1982 entstand gar ein eigenes Super-8-Kino, das Gib-8 (Kantstraße, später Reichspietschufer), das jedoch nur bis 1983 überlebte (Alisch 1986: 118). Dank der portablen Abspielmöglichkeiten von Super-8 konnten die Projektoren auch jederzeit ambulant eingesetzt werden: in Galerien, Kneipen oder im Hinterhof. Die städtische Architektur erweiterte so den Kinoraum und sprengte die Raumkohärenz des klassischen Theaterkinos.

Parallel und bisweilen auch in enger Verbindung mit der Hausbesetzerszene entwickelte sich in Berlin eine popkulturelle Bewegung, die in Form einer Berliner Avantgarde Einflüsse des Punk, Postpunk, des Industrial und der Neuen Deutschen Welle mit Diskursen in Kunst, Theater und experimenteller Musik verband. Performance- und Musikgruppen wie DIN-A-TESTBILD, MEKANIK DESTRÜKTIW KOMANDÖH (MDK), DIE EINSTÜRZENDEN NEUBAUTEN, MALARIA, DIE TÖDLICHE DORIS, NOTORISCHE REFLEXE oder GEILE TIERE führten das avantgardistische Erbe des Punks weiter. Besonders aktiv war hier die zwischen 1957 und 1960 geborene Generation von Künstlern und Musikern wie Wolfgang Müller (1957), Nikolaus Utermöhlen (1958), Blixa Bargeld (1959), Jürgen Baldiga (1959), Bettina Köster (1959) oder Gudrun Gut (1960), die um 1980 Anfang zwanzig war. Hinzu kamen ›ältere‹ Vertreter wie Luciano Castelli (1951), Martin Kippenberger (1953), Salomé (1954) oder Knut Hoffmeister (1956), die sich als die Berliner Fraktion der Neuen Wilden bereits einen Platz im Kunstdiskurs hatten erringen können, oder aber erfahrenere Experimentalmusiker wie Frieder Butzmann (1954). Hinzu kamen aber auch Jüngere wie etwa Jörg Buttgereit (1963) oder Alexander Hacke (1965), die sich bereits im Teenager-Alter als popkulturelle Wunderkinder bewährten.

Konzentriert war diese Berliner Avantgarde in den Stadtteilen Schöneberg und Kreuzberg: in Veranstaltungsorten wie dem SO36 (Oranienstraße) oder dem Dschungel (Nürnberger Straße), in Kneipen wie dem von den Österreicher Künstlern Ingrid und Oswald Wiener geführten Exil (Paul-Linke-Ufer), dem Schwulencafé Das andere Ufer (Hauptstraße), dem Risiko (Yorckstraße), dem Café Swing (Nollendorfplatz), dem Café Mitropa (Goltzstraße), aber auch im Plattenladen Zensor von Burkhardt Seiler (Belziger Straße) oder im von Gudrun Gut und Blixa Bargeld geleiteten Laden Eisengrau (Goltzstraße).

Die hier beschriebene Szene war vor allem in den Bereichen Musik und Performance aktiv. Doch spielte Film, und hier vor allem die Super-8 immer wieder eine Rolle, wie an vier Beispielen gezeigt werden soll, die als (sicherlich unvollständige) Cluster auch einen Eindruck vom Netzwerk der Szene geben können: Dem Veranstaltungsort SO36 und den Performance-Gruppen DIE TÖDLICHE DORIS, NOTORISCHE REFLEXE sowie den TEUFELSBERGERN.

Das SO36 in der Oranienstraße in Kreuzberg eröffnete am 12./13. August 1978 mit dem Mauerfestival, auf dem Bands wie PVC, FFURS, MITTAGSPAUSE, MALE, DIN-A-TESTBILD und andere Punk- und NDW-Bands auftraten (Schneider 2007: 334). Nachdem der Veranstaltungsort bereits kurz darauf arge Verluste schrieb, übernahm der Künstler Martin Kippenberger zusammen mit Achim Schächtele und Andreas Rohe die Leitung. Ähnlich wie der Ratinger Hof in Düsseldorf versuchte das SO36 einen Brückenschlag zwischen Kunst und Punkmusik. Es bot Raum für Ausstellungen und Performances, begleitet von Musik, die sich aus den zeitgenössischen Strömungen von Postpunk, New Wave und NDW rekrutierte (Schneider 2007: 75). Mit dem New York Narrativ Film Fest, auf dem Filme wie »The Deadly Art of Survival« (Charly Ahearn 1979) oder »Shot Dog Film« (Tom Otterness 1977) gezeigt wurden, holte Kippenberger auch den US-amerikanischen Super-8-Film nach Berlin (Hoffmeister 1999). Der Brückenschlag zwischen Pop und Kunst rief allerdings Gegenreaktionen anarchistischer Punkfraktionen hervor. Ausgelöst durch Hausverbote und die vermeintlich hohe Preispolitik des Veranstaltungsortes überfiel am 11. November 1979 ein »Kommando gegen Konsumterror« das SO36 und erbeutete mehrere Tausend DM (Schneider 2007: 185). Kippenberger beendete daraufhin seine Beteiligung am SO36 und verließ Berlin. Das SO36 blieb jedoch bis 1983 ein Zentrum von Punk und NDW, ohne allerdings an den avantgardistischen Brückenschlag Kippenbergers anknüpfen zu können.

DIE TÖDLICHE DORIS wurde 1980 von den Kunststudenten Wolfgang Müller, Nikolaus Utermöhlen und Chris Dreier gegründet und konsolidierte sich ab 1982 mit einer Kernbesetzung von Müller, Utermöhlen und Käthe Kruse, der sich für einzelne Performances aber auch andere Künstler anschlossen. 1981 organisierten die Künstler der Performancegruppe das Festival »Die große Untergangsshow – Festival Genialer Dilletanten«, das am 4. September im Tempodrom vor 1400 Zuschauern stattfand. Das Festival präsentierte mit Musikern wie Frieder Butzmann und Gruppen wie SPRUNG AUS DEN WOLKEN, DIN-A-TESTBILD, EINSTÜRZENDE NEUBAUTEN, SENTIMENTALE JUGEND, DEUTSCH-POLNISCHE-AGGRESSION und anderen einen Querschnitt durch die Berliner Avantgarde. Im Anschluss an das Festival entstand auch ein Merve-Band, der die Idee des Dilletantismus – der Schreibfehler ist Konzept – weiter erläuterte (Müller 1982a).

DIE TÖDLICHE DORIS verband in ihren Werken experimentelle Musikformen mit solchen der Performance. Von Beginn an drehten die Künstler der Gruppe auch kleinere Experimentalfilme auf Super-8 (Müller & Schmitz 2004): »Sabine – aus meinem Tagebuch« (1980) etwa karikiert die Nabelschauliteratur der 1970er Jahre; »Das Leben des Sid Vicious« (1981) spielt die Geschichte der Sex Pistols mit kleinen Kindern nach; »Das Graupelbeerhuhn« (1981) ist eine Satire über die Ökologiebewegung; und »Der Fotomatonreparateur« (1983) montiert weggeworfene Testaufnahmen eines Fotoautomaten hintereinander. Die Gruppe ist in allen Medien aktiv, bis sie sich 1987 auflöst.

Die Notorischen Reflexe wurden 1982 von Christoph Doering, Knut Hoffmeister, Yana Yo und anderen Studenten der HdK gegründet. Sie nutzten die Galerie av-Geschoß (Crelle-Straße) als Treffpunkt und Veranstaltungsort und gründeten mit u.v.a. auch eine eigene Super-8-Gruppe. Die Künstler der Notorischen Reflexe wiesen enge Verbindungen zu den Berliner Neuen Wilden auf: Knut Hoffmeister hatte ab 1977 bereits als Assistent von Martin Kippenberger gearbeitet und 1978 auch schon eine gemeinsame Diashow mit Kippenberger, Rainer Fetting und Helmut Middendorf im SO36 organisiert. Bereits 1980 hatte er mit »Geile Tiere im Dschungel« den Auftritt der Band von Salomé in der Diskothek Dschungel in einem Super-8-Film dokumentiert (Hoffmeister o.J.). Christoph Doering betont jedoch im Rückblick auch das Konkurrenzverhältnis, das die jüngeren HdK-Studenten gegenüber den bereits etablierteren Neuen Wilden um die Galerie am Moritzplatz prägte (Schmidt Productions 2005a: 26).

Am ganz anderen Ende des Spektrums der Super-8-Filmbewegung befand sich die Gruppe der Teufelsberger. 1980 hatten Ades Zabel und Bob Schneider ihren Film »Sinnfilm« unter dem Label Teufelsberger Productions präsentiert und ergänzten die Screenings bald auch mit zusätzlichen Kleinkunst-Aufführungen. Filme wie Gruppe standen in Distanz zu den Kunstdiskursen der anderen Super-8-Filmer der HdK. Sie waren mehr an Formen der Kleinkunst, dem absurden Theater oder der Drag Show ausgerichtet, denn an Diskursen der Akademie. »Edith Schröder – eine deutsche Hausfrau« (1981) etwa ist eine genderkritische Satire über eine spießige Hausfrau.

Weitaus stärker als die künstlerischen Gruppen aber übernahmen diese Filme auch Ansätze des Amateurspielfilms. Sie lehnten sich darüber hinaus an die Camp-Strategien des New Yorker Underground etwa der Kuchar Brothers an und entwickelten sie in Richtung eines ostentativ billigen Amateur-Trash-Horrorfilms weiter: In »Sinnfilm« treibt eine aus einem aufgetauten Huhn geschlüpfte Mörderin ihr Unwesen; »Ropotow – Im Kampf gegen Terragörcs« (1982) ist ein innerhalb einer Woche gedrehter absurder Sciencefiction-Film; und »Zyklopenuschi« (1984) schließt zwar an »Edith Schröder« an, radikalisiert die Satire jedoch ins Absurde. Ähnlich ausgerichtet und im selben Milieu operiert auch der Trash-Filmemacher Jörg Buttgereit. Mit Kurzfilmen wie »Manne theMowie« (1981), »Ogar der Häßliche« (1981), »Captain Berlin – Retter der Welt« (1982) oder »Der Gollob« (1983), in denen häufig Dirk Felsenheimer alias Bela B. die Hauptrolle übernahm, konsolidiert er ein eigenes Trash-Genre der Super-8, das sich parallel zu den Kunstfilmen weiterentwickelte.

Die vier hier beschriebenen Cluster können das diverse Netzwerk der Berliner Avantgarde und der Super-8-Szene selbstverständlich nur in Ansätzen skizzieren. Andere Gruppen wie die Künstlerinnengruppe Schwarze Schokolade in der 1979 besetzten Schokoladenfabrik, das feministische besetzte Haus Pelze (später PELZE multimedia), das als Veranstaltungs- und Kommunikationsort für eine Reihe von Kunstaktionen fungierte, oder das von Michael Brynntrup 1983 mitgegründete Kollektiv OYKO hätten hier ebenso untersucht werden können (vgl. Hampke o.J., Siegel 2008: 72). Nicht zuletzt bestand die Super-8-Filmbewegung auch aus einer Reihe von Einzelpersonen, etwa aus dem Umfeld der HdK, wie etwa Andrea Hillen, Ingrid Maye und Volker Rendschmidt, Walter Gramming, Peter Fischer-Piel oder Róża Spak. Und selbst Filmemacher aus der DFF wie Rolf S. Wolkenstein, Horst Markgraf oder Ika Schier beschäftigten sich mit experimentelleren Performance- und Filmformaten der Super-8.

Eine erste institutionelle Konsolidierung, die sich noch fernab der Popkultur des Postpunks abspielte, hatte die Super-8-Filmbewegung bereits in den 1970ern erfahren. Aus dem Bund Deutscher Filmamateure (BDFA) und in Abgrenzung zu diesem entstand 1974 die Filmwerkschau als Forum jüngerer Amateurfilmer, die 1975 in Wuppertal ein erstes Filmfestival organisierten (Alisch 1986: 81). 1979 wurde in Berlin von der Filmwerkschau und anderen Gruppierungen der Verleih Gegenlicht gegründet, um vor allem ökologischen und politischen Filmen aus der Alternativbewegung die Distribution zu ermöglichen (Alisch 1986: 99).

Die heterogene Super-8-Filmszene der Berliner Avantgarde führte 1981 der Künstler padeluun, der als sporadisches Mitglied der Zürcher Performancegruppe –Δt sowie als Initiator des Organisationskreis Neues Medium (O.N.M.) bekannt geworden war, in einer Filmreihe unter dem Titel »Alle Macht der Super 8« zusammen (vgl. padeluun&Blesenkemper 1981). Berliner Künstler wurden aufgefordert, ihre Super-8-Filme einzureichen. Aufgenommen wurde, was bis zum Stichtag eingetroffen war. Die Reihe umfasste daher so unterschiedliche Filme wie »DARUM ODER WAS ERWARTEST DU« (Jürgen Baldiga), »17ER RICHTUNG ROSENECK« (Blixa Bargeld), »XY VORSICHT FALLE« (Tabea Blumenschein/Hongkong Syndikat), »DAS LEBEN IST SCHÖN« (Alexander von Borsig = Alexander Hacke), »BERLIN, ALAMO« (Knut Hoffmeister), »OHNE LIEBE GIBT ES KEINEN TOD« (Ingrid Maye, Volker Rendschmidt), »SISTER RAY« (Ika Schier), »KEINE FOTOS« (N. U. Unruh), den bereits erwähnte »POMMES FRITES STATT KÖRNER« (Yana Yo) und viele andere mehr. Sie tourte erfolgreich durch deutsche Off- und Kommunalkinos und wurde, mit Unterstützung des Goethe-Institutes, sogar international verbreitet (Baumgärtel 1997).

Im September 1982 konnten die Kinos Lunapark (Windscheidtstraße), Gib-8-Kino (Reichspietschufer), Eiszeit-Kino (Blumenthalstraße), die Galerien av-Geschoß (Crellestraße) und Galerie Exo (Grunewaldstraße) sowie der Gegenlicht-Verleih darüber hinaus ein eigenes Super-8-Filmfestival, das Interfilm, organisieren (vgl. 1. Internationales 8mm Film Festival 1982). Gezeigt wurde die ganze Bandbreite der Super-8-Filmproduktion aus Berlin wie international: von avantgardistischen Filmen wie »Die Reise ins I« (Michael Brynntrup) oder »NOISIA VISION« (Dieter Hormel) bis hin zu Trashfilmen wie »CAPTAIN BERLIN« (Jörg Buttgereit) oder »Sinnfilm«(Teufelsberg Production). Im darauffolgenden Jahr konnte das Festival unter dem Titel »Film Statt Berlin« gar die Unterstützung der Freunde der Kinemathek sowie des Senats für sich gewinnen (Alisch 1986: 121, Film Statt Berlin 1983).

PUNK UND AVANTGARDE-KUNST

Stellt man sich die Frage, inwieweit sich die Super-8-Filmbewegung vom popkulturellen Phänomen des Punks beeinflussen ließ, so bedarf es einer Klärung, was um 1980 unter Punk verstanden werden soll. Schließlich war Punk, bezieht man sich damit auf die musikalische Revolution, die Bands wie THE SEX PISTOLS, THE CLASH oder THE DAMNED von 1975 bis 1978 in der britischen Popkultur ausgelöst hatten, längst vorbei. Die bis heute internationale Subkultur des Punks, auf der anderen Seite, begann sich Anfang der 1980er Jahre erst noch zu konsolidieren und hatte längst nicht die orthodoxe Ikonografie herausgebildet, mit der sie bis heute präsent ist. Für die Situation der jugend- und popkulturellen Bewegungen um 1980 ist der erste Punk also bereits vorbei, der zweite hat sich noch nicht gefestigt. Beide Auffassungen von Punk decken zudem die enorme Diversität von Bands um 1980 wie MALE, S.Y.P.H., DAF, MITTAGSPAUSE oder FEHLFARBENbis hin zu THE BUTTOCKS, ABWÄRTS oder SLIME kaum ab. Es wundert daher nicht, wenn sich viele Autoren mit dem Begriff Punk in diesem Zusammenhang schwer tun und ihn durch andere ersetzen: durch Postpunk oder New Wave; durch die Neue Deutsche Welle, wie der Filmkritiker Hilsberg die deutsche Punkrezeption betitelte (Hilsberg 1979); durch NDW 1, um diese Welle von der kommerzialisierten und am Neoschlager orientierten NDW 2 abzugrenzen (Schneider 2007: 14); oder gar in ganz bewusster Diffusität durch »Es« (Diederichsen 2002).

Die durchaus berechtigte Begriffsdiskussion vernachlässigt jedoch, dass auch der originäre Punk in Großbritannien Mitte der 1970er Jahre bereits eine zwiespältige Bewegung war. Punk etablierte sich einerseits in Abgrenzung zum virtuosen Hippie- und Glam-Rock, zunehmend aber auch zur Disco-Welle, die 1978 ihren Höhepunkt erreichte (Longerich 1989: 178). Zudem kollidierten im Punk musikhistorische Konzeptionen von Punk als radikalem Wendepunkt in der Musikgeschichte, welcher die Teleologie des Rocks grundsätzlich negierte, mit solchen, die Punk als Erneuerung von Rock und Rückkehr zu dessen rebellischen Wurzeln betrachteten (Büsser 2000: 16). Darüber hinaus war Punk von Beginn an in einer konfliktreichen Dialektik zwischen Avantgarde-Kunst und vulgär-aggressiver Jugendkultur verstrickt, die im Verfahren des Schocks und der ostentativen Nonkonformität ihren labilen gemeinsamen Nenner fanden (Frith & Horne 1987: 124, Schneider 2007: 58). Und nicht zuletzt war Punk immer schon ein hybrides Phänomen zwischen subkulturellem Underground und kulturindustrieller Vermarktbarkeit, wie das Beispiel der SEX PISTOLS zeigt: Zunächst als Marketing-Gag für die Modeboutique »Sex« von Malcolm McLaren und Vivian Westwood gegründet, entwickelte die Band schnell eine subkulturelle Eigendynamik, die schließlich wieder kommerziell verwertet werden konnte (Budde 1997: 96, Marcus 2009: 26).

In Westdeutschland verkomplizierte sich die Situation noch zusätzlich. Zum einen fehlten hier wichtige Bezugspunkte des englischen Punks, wie etwa der Pubrock oder die offen sichtbaren und kulturell zelebrierten Klassenunterschiede (Budde 1997: 27). Zum anderen setzte die Rezeption soweit zeitverzögert ein, dass britische Weiterentwicklungen in New Wave oder Dark Wave gleich mit übernommen werden konnten.

In Westdeutschland hatten sich so um 1980 zwei unterschiedliche Flügel des Punks entwickelt, die immer weiter auseinanderdrifteten: »ein avantgardistischer, experimentierfreudiger, Kunst-angehauchter, der auch vor elektronischen Einflüssen nicht zurückschreckte« und ein »Rock-beeinflusster Flügel und nachgewachsene Kids, denen Ur-Bands wie PVC und Co. nicht hart und böse genug waren und die den harten Sound von Punk auf die Spitze treiben wollten« (Archiv der Jugendkulturen e.V. 2008: 34f). Die Konflikte zwischen den Flügeln waren subkulturell stets präsent und arteten nicht selten in Gewalt aus, wie die Konzerte der Hamburger Markthalle oder der Überfall auf das SO36 bezeugten (Schneider 2007: 186). Schließlich machte sich bereits Ende der 1970er auch eine räumliche Trennung bemerkbar, indem die Punkrock-Fraktionen eigene Lokalitäten gründeten, wie etwa das Krawall 2000 in Hamburg oder das KZ36 in Berlin (Archiv der Jugendkulturen e.V. 2008: 356, Schneider 2007: 75).

Die Zwei-Lager-These für den deutschen Punk um 1980 muss jedoch etwas zurückgenommen werden. Zum einen droht mit ihr die Gefahr, sich im »männlichen Distinktionsgebolze« (Schneider 2007: 14) zu verstricken und Wertungen und Exklusionsbegriffe der Subkulturen, wie sie sich ja schon im Begriff des »Hardcore« als echten, wahren, authentischen Kern wiederfinden, ungefragt zu übernehmen. Sie übersieht zudem regionale Differenzierungen – zwischen einzelnen Städten wie auch zwischen Stadt und Land – sowie die Abfolge einzelner, kürzerer Generationen. So ist die Auseinandersetzung um das SO36 nicht nur ein Streit zwischen Avantgarde-Punk und Anarcho-Punk, sondern auch ein Generationenkonflikt zwischen einer älteren, ersten Punkgeneration und den jüngeren Punks aus den anarchistischen Fraktionen der Hausbesetzerszene (Archiv der Jugendkulturen e.V. 2008: 35). Ohnehin führt die Zwei-Lager-These zu bisweilen unsinnigen Schlussfolgerungen, etwa den Kommerz-Vorwurf an die Avantgarde-Künstler (Schneider 2007: 183). Die Binarität übersieht, dass es eine ganze Reihe von Strömungen und Gegenüberstellungen gibt, die sich quer überlagern: kommerziell/antikommerziell, politisch/apolitisch, avantgardistisch/minimalistisch, elektronisch/rockig, schnell/langsam, usw. Sie tendiert daher dazu, historische Ausdifferenzierungen der Subkulturen rückwirkend auf frühere Epochen zurückzuprojizieren, um eine Teleologie von Male bis Slime festzuschreiben. Unterschiede in den Einzelszenen werden so tendenziell stärker gewichtet gewichten als Gemeinsamkeiten oder diffizile Binnendifferenzierungen.

Doch selbst wenn eine zunehmende Trennung der beiden Flügel Anfang der 1980er durchaus sichtbar ist, gibt es noch gemeinsam genutzte Orte, Medien und Institutionen, in denen beide Seiten in einem konfliktreichen Austausch standen. Es ist daher, für die Situation um 1980 in Westdeutschland und Westberlin, sinnvoller von einem Spektrum einer vielgestalten Jugendbewegung zu sprechen, von einem Elan kulturellen Schaffens von 15- bis 25-jährigen, der sich unter dem Signé des Punks vereinigte. Auf diese Weise entsteht eine jugendkulturelle Punk-Generation, »die von den TALKING HEADS bis zur POP GROUP reichte, also von warholistisch affirmativer Subversion bis zu brachialexpressionistischer Free Jazz-Anklage, und dabei die BUZZCOCKS zu schätzen wußte« (Diederichsen 1985: 43).

Der Bezug der Punk-Bewegung zur Kunst ist – zumindest im britischen Punk – bereits auf soziologischer Ebene zu erkennen. Viele der Musiker des britischen Punks stammten aus dem Umfeld der Artschools (Frith & Horne 1987: 59f, 125-127). Auch in Deutschland war die Nähe zwischen Kunsthochschule und Punk nicht selten: bei den Düsseldorfer Beuys-Schülern etwa oder bei den Berliner Neuen Wilden (Groetz 2002). Zwar ist es sicherlich nicht korrekt, den Punk in seiner Gänze auf ein Kunstphänomen zu reduzieren. Doch findet sich an mehreren Stellen eine Verbindung, in der Kunstwelt und Popkultur in einer gemeinsamen Szene kollabieren.

Zunehmend fand im Punk auch eine Verwischung zwischen den einzelnen Ausdrucksmedien statt, ganz im Zeichen des Fluxus, das bereits vorher für eine weitreichende Intermedialität plädiert hatte: So entstanden Performance-Gruppen wie –Δt, die Musik, Performance und Kunst kombinierten. Künstler wie Salomé gründeten ihre eigene Band und Musiker wie die der Einstürzenden Neubauten wendeten sich der Performance zu.

Punk-beeinflusste Kunst und Kunst-beeinflusster Punk bündelten so eine Reihe von Entwicklungen der Kunstgeschichte und radikalisierten sie weiter: Schock und Provokation, aber auch Vulgarität und Infantilität, Aggressivität, Schnelligkeit und Direktheit, eine Ästhetik der Hässlichkeit, Verfahren der Collage, Assemblage und des Detournements, die herausragende Bedeutung von Intermedialität, die Infragestellung der Grenzen zwischen Bühne und Publikum, die Konzeption des Dilettantismus und der Hang zu Ironie.

Punk und Kunst konnten stellenweise recht direkte Verbindungen eingehen, etwa in den Collagen und der Copy-Art der Fanzines, Covers und Poster. Auffällig jedoch sind vor allem die konzeptionellen Verbindungen, die man zwischen der Punk-Bewegung und anderen Kunstströmungen erkannte: Von Beginn an wurden etwa Parallelen zwischen Dada und Punk gezogen (Marcus 2009: 184f). Wie Dada hatte Punk eine Vorliebe für Un-Sinn, für Schock-Praktiken, provokative Aktionskunst, Destruktion auratischer Kunstwerke und Zynismus (Longerich 1989: 126). Während Dada allerdings vor allem die Konventionalität und Banalität von Ausdrucksmitteln durch einen Minimalismus auf Sinnebene vorführte (ähnlich wie dies die spätere NDW 2 tun würde), stützte sich Punk zunächst auf einen Minimalismus der Ausdrucksebene (Longerich 1989: 126f). Im Gegensatz zu Punk war Dada auch nie ein jugendkulturelles Phänomen geworden, sondern blieb auf die Kunstdiskurse in Zürich, Berlin und Paris beschränkt (Lau 1992: 125).

Die ebenso häufig gezogenen wie kritisierten Verbindungen zwischen Punk und Situationismus wurden dagegen meist an der Person Malcolm McLaren festgemacht, der sich als Manager der SEX PISTOLS explizit auf die französische Bewegung bezog, sowie an der Londoner Gruppe King Mob, die für die Verbreitung der situationistischen Ideen in England sorgte (Marcus 2009: 28). Der Situationismus war 1957 von Guy Debord und anderen gegründet worden und hatte sich zur Aufgabe gesetzt, Kunst und radikale Politik und Gesellschaftskritik enger miteinander zu verknüpfen. Mit ihrer Kulturtheorie von Populärkultur als stetem Wechselspiel zwischen pragmatischem Detournement der oppositionären (Sub-)Kultur und dem Wiedereingliedern in Marktmechanismen hatte der Situationismus auch über die 1960er Jahre hinaus Einfluss auf Wissenschaft und kulturelle Bewegungen (Frith & Horne 1987: 131). Inwieweit der Situationismus aber über die Person McLarens hinaus konkretere Auswirkungen auf den britischen oder gar internationalen Punk hatte, ist zu Recht angezweifelt worden (Frith & Horne 1987: 132f, Budde 1997: 96).

Bislang noch kaum untersucht ist der Einfluss anderer europäischer wie amerikanischer Kunstströmungen der 1960er Jahre. So griff beispielsweise der NouveauRéalisme die ikonoklastischen Ideen des Dada auf, konstruierte das Alltägliche und Banale als Gegenentwurf zum auratischen Kunstwerk und widmete sich der Hässlichkeit des Abfalls – ähnlich wie später der Punk. Auch die Pop Art, die ja bereits mit THE VELVET UNDERGROUND eine Verbindung zur Popkultur eingegangen war, hatte mit ihrer subversiven Affirmation und Ironie einige Konzepte entwickelt, die der Punk aufgreifen und weiterentwickeln konnte (Groetz 2002: 13f, Frith & Horne 1987: 131). Nicht zuletzt hatten Fluxus, Happening und Body Art in den 1960ern und 70ern eine Reihe von radikalen Entfremdungs- und Schockverfahren entwickelt, die im Falle des Wiener Aktionismus gar eine Stufe der Obszönität und Provokation erreichten, die selbst der Punk nur selten einholen konnte.

Die Punk-Ästhetik der Super-8

Zum Film hatte der Punk zunächst nur eine sehr lockere Verbindung. So sind in den ersten Jahren vor allem Filme *über* Punk nachzuweisen, die das popmusikalische Phänomen einem breiteren Publikum vorstellen wollten, wie etwa »The Punk Rock Movie« (Don Letts 1978) oder »The Great Rock ´n´ Roll Swindle« (Julien Temple 1980) in Großbritannien, »Punk in London« (Wolfgang Büld, 1977) oder »Punk andits Aftershocks« (Wolfgang Büld 1980) in Westdeutschland.

Die Wurzeln der Super-8-Filmbewegung in Berlin sind daher zunächst in anderen Diskursen zu suchen: im Experimentalfilm, im Agitationsfilm, im Home-Movie und im Amateur-Spielfilm. Zum Experimentalfilm, der in den 1970ern in einer Krise steckte (Brinckmann 2004: 484), hatte der Super-8-Film allerdings nur eine schwache Beziehung. Die Super-8-Bewegung entwickelte sich weitestgehend unabhängig (und nicht selten in Unkenntnis) von älteren 35mm- und 16mm-Experimentalfilmern wie Werner Nekes, Dore O., W+B Hein, Heinz Emigholz oder Klaus Wyborny. Deutlicher sind hingegen die Einflüsse des politischen Agitationsfilms, der sich im Kontext der alternativen Subkulturen der 1970er Jahre entwickelte und dessen Ikonografie der Straßenkämpfe von der Super-8-Filmbewegung aufgegriffen werden konnte. In einigen Filmen wird auch der Einfluss des Home-Movies deutlich, für den das Super-8-Medium ja ursprünglich auf den Markt gebracht worden war: in der Darstellung von Heimszenen, von Alltag oder einer Konzeption von Spießigkeit. Und selbst der Einfluss des Amateurspielfilms ist in der Gruppe der Trashfilme etwa von Jörg Buttgereit oder den Teufelsbergern deutlich sichtbar.

Die Einflüsse des Punks auf die Super-8-Filmbewegung vollziehen sich, ähnlich wie in der Kunst, vor allem auf konzeptioneller Ebene. Doch nicht alle der Punk-Kunst-Konzepte werden von der Super-8-Filmbewegung aufgegriffen. Vulgarität und Obszönität sind ebenso selten zu finden wie Verfahren der Collage oder Assemblage. Der Einfluss des Punks konzentriert sich vielmehr in sechs Merkmalen: (1.) in der hohen Bedeutung von Intermedialität; (2.) in der Ästhetisierung von Stadtarchitektur und Urbanität; (3.) in einer ikonografischen Identitätskonstruktion einer gemeinsamen »Szene«; (4.) in der Verwendung von Ironie und Humor; (5.) in einer minimalistischen Ästhetik und (6.) in der Rolle von Dilettantismus als einem Autorenkonzept.

Die hohe Bedeutung der Intermedialität für die Super-8-Filmer zeigte sich in einem regen Austausch der verschiedenen Kunstformen: Die Performance-Gruppen nutzten den Super-8-Film als Aufzeichnungsmittel für ihre eigenen Vorstellungen. In anderen Fällen wurden Performances auch direkt für die Kamera inszeniert, wie etwa in »Craex Apart« (Horst Markgraf & Rolf S. Wolkenstein 1983). Die Live-Aufnahmen wie die für die Kamera inszenierten Performances konnten auch in andere Experimentalfilme einfließen und einen kreativen Austausch zwischen Mitteln der Bühne und des Films provozieren. Im 12-Minüter »Fragment Video« (Notorische Reflexe 1983) etwa sehen wir einen Bandauftritt auf einer Bühne und eine vermutlich eigens für den Film inszenierte Aktion, in der Graffiti an der Berliner Mauer übermalt wurde, verknüpft mit dokumentarischen Bildern von Straßenschlachten, von Backstage-Bildern und einem Phantom-Ride durch die Straßen Berlins. Umgekehrt konnte der Super-8-Film auch in Performances integriert werden, wie etwa die Multimedia-Performances von padeluun im TALI-Kino zeigten (Hoffmann 2002: 166). Ohnehin öffnete sich die ambulante Vorführpraxis der Super-8-Bewegung problemlos auch anderen Formen des Expanded Cinema.

Auch zu anderen Künsten bestand eine enge Verbindung. Die Künstler der HdK, die sich dem Super-8-Film widmeten, behandelten nicht selten auch Fragen, wie sie ganz ähnlich in der Malerei gestellt wurden. So widmeten sich Filme wie »Ohne Liebe gibt es keinen Tod« (Ingrid Maye& Volker Rendschmidt 1980) oder »Gelbfieber« (Andrea Hillen 1982) dem Thema Farbe. Wolfgang Müller und Niklaus Utermöhlen thematisierten in zwei Filmen, »Material für die Nachkriegszeit« (1979/80) und »Der Fotomatonreparateur« (1983), die Fotografie. Im Film »TAPETE« (DIE TÖDLICHE DORIS 1983) wurde das Thema Innenarchitektur als alltagsästhetisches Thema verhandelt und in den Textfilmen der TÖDLICHEN DORIS, wie z.B. »Niemand sieht die Blindschleiche« (1981) oder »PORNO« (1982) findet sogar die Literatur ihren Weg in den Super-8-Film.

Vor allem spielte aber die Musik eine herausragende Rolle in der Berliner Super-8-Filmbewegung. Die Möglichkeiten, auf Super-8 synchronen Ton aufzunehmen, waren zwar gegeben: Von Beginn an war auf dem Super-8-Filmmaterial Platz für eine Magnettonspur, die jedoch separat mit einem Tonbandgerät aufgenommen und später im Labor auf den Film aufgespielt werden musste. 1973 wurden sogar Kameras auf den Markt gebracht, mit denen eine direkte Tonaufnahme im Gerät möglich wurde. Da Ton und Bild hier jedoch um 18 Bilder versetzt auf dem Filmstreifen gespeichert wurden, verkomplizierte sich damit auch der Schnitt. Zudem war die schwankende Bildgeschwindigkeit der meisten Projektoren wie Kameras ein Problem (Lechenauer 1977: 37). Die meisten Filme verzichteten daher auf die Aufnahme von Synchronton. Nicht selten wurden, wie sich aus den detaillierten Abspielanweisungen in den frühen Katalogen entnehmen lässt, Film und Ton auf zwei verschiedenen Trägern – Super-8 und Tonbandkassette – gespeichert und direkt vor Ort kombiniert (padeluun & Blesenkemper 1981).

Die Verwendung von Musik war jedoch nicht nur einem technischen Problem geschuldet. Schließlich hatten die früheren Experimentalfilme doch kein Problem gehabt, auch völlig auf Ton zu verzichten. Die Super-8-Filme nutzten die enge Verbindung zu Musikern in der gemeinsamen Berliner Szene, die Aufnahmen zur Verfügung stellen konnten, scheuten sich aber auch nicht, fremdes Material mit einzubeziehen. Auf diese Weise schufen sie eine direkte Verbindung zur zeitgenössischen Musikszene und musikalisch geprägten Jugendkultur der Postpunk-Ära. So hören wir in »Gehindieknieunddrehdichnichtum« (Yana Yo 1981) den Song »Tanz den Mussollini« von DAF, während wir im schnell projizierten Film Gymnastik-Übungen uniformierter chinesischer Kinder sehen. In »NORMALZUSTAND« (Yana Yo 1981) hören wir »Apokalypse« der Band FEHLFARBEN und sehen Bilder von fahrenden Panzern, Nahkampfszenen oder Supermarktregalen. Nicht selten bekommt die Musik dabei eine Dominanz, dass man von regelrechten Musikclips sprechen kann. In »Sax« (Yana Yo 1983) hören und sehen wir eine Gruppe von Saxofonisten in Berliner Hinterhöfen. »Spanish Fly« (Frieder Butzmann& Thomas Kiesel 1979) ist ein Clip zur Musik des Avantgardisten Butzmann. Und »Geld« (Brigitte Bühler & Dieter Hormel 1982) ist ein eigens für den Song der Gruppe MALARIA produziertes Musik-»Video«.

Die Super-8-Filmbewegung konstruiert in ihren Filmen außerdem eine Ästhetik der Urbanität, die sich explizit von den Naturidealen der Ökologiebewegung abgrenzt. Häufig finden sich in den Filmen graue und graubraune Stadtansichten. Der Punk-Slogan »Zurück zum Beton«, der dem gleichnamigen Lied von S.Y.P.H. entstammt, wird dabei aber nicht als Feiern der architektonischen Moderne oder Postmoderne interpretiert. Entsprechend den Architektur-Diskursen der Haus- oder besser Instandbesetzer, die sich eher dem Altbau als dem Beton widmeten, zeigen auch die Super-8-Filme vor allem Berliner Altbauarchitektur, seltener dagegen Architektur der 1960er und 1970er Jahre. Im Berliner Kontext spielt bei der Konstruktion einer urbanen Ästhetik zudem die im Stadtbild stets präsente Mauer eine Rolle, die in einigen Fällen auch explizit thematisiert wird, wie etwa im bereits erwähnten »Fragment Video« (Notorische Reflexe 1983), in dem die Mauer weiß übermalt wird, in 3302 (Christoph Doering 1979) oder im Film »Der Elefant vom Potsdamer Platz« (Peter Fischer Piel 1980).

Auffällig ist in den Berliner Super-8-Filmen auch die häufige Verwendung von Phantom Rides, in denen verwackelte Straßenansichten aus dem fahrenden

Auto gefilmt werden, wie etwa in 3302 oder in »BERLIN – ALAMO« (Knut Hoffmeister 1979), deren Filmemacher nicht durch Zufall zu dem Zeitpunkt auch als Taxifahrer jobbten. Die Filme erfahren und erobern sich so ihre Stadt und zeigen ein Panorama an urbanen Ansichten.

Das Thema der Urbanität findet sich auch in der Begeisterung für Mobilität und Schnelligkeit wieder. Nicht nur in den Phantom Rides, auch in anderen Filmen wird das Auto als Bewegungsmittel gefeiert. Dabei steht jedoch meist gar nicht so sehr das Vorwärtskommen im Mittelpunkt. Wesentlich häufiger geht es dabei um Unterwegssein, wie z.B. noch in padeluuns Autobahnfilm »Don't Forget toLeavethe Highway« (1979/80), oder gar um das Zelebrieren von Bewegung an sich, die dann auch eher kreisförmig als linear ist: So tanzen die Autos in »Der Elefant vom Potsdamer Platz« wie auch in »Wolfsburg« (Frieder Butzmann 1983) ihr eigenes technisches Ballett.

Bewegung und Schnelligkeit wird auch auf einer filmästhetischen Ebene augenfällig forciert. Die Super-8-Projektoren erlaubten eine flexible Einstellung der Projektionsgeschwindigkeit. Den Abspielanweisungen der Kataloge zu Folge wurden daher auch viele Filme in höherer Geschwindigkeit abgespielt als sie aufgenommen wurden, so dass sich im Bild ein Zeitraffereffekt ergibt. Auch in der Montage, die nicht selten direkt in der Kamera vorgenommen wurde, wurde Wert auf Schnelligkeit und Dynamik gelegt. Selbst Einzelbildschaltung konnte als Geschwindigkeitseffekt eingesetzt werden, wie etwa Kurt Hoffmann seine Herangehensweise zum Film »Geile Tiere im Dschungel« (1980)beschreibt:

»Jetzt GEILE TIERE! Live. Mitternachtskonzert. Meine Super8-Kamera hatte ich geladen. Einfach mit Einzelbildschaltung draufgehalten. Kamera als Pinsel. Mehr Inhalt bei weniger Filmverbrauch und alles schön bunt. Tempo, Tempo. einen abendfüllenden Film in eine Zigarettenlänge packen. Zu lange Filme sind geklaute Lebenszeit. Ich habe mir einen O-Ton aus meinem Taxi geschnappt, das beste Stück vom Auftritt, und dazu die Meter auf Länge zusammengeklebt.« (Hoffmeister o.J.)

Die technischen und filmästhetischen Inszenierungen von Schnelligkeit sowie die Ästhetik einer Berliner Urbanität verknüpften sich mit den intermedialen Strategien zu einer Binnenansicht einer popkulturellen Berliner Subkultur. Ziel ist die Inszenierung einer subkulturellen Identität, wie folgende Programmbeschreibung zu »Persona Non Grata« (Christoph Doering 1981) erkennen lässt:

»In einem leeren Raum flimmern Nachrichtenbilder über einen auf dem Boden stehenden Fernseher. Ein junger Mann tritt hinzu und beginnt zu tanzen. Kurz darauf wirft er das Gerät aus dem Fenster, das tonlos auf dem Asphalt des Hinterhofs zerschellt. Im engen Lichtkegel eines Scheinwerfers bricht er in das deliröse Nachtleben auf, streift durch

Clubs wie das SO 36, klaut ein Taxi und rast damit über die Stadtautobahn, begleitet vom DEAD KENNEDYS-Hit ›Holiday in Cambodia‹ (1980).« (Top Kino 2009)

Die Filme der Super-8-Filmbewegung wirken so an der Selbstkonstruktion einer »Berliner Avantgarde« als eigenständiger Szene mit, sie schaffen Identität und Zugehörigkeit und funktionalisieren das Amateurmedium als Form der Selbstvergewisserung einer Jugendkultur. Das rastlose Streifen durch die Straßen Berlins, begleitet von zeitgenössischer Popmusik, lassen die Filme der Super-8-Bewegung zu regelrechten Home-Movies einer Szene werden.

Entsprechend den Konstruktionsmechanismen einer Subkultur grenzen sich viele der Super-8-Filme auch gegenüber anderen kulturellen Formationen ab. Einige von ihnen verhandeln eine Ikonografie der Spießigkeit: In »Berliner Küchenmusik« (Nikolaus Utermöhlen & Wolfgang Müller 1982) wird die altdeutsche Möblierung einer Wohnung, in »Hüpfen 82« (Rolf S. Wolkenstein & Horst Markgraf 1982) die Volksmusik ironisch gebrochen. In »Die Enthüllung des Phantoms« (Hella Santarossa 1978) zieht sich ein spießig gekleideter, untersetzter Mann in einem Waschsalon aus, um seine Wäsche zu waschen. Und die bereits erwähnten Home-Movies »Mein Papi« (Jörg Buttgereit 1981) und »Edith Müller putzt ein Fenster« (Wolfgang Müller 1983) thematisieren mit ironischer Distanz die eigene Familiensituation.

Andere Filme befassen sich mit den alternativen Bewegungen der 1970er Jahre. Wenngleich es sicherlich genügend Kontinuitäten zu den ökologischen, anarchistischen oder linksalternativen Subkulturen post 1968 gab, lassen sich in der Berliner Avantgarde – wie allgemein im Punk –eine Reihe von Abgrenzungen gegenüber diesen Formationen erkennen, die ja schon in der Ästhetisierung von Stadt angelegt waren: So ist DAS »Graupelbeerhuhn« (DIE TÖDLICHE DORIS 1981/82) eine Satire über die Ökobewegung, der Film »Sabine – aus meinem Tagebuch« (DIE TÖDLICHE DORIS 1981) kritisiert dagegen die Bauchnabelschau zeitgenössischer Literatur und Alltagsdiskurse.

Auffällig an den Filmen der Super-8-Bewegung ist die fast durchgehend präsente ironische Herangehensweise. Dies betrifft selbst solche Filme, die sich recht nah an klassischen Experimentalfilmformaten orientierten, dies aber mit einem augenzwinkernden Gestus verbanden: So setzt »Darum oder Was erwartest Du?« (Jürgen Baldiga 1980) die Ironie à la Warhol fort, in dem die Kamera eine Figur (Baldiga selbst) zeigt, die 7 Minuten lang gelangweilt den Zuschauer anstarrt und darauf wartet, dass etwas passiert. In »Hammer und Sichel« (Walter Gramming 1978) entwickelt sich eine absurde erotische Beziehung zwischen den titelgebenden kommunistischen Symbolen und dem Körper des Darstellers. Und in »Handlich« (RóżaSpak 1980) umstreicheln Hände einen toten Fisch mehr als dass sie ihn ausnehmen und treiben ihr Spiel mit den Ekel-Konzepten von Body

Art und Konzeptkunst auf die Spitze, ohne dabei jedoch die Radikalität etwa der Wiener Aktionisten zu erlangen.

Die Ironie des Punks wurde meist als Abgrenzung gegenüber der Ernsthaftigkeit und Phraseologie der Post-Hippies und deren ins Leere laufende Zelebrieren des Widerständigen verstanden (Hoffmann 2002: 165, Poschard 2002: 175). Verknüpft wurde sie dazu häufig mit einer Form subversiver, kritischer Affirmation und Appropriation, wie sie bereits in der Pop Art gepflegt wurde:

»Ein Problem war, daß sich bestimmte Ausdrucksarten von Kritik und Widerstand vollkommen verbraucht hatten. Durch Ironisierung ließ sich nun der platt empörte Ernst des Etwas-nicht-gut-Findens reanimieren und warf sogar kurzzeitiges Provokationspotential ab. [...] Schockierender und wirkungsreicher als alles andere wurde nun, einverstanden zu sein. Zu dieser Affirmativ-Strategie gehörte, alle Entfremdung-Beton-Atomkraft-ist-böse-Phraseologie umkippen zu lassen in einen virtuosen Blick für die Schönheit dieser Dinge, aus dem immer wieder durch einen Anhauch von Frost oder eine laserscharfe Ironie ein Strahl Wahrheit angeschossen kommt.« (Glaser 2002: 124f)

Gerade die Ablehnung von Ernsthaftigkeit und ein ausgeprägter Sinn von Humor ist den Filmemachern der Super-8-Bewegung auch selbst bewusst gewesen: »Wir haben U und E vermischt. Wir wollten Spaß haben. Wenn Revolution, dann muss es eine Spaß-Revolution sein«, sagt etwa Kurt Hoffmeister 20 Jahre später (Schmidt Productions 2005: 6:41). Und auch Yana Yo bestätigt diese Position: »Diese ganzen Leute, die in Oberhausen [an den Internationalen Kurzfilmtagen] zum Beispiel teilgenommen haben [...], die waren uns viel zu ernsthaft, viel zu intellektuell. Also, das wollten wir auf keinen Fall« (Schmidt Productions 2005: 7:02).

Ironie und Humor finden sich nicht nur in den Verfahren der kritischen Affirmation. Auch Formen von dadaistischer, spontaneistischer und bewusst subversiver Infantilität findet sich in den Filmen immer wieder: In »HÜPFEN 82« etwa springen die beiden Darsteller zu schnell abgespielter Volksmusik durch die Wohnung, in »fliegt schnell – laut summend« (Wolfgang Müller 1981) durcheilt ein Mann die verschneite Stadt, um im Wald nackt zu tanzen, genauso wie in »Pommes Frites statt Körner« zwei Männer unbekleidet in einem Brunnen plantschen. In »Der Elefant von Potsdamer Platz« fährt ein Auto im Kreis, ebenso wie in »Formel Super VIII« (StilettoStudio,s 1983) ein Gokart.

Die Kultur des Punks mit seinen Drei-Akkord-Bands, Bootlegs, Fanzines und gegenkulturellen Treffpunkten stets auch eine Kultur des Minimalismus gewesen (Hoffmann 2002: 163). Doch ist Minimalismus ein diverses Konzept, dass in Kunst- wie Filmgeschichte an unterschiedlichen Stellen auftritt und verschiedene Funktionen annehmen kann. So kann in der Reduktion von Repräsentationstechniken des filmischen Bildes ein Verweis auf Materialästhetik und Medialität eines künstlerischen Ausdrucksmittel stattfinden, ganz im Sinne der Materialfilme der Experimentalfilmgeschichte. Ihre Extremform findet die Funktion von Minimalismus dann in einer Fetischisierung des Medialen oder in einem Medienpurismus, der jede Form von Repräsentation oder Intermedialität ablehnt. Die Reduktion der Mittel kann aber auch als Authentizitätsverweis gelesen werden, etwa wenn im Sinne einer Ästhetik des Billigen auf die der Produktion zugrundeliegenden ökonomischen Bedingungen verwiesen wird. Minimalismus kann auch als humoristisch-ironische Repräsentationskritik interpretiert werden, welche die Brüche und Inkonsistenzen, die durch den Minimalismus auf Ebene von Repräsentation wie Ästhetik entstehen, als Formen des Absurden genießt (vgl. Kulle 2012). Und fasst man Pop als eine kulturelle Dynamik, in der Medien die Aufgabe bekommen, »Intensitäten« zu produzieren, daran jedoch regelmäßig scheitern, weil sie diese dann doch nur repräsentieren, bietet Minimalismus einen Ausweg, um hinter der Repräsentation zu eben jenen »Intensitäten« zurückzukehren (Diederichsen 2002).

Der minimalistische Ausdrucksstil ist im Falle der Super-8-Bewegung zunächst ein technischer Minimalismus, sind die ästhetischen Möglichkeiten des Amateurmediums gegenüber andern audiovisuellen Medien doch deutlich begrenzt, um eine erhöhte Flexibilität und Einfachheit in der Handhabung des Mediums zu ermöglichen: Der Super-8-Film wurde in Kassetten geliefert, die unproblematisch einzulegen waren und eine fixe Länge von ca. 3600 Einzelbildern/15,25m hatten (was bei einer Abspielgeschwindigkeit von 18fps etwa 3 Minuten 20 Sekunden entsprach). Das Filmmaterial war Umkehrfilm, so dass Filme direkt nach dem Entwickeln vorgeführt werden konnten. Kopien waren damit allerdings aufwändiger und teurer herzustellen. Vorgeführt wurde meist mit einem Projektor bei 18fps oder 24fps, während die Kameras auch andere Geschwindigkeiten (9, 18, 24, 25 oder 54fps) beherrschten. Das Filmmaterial war lichtempfindlich, grobkörnig und auf Kunstlicht adaptiert; bei Tageslicht waren daher Farbfilter notwendig. Aufgrund der Bauart der Geräte waren zudem Geschwindigkeits- und Schärfeschwankungen nicht selten. Ohnehin wurden die Kameras nicht nur auf Stativen montiert sondern häufig auch als Handkameras verwendet. Um dem daraus entstehenden Schärfeproblem abzuhelfen, war die Optik der Super-8-Kameras auf eine tendenziell höhere Tiefenschärfe optimiert (Lechenauer 1977: 13–23).

Die technischen Beschränkungen und Möglichkeiten führten zu einem eigenständigen Super-8-Filmstil: Wackelige Handkamera-Bilder und Reißschwenks, grobe Filmkörnung, eine charakteristische Farbqualität, wechselnde Bildgeschwindigkeit in Kamera und Vorführung, die für Zeitraffer- oder Zeitlupeneffekte genutzt werden konnte, meist schnelle Schnitte, die nicht selten direkt in der Kamera gemacht wurden, sowie Kratzer, Staub und Abnutzungseffekte der Filme, die in der Regel nur in einer Kopie vorlagen, machten diese eigenartige Ästhetik aus.

Der technische Minimalismus der Super-8-Filmästhetik korrelierte mit einem Konzept von Dilettantismus, wie er im Zentrum der Punkbewegung stand. Interpretiert man Minimalismus als Mangel (an handwerklichem Können oder genieästhetischem Geschick) und als Fehlerhaftigkeit, so impliziert dies eine dahinterstehende Autorenfigur, die für den Mangel in Verantwortung gezogen werden kann. Ein solcher als Autorenkonzept verstandener Dilettantismus war von Beginn an ein zentrales Motiv der Punkbewegung gewesen (Hoffmann 2002: 163): Der Minimalismus der Drei-Akkord-Musik, die Do-it-yourself-Pragmatik von selbst gebastelten Fanzines oder Kassetten- und/oder Bootleg-Labels, die Low-Tech-Ästhetik und Instrumenten-Bricolage von Haushaltsgeräten oder billigen Casio-Rhythmuscomputern plädierten für eine radikale Zugänglichkeit und Demokratisierung von Produktions-, Distributions- und Rezeptionspraktiken, die dem Diktum Beuys, dass jeder ein Künstler sei, entsprach und sich gleichzeitig vom Virtuosentum des Rocks der 1970er abgrenzte. Wie die Polaroid für die Fotografie oder die Kassette für die Musik schien für den Film die Super-8-Kamera das geeignete dilettantische Medium zu sein, war sie doch in privaten Haushalten weit verbreitet und damit den Künstlern ohne weiteren Aufwand zugänglich (vgl. Baumgärtel 1997). Gerade die Spontaneität des Super-8-Mediums, die sich aus seiner technischen Schlichtheit ergab, wurde geschätzt: Super-8-Kameras waren einfach zu bedienen und schnell aufnahmebereit. Sie konnten in der Tasche transportiert werden und waren so klein, dass unauffälliges Drehen ohne Drehgenehmigung möglich war.

Es bleibt jedoch zu beachten, dass filmische Medien dem Anspruch an Spontaneität stets Grenzen auferlegen, ist doch zwischen Aufnahme und Wiedergabe notwendigerweise eine zeitliche Distanz eingeschoben. Diese beeinflusst das Verhältnis zwischen Künstler und Publikum und setzt den Film als Bildmedium der Gefahr aus, bloß zu repräsentieren oder zu wiederholen statt sich an der popkulturellen Produktion von Intensitäten zu beteiligen. Es gehört zu der noch zu untersuchenden Ironie der Geschichte, dass die vom Punk geforderte Zugänglichkeit und Direktheit auch an anderen Stellen mit der Eroberung neuer Medien und Technologien verbunden war – dem Kopierer etwa oder dem Synthesizer – die eigentlich eine Distanz zwischen dem Körper des Künstlers und seinem Medium schufen.

Der Dilettantismus, den die Punkbewegung als Alternative zum Modell der elitären Könnerschaft einfordert, ordnet sich in eine über 200 Jahre alte Diskussion über den Status von Künstler und Kreativität ein. Der Dilettantismus war bis ins 18. Jahrhundert hinein noch positiv besetzter Begriff für denjenigen, der Kunst aus Leidenschaft und unabhängig von ökonomischen Zwängen ausübte (und dementsprechend über ausreichende Mittel verfügen musste), im Gegensatz zum professionellen Brotkünstler, der seine Kunst als Beruf verrichtete und den Ansprüchen seiner Auftraggeber genügen musste. Erst mit der zunehmenden Emanzipation des Bürgertums und damit der Ausdifferenzierung moderner Funktionssysteme wie der Kunst und der Literatur als eigenständigen ökonomischen wie symbolischen Dispositiven erlangte der Dilettantismus seine negative Bedeutung (Stanitzek 2000). Dilettantismus war nun der Gegenbegriff zur meisterlichen Könnerschaft oder zum epigonalen Geniekünstler, mit anderen Worten, das Andere der Professionalität (vgl. auch Hibbitt 2006).

Besonders in der französischen Diskussion des 19. Jahrhunderts, etwa bei Baudelaire, aber auch in den europäischen Diskursen zur Romantik erhielt der Dilettantismus jedoch eine ambivalente oder gar positive Deutung, die der bürgerlichen Ablehnung radikal gegenüberstand und das Konzept der Professionalität in Frage stellte (Kulle 2012: 160–165). Das fragmentarische, offene Kunstwerk, das nicht für sich selbst steht, sondern den stets unabgeschlossenen Prozess der Kreativität verdeutlichen soll, war das Ziel der romantischen Kunsttheorien, ein Konzept, an den auch der Punk problemlos anschließen konnten. So plädiert beispielsweise Wolfgang Müller, Mitglied der Tödlichen Doris und Organisator des Festivals Genialer Dilletanten für eine radikale kreative Offenheit, die gerade das Fehlerhafte mit einbezieht, für das »Ver-spielen, das Verschreiben als positive[n] Wert, als Möglichkeit zu neuen, noch unbekannten Ausdrucksformen zu gelangen« (Müller 1982a: 11). Auch andere Dimensionen des Dilettantismus-Begriffes spielen im Punk wie in der Super-8-Bewegung eine Rolle: Die Wertschätzung von sinnfreiem Enthusiasmus, Formen von ironischer Distanz, Skeptizismus und Unverbindlichkeit gegenüber fixen Ideologien oder Repräsentationsformen oder eine kritische Haltung gegenüber einem Originalitätsbegriff, die sich in Kopien, Übernahmen und Anspielungen bemerkbar macht.

Die Beziehungen zwischen der Super-8-Filmbewegung in Berlin und einem als Komplex von Ideen und Konzepten gefassten Begriffs des Punks lässt sich somit auf mehreren Ebenen nachweisen: Als Element einer gemeinsamen Szene der Berliner Avantgarde waren die Super-8-Filmer mikrosoziologisch Teil einer Jugendbewegung, die sich auf den Punk bezog und diesen in Musik, Kunst und Alltagskultur weiterentwickelte. Die Filme selbst spiegeln diese Szene wieder und beteiligen sich an der Selbstvergewisserung und Identitätskonstruktion der Subkultur. Durch die herausragende Bedeutung von Intermedialität und besonders der Musik, durch die der Ökologiebewegung entgegengesetzte Darstellung von Urbanität und Dynamik, durch die Verwendung von Ironie und Humor, durch ihre minimalistische Ästhetik wie durch ihr Konzept des Dilettantismus schreibt die Super-8-Filmbewegung in Berlin zudem zentrale Konzepte des Punks fort.

ABBILDUNGEN

Abb. 1: Berlin – Alamo (Knut Hoffmeister 1979)

Abb. 2: (Die Tödliche Doris 1981)

Abb. 3: Craex Apart (Horst Markgraf & Rolf S. Wolkenstein, 1983)

Abb. 4: Fragment Video (Notorische Reflexe 1983)

Abb. 5: Hammer und Sichel (Walter Gramming 1978)

LITERATUR

1. internationales 8mm Filmfestival in West-Berlin. 16.-19.9.82. Festivalkatalog, Berlin.

Alisch, Torsten (1986): Unabhängige Filmarbeit mit Super-8. Magisterarbeit. Fachbereich Kommunikationswissenschaften. Institut für Semiotik und Kommunikationstheorie. Freie Universität Berlin.

Archiv der Jugendkulturen e.V. [Hg.] (2008): Keine Zukunft war gestern. Punk in Deutschland. Berlin: Archiv der Jugendkulturen Verlag.

Baumgärtel, Tilman (1997). »Die Künstler als Katalysatoren. Ein Gespräch mit Rena Tangens und padeluun über die Mailbox BIONIC und ihr Verhältnis zur Kunst«. Telepolis. Im Internet: http://www.heise.de/tp/artikel/6/6156/1.html [29.4.2012].

Brinckmann, Christine N. (2004). »Experimentalfilm, 1920-2003«. In: Wolfgang Jacobsen, Anton Kaes& Hans H. Prinzler [Hg.]: Geschichte des deutschen Films. Stuttgart: Metzler.2. Aufl., 461–496.

Budde, Dirk (1997): Take three chords... Punkrock und die Entwicklung zum American Hardcore. Karben: Coda.

Büsser, Martin (2000): If the kid sare united ... Von Punk zu Hardcore und zurück. Mainz: Ventil-Verlag, 5. Aufl.

Diederichsen, Diedrich (1985). Sexbeat. 1975 bis heute. Köln: Kiepenheuer und Witsch.

Diederichsen, Dietrich (2002): »Intensität - Negation - Klartext. Simultanes und Inkommensurables zwischen Theorie, Bildender Kunst und Musik im deutschen Punk«. In: Groos, Ulrike [Hg.]: Zurück zum Beton. Die Anfänge von Punk und New Wave in Deutschland 1977-'82. Kunsthalle Düsseldorf, 7. Juli - 15. September 2002, Köln: König, 137–146.

Hibbitt, Richard (2006): Dilettantism and its values. From Weimar classicism to the fin de siècle. London: Legenda.

Hilsberg, Alfred (1979): »Neue Deutsche Welle. Aus grauer Städte Mauern«. Sounds (10), 20–25.

Hoffmann, Justin (2002): »Do ItYourself. Das Verhältnis zu den Achtundsechzigern«. In: Groos,Ulrike [Hg.]: Zurück zum Beton. Die Anfänge von Punk und New Wave in Deutschland 1977-'82. Kunsthalle Düsseldorf. 7. Juli - 15. September 2002. Köln: König, 161–170.

Hoffmeister, Knut (o.J.): Geile Tiere im Dschungel. Online unter http://kippenberger.sehrgut.de/geile-tiere.php [26.4.2012].

Hoffmeister, Knut (1999): Martin Kippenberger im Kontext. 1973-1982. Online unter http://kippenberger.sehrgut.de/kippytext73-82/htdocs/1.php [25.4. 2012].

Kulle, Daniel (2012): Ed Wood. Trash und Ironie. Berlin: Bertz& Fischer.

Lau, Thomas (1992): Die heiligen Narren. Punk 1976-1986. Berlin. New York: de Gruyter.

Lechenauer, Gerhard (1977): Filmemachen mit Super 8 für Amateur und Profi. Arbeitspraxis, Technische Grundlagen, Geräte. Erfahrungsberichte zu drei Super 8-Filmprojekten. Reinbek bei Hamburg: Rowohlt Taschenbuch Verlag.

Longerich, Winfried (1989): Da dada. Zur Standortbestimmung der Neuen Deutschen Welle. Pfaffenweiler: Centaurus.

Marcus, Greil (2009): Lipstick Traces. A Secret History of the Twentieth Century. London: Gardners Books.

Müller, Wolfgang, [Hg.] (1982a): Geniale Dilletanten. Berlin: Merve.

Müller, Wolfgang (1982b): »Die wahren Dilletanten«. In: ders., [Hg.]: Geniale Dilletanten, Berlin: Merve, 9-16.

Müller, Wolfgang/Schmitz, Martin (2004): Die Tödliche Doris - Kino. Berlin: Schmitz.

padeluun& Andrea Blesenkemper (1981): Alle Macht der Super-8. Katalog zur Filmreihe.

Poschard, Ulf (2002): »Willkommen bei der Happy Anarchist Challenge«. In Groos, Ulrike [Hg.]: Zurück zum Beton. Die Anfänge von Punk und New Wave in Deutschland 1977-'82. Kunsthalle Düsseldorf, 7. Juli - 15. September 2002. Köln: König, 172–183.

Schmidt Productions (2005a): Wir wollten Leben - Gut Leben. Interview mit Christoph Doering. DVD-Booklet zu »Alle Macht der Super 8. Berliner Undergroundfilmer stellen sich vor«.

Schmidt Productions (2005b): Alle Macht der Super-8. Momentaufnahme einer Bewegung, die nie eine war. Interviews mit Yana Yo, Axel Brand, Knut Hoffmeister und padeluun. Zusatzmaterial auf der DVD »Alle Macht der Super 8. Berliner Undergroundfilmer stellen sich vor«.

Schneider, Frank A. (2007): Als die Welt noch unterging. Von Punk zu NDW. Mainz: Ventil.

Siegel, Marc (2008): »Zu spät gekommen. Eine Betrachtung über West-Berlins queere Filmkultur«. In:Schulte-Strathaus, Stefanie/Wüst, Florian [Hg.]: Wer sagt denn, dass Beton nicht brennt, hast du's probiert? Film im West-Berlin der 80er Jahre. Berlin: b_books, 62–83.

Stanitzek, Georg (2000): »Poetologien des Dilettantismus - ironisch?« In: Karl H. Bohrer, Hg.: Sprachen der Ironie – Sprachen des Ernstes, Frankfurt am Main: Suhrkamp, 404–414.

Suttner, Andreas (2011). Beton brennt. Hausbesetzer und Selbstverwaltung im Berlin, Wien und Zürich der 80er. Münster: Lit-Verlag.

Top Kino (2009). Screaming City. West-Berlin der 80er Jahre. Online unter http://www.topkino.at/jart/projects/top-kino/main.jart?rel=de&reserve-mode=&content-id=1107195251358&verid=1254829305332 (26.4.2012).

Verschwendete Jugend(en)

Von DAFs Opus über Jürgen Teipels Versuch einer posthumen Dokumentation bis hin zu Benjamin Quabecks filmischer Dystopie

MAGDALENA FÜRNKRANZ

»Schön und jung und stark, schön und jung und stark, du bist schön und jung und stark, nimm dir was du willst« so beginnt das 1981 erschienene Lied Verschwende Deine Jugend des deutschen Elektroduos Deutsch Amerikanische Freundschaft, besser bekannt unter dem Akronym DAF. Die Parole der »verschwendeten Jugend« prägte erst zwei Dekaden später eine längst kommerzialisierte und vergangene Glanzzeit. So hatte der Song in den deutschen Single-Charts zum Zeitpunkt seiner Veröffentlichung keine Platzierung erreicht, erfreute er sich jedoch im neuen Jahrtausend hoher Popularität. Mit Jürgen Teipels 2001 veröffentlichtem Roman Verschwende Deine Jugend. Ein Doku-Roman über den deutschen Punk und New Wave erlangte DAFs Opus neuen Aufschwung.

Der Roman lässt um die hundert der deutschen Musikszene nahen KünstlerInnen zu Wort kommen. Das Aufkommen der Punkszene im deutschen Raum gekoppelt mit dem Entstehen des Deutschpunks und der Neuen Deutschen Welle in den Städten Berlin, Hamburg und Düsseldorf von den späten 1970er Jahren bis 1983 wird dokumentiert. Die »verschwendete Jugend« erlangte Dokumentarcharakter. Bereits zwei Jahre später wurde die Idee der »verschwendeten Jugend« mit Benjamin Quabecks Film Verschwende deine Jugend zu einer omnipotenten Parole. Spätestens zu diesem Zeitpunkt kann von der Kommerzialisierung eines anarchischen Konzepts gesprochen werden. Parallelen zu Teipels Roman weist der Film abgesehen vom gleichen Titel nicht auf. Die Mentalität des Deutschpunks muss dem kommerzialisierten Inhalt weichen, der soziokulturelle Kontext wird beinahe komplett ausgeklammert. Jürgen Teipel bezeichnet den Film in einem Interview mit Ansgar Vogt zu Recht als »politisch völlig unreflektiert« (vgl. Jürgen Teipel in: Vogt o.J.).

Der Einstieg in die Thematik wird mit einem zeitlichen Abriss und der Entstehungsgeschichte von DAF gesetzt. Nach einer Textanalyse des Songs Verschwende deine Jugend befasst sich der Beitrag mit Jürgen Teipels Roman. Die Frage inwieweit Teipels Werk den Charakter einer Dokumentation hat, wird auf intertextueller Ebene geklärt. Den dritten Untersuchungsgegenstand bildet Benjamin Quabecks Film. Dieser wird szenisch aufgeschlüsselt und weiterführend interpretiert. Abschließend wird ein kulturwissenschaftlicher Vergleich der drei Medien frei nach den letzten Worten von DAFs Verschwende deine Jugend »Verschwende deine Jugend, solange du noch jung bist« angestrebt.

»SCHÖN UND JUNG UND STARK« – DAFS OPUS

Die DEUTSCH AMERIKANISCHE FREUNDSCHAFT, vor allem unter dem Akronym DAF bekannt, ist eine Band aus Wuppertal und Düsseldorf. DAF wurde von Robert Görl und Gabriel »Gabi« Delgado-López[1] 1978 in Düsseldorf im Keller des Rattinger Hofs gegründet. »Und dann habe ich im Rattinger Hof Robert Görl kennen gelernt. Und im Rausch der Nacht haben wir das ganze DAF-Konzept erschaffen« (Gabi Delgado in: Teipel 2001: 129). Auf der Suche nach weiteren Musikern, aufgrund der Ermangelung des technischen Fortschritts, kam es zu einem kurzfristigen Zusammenschluss mit der Gruppe YOU.[2] Somit ist diese Band kein Vorläufer zu DAF, wie fälschlich im Internet verbreitet wird. Mit dem Aufkommen der ersten funktionierenden Sequenzer konnte DAF in seiner ursprünglichen Form weiterarbeiten. Das Duo veröffentlichte drei Alben. Nach Erscheinen des Albums »Für Immer« 1982 löste sich die Band auf. Görl und Delgado widmeten sich Soloprojekten, 2003 erschien das Album »Fünfzehn neue DAF-Lieder«. 2011/2012 tourten sie durch den deutschsprachigen Raum.

Die Namensfindung der Band erwies sich als nicht einfach, zumal den beiden Musikern einigen Namen vorschwebten. Die Entscheidung auf DEUTSCH AMERIKANISCHE FREUNDSCHAFT fiel bei einem Trip nach Berlin. Der Name impliziert ein Pendant zur Deutsch-Sowjetischen Freundschaft, ein Paradoxon, wie Gabi Delgado in einem Interview mit www.treffpunkt-schwarz.de erläutert:

---

1 Der Musiker wird im weiteren Textverlauf als Gabi Delgado bezeichnet.

2 http://www.treffpunkt-schwarz.de/interview-mit-daf (Zugriff: 23.6.2012).

»Wir sind zu dieser Zeit gerade nach Berlin gefahren. Und damals gab es ja noch die DDR. Wir hatten Plakate gelesen mit der Aufschrift: Lang lebe die Deutsch-Sowjetische Freundschaft. Da haben wir gedacht, dass wir doch eigentlich im Westen genauso unfrei sind, wie die im Osten. Bei uns konnten doch genauso gut Plakate hängen mit der Aufschrift: Lang lebe die Deutsch-Amerikanische Freundschaft. Denn wir litten genau wie der Osten unter dem sowjetischen Imperialismus, im Westen unter dem amerikanischem Imperialismus. Der Name ist also ironisch und zynisch, denn wir waren keine Freunde des amerikanischen Imperialismus. Wir wollten halt zeigen, dass es dem Westblock genauso geht wie dem Ostblock.«[3]

Das Duo DAF sieht seinen Ursprung im Punk. Der Minimalismus, die trackorientieren Kompositionen, für die frühen 1980er Jahre ungewöhnliche Synthesizerklänge, monotoner dadaistisch Sprechgesang waren neue Mittel, um die Energie des Punks anders zu transportieren (vgl. Gabi Delgado in Breyer 2003). Die Auftritte des Duos, teilweise mit kahlgeschorenen Köpfen und Lederjacken, transportieren ein – falsch aufgefasstes – ideologisches Bild der Band, das sie der Punkszene entrückte.

»Wir haben einfach so viel mit Energie gearbeitet – das ging gar nicht anders, als dass da militärische Kräfte auf uns zukamen. Auf einmal tauchten eben Jungs in unserem Publikum auf, die auf wahnsinnige Power standen. Und die hatten kahl geschorene Köpfe.« (Robert Görl in Teipel 2001: 226)

DAF spielte bewusst mit Stereotypen und Vorurteilen, um zu provozieren. Gesellschaftliche Missstände sollte dadurch herausgearbeitet werden. »Wenn […] die DEUTSCH-AMERIKANISCHE FREUNDSCHAFT die Teenies auffordert ›Tanz den Adolf Hitler/Tanz den Mussolini‹, so verbergen sich dahinter keine politischen Stellungnamen, sondern ein an die Grenzen gehendes provokatives Spiel mit der Allverfügbarkeit längst abgearbeiteten Sprachmaterials« (Baacke 2007: 194). Die Kapitalismus- und Kommerzialisierungskritik vertritt DAF auch heute noch. »Die Revolution gegen den Kapitalismus kann morgen schon auf einem T-Shirt verkauft werden. Trotzdem folgt auf eine angepasste Jugend immer eine unangepasste« (Gabi Delgado in Donsbach 2009). Die unangepasste Jugend hat das Recht dazu diese zu verschwenden. Spätestens 1981 sollte diese Parole ein Weltbild prägen - mit ungeahnten Ausmaßen zwei Dekaden später.

1981 erschien die LP »Gold und Liebe«, auf der als neunter Track »Verschwende deine Jugend« zu hören ist. Es ist von schönen, jungen und starken Menschen die Rede, die sich nehmen können, was sie wollen. DAF setzt den Begriff der Jugend in einen definierbaren Zeitraum. Ist dieser Zeitraum abgelau-

3 Ebd.

fen, wird dem Besungenen die Omnipotenz abgesprochen. Das Lied beginnt mit einer simplen Aufforderung, die zweimal gesprochen wird: »Tu was du willst. Tu was du willst«, DAF grenzt den Raum das Möglichen sofort ab. »Solang du nur noch kannst. Solang du nur noch kannst. Verschwende deine Jugend. Verschwende deine Jugend.« Die Wiederholung der einzelnen Statements unterstreicht die Aussage des Refrains.

Die Einleitung der nächsten Strophe nimmt gesellschaftliche Werte auf und spiegelt diese wider. »Schön und jung und stark. Schön und jung und stark. Du bist schön. Und du bist jung. Und nimm dir was du willst. Und nimm dir was du willst.« Auffallend ist, dass die Attribute »schön« und »jung« als Einzelkomponenten wiederholt werden. Der Raum des Möglichen wird erweitert: »Solang du nur noch kannst. Solang du nur noch jung bist.« Das Können wird nur noch jenen zugesprochen, die jung sind.

Die dritte Strophe definiert die Eingrenzung weiter. »Solang du nur noch jung bist. Du bist jung. Und du bist stark. Du bist jung. Und du bist stark.« Dem äußeren Wert der Schönheit wird kein Platz mehr eingeräumt, Jugend wird mit Stärke gleichgesetzt. Nach dem wiederkehrenden Refrain vereint die vierte Strophe alle drei bereits genannten Attribute. »Schön und jung und stark. Schön und jung und stark. Und nimm dir was du willst. Nimm dir was du willst. Schön und jung. Schön und jung und stark«. Die Omnipotenz der Jugend erreicht somit ihren Höhepunkt.

Die letzte Strophe von »Verschwende deine Jugend« wird zum zynischen Verweis auf die unbegrenzten Möglichkeiten, die Allmacht der Jugend, die am Schwinden ist. »Nimm dir was du willst. Nimm dir was du willst. Tu was du willst. Nimm dir was du willst.« Die direkte Aufforderung wird vom Refrain negiert. »Solang du nur noch kannst. Solang du nur noch kannst. Verschwende deine Jugend. Solang du nur noch jung bist.« Mit dem letzten Satz hebt DAF die eingrenzte Möglichkeit einer Utopie hervor, die diese wiederum mit den Worten »Solang du nur noch jung bist« desillusioniert.

»Nimm dir was du willst« – Jürgen Teipels Versuch einer posthumen Dokumentation

Jürgen Teipels Versuch eines Gegenentwurfs zum zur Jahrtausendwende gängigen Bildes der Punk und New Wave Szene entstand in einer Rezension in der Berliner Zeitung. Der Journalist Teipel rezensierte Legs McNeils und Gillian McCains Buch »Please Kill Me« (1996). Es thematisiert und erläutert die amerikanischen Verhältnisse im Kontext des Punks. Aus der enormen Resonanz über den Artikel entstand die Idee ein Buch über die deutsche Punk und New Wave Szene zu schreiben (Vgl. Jürgen Teipel in Dax 2002) Knapp über drei Jahre dauerte die Arbeit an »Verschwende deine Jugend«. Teipel führte beinahe alle Interviews persönlich. Aus den Gesprächen setzte sich montageartig ein Roman zusammen, was den Untertitel »Ein Doku-Roman über den deutschen Punk und New Wave« rechtfertig (ebd.) Der Autor konfrontiert die Lesenden in 28 Kapiteln mit »hundert verschiedenen Wahrheiten« (Teipel 2001: 9), schafft einen Rückblick, eine posthume Zeitreise, die die Identitätsfindung des Deutschpunks dokumentiert.

Es sind gesellschaftskritische Themen wie Persönlichkeitsentwicklung, Bildung der politischen Meinung, Protest gegen die bestehende Ordnung, der Umgang mit Alkohol, Drogen, die Einflüsse auf die Kreativität der jungen KünstlerInnen nehmen. Die gewählten Schauplätze sind neben den Proberäumen der Bands auch Kultstätten des Deutschpunks und der Neuen Deutschen Welle. »Verschwende deine Jugend« lässt seine ProtagonistInnen erzählen wie der Punk 1977 den Sprung vom englischsprachigen Phänomen in den deutschen Sprachraum geschafft hat. »Das Erste, was ich unter Punkrock wahrgenommen habe, da hieß das noch nicht mal so, war Mitte 1976 ein Artikel über die erste RAMONES-Scheibe«(Jäki Eldorado in Teipel 2001: 27). Nicht nur Musik faszinierte, auch die Outfits, fern vom abgedroschenen Hippietum versuchten imitiert zu werden. Es war der Effekt der Verfremdung der faszinierte (Reimitz/Thiel/Wirth 1989: 17). »Ich weiß noch, wie ich immer rumgerast bin, mit kaputten Turnschuhen und an den Knien total durchwetzten und zerrissenen Jeans. Ich habe mir irgendwelche Sachen hinten auf die Jacke gemalt und mir Stones-Zungen genau auf den Schwanz genäht und irgendwelche blöden Ketten getragen« (Jürgen Engler in Teipel 2001: 29). »Ich hatte eine lange gelbe Cordjacke mit lila Innenfutter. Und hinten stand, in Neon-Plakatfarbe gemalt, ›Fuck School!‹ drauf. Und eine Jeans, die am Knie kaputt war« (Bernward Malaka in Teipel 2001: 33). Mit der Vermischung von Narzissmus und Selbstzerstörung, dem Durchstechen von Gesichtspartien mit Sicherheitsnadeln wurde die Provokation verkörperlicht. »Ich fand es immer scheiße, wenn Punks gekaufte Sachen anhatten. Ab einem bestimmten Punkt waren die genauso uniformiert. Das war nur formal anders. Aber das waren die gleichen Mechanismen« (Muscha in Teipel, 2001: 55). Trotz der bewussten Abgrenzung der Kommerzkultur fiel der Punk in Deutschland bereits in seine Ursprungsform zurück.

Nicht nur musikalische Vorbilder galten als Entstehungskomponenten für den Punk in Deutschland. Teipel gelingt es mit seinen bereits erwähnten »hundert verschiedenen Wahrheiten«, die Klischees zur Entstehung von Punk zu durchbrechen. Fernab vom Einfluss des Glamrocks der späten 1970er oder der verbreiteten Arbeitslosigkeit werden von den ProtagonistInnen tatsächliche Beweggründe angegeben. Da wird von der Ablehnung von Drogen und der straighten Attitüde »Es ging darum: Punk ist keine bedröhnte Hippiescheiße« (Ralf Dörper in Teipel 2001: 53), der Vorliebe zum dicken Pfirsichnektar von Granini »Wir waren die Safttrinker« (Peter Hein in Teipel 2001: 53) gesprochen. Andere wiederum sehen Speed oder LSD als klare Verbindung zu Punk. »Kiffen wurde schwerstens abgelehnt. Weil das die Hippiedroge war. [...] Speed war in Ordnung. Um noch wacher zu sein« (Thomas Schwebel in Teipel 2001: 76f.). »Damals fing es damit an. Dass die ganzen Punks in Düsseldorf immer LSD gefressen haben« (Gabi Delgado in Teipel 2001: 77). Fakt ist, dass die ersten Schritte des Punks, also die frühen deutschen Konzerte, mit Schlägereien ihr verfrühtes Ende fanden. Es ist durchaus von einer männlich dominierten Kultur zu sprechen (vgl. Brake 1981: 97). Immer wieder fließen diese Erzählungen in den Text ein. Das Spielen mit politischen Symbolen wie Hakenkreuzen oder RAF-Emblemen gehörte für einen Teil der Bewegung zur puren Provokation, widersprechend der politischen Gesinnung. »Im Grunde ging alles nur darum, Rabatz zu machen und zu schockieren. Und in diesen Extremen gab es die Möglichkeit, das zu tun. Entweder Hakenkreuz oder RAF-Maschinenpistole. Beides bot sich an. Draußen auf der Straße hat beides die gleiche Reaktion ausgelöst. Völlige Verstörung« (Thomas Schwebel in Teipel 2001: 51). Vor allem das Einsetzen von RAF-Symbolen bestand nicht nur aus dem Hintergedanken der Provokation. Es gab durchaus auch Sympathisanten, die dies offen zur Schau trugen. »Wir hatten damals noch keine eigenen Rebel-Popstars. Die Einzigen, die für mich damals so einen Popstarappeal hatten – waren die Leute von RAF. DA war ich Fan. Für mich waren das Helden« (Inga Humpe in Teipel 2001: 69). Die Stilisierung der einzelnen RAF-Akteure lässt auch vergleiche mit musikalischen Vorbildern zu. So beschreibt Fetisch Andreas Baader als den »Original-Punkrocker. Statt einer Gitarre hat der halt eine MG« (Fetisch in Teipel 2001: 194).

Moritz R sieht die Etablierung des Punks einhergehend mit der Abgrenzung gegen die political correctness und das von ihm beschriebene Matriarchat der Hippies. Der Hang zur Technik und die Wiederkehr des Humors in die Gesellschaft sind für ihn – in Verbindung mit einem veränderten politischen und kulturellen Weltbild – Grundelemente der Bewegung und des Begriff Punk (vgl. Moritz R in Teipel 2001: 83). Vor allem der Technikeinfluss trug zur Metamorphose des Deutschpunks bei. Da Synthesizer in den 1970er Jahren unerschwinglich waren, baute Frieder Butzmann einen eigenen Tongenerator. »Ich war 15 und bin in Konstanz in die Stadtbibliothek gegangen und habe mir Schaltpläne und Multivibratoren angeschaut. Dann haben wir eine Zigarrenkiste genommen.

Da kam ein Kabel raus, das man an einen Lautsprecher aus einem Radio anschließen konnte. Eingeschaltet wurde alles mit einem Weichensteller von der Modelleisenbahn. Damit konnte man auch die Tonhöhe verändern« (Frieder Butzmann in Teipel 2001: 118). Auch DAF war auf der Suche nach anderen Methoden. »[...] Gabi hat auf so einem Stylofon rumgemacht. Das ist ein total bescheuertes Teil. Die primitivste Heimorgel der Welt. Für 15 Mark« (Robert Görl in Teipel 2001: 131). Mittagspause gelang es mit dem Einsatz von Xerox-Datenkassetten entfremdete Töne zu erzeugen. »Dann hatten wir die Idee mit den Xerox-Datenkassetten. Das ergab sich später auf der Aufnahme von Testbild so ein schreiendes Geräusch. Bei manchen Konzerten lief das aber auch permanent durch. Das schrie dann immer im Hintergrund« (Markus Oehlen in Teipel 2001: 147). Eine genaue musikalische Definition des Begriffs Punk kann nicht gegeben werden. »Den Punkbegriff habe ich immer sehr weit gefasst. Zuerst fielen darunter ja auch elektronische Sachen. Und ganz ruhige Sachen. Punk war für mich nie festgeschrieben, sondern reich und vielfältig« (Harry Rag in Teipel 2001: 191).

Teipel lässt den ökonomischen Aspekt des Deutschpunks nicht außer Acht. Es gelang seinen Akteuren nur kurz sich von den bürokratischen Fangarmen des Managements zu befreien. Standardverträge sahen sogar vor, dass Bands bei Auftritten als Vorgruppe sogar Geld bezahlen mussten. »Und es war ja nicht so, dass wir dafür Geld bekommen hätten. Als Vorgruppe musste wir sogar noch Geld mitbringen« (Thomas Schwebel in Teipel 2001: 260). Das brachte jene Bands dazu, ihre Produktion und ihren Vertrieb selbst zu organisieren. Der Versuch musste schlussendlich scheitern als die beiden unabhängigen Labels Rip Off und Eigelstein in Konkurs gingen. Gründer von ZickZack Records Alfred Hilsberger beschreibt die Etablierung einer neuen Kultur und das darauffolgende ökonomische Scheitern dieser Labels: »Der Versuch am Anfang war ja, eine neue, unabhängige Kultur zu etablieren. Ich hatte gedacht, dass wir selbst so stark werden, den Bands eine Perspektive geben zu können. Dann zerplatze die Illusion. Im Grunde haben wir uns selbst ausverkauft« (Alfred Hilsberg in Teipel 2001: 325). Mit der Verwässerung des Deutschpunks fand auch die Szene Mitte der 1980er Jahre ihr Ende. »Am Ende war DAF nicht mehr gerade inspiriert. Wir mussten unsere dritte Studio-LP machen. Aber mehr Geld als wir konnte man gar nicht mehr ausgeben. Wir waren stinkreich« (Gabi Delgado in Teipel 2001: 343). Das Phänomen Punk, das jeden zu einer omnipotenten Persönlichkeit machte, erschuf Karrieren im Musik- und Kunstbereich, die einer Kommerzgesellschaft weichen mussten.

Teipels Doku-Roman konfrontiert seine Lesenden zwar mit über »hundert verschiedenen Wahrheiten«, doch nicht alle Akteure des Deutschpunks kommen in »Verschwende deine Jugend« zu Wort. Unter anderem mit Upstart, Christoph Schlingensief und Walter Moers konnten keine Interviews geführt werden. In seiner Rezension wurde Teipels Roman teilweise kritisiert. Die Akteure, die in dem Buch zu Wort kommen, sind nicht immer einverstanden mit den literarischen Techniken des Autors. Auch von DAFs Seite kommt Kritik. »Ich stehe dem Buch nicht positiv gegenüber. Was mir überhaupt nicht gefallen hat: der Jürgen Teipel hat mich nie gefragt, geschweige denn informiert, ob er das Buch denn so nennen darf« (Gabi Delgado in Schuh o.J.).Die »verschwendete Jugend« wird bereits mit Teipels Roman zur Kommerzialisierung einer Idee. Der Autor verwendet den Songtitel ungefragt, um das Konzept wiederzubeleben. Verfremdet zusätzlich mit seiner Montagetechnik historische Fakten. Delgado kritisiert Teipels Montage: »Durch Teipels Schnitttechnik kommen sowieso ganz viele Sachen ganz anders rüber« (vgl. Gabi Delgado in Breyer 2003) Dennoch hat Verschwende deine Jugend in gewisser Weise seinen Zweck erfüllt. Das sieht auch Delgado, der der Kommerzialisierung seiner Parole durchaus positiv gegenübersteht. »Schwamm drüber. Hat ja in gewisser Weise auch viel für uns gemacht« (Gabi Delgado-Lopez in Schuh o.J.).

»Solang du nur noch kannst« Benjamin Quabecks filmische Dystopie

»Verschwende deine Jugend« feierte am 2. Juli 2003 seine Deutschlandpremiere unter der Regie von Benjamin Quabeck. Seine inhaltliche Ansiedlung findet sich im Deutschland der 1980er Jahre. Die Band DAF findet sowohl im Film als auch auf seinem Soundtrack ihren Auftritt. Dem ungeachtet weist der Film bis auf den Titel keine Gemeinsamkeiten mit Teipels Doku-Roman[4] auf. »Und irgendwann, über ein Jahr später, kam ja dann dieser Spielfilm ›Verschwende Deine Jugend‹, mit dem ich übrigens nicht das Geringste zu tun hatte. Jakob Claussen, der Produzent hatte mich gefragt, was ich davon halten würde, wenn der Film den selben [sic!] Titel hätte« (vgl. Jürgen Teipel in: Vogt o.J.).

Vorangehend zur Filmanalyse wird zum besseren Verständnis dieser im folgenden Absatz der Inhalt des Films wiedergegeben, darauf folgend beginnt die detaillierte Analyse.

»Verschwende deine Jugend« ist in München im Jahr 1981 angesiedelt. Harry ist vom ruralen Raum in die Stadt gezogen, um eine Lehre als Bankkaufmann

4 www.jump-cut.de/filmkritik-verschwendedeinejugend.htm (Zugriff: 6.7.2012).

zu absolvieren. Um dem Arbeitsalltag zu entfliehen beschließt er, Manager einer typischen Punkband zu werden. APOLLO SCHWABING ist eine von vielen erfolglosen Münchener Synthiepop-Bands. Harry möchte dem entgegenzuwirken und organisiert ein Konzert im Circus Krone. Als Hauptact versucht er DAF zu gewinnen, APOLLO SCHWABING und andere unbekannte Bands aus München sollen als Vorgruppe agieren. Harry lässt bereits Plakate drucken und sorgt für Publicity. Die Zusage von DAF lässt auf sich warten. Harry gibt sich als Reporter aus und erlangt so die Zusage seiner Headliner. DAFs Gage erweist sich als unbezahlbar, so muss der Protagonist – trotz ausverkauften Konzerts – all seine Wertgegenstände verkaufen und die Sparkassenfiliale, in der er arbeitet, ausrauben. Er muss das Konzert absagen, da auch die erbeutete Summe die Kosten nicht abdeckt. Bereits davor hat er den Einbruch der Polizei gemeldet. Nach seinem Auftritt vor großem Publikum geht der Protagonist Richtung Ausgang der Polizei entgegen. Beim Verlassen des Raumes hört er den Beginn des DAF Konzerts. Sein Plan ist aufgegangen.

»Als ich das erste Mal DAF gesehen habe, war es wie die Erlösung aus dem langen bösen Albtraum der 70er«[5] mit diesen Worten wird »Verschwende deine Jugend« eröffnet. Protagonist Harry (Tom Schilling) gibt die populärsten Eindrücke der Band wieder und erhebt diese in eine prominente Position: »Sie waren die Neue Deutsche Welle«[6]. Harry sieht die NDW in ganz Deutschland einbrechen, nur an München vorbeiziehen, doch die Stadt hat eine Chance. Der Protagonist macht sich zum omnipotenten Helden, in dem er sich selbst als Münchens Rettung bezeichnet. Nach diesem Statement wird der Vorspann mit DAFs Als wär's das letzte Mal eingeleitet.

Harry ist Musikproduzent, bezeichnet sich jedoch in seiner Erwerbstätigkeit als Banklehrling als das »letztes Glied der Kette«. Die offizielle Berufstätigkeit wird ausgeklammert, so dient sie zuletzt auch nur als gescheiterter Deus ex machina. Seine eigentliche Passion gilt dem Managen der Synthiepop-Band APOLLO SCHWABING. Diese Arbeit wird durch diverse Barrieren erschwert. So kommt der Manager nicht in den Club hinein, in dem seine Band auftreten soll. Kommentiert wird dies mit »Wo ist Harry? – Kommt wohl wieder nicht rein!«[7] Schlussendlich ist es Bandmitglied Vince (Robert Stadlober), der Harry in den Club holen muss. Der gezeigte Auftritt APOLLO SCHWABINGS wird durch Harrys Übereifer und einem daraus resultierenden Stromausfall abgebrochen. Die Absage löst eine Schlägerei aus, wie sie auch in Teipels Roman mehrfach angesprochen wird. Hierbei kommt es zur ersten Kritik der Band. »Wer tagsüber Bau-

5 Verschwende deine Jugend, 2003, 00'29".

6 Verschwende deine Jugend, 2003, 00'59".

7 Verschwende deine Jugend, 2003, 04'34".

sparverträge verkauft, kann nach Feierabend nicht Malcolm McLaren sein«[8] wirft Vince ihm vor. Der Vergleich mit dem selbsternannten Macher (vgl. Skai2008: 84) der SEX PISTOLS war bereits in den frühen 1980er Jahren sehr weit gefasst, hat im 21. Jahrhundert weitaus mehr Auswirkung.

Harry muss einen Schritt weitergehen, um München zu retten. Der Circus Krone soll gebucht werden, um Apollo Schwabing Auftrieb zu geben. Zumal Musikkritiker Wieland Schwarz (Christian Ulmen) eine vernichtende Kritik zum misslungenen Gig der Band im Trendmagazin Sounds publizierte und DAF eigentlich nicht mehr auftreten möchte. Ohne die direkte Zusage von DAF werden Plakate aufgehängt und Karten verkauft. Auch hierbei kommt es zu Ausschreitungen, Prügeleien zwischen den Plakatierenden. Das Konzert wird als »Ein lauter und moderner Liederabend im Circus Krone« angekündigt.

Als letzter Ausweg gibt sich Harry als Musikjournalist aus, um das Konzert direkt mit DAF besprechen. Das Interview findet schlussendlich in deren Hotelzimmer statt. Gabi Delgado (Denis Moschitto) und Robert Görl (Josef Heynert) sind schlafend in einem Doppelbett zu sehen. Während des fingierten Interviews sieht man DAF bei der Morgentoilette. »Konzerte sind out«[9] wird zur neuen Parole. Nach der Absage der Band, die auf den Münchener Straßen Plakate zur Ankündigung des Gigs sieht, versucht Harry erneut DAF und ihren Produzenten zu überzeugen. Delgados Kontaktlinse, die bereits während des Interviews im Mittelpunkt steht, wird schlussendlich zum Mac Guffin. Delgado verliert diese in einem Club, Harry findet sie und kann sie somit von dem Auftritt überzeugen.

Trotz des Verkaufs seines fast gesamten Hausrats kann Harry DAFs Auftritt nicht bezahlen. So überfällt er kurzerhand die Sparkasse in der er arbeitet und stellt sich dann selbst der Polizei. Das ausverkaufte Konzert ist mit den Vorbands bereits voll im Gang. Harry gesteht dem Publikum, dass er trotz eines Bankraubs DAFs Gage nicht bezahlen kann und verlässt den Circus Krone. Währenddessen beginnt die Band mit »Verschwende deine Jugend« ihr Konzert. »Es wurde eine 2000 Mann Party und man redete noch nach Jahren davon. [...] Schon kurze Zeit später sprach plötzlich jeder von der Neuen Deutschen Welle. Und alle wollten dabei sein. Was letztlich übrigblieb, waren ein paar Luftballons und die Gewissheit, dass man auf der richtigen Seite gestanden hatte. Denn schon wenige Monate später war der ganze Spuk vorbei.«[10] So hat Harry die Neue Deutsche Welle tatsächlich nach München gebracht, um sie bald darauf wieder vergehen zu sehen.

8 Verschwende deine Jugend, 2003, 10'10''.

9 Verschwende deine Jugend, 2003, 45'25''.

10 Verschwende deine Jugend, 2003, 1 30'25''.

»Verschwende deine Jugend« bietet eine flache Storyline, ein vorhersehbarer Plot untermalt mit dem Soundtrack der Neuen Deutschen Welle. Den Zeitgeist jener musikalischen Epoche fängt Benjamin Quabecks Film nicht ein. Zu Recht wird er als unreflektiert tituliert und das nicht nur vom »Verschwende deine Jugend«-Autor Jürgen Teipel »[…] Nicht gefallen hat mir, dass der Film so politisch völlig unreflektiert ist. Dass es halt eine nette Geschichte ist und nicht mehr. Aber damals, bei Punk, ging es nicht nur um nette Geschichten« (vgl. Jürgen Teipel in: Vogt o.J.). Der schwammige Plot wäre in jeder musikalischen Epoche einsetzbar. Ausreichend Raum zur Identifizierung mit dem Punk gibt die Verfilmung nicht. Quabeck wird vorgeworfen, sich für das Zeitalter des Punks/NDW auf Grund seiner Hippness für das 21. Jahrhundert hergenommen zu haben. »Als Auseinandersetzung mit Musik-, Geschäfts- und Lebensformen der 1980er-Jahre indes enttäuschend, weil er die damalige Musik und Zeit kaum rekapituliert und analysiert, sondern nur als trendiges Zeitkolorit für einen gegenwartstauglichen Look benützt«[11] »Verschwende deine Jugend« entspricht den Schemata der Mainstreamkomödie. »Das Aufkommen von nostalgischen Gefühlen wird von der Filmkritik negiert. Auch wenn Verschwende deine Jugend so vermarktet wird, der Film ist keine Zeitreise und schon gar keine präzise Schilderung der damaligen Jugendkultur. Der Film ist stattdessen eine erstaunlich abgezockte Mainstreamkomödie, […]«[12] Quabecks Versuch einer musikalischen Hommage an DAF entwickelte sich zur hochkommerzialisierten Dystopie fernab von der Dokumentation eines ursprünglichen sozio-kulturellen Kontext und einer anarchischen Lebensidee.

ABER IST DAS NOCH PUNKROCK?

Die Idee der verschwendeten Jugend findet in den drei behandelten Medien in vielfältiger Form ihren Platz. Ausgehend von der Divergenz der behandelten Gegenstände setzen vor allem ihre Entstehungszeit und ihr kommerzieller Einsatz andersartige Schwerpunkte. Der Song des Elektroduos DAF zeichnet das Gesellschaftsbild zur Entstehungszeit des Liedes populärkritisch. Schöne, starke Menschen werden besungen, die alles können, wenn sie es wollen. Die reine Provokation, die sich schon in DAFs Namensgebung widerspiegelt, findet sich in den Zeilen von »Verschwende deine Jugend« erneut. Die Essenz des Mögli-

11 www.zweitausendeins.de/filmlexikon/?sucheNach=titel&wert=520584 (Zugriff: 06.07.2012).

12 www.jump-cut.de/filmkritik-verschwendedeinejugend.htm (Zugriff: 6.7.2012).

chen besteht in einem undefinierten, linearen Zeitraum, nämlich der Jugend. Der Fortbestand dieser wird mit der letzten Zeile des Songs »Verschwende deine Jugend, solange du noch jung bist« negiert. Im Zeitgeist des Punks und der NDW, der »No Future«-Generation, hat die Zukunft keinen faktischen Platz. »Verschwende deine Jugend« wird zur Parole einer Generation.

»Die neue Devise war: Jeder kann Musik machen. Hauptsache es ist laut und originell. Und wenn man dafür Kinderspielzeug braucht, ist auch das ok.«[13] So sieht der Protagonist Harry in »Verschwende deine Jugend« das eintretende musikalische Zeitalter. Benjamin Quabeck möchte mit seinem Film Verschwende deine Jugend eine Hommage an ein absolutes Phänomen[14] richten. Die Filmkritik und die Akteure der Szene sehen viel mehr eine Mainstreamkomödie, die den Zeitgeist des Deutschpunks und der NDW nicht aufzufangen vermag. Quabecks Film bringt die »verschwendete Jugend« schlussendlich in einen hochkommerzialisierten Kontext. Politische und kritische Reflexion müssen einer flachen Storyline weichen. Einzig der Soundtrack und seine zeitlich-räumliche Ansiedlung gehen mit der Ursprungsidee konform.

LITERATUR

Baake, Dieter (2007): Jugend und Jugendkulturen. Darstellung und Deutung. Weinheim u.a.: Juventa.

Brake, Mike (1981): Soziologie der Jugendlichen Subkulturen. Eine Einführung. Frankfurt am Main u.a.: Campus Verlag.

Breyer, Nike (2003): »Das ist alles wirklich Plastik, haha«. In: taz 08.11.2003. Im Internet: http://www.taz.de/1/archiv/archiv-start/?dig=2003%2F11%2F08%2Fa0265 (Zugriff: 23.06.2012).

Dax, Max (2002): »Punk war keine Ideologie«. In: taz 04.01.2002. Im Internet: http://www.taz.de/1/archiv/?id=archivseite&dig=2002/01/04/a0099 (Zugriff: 29.06.2012).

Donsbach, Ruben (2009): »Wie auf Koks«. In: Zeit Online 05.03.2009. Im Internet: http://www.zeit.de/online/2009/10/daf-goerl-delgado (Zugriff 23.06.2012).

13 Verschwende deine Jugend, 2003, 01'50''.

14 Vgl. Klappentext: Verschwende deine Jugend. Regie: Benjamin Quabeck. Drehbuch: Ralf Hertwig. BRD: Constantin Film, 2003. Fassung: Kauf-DVD.

Reimitz, Monika/Thiel, Wolfgang/Wirth, Hans-Jürgen (1989): »Muß das Leben Sünde sein?« In: Bock, Marlene u.a. [Hg.]: Zwischen Resignation und Gewalt. Jugendprotest in den achtziger Jahren. Opladen: Leske u. Budrich.

Schuh, Michael (o.J.): »Der Teipel hat nur Lügen abgedruckt«. In: Laut.de ohne Datum. Im Internet unter: http://www.laut.de/DAF (Zugriff: 23.6.2012).

Skai, Hollow (2008) Punk. Versuch der künstlerischen Realisierung einer neuen Lebenserhaltung. Berlin: Archiv der Jugendkulturen Verlag KG.

Teipel, Jürgen (2001): Verschwende deine Jugend. Ein Doku-Roman über den deutschen Punk und New Wave. Frankfurt am Main: Suhrkamp.

Vogt, Ansgar (o.J.): »Interview mit Jürgen Teipel«. In: Internationales Forum des jungen Films / Berlinale. Im Internet: http://www.gesellschaftsinseln.de/punkbuch/berlinale.html (Zugriff: 06.07.2012).

AUDIOVISUELLE QUELLEN

Verschwende deine Jugend. Regie: Benjamin Quabeck. Drehbuch: Ralf Hertwig. BRD: Constantin Film, 2003. Fassung: Kauf-DVD.

Autorinnen und Autoren

Sebastian Bitterwolf studierte Sozialwissenschaft und arbeitet für die Gewerkschaft Erziehung und Wissenschaft (GEW) als Geschäftsführer in Bochum. Seine Studienschwerpunkte waren prekäre Beschäftigungsverhältnisse, Arbeitsbeziehungen in Deutschland und vergleichende Regierungslehre. Punkrock hat ihn doppelt beschenkt: Zum ersten Mal als er das Album »Let'sgo!« von RANCID hörte und als er kurz darauf entdeckte, was Punk und Oi! neben den Charterfolgen noch alles zu bieten hat.

Mihaela Davidkova hat zwischen 2005 und 2012 ihr Bacherlor- und Masterstudium an der Universität Mannheim im Fach Medien- und Kommunikationswissenschaft gemacht.

Magdalena Fürnkranz studierte Theater-, Film- und Medienwissenschaft mit Schwerpunkt Gender Studies an der Universität Wien mit Abschluss als Magistra. Diplomarbeit über die weibliche Ästhetik im Werk Oscar Wildes. Seit 2008 Dissertantin ebenda mit einem Projekt zu De-/Konstruktion weiblicher Herrschaft im Film anhand der Figur Elizabeth I. von England. Tätig im Bereich des freien Kulturjournalismus und in der PR-/Pressearbeit der Wiener Off Szene.

Anne Hahn, geboren in Magdeburg, organisierte dort von 1986-87 Punkkonzerte, daraufhin Studienplatzentzug und Fluchtversuch in Richtung Westen mit anschließender Haft, nach 1989 Studium der Kunstgeschichte, Geschichte und Germanistik in Berlin, seit 1999 freie Autorin und Subkulturforscherin, u.a. »Dreizehn Sommer« Roman, Schirmer/Graf 2005, »Satan, kannst du mir nochmal verzeihn - Otze Ehrlich, Schleimkeim und der ganze Rest« Ventil Verlag 2008, zuletzt Beiträge in »Leck mich am Leben: Punk im Osten« Verlag Neues Leben 2012.

Thomas Hecken ist Professor auf Zeit für Neuere deutsche Literatur an der Universität Siegen. Er ist Redakteur der Zeitschrift »Pop. Kultur und Kritik« sowie der Website pop-zeitschrift.de. Buchveröffentlichungen u.a.: »Gegenkultur und Avantgarde« (2006), »Avant-Pop« (2012).

Oliver Herbertz studierte Erziehungswissenschaft und Soziologie in Dortmund und arbeitet am Lehrstuhl für Allgemeine Soziologie an der TU Dortmund. Arbeitsschwerpunkte sind Exploration, Anwendung und Vermittlung explorativ-interpretativer Forschungsmethoden sowie die Organisation von Chaos. Seit Sommer 2010 ist er im Rahmen ethnographischer Untersuchungen ›Pseudo-Mitglied‹ der Punkszene. Mehr Informationen unter http://www.hitzler-soziologie.de/mitarbeiter.html#OHerbertz

Christoph Jacke, Dr. phil., Professor für Theorie, Ästhetik und Geschichte der Populären Musik im Fach Musik/Studiengang »Populäre Musik und Medien« an der Universität Paderborn, Studiengangsleitung und Geschäftsführung Fach Musik, Begründer und Sprecher der »AG Populärkultur und Medien« in der »Gesellschaft für Medienwissenschaft (GfM)«, Mitglied im Beirat des Arbeitskreises Studium Populärer Musik (ASPM), freier Journalist. Aktuelle Buchpublikation: »Pop, Populäres und Theorien. Forschungsansätze und Perspektiven zu einem prekären Verhältnis in der Medienkulturgesellschaft« (LIT 2011, hrsg. mit Jens Ruchatz und Martin Zierold). Weitere Publikationen und Infos siehe www.christophjacke.de, E-Mail: christoph.jacke@uni-paderborn.de

Nejc M Jakopin machte in Njam, Plastic Bomb, ZivjelaKomercijala, Mars Moles, Sexy Bacterias, Konzerten, SoulPeddler, Nice Guy Records, Nettirock Mailorder, Fat WreckChords et al. Und ist promovierter Wirtschaftswissenschaftler. Er kennt große Konzerne, Top Management-Unternehmensberatung, strategische Geschäftsentwicklung, multivariate Analysemethoden und Entrepreneurship. Er werkelt an diesem und jenem (geheim!) und treibt diverse Projekte voran. Mehr Informationen unter https://www.xing.com/profile/Nejc_Jakopin oder http://www.linkedin.com/in/nejcj

Daniel Kulle, Studium der Biologie und Geographie mit den Schwerpunkten Botanik und Polarökologie. Forschungsaufenthalte in Namibia, Honduras, Neuseeland, Spanien und der Antarktis. Zusatzstudium der Filmwissenschaft in Zürich. Von 2005 bis 2007 Assistent am Seminar für Filmwissenschaft der Universität Zürich, von 2008 bis 2012 Wissenschaftlicher Mitarbeiter am Institut für Sprache, Musik und Medien der Universität Bonn, sowie am Institut für Medien und Kommunikation der Universität Hamburg. Dissertation über »Ed Wood - Trash und Ironie«. Arbeitsschwerpunkte sind Theorien des Films, Queer Cinema, Trash, Visuelle Kulturen und Transmediale Narratologie.

Julia Lück hat von 2006 bis 2012 an der Universität Mannheim Medien- und Kommunikationswissenschaft studiert. Seit 2012 arbeitet sie als wissenschaftliche Mitarbeiterin an der Universität Mannheim und forscht im Bereich der international vergleichenden politischen Kommunikation.

Philipp Meinert machte 2011 einen Abschluss als Diplom-Sozialwissenschaftler an der Ruhr-Universität Bochum und arbeitet derzeit als wissenschaftlicher Mitarbeiter für eine Bundestagsabgeordnete. In seiner Freizeit führt er gelegentlich Band-Interviews für das Plastic Bomb-Fanzine. Früher war er Veranstalter und Mitveranstalter diverser Punkkonzerten im Ruhrgebiet. Von 2001 bis 2005 war er Mitglied der APPD und anschließend bis zu ihrer Auflösung 2006 Mitglied der Pogo-Partei (POP). E-Mail: email@philippmeinert.de

Moritz Müller studiert Geschichte, sowie Politik, Wirtschaft und Gesellschaft in Bochum und ist studentische Hilfskraft am Historischen Institut der Ruhr-Universität Bochum. Arbeitsschwerpunkte sind u.a. Sozial- und Kulturgeschichte, sowie soziale Ungleichheit. Seit seinem dreizehnten Lebensjahr hört er alle Punkspielarten.

Martin Seeliger studierte Sozialwissenschaft in Bochum und arbeitet am Max-Planck-Institut für Gesellschaftsforschung in Köln. Arbeitsschwerpunkte sind Internationale Arbeitsbeziehungen, Vergleichende Politische Ökonomie und soziale Ungleichheit. Seit kurz nach dem Erscheinen der ›Opium fürs Volk‹ im Jahr 1995 sieht er sich als Punk. Mehr Informationen unter http://www.mpifg.de/people/mas/

Peter Seyferth, Dr. phil., unterrichtet an der LMU München zu den Themen Sozialtheorien, politische Philosophie und Ideengeschichte. Seine bisherigen Forschungsschwerpunkte (Spieltheorie, Anarchismus, Utopien) erweitert er derzeit um wissenschaftliche und fantastische Perspektiven, sodass er schließlich bei einer utopischen Anthropologie angelangen wird, die ihm bei der Begründung einer antiautoritären, horizontaldemokratischen normativen Politikwissenschaft helfen soll. Obwohl sich das alles im akademischen Elfenbeinturm abspielt und formal ganz brav ist (Vorträge, Fußnoten, Hemdkragen), hält er diese Tätigkeit für radikaler und wirkungsvoller als all seine Punk-Aktivitäten (die er in seinem Beitrag für diesen Band als zu wenig anarchistisch kritisiert).

Bianca Willhauck hat zwischen 2005 und 2011 ihr Bachelor- und Masterstudium an der Universität Mannheim im Fach Medien- und Kommunikationswissenschaft gemacht.

Cultural Studies

KARIN BRUNS, RAMÓN REICHERT (HG.)
Reader Neue Medien
Texte zur digitalen Kultur und Kommunikation

2007, 542 Seiten, kart., 39,80 €,
ISBN 978-3-89942-339-6

MARÍA DO MAR CASTRO VARELA, NIKITA DHAWAN
Postkoloniale Theorie
Eine kritische Einführung
(2., vollständig überarbeitete Auflage)

März 2014, ca. 200 Seiten, kart., ca. 16,80 €,
ISBN 978-3-8376-1148-9

RAINER WINTER
Widerstand im Netz
Zur Herausbildung einer transnationalen Öffentlichkeit durch netzbasierte Kommunikation

2010, 168 Seiten, kart., 18,80 €,
ISBN 978-3-89942-555-0

Cultural Studies

RAINER WINTER (HG.)
Die Zukunft der Cultural Studies
Theorie, Kultur und Gesellschaft
im 21. Jahrhundert

2011, 280 Seiten, kart., 28,80 €,
ISBN 978-3-89942-985-5

RAINER WINTER, ELISABETH NIEDERER (HG.)
Ethnographie, Kino und Interpretation – die performative Wende der Sozialwissenschaften
Der Norman K. Denzin-Reader

2008, 300 Seiten, kart., 29,80 €,
ISBN 978-3-89942-903-9

RAINER WINTER, PETER V. ZIMA (HG.)
Kritische Theorie heute

2007, 322 Seiten, kart., 29,80 €,
ISBN 978-3-89942-530-7

Leseproben, weitere Informationen und Bestellmöglichkeiten finden Sie unter www.transcript-verlag.de